XINCHANGTAI XINDONGLI XINFAZHAN

2014NINGBOFAZHANYANJIUBAOGAO

新常态·新动力·新发展

2014宁波发展研究报告

阎 勤◎主编

中国发展出版社
CHINA DEVELOPMENT PRESS

图书在版编目（CIP）数据

新常态·新动力·新发展——2014 宁波发展研究报告/阎勤主编．
北京：中国发展出版社，2015.7
ISBN 978-7-5177-0354-9

Ⅰ.①新… Ⅱ.①阎… Ⅲ.区域经济发展－研究报告－宁波市－2014
②社会发展－研究报告－宁波市－2014 Ⅳ.①F127.553

中国版本图书馆 CIP 数据核字（2015）第 145933 号

书　　名： 新常态·新动力·新发展——2014 宁波发展研究报告
主　　编： 阎　勤
出版发行： 中国发展出版社
（北京市西城区百万庄大街 16 号 8 层　100037）
标准书号： ISBN 978-7-5177-0354-9
经 销 者： 各地新华书店
印 刷 者： 北京明恒达印务有限公司
开　　本： 787mm×1092mm　1/16
印　　张： 24.75
字　　数： 437 千字
版　　次： 2015 年 7 月第 1 版
印　　次： 2015 年 7 月第 1 次印刷
定　　价： 58.00 元

联系电话：（010）68990630　68990692
购书热线：（010）68990682　68990686
网络订购： http：//zgfzcbs.tmall.com//
网购电话：（010）88333349　68990639
本社网址： http：//www.develpress.com.cn
电子邮件： bianjibu16@vip.sohu.com

编委会

顾　问　寿永年

主　编　阎　勤

副主编　陈利权　沈小贤　何兴法　吴　勇　费孟云

编　委（以姓氏笔画为序）

邓小河　卢　跃　任月红　农贵新　张　华

杜铁奇　赵全军　谢莉萍

目录

全面深化改革

区域创新发展

电商经济探索

发展形势研判

社会与民生建设

全力推进“四个全面”战略布局在宁波实践

（代序一）

◎刘　奇

党的十八大以来，以习近平同志为总书记的党中央接过历史的接力棒，站在时代和全局的高度，提出并形成了全面建成小康社会、全面深化改革、全面依法治国、全面从严治党的战略思想和战略布局，在理论上实现了马克思主义中国化的新飞跃，在实践中开辟了治国理政的新境界。

全面建成小康社会，是我们党几十年来一以贯之的奋斗目标。改革开放初期，邓小平同志在“三步走”的战略构想中，首次提出建设小康社会，党的十六大正式确立全面建设小康社会的目标，党的十八大提出全面建成小康社会。面对这一历史任务，习近平总书记指出：“中国已经进入全面建成小康社会的决定性阶段。实现这个目标是实现中华民族伟大复兴中国梦的关键一步。”总书记强调要毫不动摇地坚持和发展中国特色社会主义，坚持道路自信、理论自信、制度自信，使社会主义民主政治展现出更加旺盛的生命力。总书记作出经济发展新常态的战略判断，强调我国发展仍处于重要战略机遇期，经济处于增长速度换挡期、结构调整阵痛期、前期政策消化期“三期叠加”的阶段，强调“不要简单以国内生产总值增长率论英雄”，要“实现有质量、有效益的速度，实现实实在在、没有水分的速度”。总书记始终怀着“人民对美好生活的向往就是我们的奋斗目标”这一宗旨信念，强调“全面建成小康社会，最艰巨最繁重的任务在农村，特别是在贫困地区”，“全面实现小康，一个民族都不能少”。总书记创造性地提出了总体国家安全观，并把平安中国建设置于中国特色社会主义事业发展全局中来谋划。总书记高度重视正确处理经济发展同生态环境的关系，强调“保护生态环境，就是保护生产力”，要大力推动美丽中国建设，“让居民望得见山、看得见水、记得住乡愁”，努力走出一条“绿水青山就是金山银山”的发展新路。

全面深化改革，是我们党在新的历史条件下带领人民进行的新的伟大革命。经过30多年的探索实践，改革逐步进入深水区。以习近平同志为总书记的党中央敢于啃硬骨头，敢于涉险滩，开启了全面深化改革的新征程。在全面深化改革的顶层设计上，总书记指出："全面深化改革的总目标是完善和发展中国特色社会主义制度，推进国家治理体系和治理能力现代化。"在全方位统筹改革的战略部署上，总书记提出："这项工程极为宏大，零敲碎打调整不行，碎片化修补也不行，必须是全面的、系统的改革和改进，是各领域改革和改进的联动和集成。"总书记在狠抓改革措施的落实上率先垂范，亲自担任中央全面深化改革领导小组组长，短短一年多时间主持召开11次会议，对具体改革方案一件一件研究、一件一件落实，让各项改革落地生根、次第开花，让人民群众有了更多获得感。

全面依法治国，凝结着新中国成立以来正反两方面的经验教训，凝结着改革开放以来法治建设的成功实践。党的十五大第一次把依法治国确立为党领导人民治理国家的基本方略。党的十八届四中全会对全面推进依法治国作出全面部署。总书记澄清了党与法的关系，明确指出"党大还是法大"是一个伪命题，强调党的领导是中国特色社会主义法治之魂，要坚持依宪治国、依宪执政。总书记指出，对各级党政组织、各级领导干部来说，"权大还是法大"是一个真命题，要把权力关进制度的笼子里，依法设定权力、规范权力、制约权力、监督权力。总书记强调，司法是维护社会公平正义的最后一道防线，要努力让人民群众在每一个司法案件中都感受到公平正义。

全面从严治党，体现了伟大事业与伟大工程的统一。总书记重申了思想建党的原则，指出"理想信念就是共产党人精神上的'钙'，没有理想信念，理想信念不坚定，精神上就会'缺钙'，就会得'软骨病'"。总书记指出"党要管党，首先是管好干部；从严治党，关键是从严治吏"，并明确了"信念坚定、为民服务、勤政务实、敢于担当、清正廉洁"的好干部标准。总书记明确把加强作风建设作为工作开局的重要突破口，制定出台八项规定，部署开展党的群众路线教育实践活动，深刻剖析了形式主义、官僚主义、享乐主义和奢靡之风"四风"问题，要求树立和发扬"三严三实"的作风。总书记强调"从严治党靠教育，也靠制度，二者一柔一刚，要同向发力、同时发力。"总书记强调"从严治党，惩治这一手决不能放松"，要坚持无禁区、全覆盖、零容忍，坚持"老虎"、"苍蝇"一起打，坚决遏制腐败现象蔓延势头，着力营造不敢腐、不能腐、不想腐的政治氛围。党的十八大以来的反腐行动向世人证明，中国共产党敢于直面问题、纠正错误，敢于从严治党、捍卫党纪，敢于自我净化、自我革新，极大地坚定了全党的信心，赢得了全国人民的信任和拥护。

我们深刻体会到，"四个全面"战略布局，既有世界观又有方法论，既有全局又有重点，既有目标又有举措，每一个"全面"都是完整的系统思想。同时，"四个全面”又构成了一个有机整体，相互贯通、相辅相成、相得益彰。我们要以更加坚定的信心、更加豪迈的姿态、更加主动的作为，推进“四个全面”战略布局在宁波的实践，为全国全省大局作出新贡献。

第一，以建设更高水平的全面小康社会为目标，开辟创新转型发展的新境界。宁波作为沿海开放城市，在2006年全面建设小康社会实现程度就突破90%，达到91.14%，2010年达到94.12%。按惯常算法，达到90%就意味着基本实现了全面小康社会目标。2014年，我们对宁波基本实现现代化指标体系完成情况进行了测算评估，大部分指标完成情况较好，但也有一些指标还有不小差距。比如反映经济发展的指标中，建设用地单位GDP、规模以上工业增加值率、文化产业增加值占GDP比重等指标不是很理想。反映城市功能的指标中，中心城区经济总量、人口规模、建成区面积分别只占全市的60%、50%和63%，中心城区对市域经济的带动力偏弱。我们要建设更高水平的小康社会，首先还是要牢牢抓住发展这个第一要务。下一步，我们要在以下三个方面取得重大进展。一是要在建设“港口经济圈”上取得重大进展。宁波要跻身全国大城市第一方队，不能只在螺蛳壳里做道场，也不能只在挖掘成本优势上做文章，而是要大力培育城市功能优势，集天下资源为我所用。那么宁波靠什么去培育城市功能优势、提升资源集聚配置能力？就是要对接服务“一带一路”和长江经济带建设国家战略，加快“港口经济圈”建设，构建跨区域、大容量、高效率的经济要素交流网络，切实把港通天下的资源优势、开放优势升级为综合功能优势，转化为巨大的发展优势。特别是要打造一批功能性服务平台，包括港航服务平台、物流仓储交易平台、科技金融保险服务平台、促进产城港城融合发展服务平台等，最终成为城市综合竞争力。二是要在提升发展质量和效益上取得重大进展。我们要树立全生产要素、全生命周期、全产业链、全所有制、全价值链“五全”理念，找准宁波产业的发展定位和方向。一方面要加快宁波杭州湾新区、梅山国际物流产业集聚区、宁波新材料科技城、宁波国际海洋生态科技城、中意宁波生态产业园、浙江“千人计划”余姚产业园、宁波电商经济创新园等创新大平台建设，以高端产业、创新要素的集群集聚来推动产业结构的调整，形成高附加值、强带动力的现代产业体系。另一方面要深入实施“四换三名”工程，既要发挥“四大产业基金”对企业创新转型的引导作用，培育一批有核心竞争力的优势企业和知名品牌，又要加大落后产能淘汰力度，挤压“低小散”产业的生存空间，以最小的资源环境代价获取最大的经济效益，走出一条“绿水青山就是金山银山”的路子。三是要在促进城乡一体发展上取得重大进展。要高度重视城乡区域协调发展，面向“16+3”区域包括一些纯农业乡镇，落实一批精准有效的帮扶措施，确保在全面建成小康社会的征程中一个也不掉队。

第二，以全面深化改革为动力，激发经济社会发展的新活力。2015年宁波列出了50项重点改革项目清单，其中不少要触动不同利益群体的核心利益。要坚持重在解决发展中出现的突出问题、重在推进政府强身健体、重在激发市场和社会活力、重在让人民群众享有更多的改革成果，处理好“最先一公里”和“最后一公里”的关系，以“开弓没有回头箭”的决心推进改革，最大限度地把改革红利转化为发展红利。一是要有刀刃向己的行动。敢于向政府自身权力开刀，舍得“割自己的肉、动自己的奶酪”，深化“四张清单一张网”建设，清理法外设定的权力，纠正法无授权的行为，努力打造审批速度最快、服务效能最高、商务成本最低、法治环境最优的城市。二是要有先行先试的胆识。宁波现有国家级试点53项、省级试点18项。国家和省里赋予我们改革试点，就是赋予我们先行先试的机会，做成了就是一大优势。像保险创新综合示范区建设，就大有文章可做，包括如何推进保险与产业的融合、保险与科技的融合、保险与社会管理的融合、保险与信息经济的融合。还有像投融资方面，除了政府和社会资本合作共建投融资之外，还有商业保理、融资租赁、票据经纪、股权场外交易等许多金融新产品，我们要熟悉和敢用这些新产品。三是要有惠民利民的举措。要推进社会治理创新，加强基层基础建设，着力解决就业增收、社会保障、公共服务、社会治安、人口管理、公共安全等方面的问题，不断提升人民群众的生活品质。要深化生态文明建设体制改革，加快建立起源头严控、过程严管、后果严惩的机制，促进生态环境持续好转，让人民群众享有绿水青山、蓝天白云之美景。

第三，以全面依法治市为抓手，创造公平正义的新环境。推进治理体系和治理能力现代化，核心要义就是要用法治思维和法治方式来深化改革、推动发展、化解矛盾，维护稳定。深化法治宁波建设，就是要在统筹推进科学立法、严格执法、公正司法、全民守法的基础上，突出抓住“两大关键”。一是要抓住领导干部这一关键少数。要把提高领导干部依法办事能力作为一项长期性、基础性工作，把法治素养作为考核干部的“识别码”，促使各级领导干部带头厉行法治、依法办事，发挥关键少数在法治建设中的关键作用。二是要抓住法治实践这一关键环节。公民法治信仰、法治素养的养成，一靠宣传教育，二靠法治实践。要在加强普法宣传教育的同时，更加注重法治实践，让公民在实践中感受法律的尊严和权威。要把“三改一拆”、“五水共治”、“三治理一提高”作为法治实践的活教材，依法打好拆违治污攻坚战。要把信访法治化建设作为法治实践的试验田，依法规范信访秩序，依法打击非法信访行为，使办事依法、遇事找法、解决问题用法、化解矛盾靠法成为全体公民的行为自觉。要把社会信用体系建设作为法治实践的大平台，完善信用信息数据库、行业“黑名单”制度和失信惩戒机制，使失信者成为人人喊打的“过街老鼠”。

第四，以全面从严治党为保证，营造风清气正的政治新生态。全面从严治党，关键在治，要害在严。一是要使讲规矩、守纪律成为一种常态。党的纪律和规矩不是“稻草人”，而是“硬约束”，是带电的“高压线”。要把增强党纪刚性约束摆在从严治党的突出位置，坚决纠正和查处各种违反党的纪律、党的规矩的人和事。作为领导干部来讲，要牢固树立纪律意识和规矩意识，在任何时候、任何情况下都要心有所畏、言有所戒、行有所止，成为政治上的“明白人”。二是要使敢担当、善作为成为一种常态。要针对当前少数干部“为官不为”的问题，进一步完善干部考核评价机制，坚决调整那些占位子、混日子的“太平官”、“懒惰官”，提拔重用那些敢于担当、真抓实干、实绩突出的“狮子型”、实干型干部，真正形成以实干论英雄、以实绩用干部的鲜明导向。三是要使改作风、树新风成为一种常态。要始终保持“作风建设永远在路上”的警醒，以常抓的韧劲加大正风肃纪力度，做到力度不减、紧抓不放，决不能让“四风”问题反弹回潮，决不能因此透支党委政府的信用。四是要使治腐败、严问责成为一种常态。坚持有腐必反、有贪必肃，以零容忍的态度坚决查办腐败案件，做到发现一起、查处一起、问责一起，毫不含糊，绝不手软。

作者为浙江省委常委、宁波市委书记

强化创新驱动　提升产业发展

（代序二）

◎卢子跃

2015年是全面深化改革的关键之年、全面推进法治宁波建设的开局之年、全面完成“十二五”规划的收官之年和“十三五”规划的谋划编制之年，政府工作应当进一步深刻认识新常态、主动适应新常态、积极引领新常态，聚焦点、抓重点、破难点，努力开创经济社会发展的新局面。重点要突出港口经济圈建设，积极融入和服务国家“一带一路”、长江经济带这一战略，着力深化改革开放，着力提质增效升级，着力城乡区域协调，着力生态环境保护，着力惠民利民便民，努力保持经济平稳健康发展和社会和谐稳定，为实现“两个基本”、建设“四好示范区”奠定更加坚实的基础。就强化创新驱动、提升产业发展来说，要切实抓好以下几个方面重点工作。

一要着力创新驱动。以平台建设为重点，推进新材料科技城“一城多园”发展，加快宁波新材料（国际）创新中心建设，引进共建诺丁汉大学宁波新材料研究院、中电科（宁波）海洋电子研究院、中船海洋装备动力研究院等重大科研机构，争创国家自主创新示范区。以协同创新为支撑，深化科技体制改革，推进科技与经济的结合，做强天使投资、科技信贷风险池，支持创业基金发展，完善公共技术服务平台，深入实施“科技领航”、“智团创业”计划，培育壮大创新型企业、创新团队和技术研究院，大力营造“大众创业、万众创新”的浓厚氛围。深入实施重大科技产业化专项，强化发明专利实际应用，加快新能源汽车应用示范试点。以优化创新环境为保障，加强知识产权保护，深入实施“3315计划”和海外工程师计划。整合财政专项资金，设立并发挥好工业与信息发展基金、海洋经济发展基金、电子商务发展基金和旅游发展基金的作用，促进产业创新转型。

二要打造工业强市。推进“质优宁波”建设，深化“四换三名三创”工程，促进工业提质增效升级。围绕新材料、新能源、新装备、节能环保、海洋高技术等重点领域，培育壮大战略性新兴产业。全力打造一批省级“特色小镇”，推动产业集聚、产业创新和产业升级。增强产业链竞争新优势，谋划实施一批补链、强链型优质项目，开工建设康龙化成生命科技产业园、中国移动宁波信息通讯产业园，加快推进“千人计划”余姚产业园建设，力争中海油大榭石化三期馏分油、中金石化技改项目竣工投产。引导中小微企业提升发展，推动现代企业制度建设，促进“个转企、小升规、规改股、股上市”，加大困难企业帮扶解困力度。综合实施工业企业单位资源占用产出绩效评价，加快块状行业整治提升，启动“十百千万”专项行动。推进新型建筑工业化、住宅产业化，加快建筑业转型发展。

三要提升发展服务经济。深化服务业综合改革试点，推动生产性、生活性服务业协同并进。培育发展总部经济、科技研发、文化创意、服务外包、中介服务、汽车服务后市场等业态，力争国家广告产业试点园区开园运营。发展壮大“月光经济”，建设一批特色夜市街区，促进商文、商旅、商娱、商体融合发展。加快建设电子商务“一城两区一中心”，健全配套服务体系，培育电商经济创新园区。大力提升旅游业发展水平，加快天一阁·月湖 5A 景区和东钱湖国家级旅游度假区创建，推进雪窦山佛教名山和鄞江风情小镇打造，加强慈城古县城保护开发。全面深化金融生态示范区和全国保险创新综合示范区建设，扩大城乡小额贷款保证保险，加快发展普惠金融。切实优化服务业发展环境，完善生命健康、养老服务、信息消费等产业发展政策，推动省级服务业集聚区、市级现代服务业基地建设。

四要推进农业现代化。创建国家级现代农业示范区，深化农业结构调整。加快农业“两区”建设，健全粮食生产、流通、储备和调控体系，推进科技兴农，发展循环农业、现代种业、乡村旅游业、农产品仓储和冷链物流业，保障农产品质量安全。培育新型农业经营主体，培养生产型、技能型、经营型农村实用人才，健全社会化为农服务体系，完善强农惠农政策，促进农民收入持续普遍较快增长。

五要建设智慧城市。发展信息经济，促进产业信息化和信息产业化互动，争创信息经济发展先行区。以智能制造为突破口，推进“两化”深度融合，实施“机联网”、“厂联网”示范工程，推动制造模式向数字化、网络化、智能化、服务化转变。建设重点行业信息技术应用公共服务平台，扶持工业信息工程公司、智慧工厂工程公司发展。完善通信基础设施，推动免费无线上网从主城区向县（市）区延伸。启动智慧城市运营中心、城区“E 邮站”建设，发展智慧教育、智慧城管，探索智能交通管理服务系统，拓展市民卡应用范围，开展智能化气象服务，努力让城市管理更高效、居民生活更方便。

作者为宁波市委副书记、宁波市市长

港口经济圈构建

宁波推进经济社会转型发展三年行动计划的对策研究

◎ 课题组

针对当前经济社会发展的新常态，为深入实施“六个加快”战略和“双驱动四治理”决策部署，市委市政府审时度势，作出了推进经济社会转型发展三年行动计划（以下简称“三年行动计划”）的重大战略举措。“三年行动计划”就是要在三年左右时间，以加快经济社会转型发展为目标，以重大项目建设为抓手，以“五大工程”为重点，以全面深化改革、要素有效配置、齐心合力抓落实为保障，全面提升宁波经济社会发展水平，为实现“两个基本”、建设“四好示范区”提供基础支撑和强大动力。本文在分析“三年行动计划”实施情况的基础上，针对实施过程中出现的问题，研究提出相应的对策思路和解决办法，确保“三年行动计划”顺利推进并取得更大实效。

一、深刻认识“三年行动计划”重大意义，全面把握目标要求

认识是行动的前提。顺利实施“三年行动计划”，必须解决好重要意义、目标内涵等方面的认识问题，进一步统一思想和行动，增强工作自觉性、主动性、实效性。

（一）重大意义

1. 实施“三年行动计划”是顺应国际国内发展形势，积极落实国家战略和省委省政府重大决策的具体实践

实施“三年行动计划”，顺应了当今世界经济全球化和新一轮全球技术革命的发展趋势，顺应了我国全面深化改革开放、全面建成小康社会的发展要求，是宁波全面贯彻党的十八大和十八届三中全会精神、融入参与国家“一带一路”和“长江经济带”战略、贯彻落实省委省政府推进“五水共治”、建设“两富两美”浙江等重大战略决策的具体实践，是深入实施“六个加快”战略和“双驱动四治理”决策部署的重大举措，必将有力推动本市经济社会更有质量、更高水平地发展。

2. 实施“三年行动计划”是顺应新常态发展趋势，推进宁波经济实现转型发展的重要举措

中央提出的“新常态”重大战略判断，深刻揭示了中国经济发展阶段的新变化。宁波实施“三年行动计划”，突出发展质量，强调全社会参与，不仅注重发挥政府的引导作用，而且更加注重发挥市场对资源配置的决定性作用，发挥有效投资对经济发展的拉动和支撑作用，形成政府与市场相互作用、共同推进的基本格局，适应了我国从经济高速增长向中高速增长转变、从中低端产业向中高端产业转变、从要素驱动向创新驱动转变的发展新趋势、新常态，符合当前我国全面深化经济体制改革的基本要求，有利于促进本市经济结构战略性调整和发展方式转变。

3. 实施“三年行动计划”是顺应港口经济圈发展要求，加快建设现代化国际港口城市的客观需要

加快建设港口经济圈、做大做强城市经济，是新阶段宁波发展的战略选择。“三年行动计划”将现代产业培育、城市功能提升、发展基础强化等类型项目作为重要工作抓手，能有效破解当前发展中存在的产业能级较低、创新要素分散、资源整合能力有限、增长动力减弱、城市地位下降等突出矛盾问题，推动城市空间合理布局、产业结构优化提升、要素资源集约利用、城市功能明显增强和生态环境不断改善，为加快推进港口经济圈建设、实现基本建成现代化国际港口城市、基本实现现代化的战略目标奠定扎实基础。

4. 实施“三年行动计划”是顺应人民群众愿望期待，进一步提升城市品质和市民生活水平的科学决策

宁波实施“三年行动计划”，始终把人民群众利益放在第一位，把保障和改善民生作为重点，积极探索以项目化手段发展社会事业、工程化措施解决民生问题的新路子，推进教育文化、医疗卫生、社会保障、养老服务、住房保障、基础设施、生态环保等社会事业发展，着力解决好人民最关心、最直接、最现实的利益问题，回应了全市人民对提升城市品质、提高生活质量的愿望和呼声。

（二）目标任务

“三年行动计划”，由推进“五水共治”、现代产业培育、城市功能提升、民生福祉改善和发展基础强化等五项工程组成，计划实施400多个项目、三年完成投资4800亿元以上，着力增强现代产业引领带动能力，增强城市经济集聚辐射能力，增强民生福祉改善提升能力，增强基础设施承载保障能力。

“五水共治”工程，就是大力实施治污水、防洪水、排涝水、保供水、抓节水。到2016年，力争水环境功能区水质达标率达到71%，城镇截污纳管基本覆盖，农村污水处理、生活垃圾集中处理基本覆盖；防洪减灾基础设施滞后局面切实改变，

“三江”干流堤防全线封闭。

现代产业培育工程，就是加快现代服务业跨越式发展，推进工业强市建设，积极发展现代农业。到 2016 年，服务业增加值占地区生产总值比重达到 46%，形成一批战略性新兴产业龙头企业和产业集聚区，海洋经济生产总值达到 2700 亿元。

城市功能提升工程，就是推进功能区块开发建设，促进高端要素集聚，优化综合交通网络。到 2016 年，城市现代化基础设施更加完善，中心城区集聚辐射能力进一步增强，形成产城联动、现代都市融合发展格局。城市化率超过 71%，城乡发展规划、产业布局、基础设施、资源配置等基本实现一体化。

民生福祉改善工程，就是积极打造“美丽宁波”，不断优化人居环境，加快社会事业繁荣发展。到 2016 年，基本建成国家级生态市，环境空气质量优于国家环保模范城市标准，社会保障全民覆盖，住房保障体系基本形成，总体实现基本公共服务均等化。

发展基础强化工程，就是着力增强海港、空港服务能力，增强要素资源供给能力，深化“智慧城市”建设。到 2016 年，港口和机场服务功能更加完善，无线宽带网络覆盖率超过 98%，培养高技能人才 10 万人，人才总量达到 170 万人。

（三）基本原则

①认同性原则。必须把增进人民群众的利益与福祉作为根本出发点，重点解决宁波经济社会发展和人民群众生产生活中的突出问题，进而得到广大干部群众的认同，增强共建共享的责任意识、担当意识和参与意识。

②可行性原则。必须把握国家政策导向，紧扣宁波发展战略，既要高标准严要求，又要立足实际需求，谋划推进“三年行动计划”重大项目，切实增强针对性、可操作性，按时保质保量建成。

③实效性原则。必须着眼于解决发展中的根本性长远性问题，紧紧抓住项目建设的主要矛盾和矛盾的主要方面，找到最适合、最管用、最实在的解决方法，确保完成目标任务，取得实实在在的成效。

④带动性原则。必须突出高端高效，着力选优选强，发挥好集成带动、链式拉动作用，带动相关配套项目、上下游产业链建设，促成战略性新兴产业的集群化发展，带动城市功能区块建设，促成城市品质和综合竞争力的提升。

⑤持续性原则。必须坚持宁波长远持续发展，做好滚动开发，增加项目储备，完善项目配套，着力发挥项目的持续性作用，更加注重节约集约利用资源和生态环境保护。

⑥廉洁性原则。必须始终把反腐倡廉建设和“质优宁波”建设作为基本要求，建立完善重大项目保廉保质体系，确保项目建起来、质量提上去、干部不倒下。

二、科学评估“三年行动计划”实施情况，深入分析面临问题

（一）总体进展及实施成效

2014 年是“三年行动计划”的开局之年。从实施情况看，以项目建设为抓手，通过加强统筹协调、落实要素保障、强化招商选资、创新投融资机制等措施，总体进展顺利，取得了明显成效。

1. 项目建设进展良好

制定《宁波市经济社会转型发展三年行动计划（市本级资金投入项目）2014 年度工作目标责任分解》，对每个项目明确了牵头领导、责任单位和责任人，并按月度细化了投资和形象进度节点目标，有力推动了项目建设。2014 年全市共安排三年行动计划项目 419 个，年度计划投资 1355.5 亿元，实际完成投资 1362.4 亿元，占年度计划的 100.5%。分领域来看，“五水共治”工程完成 125.8 亿元，占 129.2%；现代产业培育工程完成 572.4 亿元，占 96.7%；城市功能提升工程完成 355.0 亿元，占 114.3%；民生福祉改善工程完成 172.7 亿元，占 84.9%；发展基础强化工程完成 136.5 亿元，占 89.2%。

2. 基础工作开展良好

着力完善“三年行动计划”重大项目推进工作制度，建立了市级领导联系重大项目和企业制度，制定实施重大项目督查组、中青年干部挂职、重大项目代办经理人等工作方案，开发了“宁波市重点工程项目综合监管系统”，实行了重大项目动态信息网上监控和“红黄绿灯”管理，为顺利推进项目建设奠定工作基础。

3. 联动推进势头良好

在市级层面，成立经济社会转型发展三年行动计划领导小组，市交通委、住建委、水利局、城管局、卫生局、教育局等重点部门陆续召开推进大会，制定了各行业“三年行动计划”实施方案；在县（市）区和重点开发区层面，各县（市）区和重点开发区都制定“三年行动计划”实施方案，加强组织领导，召开动员大会，推出了一批重点项目，加快推进建设。目前，全市上下协调联动、合力推进“三年行动计划”的工作体系基本形成。

4. 土地供应进度良好

探索完善土地储备和一级开发体制机制，健全城市轨道交通、重大线性交通工程土地配套储备和开发机制，整合资源、提升政府性融资平台融资能力。国土部门编制完成“三年行动计划”土地要素保障方案，完成用地指标相关数据的测算。2014 年需要土地指标的项目 60 个，土地指标已经到位项目 42 个，占项目数的 70%；2014 年土地需求 4.56 万亩，实际到位 3.2 万亩，占需求的 70.2%。

5. 资金投入保障良好

宁波市金融部门牵头召开银企对接会，积极创新融资模式和融资产品，参与制定了《关于金融支持经济社会转型发展三年行动计划重大项目的实施意见》，全力保障"三年行动计划"资金需求。市财政部门编制完成"三年行动计划"资金保障方案，对市本级财政投入资金予以全额保障。同时，积极完善社会化投资机制，探索统筹全市招商政策，建立市级重大招商资源库，编制和组织实施市、县两级重大项目、重点企业招商引资计划。2014 年 157 个市本级资金投入项目实际完成投资 486.8 亿元，占计划投资总额 110.7%。

6. 投产项目成效良好

"五水共治"、生态环保、交通设施、社会事业等领域重大项目的快速推进，为提高居民生活品质奠定了良好的基础，受到群众赞誉。一批投产达产的重大项目对经济增长起到明显支撑作用，特别是上海大众、中国南车、逸盛石化、海越新材料、吉利春晓整车等产业项目的建成投产，年内新增工业产值 100 多亿元，为稳增长、调结构、促转型做出了重要贡献。墨西石墨烯、中科莱恩机器人、南车超级电容、碳纤维等一批具有核心关键技术项目的建成，为产业的转型升级发展带来强大的促进作用。轨道交通 1 号线一期建成投用，公共停车位建成 2379 个，公共自行车建成网点 200 个、投放公共自行车 6000 辆，市特教中心、市妇儿医院北部院区等基本建成，有力地改善了民生品质。

总结一年来"三年行动计划"的实施情况，获得了以下几点经验和启示：一是坚持科学民主决策。通过广泛征求意见，科学严密论证，最大程度地凝聚共识，营造了共建共享、合力推进的社会氛围。二是紧扣转型发展主题。把握国家政策导向、宁波发展导向和群众需求导向，以发展城市经济为重点，推进经济结构战略性调整和发展方式转变，探索了新常态下经济社会转型发展的新途径、新载体。三是突出项目建设抓手。明确项目建设是"三年行动计划"的核心抓手，坚持抓大抓小并重，大项目配套小项目，小项目组合成大项目，实现了项目谋划的创新突破、项目推进的有效落地。四是强化项目实施保障。把项目建设保障作为重中之重，不仅强化资源要素保障，而且还强化审批服务、政策服务和协调服务，特别是创新投融资方式，做到融得到、转得动、投得好、还得起，为重大项目推进营造了良好环境条件。

（二）当前面临的主要问题

尽管"三年行动计划"取得了良好进展，但仍然存在不少困难和问题。从调查情况看，还有许多项目遇到这样那样的问题，其中比较突出的是"五个难"。

1. 项目结构优化难

主要表现在三个方面：一是项目结构分布不合理。计划项目中，一般项目多，大项目、好项目少，缺乏投资规模较大、带动力较强的大项目带动支撑，能起到加速器、润滑剂作用的平台类、体制类的软性项目也较为欠缺，项目结构分布不利于形成整体发展合力。二是项目区域分布不均衡。缺乏在市域层面的统筹谋划，各县（市）区项目特色优势不明显，出现热门产业分布同质化、招商引资竞争低端化局面。三是项目持续性不足。根据抽样调查，在项目后续配套方面，有后续滚动项目的占总数不到20%，而配套有其他项目的数量则更少。

2. 资源要素保障难

在土地保障方面：一是项目空间落地难。不少项目是最近一两年谋划生成的，与城市发展总体规划等衔接不到位，项目建设缺乏预留空间，或土地指标未落实。二是土地供应有缺口。按计划要求，2014 年实施项目中有 99 个需使用新增建设用地，需新增建设用地指标 5.2 万亩，而根据《宁波市土地利用总体规划（2006 ~ 2020 年）》，2013 年到 2020 年全市仅有 16.5 万亩用地指标。三是用地障碍较多。不少计划项目涉及大面积村庄拆迁，征用难度大；部分地块内存在铁路设施、军事设施、市政基础设施等尚未搬迁，建设单位协调难度较大；部分净地出让项目地块内还存在其他单位搭建的办公用房、员工宿舍等临时建筑。

在资金保障方面：一是总量上存在缺口。“三年行动计划”计划三年完成投资 4800 亿元以上，但经各种渠道安排的资金供应量不足，特别是今年以来经济增长速度放缓，财政收入增长受到一定影响，供求之间存在显著矛盾。二是结构上存在矛盾。项目融资渠道单一，特别是产业项目过于倚重银行借贷，而目前银行借贷门槛普遍较高，致使一些产业项目融资困难，建设单位压力较大。

3. 节能环保过关难

主要表现在两个方面：一是垃圾焚烧项目环评难通过。由于周边群众普遍存在“邻避心理”，反对在其居住区周边兴建，导致部分垃圾焚烧发电项目因此未能通过环评批复。二是部分产业项目节能和生态指标不足，难以通过审核。虽然计划项目在编制过程中已经考虑能耗和环境制约，但下阶段用能和排放空间在总量平衡、结构平衡、区域平衡等方面仍面临较大压力，多个产业项目因此在争取生态指标、节能指标时遇到困难。

4. 多方联动审批难

主要表现在四个方面：一是国家政策变化影响审批。如国家海洋局近期暂停了海域使用权审批，部分滩涂围垦、码头、堤防项目受到影响，使一批涉海项目因此停滞。二是涉及军队等部门审批权。部分项目涉及军产房和军事设施征迁，部分项目涉及铁路桥改建，这都需要征得军方、上海铁路局等审批同意。有些项目涉及无人海岛证的产权分割问题，而国家海洋局尚未出台操作细则，项目推进因此受阻。三是审批手续复杂。部分项目涉及多地区、多部门，导致审批周期延长。四是审批交叉进行。有些交通基础设施建设项目存在工期短、任务紧的情况，各项审批需交叉进行，协调难度大。

5. 部门区域协调难

主要表现在三个方面：一是多部门难协调。有些项目需要迁移市政管网、变电站、泵站等城市基础设施，涉及规划、电力、水利、城管、园林等多个部门，环节流程复杂，难以逐一协调。二是跨区域难协调。部分跨区域项目由于各区域之间在建设体制、资金分摊比例等方面难以协调一致，推进工作存在较大困难。三是项目间难协调。有些部门和领域承担的项目较多，工作人员尤其是项目负责人数量不足，影响项目实施进度和现场管理。

上述问题既有体制制约、政策滞后等客观原因，也有工作上担当精神不够、破难意识不强、创新办法不多等主观原因，需要高度重视，敢于善于改革创新来破解。

三、系统谋划“三年行动计划”重大项目，充分发挥项目效能

“三年行动计划”是宏大的系统工程，项目建设则是贯穿这个系统工程的主线和抓手。要按照项目“只增不减，适当调整”和“建成投产一批、开工建设一批、前期研究一批、谋划储备一批”的总体要求，针对项目谋划生成、规划布局、落地实施中的问题，采取相应措施，确保项目顺利推进，发挥最大效能。

（一）全力推进确定项目

加大已开工项目推进力度。建立定期汇报和定期通报相结合的制度，项目实施单位应及时向上通报项目建设情况和进度。项目责任单位要强化内部督查，重大项目督查组要对已开工项目开展实地督查、跟踪督查。对项目建设中需要各部门协同解决的问题，由领导小组办公室定时定期组织相关部门进行联合踏勘或召开联席会议，研究制定具体对策措施。对项目推进中的突发性紧迫性问题，可临时召开协调会议研究解决。

推动未开工项目及时开工。项目责任单位要指导项目实施单位加快完善新项目开工前的各项准备工作，对推进中遇到自身难以协调解决的困难和问题，及时向领导小组汇报。各相关职能部门要根据预先制定的要素保障方案，确保项目建设需要。督查组严格按照计划确定的时间节点，动态跟踪项目各项前期工作进展情况，对项目进展滞后的进行通报，督促推进项目开工。

（二）抓紧谋划储备项目

突出产业、基础设施、民生事业等重点领域项目谋划。利用国家和省、市重点开发区大平台，积极推进海洋生态科技城和电商经济创新园区等新平台建设，有目的、有方向地开展招商引资工作，瞄准世界500强、央企、龙头民企和强商名企等，

加快引进和实施一批产业大项目。加强基础设施项目的科学规划，注重地上地下联动、区块与区块之间联通，提高现代化、系统化和智能化水平。大力推进文化、教育、卫生、养老服务、社会治理等方面的民生事业项目投资建设，提高基本公共服务供给水平。

推动多级多层联动谋划。发挥政府主管部门在项目谋划中的主导作用，通过形势分析会、规划评审会、协调调度会等方式，全面提高项目谋划能力和水平。积极拓展与高校、科研机构的合作范围，提高项目技术含量，拓宽高技术项目来源。加大与国内外知名企业、咨询服务公司的合作力度，广泛利用高层次“外脑”参与项目谋划。

建立健全项目储备库。完善市、县（市）区及行业主管部门重大项目储备库，其中，市级项目库实行计划动态管理，做到常年筛选、滚动储备，并将符合国家产业政策导向、有市场前景的项目及时向国家、省有关部门和外商等进行推介；县（市）区和行业主管部门主要是结合经济社会发展五年规划和重点专项规划建立项目库，实行动态管理，并及时报市“三年行动计划”领导小组办公室和市发改委进行分类整理，充实完善市级重大项目储备库。

（三）强化项目筛选论证

科学论证项目。广泛吸纳专家参与项目立项论证，搭建社会公众参与重大项目决策的平台，通过听证、公示、公告等形式，听取公众意见，尤其应关注重大项目周边居民诉求，确保把有限的财政资金、土地资源用在“刀刃”上。

合理筛选项目。应注意不同项目之间的轻重缓急，切忌良莠不分。政府主导投资项目应符合中央政策导向和投资方向，产业项目应与市场需求相对接。对不符合产业发展导向和市场需求的项目，予以淘汰，退出计划项目名单。

（四）优化项目后续配套和管理

重视项目配套建设。按照适度超前的标准，抓好重大项目的供电、给排水、污水处理、路网等基础设施配套建设，电力、交通、通讯、供水、供气等部门要确保满足重点项目建设需要。加强各行业主管部门、各建设单位之间的沟通协调，提高设施共享度，避免配套设施重复建设。

加强项目后续服务。加强对已经竣工和即将竣工的重大项目的跟踪服务，由项目责任单位牵头，帮助解决运营过程中遇到的能源供应、劳动用工、资金筹措等问题，确保竣工项目早日投产，发挥经济社会效益。

建立项目后评价及反馈制度。重大项目竣工验收合格投入使用并经过一段时期运营后，建立由市“三年行动计划”领导小组办公室牵头，有关方面专家及职能部门参与的评估小组，对项目的工程质量、投资效益和环境影响等进行分级分类评价，并将结果向市领导及项目责任单位反馈。对发现的问题应立即整改，并及时总结经验教训，为今后相关项目的谋划、建设及管理提供借鉴。

四、切实强化“三年行动计划”要素保障，着力破解瓶颈制约

推进“三年行动计划”，最现实、最直接的制约是资源要素，必须采取强有力措施，破解要素制约难题。

（一）优化空间开发利用，突破项目落地难题

调整用地规划，解决空间不足问题。适时开展行政区划调整、城市总规调整，增加建设项目用地空间。认真实施修编后的全市土地总体规划，抓紧做好土地利用规划的调整和完善工作，综合运用调整用地性质、调整开发密度、混合使用用地等工具，落实重大项目用地空间。对已经为重大项目预留的土地空间，市县两级政府要制定相应的落实文件，规划等部门要加快规划覆盖、加强用地控制，国土部门要加快用地指标落实和用地性质调整。

抓好征迁工作，确保项目顺利落地。充分重视征迁前期调查工作，提前做好疑难问题的处理预案，建立征地拆迁市、县（市）区、乡镇（街道）三级联动机制，加大对疑难问题处置和司法强拆力度。各县（市）区政府搞好重大项目施工现场周边环境的综合治理，负责协调征地拆迁等有关事项。对于重大项目涉及市政基础设施搬迁等事宜，建立由市“三年行动计划”领导小组办公室牵头，市发改、交通、规划、水利、城管、电力、住建、消防等各有关部门参加的沟通协调会议，拿出具体解决工作方案。

（二）坚持集约节约用地，突破项目用地难题

提高节约集约用地水平。坚持“区别对待、有保有压”原则，合理确定和严格控制项目用地规模，优化新增建设用地结构，严格项目准入，强化“以亩产论英雄、以集约促转型”，提高投资强度和容积率，大力发展产出高、效益好的优势产业和新兴战略产业，提高单位建设用地利用效率。

加强用地指标统筹调配。综合开发利用低丘缓坡荒滩，推进农村集体建设用地改革，推进城乡建设用地增减挂钩置换。对行动计划中符合申报条件的交通、能源、水利等重点基础设施建设项目，要提前谋划，加强与项目实施单位配合沟通，积极向上争取申报使用国家统筹计划指标和省级预留规划指标。积极开展市外资源与产业合作，努力搭建各种平台，实现产业梯度转移和补充耕地等各类指标调入。

（三）创新投资融资机制，突破项目融资难题

推进政府投资和社会投资双向齐进。政府投资要上下联动，在向上级争取政策支持的同时，向下起到带动作用，引导社会资金积极参与。社会投资要内外并举，

向内吸引内资，促使国内大企业、大集团来甬投资，向外继续加大对外招商选资的力度，充分研究和发掘“一带一路”和“长江经济带”战略带来的开放潜力，把中意宁波生态园等一批重点外资项目发展好。

加强投融资平台建设。完善政府投融资平台管理和决策机制，推进市级投融资平台和直属企业“瘦身强体”工作，运用财政资金补充、城建资产注入、土地增值收益返还等手段，向政府投融资平台注入优良资产，提高平台企业资产质量和运营能力。剥离平台企业不良债务，设立偿债基金，专项用于还贷。

发挥财政资金保障和杠杆作用。合理配置政府财政性建设资金，强化对财政资金直接投入项目的保障力度，重点用于农业基础设施、城市基础设施、生态环保、节能减排、社会发展等领域，采取财政贴息、财政补助等多种形式，发挥财政资金的杠杆作用，吸引各类建设资金投入重点项目。

积极引入社会资金和涉外资金。充分发挥宁波民间资本充裕的优势，通过 BOT、TOT 和 PPP 等共建模式，吸引民间资本积极参与城乡基础设施、社会事业和环境保护等领域建设。政府相关部门和金融机构也应完善规章制度和操作规程，充分考虑保护社会投资者合法利益和积极性，为扩大民间投资创造良好的环境。做好项目包装和推介，积极引导涉外资金投向基础性、公益性和高新技术项目。

充分利用各类融资新模式。争取保险资金直接参与重大项目建设，按照保险资金投资的特点和要求，做好项目包装，扩大保险资金的引进和运用。对涉及大量机器、设备采购的建设项目，支持租赁公司通过售后回租方式盘活在建重大项目的各类资产，并通过直接融资租赁为项目业主购置设备提供融资支持。对具有较稳定收益的经营性市政项目，可采用发行市政债券进行融资。鼓励信托公司通过债券信托、股权信托、项目信托等方式扩充融资渠道，加大重大项目信托融资力度。

（四）注重生态资源统筹配置，突破项目节能环保难题

坚决控制总量。严格控制“两高一资”行业规模，坚决拒绝不符合布局规划、产业规划、环境标准的项目，从源头上预防布局性、结构性风险。加强污染物排放控制管理，完善污染减排监管体系，实行政府、排污企业、污水处理三方相互制约的管理运作模式。依法严格节能评估审查，严格控制高耗能行业新上项目，合理控制地区能源消费增量和总量。探索建立排放、能耗等指标市级统筹管理办法，优先保障重大项目推进建设。

抓紧削减存量。进一步加大强制淘汰落后生产能力、工艺、设备与产品的力度，整治、关停电镀、印染、化工、造纸等重污染行业企业。继续开展城区禁燃区建设和电力行业“大热源替代小热电”工作，腾出环境容量空间，使有限的能耗、排放指标保障重点项目开工建设。

加快提升质量。建立重点项目节能环保准入制度，规范重点建设项目的环保标

准、安全标准、能耗水耗标准，提高项目自身节能环保水平。

科学评估影响。统筹考虑区域发展稳定和百姓环境诉求，着重处理好生态效益与经济效益关系，探索合理的生态补偿和利益分享机制，建立健全公众参与的多元项目环境影响评估制度，争取项目周边群众支持。

五、不断完善“三年行动计划”推进机制，破除体制机制障碍

“三年行动计划”关键在于抓推进、抓落实。要针对工作推进中存在的问题，着力破除体制机制障碍，确保各项工作顺利推进。

（一）完善组织领导机制

充分发挥领导小组统筹全局作用。充实“三年行动计划”领导小组成员单位及其办公室配备，重大项目督查组，配齐配强督查力量，强化对项目进度及问题解决情况的督查力度。建立成员单位动态参与机制，遇到“三年行动计划”实施过程中的突发性紧迫性问题，及时召集相关成员单位召开办公会议。

建立领导解决项目实际问题机制。树立大前期概念，相关联系领导全程介入项目的前期工作，从谋划、招商到要素保障，把握项目方向，确保项目推进，统筹协调和解决项目实施过程中遇到的重大问题，并不定期深入施工现场进行现场办公，了解项目建设情况，督促项目按进度推进。

完善各级责任主体承担责任机制。项目责任单位对项目负全面责任，随时掌握项目实际进度，项目实施单位安排专人监督项目建设，汇总项目实施中遇到的问题，项目建设单位要对重点项目施工进度、安全生产、工程质量等负责。县（市）区政府要对各自本级的重点项目负责，相关职能部门做好要素保障和跟踪服务，落实由本部门承担的各项工作。市政府与各责任单位签订目标责任书，建立倒排工作时间表。

督促各职能部门履行职责。市“三年行动计划”领导小组办公室和市发改委要发挥好牵头抓总作用，会同有关部门，及时制定全市“三年行动计划”的年度实施计划，做好梳理分析，明确重大项目建设在资金、土地、环境容量、配套服务等方面的需求，逐年完善下一年度“三年行动计划”工作方案和项目安排。市财政局，要提高资金服务保障水平，挖掘财政收入潜力，整合财政资金，加强政府性债务管理，完善财政资金拨付方式，加强重点领域的财政资金绩效评价。市国土资源局、市海洋渔业局，要完善重大项目用地、用海服务保障方案，强化用地、用海指标的统筹管理。市金融办等部门，要完善重大项目资金服务保障方案，推动投融资体制创新。市规划局，要继续做好城市总体规划修改报批工作。市环保局、市经信委等部门，要制定完善重大项目环境容量、用能服务等保障方案。市国资委要加大对市

级投融资平台、直属企业的“瘦身强体”工作。

（二）完善问题类别管理机制

建立问题收集汇总分类机制。由市“三年行动计划”领导小组办公室及时收集汇总项目实施前期筹备和建设过程中遇到的各种问题，按照土地、征迁、资金、环保等难题，进行分类管理。

建立自动自主统揽解决机制。问题分类之后，对涉及单一职能部门的，由部门自动自主统揽协调解决。

建立多部门协调办理机制。部分问题需要多部门协调办理，由市“三年行动计划”领导小组召集相关部门进行联合踏勘或召开联席会议，研究制定具体对策措施。

建立问题解决后续反馈机制。项目责任单位应及时就问题解决情况向领导小组办公会议反馈，领导小组办公室对相关职能部门在问题解决过程中的有关表现予以记录，作为年底综合考评依据。

（三）完善联动审批机制

建立部门联合会审制度。对需要多部门审批的重大项目，集中各部门力量进行现场办公、专题协调和联合审批，提高审批效率。对一些审批手续复杂的项目，组织相关部门联席会议，探索“定制化”审批协调机制，研究建立更便捷高效、富有针对性的审批办法。完善网上审批制度和信息共享机制，统一项目登记、受理、审核、许可等流程，建立项目审批“一站式”电子政务平台，拓宽部门间信息共享渠道，提高行政审批效率。

建立上级部门审批协调制度。对需要国家和省里审批的项目，要按照“口对口、线对线”原则实现专人衔接，争取上级支持。对铁路设施、军事设施搬迁等需与上级部门协调的重点难点问题，由市“三年行动计划”领导小组办公室统一整理相关设施清单后向领导小组汇报，由市政府出面向有关方面协调。

完善绿色审批通道制度。进一步完善服务“直通车”、“一条龙”项目代办制等审批制度，各有关职能部门对项目建设单位报请审批的事项，应特事特办，优先从快办理，限时办结，确保及早获批、尽早落地。

（四）完善保廉保质机制

规范项目权力监管机制。政府投资项目，要遵循投资、建设、监管、使用相对分离、相互制约的原则，建立财政、建设、监察、审计等部门与项目责任单位、实施单位之间有效管用的监管链，必须做到廉洁廉政，决不能搞铺张浪费，决不能搞成腐败工程。对非经营性的政府投资项目，通过招标方式选择有资质的项目管理公司负责建设；对经营性的政府投资项目，推行项目法人制。在项目建设单位设立保廉机构，派驻专职纪检监察员，建立一整套监督制度，对项目实施专门的全过程监督。实行项目建设及资金使用信息公开制度，主动公开接受群众监督。完善项目审计制度，做到“财政资金运用到哪里，工程建设到哪里，审计就跟进到哪里”，加强对重大项目特别是政府投资项目的全过程跟踪审计。同时，建立完善企业行贿“黑名单”制度，强化企业不能腐、干部不敢腐的意识和制度保障。

加强工程质量和安全生产监督。努力打造优质工程、精品工程、安全工程，坚持保廉洁与保安全有机结合，加强对工程建设质量的监督检查，督促有关部门落实安全生产监管责任，确保生产安全。重点对建设单位和施工单位执行国家标准或行业标准情况，落实安全生产责任制、工程质量管理、保障体系、操作规程、技术措施等情况，进行监督检查，确保重大项目建设保质、保量、保安全。

（五）完善考核督查机制

建立综合考评机制。市“三年行动计划”领导小组办公室要加强综合考评，对考核对象包括项目责任单位和协调配合单位的年度目标完成、廉洁自律、工程质量、生产安全、要素保障、解决问题等方面，实行量化计分、分等计奖、分类处理，并纳入各单位、各部门年度综合目标管理绩效考核。对措施过硬、工作得力、成绩突出的，给予专门表彰和奖励。

强化督查通报机制。对市“三年行动计划”领导小组办公会议及部门联席会议确定事项完成情况以及项目月报等情况，由督查组进行跟踪督查和随机抽查，及时通报结果。对久拖不办、推诿扯皮和工作不力的职能部门，予以通报批评，并责成立即整改。发挥重点工程综合监管系统的作用，强化项目“红黄绿灯”管理，推动项目实施流程“全监管”、监测“全覆盖”。

课题主持人 ◀ 卢子跃
课题组成员 ◀ 阎　勤　何兴法　农贵新　韦风涛　宋宇宇　陈　浩

宁波港口经济圈的内涵特征与构建对策

◎阎　勤

宁波构建港口经济圈具有深远的历史背景和鲜明的时代意义。2006 年，习近平同志（时任浙江省委书记）在宁波调研考察时提出，要充分发挥港口资源得天独厚和港口经济、大桥经济、海洋经济、生态经济相得益彰的优势，积极打造辐射长三角、影响华东片区的“港口经济圈”。近年来，国家相继提出了“一带一路”、“长江经济带”和浙江海洋经济发展示范区建设等重大战略举措，为构建宁波港口经济圈提供了难得的历史性机遇，时机和条件更为成熟。宁波构建港口经济圈，是贯彻实施国家和省重大战略的重要抓手，是推进现代化国际港口城市建设的客观需要，是推动创新转型发展、争创比较和竞争新优势的重要突破口，也是提升城市能级和战略地位的现实选择。

构建港口经济圈首先必须科学理解和把握其内涵特征。港口经济圈是在一定范围内涵盖港口、产业、城市、生态、人文等要素的有机综合体，以国际强港和港口群为节点，中心城市和城市群为依托，战略性优势产业集群和现代产业体系为支撑，综合运输体系、基础设施体系和信息网络体系等为纽带，改革创新和开放合作为动力，具有较强辐聚力和影响力的新型经济模式和发展共同体。港口经济圈与都市圈、城市群、港口群等相比，有共同特征也有独特之处。其主要特征：一是圈层带动，即整个港口经济圈依托核心集聚区形成若干环状空间组团，向外通过紧密的功能联系走廊，形成港口合作圈、城市合作圈、经济合作圈、人文合作圈等内围圈层；二是线性辐射，即港口经济圈对外的功能辐射一般沿港口航线、多式联运、贸易走廊、信息网络等“线路”进行，超越空间的远程联系；三是链式集合，即将相关港口和城市的产业、资金、信息、基础设施、人才、人文、生态等要素集合，形成产业链、供应链、价值链、创新链、服务链等环环相扣、紧密衔接的发展链条。

研究确立宁波港口经济圈的战略定位。功能决定作用，能级决定地位。要考量宁波港口经济圈在全国乃至全球经济版图中的地位和作用，在“一带一路”、“长江经济带”、长三角一体化等国家战略中的地位和作用，在浙江省及宁波周边区域的地位和作用，以及在宁波发展阶段和战略中的地位和作用，尽可能将宁波港口经济圈建设上升到国家战略。构建宁波港口经济圈作为重大战略，要成为全国乃至全球港口群和经济圈的重要板块，我国长三角亚太国际门户，“一带一路”、“长江经济带”的重要支撑，中国和浙江经济的重要增长极。这一战略定位的实质是聚合圈内外优质资源要素，形成优势集聚功能，实现区域共同发展；关键是深化改革创新和开放合作，推动产业布局、基础设施、产品要素、市场体系等一体化发展；目的是不断提升港口经济圈的综合实力、国际竞争力和可持续发展能力。

加快构建宁波港口经济圈，近期要着力推进几项重点任务。一要抓紧制订宁波港口经济圈专项规划，积极争取成为国家战略。明确宁波港口经济圈建设战略目标，处理好与国家战略、上海以及周边城市的关系，充分发挥宁波在港口经济圈的核心城市功能，把宁波建成为“一带一路”的重要支点城市、“长江经济带”的重要节点城市和浙江经济的重要中心城市。二要加快打造国际强港，谋划创建国际港口联盟。积极推进宁波—舟山港一体化，加强港口基础设施建设以及组织、科技、管理、政策、服务创新，扩建“无水港”，积极争取宁波港作为发起方组建国际港口联盟，聚合圈内外各类港口资源。三要着力发展城市经济，不断增强中心城市群功能。对于宁波来说，要大力发展总部经济、信息经济、跨境电子商务、现代金融、国际物流等新型高端城市经济，发挥重大开放平台作用，创建“模拟自由贸易区”，提升宁波—中东欧经贸人文合作平台，构筑“网上海丝之路”，建设区域性重要资源配置中心，增强对周边及圈内外城市的服务、辐射和带动能力。四要积极推进开放合作模式创新，构建完善开放经济体系。坚持“引进来”与“走出去”相结合，强化圈内城市之间港口、产业、经贸、基础设施、人文和开放平台等方面全方位合作，积极探索港口、城市、经贸、人文等领域跨区域合作模式创新，进一步提升开放合作水平。五要注重发展多式联运，更加健全基础设施体系。进一步完善“海陆空”交通集疏运网络体系、“三位一体”港航物流服务体系以及信息网络体系。当前要加快谋划和推进甬金铁路、机场三期、杭州湾跨海铁路等重大项目建设，加快发展海铁联运、江海联运和国际中转，开辟、加密到圈内外重要城市的空港客货运航线和到重要港口的国际远洋干线等。

宁波港口经济圈建设关键要串起五条“链”

◎童明荣

宁波构建港口经济圈，是贯彻实施“一带一路”、长江经济带、浙江海洋经济示范区建设等国家战略的重要抓手，是推进宁波深化扩大对外开放、加快推进城市国际化、拓展发展空间的客观需要，是推动宁波创新转型发展、争创比较优势和竞争优势的重要突破口。宁波构建港口经济圈有一定的现实基础，但是要打造交通互联、要素互融、产业互补、人文互动、信息互通、成果共享的港口经济圈还存在相当的难度。从构建路径看，一方面要全力推动港口经济圈上升至国家战略，提升港口经济圈的能级，充分利用国家资源，争取国家政策支持，推动港口经济圈建设进程；另一方面要立足宁波实际，充分发挥宁波基础优势，围绕重点环节有序推进。从运作模式看，主要是“圈层带动、线性辐射、链式集合”，即依托核心集聚区形成由远及近的若干环状空间组团，核心集聚区与组团之间通过一条条虚实结合、功能不一的链条进行联系和辐射。打通和完善这些功能联系走廊是宁波港口经济圈建设的重中之重，结合宁波发展实际及比较优势，近期要着力谋划构建供应链、产业链、价值链、创新链、服务链等5条“链”。

一、以海陆集疏运网络建设为重点，构建完善港口经济圈“供应链”

对企业来说，供应链管理是物流管理的高级阶段，引申到区域间，构建完善供应链就是要加强基础设施建设，打通和健全物流通道。对港口经济圈这样相对松散的经济组织来说，基础设施之间的互联互通是最迫切也是最可行的举措。根据宁波港口经济圈建设的总体要求和主要特征，构建完善区域“供应链”的重点是强化海陆集疏运网络建设。

一是要强化港口经济圈核心区交通基础设施互联互通。在公路方面，要按照“两环十射三疏港”格局，启动沪甬第二通道前期研究，推动长三角2小时交通圈建设，统筹谋划舟山与宁波陆域的交通接口，着力加快将杭甬高速复线直通北仑港区和镇海港区。在铁路方面，要按照“六线一枢纽”格局，完善宁波穿山北港区铁路支线，筹建梅山港区铁路支线，积极开展杭州湾跨海铁路、甬金铁路、甬舟铁路前期工作，研究规划沿海铁路货运通道、杭甬城际铁路、甬台温城际铁路，尽快形成长三角快速客运及货运网络。

二是要完善宁波港口经济圈海上通道体系。主要是三个方面的工作：一是要完善港口远洋航线网络体系，开辟、加密到全球重要港口的国际远洋干线，重点开发东盟、南亚、西亚等经济板块的新航线，在重点联系港口探索建设若干个“海上驿站”，支持宁波港并购或参与国内外港口的经营管理；二是要完善内河支线网络体系，积极开发盐城、扬州、淮安等地内河航线，加大沿海南北港口集装箱至宁波中转数量，与舟山共同打造江海联运服务中心，积极争取沿海捎带、启运港退税等业务试点，推动成立长三角“江海联运”同盟，协调解决海运、江云、河运标准不一以及海进江、江进海等技术问题；三是要加快构建港口联盟，进一步推进和巩固浙江港口联盟建设，在此基础上积极探索使用参股、控股、合资等多种形式，在国内深化与上海、南京、太仓、连云港等长三角港口以及营口、青岛、福州、厦门、北部湾等南北沿海港口的合作，充分发挥APEC港口服务网络作用，深化与相关国家和地区港口间的合作，努力建成以宁波港等为核心的国际港口联盟，明确运行框架和机制，争取在宁波设立联盟秘书处。

三是要完善宁波港陆相通道体系建设。主要是两条路径：一条是加快“无水港”建设步伐，重点要参与长三角区域、“一带一路”及长江经济带支点城市西安、成都、昆明、乌鲁木齐等地无水港站建设，争取实现三年内“无水港”数量翻番。另一条路径是加快发展海铁联运，申报创建宁波海铁联运综合试验区，研究谋划并积极倡导第三亚欧大陆桥建设，设计并争取开通宁波—杭州（金华）—九江—武汉—重庆—西安—新疆—中西亚及欧洲铁路拼箱国际班列，开行新疆（阿拉山口、霍尔果斯、喀什）至宁波“五定班列”，建设宁波对接“一带一路”、“长江经济带”的海铁联运走廊。

四是要完善航空网络体系。按照“客货并举、以货为主”的总体战略，加快宁波机场三期项目建设，谋划组建宁波航空公司，推动宁波空港上市，加密香港、澳门、台湾航线，恢复韩国、新加坡、澳门航线，重点拓展宁波到日本和东盟主要国家航线，着力推进与乌鲁木齐、西安、成都、厦门、昆明等区域性枢纽机场的合作，积极争取延伸这些机场的亚太地区航线，全力打造长三角地区国际空港物流枢纽。

二、以加强产业合作为重点，构建完善港口经济圈“产业链”

从产业经济学角度看，产业链是指产业的上、中、下游等相互关联的企业群体，延伸到港口经济圈这样的区域经济中，产业链是指区域之间产业的分工合作、互补互动、协调运行等。宁波港口经济圈是新型经济模式和现代经济体系的概念范畴，因而圈内产业合作是重中之重。从宁波来看，在当前港口经济圈内产业引导机制、产业分工协调机制等尚未建立的情况下，深化港口经济圈产业合作关键要在以下几个方面发力。

一是要探索构建产业合作机制。加强区域产业合作的重点和难点是建立合作机制。要尽快探索建立宁波港口经济圈市场联席会议制度等政府层面的组织协调机制，以及宁波港口经济圈论坛会、贸易洽谈会、技术交流会等民间层次的协调机制，逐步建立起政府、行业协会、企业三个层面的市场衔接沟通机制，着重加强地方政府间产业政策的沟通，逐步消除大宗生产资料、工业品、消费品和劳动力、技术、信息、金融市场的准入壁垒及歧视性政策，推动港口经济圈内市场进一步开放与对接，创新构建港口经济圈内异地产业园区建设管理模式，创新圈内招商引资政策体制，实现区域产业错位发展、合作共赢。

二是积极打造产业合作平台载体。加大“山海协作”工程实施力度，谋划建设新的山海协作产业园。加强与港口经济圈相关国家和地区合作，出台专项政策支持国别园区和境外经贸平台建设，重点是在宁波谋划设立或在杭州湾新区等重点开发区内共建日本、韩国、新加坡、马来西亚以及中东欧等特色产业园区，启动建设宁波在东盟、非洲、美洲等地的境外产业园。加快推进海洋科技城建设，谋划建设“工业 4.0”示范区、智慧岛、生态岛等平台，重点面向宁波港口经济圈辐射区域招商引企。

三是要强化宁波与圈内港口城市之间临港产业合作。港口经济圈的产业合作重点无疑是临港产业。在临港工业方面，要在更大区域范围内谋划临港工业发展格局，充分发挥企业主体作用，着重要创新合作机制，强化圈内、国内外区域石化、汽车、船舶、能源等临工产业的互动合作，推动构建沿海临港工业带。在港航服务业方面，要充分发挥宁波港航服务体系优势，尤其要加快在宁波设立航运金融、航运保险等总部，强化宁波港航物流服务体系与相关城市港航物流服务体系的对接合作，积极为港口经济圈内城市提供更好的港航服务，并在服务中提升合作水平。

四是要强化宁波与圈内外城市之间旅游合作。旅游是宁波参与融入“一带一路”建设的重要切入口，也是宁波港口经济圈建设的重要合作内容。重点要策划开展 2015 年中国航海日活动、国际港口文化节、国际港口博览会、港口经济圈发展论坛等一批宁波港口经济圈主题旅游活动，精心设计港口经济圈及“一带一路”精品旅游线路产品，创新实施外国人 72 小时过境免签政策、境外旅客购物离境退税、签证简化等政策试点，构建完善宁波港口经济圈邮轮旅游网络等。

三、以加快发展国际贸易为重点，构建完善港口经济圈“价值链”

从经济学角度看，价值链是由制造、设计、采购、运输、经营等环节组成的链条。一般来说，生产、组装功能集中于具有劳动力优势的地区，研发、设计、销售等环节集中于发达地区，这样的价值链使更多地区参与生产活动之中，有利于进一步发挥各地优势。2014 年 APEC 会议决定实施全球价值链合作，宁波港口经济圈建设同样要着力推动价值链合作。宁波作为外贸大市、制造业大市，构建完善港口经济圈“价值链”的着力点有三个方面。

一是加强与圈内重点区域的经贸合作。加强同合作潜力大、互补性强的外国城市交往，争取每年在港口经济圈内新增一定数量的友好城市和友好交流城市，完善友城合作机制，积极开展多领域实质性交流与合作，选择在圈内美国、欧盟、日、韩等国家和地区专门设立特派联络点。充分利用 CEPA 和 ECFA 等机遇，更好推进宁波与香港、澳门、台湾之间的经贸合作。通过举办中东欧产品特色展、“中东欧·宁波周”等活动，加强宁波与中东欧有关城市的经贸合作。把握中韩、中澳自贸区建设契机，鼓励引导相关企业调整优化经营、贸易和投资结构，加强宁波与韩国、澳大利亚的经贸合作。通过设立东盟进口产品保税展示交易平台、进口货物集散中心，举办“东盟□宁波周”等举措，提升宁波与东盟国际贸易合作水平。健全沪甬合作机制，加强与上海港在航运、金融等领域的合作发展，优化两地港口建设、航运服务等的布局，推进金融、航运等资源跨区域高效流动，强化两港资本、技术和业务等战略合作，共同推进上海国际航运中心建设。完善甬港合作机制，进一步拓展合作范围。完善宁波—舟山港一体化发展机制，创新宁波—舟山港海关、检验检疫等监管机制。

二是大力发展总部经济。结合宁波实际，发展总部经济是占据价值链高点的现实选择。要出台专项政策，支持鼓励宁波港口经济圈内跨国公司和国内大型企业集团在宁波设立物流中心、采购中心，研发中心、销售中心、中介服务中心、培训中心、旅游和会展服务中心等机构，并逐步发展成为区域总部；鼓励支持宁波本土企业在港口经济圈内收购或建立物流、营销体系，鼓励和引导传统制造业把部分生产环节和制造转移到外地，形成本土型总部。

三是加快发展大宗商品交易。发展大宗商品交易，是宁波谋求掌握价值链主动权的重要突破口。要牢牢把握金属、矿产、塑料、液体环工等重点优势领域，以期货保税交割、离岸账户试点等关键“点”，积极争取港口经济圈内国家和区域的支持，大力引进国际运营商、贸易商和期货经纪商，发展网上展示、交易等服务，拓展大宗商品服务范围和合作空间，建设具有全球话语权和影响力、服务宁波港口经济圈发展的大宗商品进口基地、信息中心和定价中心。

四、以推动协同创新为重点，构建完善港口经济圈“创新链”

宁波港口经济圈建设是个大战略、大部署，根本动力在创新驱动。构建协同创新体系，完善和优化区域创新创业生态系统，是宁波港口经济圈建设最重要的引擎，当前要按照“促联合、促对接、促转化、促市场”等主线，在落实联合攻关、成果转化、资源共享、市场一体化等方面着力谋划推进三个方面的工作。

一是构建协同发展创新体系。积极争取国家支持，组建创新体系建设联席会议制度，推动与上海、杭州等宁波港口经济圈核心区及中关村等创新高地的合作，打造大区域的创新创业生态系统，积极争取共建科技创新综合改革试验区，协调开展科技体制机制创新、人才吸引聚集等方面的改革，探索设立宁波港口经济圈协同创新基金和成果转化基金，努力使宁波港口经济圈核心区成为创新型国家建设的先导区、国家知识创新核心区、产业技术创新示范区。

二是探索建立科技资源合作共享机制。共同研究确定事关宁波港口经济圈整体发展的重大科技攻关专项，开展联合攻关。鼓励区域内的企业与高等院校、科研院所，跨区域联合设立研究开发机构、工程技术研究中心、企业技术中心、企业博士后流动站等，开展项目合作。联合共建科技教育信息网、大型公共仪器共享服务网，对高技术信息库、国际技术标准库和专家库，实现联网共享。设立重大创新合作专项，允许区域内各类科研机构跨区参加科技项目的招投标，公开竞争政府科技项目。加强港口经济圈相关区域在人才市场、人才信息网络、人才评价、人才资源开发、人才资源共享、人才政策等领域的合作，促进人才在相关区域内有序流动和优化配置。

三是积极打造协同创新载体。整合圈内创新资源，以长三角区域为起点，合作建立跨区域的宁波港口经济圈科技资源服务平台、企业孵化平台、产业技术联盟、政府采购和示范推广平台等。加大支持跨国联合运作的创新平台和产业联盟运作，对开展国（境）外研发合作给予更大支持，建成若干个具有重要影响的国际联合研究中心。在港口经济圈内谋划建设若干条科技新干线，联合打造大数据走廊、智慧制造园区等特色高新技术产业基地。近期要在高新区建设股权投资企业总部基地，设立宁波股权交易中心，集聚国内外知名股权投资企业，推进宁波与台湾无线城市建设合作，尽快启动试点建设项目等。

五、以强化口岸物流信息服务为重点，构建完善港口经济圈“服务链”

宁波建设“港口经济圈”的立足点必须放在为圈内相关城市的服务上，力争在服务中求发展、在服务中促合作。结合宁波的基础优势及相关城市的需求，着重要强化口岸服务、港航物流服务及信息服务等方面。

一是强化口岸服务。积极推进宁波的海关特殊监管区整合提升，加快设立综合保税区，争取上海自贸区政策延伸到综合保税区。积极争取设立国际航运综合改革试验区，以梅山保税港区为重点，争取享受上海国际航运中心建设的优惠政策，探索启运港、第二船籍登记、离岸金融业务试点和船舶特案免税登记试点。参与并大力推进国际贸易便利化改革，着力在原产地证书申领与核准、提高进口商品获得便利性、海关和质检的电子联网核查、货币兑换等方面力争实现创新突破。以长三角经济一体化为契机，加快融入长三角都市圈，在全面实行义乌进口货物直通放行制度基础上，推动长三角通关、检验检疫一体化改革，优化对腹地城市、港口经济圈内相关城市的口岸服务。

二是要强化港航物流服务。积极申报“网上丝绸之路”港航服务试验区，完善宁波航交所海上丝路指数，促进宁波航运经济监测分析平台在港口经济圈的推广应用，推进境内外海运物流费用网上支付试点。大力推进长三角各地电子口岸之间的数据信息互联互通，抓紧制订长三角区域电子口岸互联互通发展规划、实施方案、配套政策和措施。依托宁波电子口岸、第四方物流平台、港口 EDI 中心、物贸汇等平台，搭建宁波港口经济圈港航信息交互平台，并不断推动平台在圈内区域的应用。

三是要强化信息服务。宁波对港口经济圈内相关城市的信息服务着力点是大力发展跨境电子商务。要以国家跨境贸易电子商务试点建设为契机，依托梅山保税港区、宁波保税区、宁波空港保税物流中心等平台，加强跨境电子商务市场主体培育，支持世贸通、大道商诚网、全球贸易通、保税通等本土外贸综合服务平台建设，筹建跨境电商欧洲馆、东盟馆等区域网上市场和境外宁波馆展销平台。加快推进宁波国际邮件互换局筹建工作，支持快递企业申报国际快递业务牌照和构建境外物流网络。尽快理顺跨境电子商务发展和管理体制机制，倡导并推进宁波港口经济圈内城市报关、检验、支付、外汇、税收等贸易环节改革，创新海关监管和检验检疫模式，完善企业收结汇、跨境支付、电子商务出口退税等制度。

宁波参与实施国家战略
加快构建“港口经济圈”的对策思路

◎ 课题组

国家“一带一路”战略和长江经济带战略都是我国加强在各领域合作、推动新一轮改革开放的重要战略。宁波作为对外开放重要门户区，区位条件和发展基础良好，应该紧紧抓住国家两大战略机遇，加快构建“港口经济圈”，再创开放新优势，力争成为“一带一路”和长江经济带建设的重要节点城市。

一、国家“一带一路”和长江经济带战略为宁波“港口经济圈”建设带来重大机遇

（一）更加凸显“港口经济圈”战略地位和价值

习近平总书记在浙江工作期间曾明确指出，宁波要利用好港口资源和开放优势，打造辐射长三角、影响华东片的“港口经济圈”。国家相继提出了“一带一路”、长江经济带和浙江海洋经济发展示范区建设等重大战略举措，为构建宁波“港口经济圈”提供了难得的历史性机遇，更加凸显了“港口经济圈”战略地位和价值。宁波要以“港口经济圈”建设为契机，主动融入国家“一带一路”和长江经济带战略，打造现代化国际港口城市升级版。

（二）为国际强港和港口群建设带来重大机遇

《推动共建丝绸之路经济带和21世纪海上丝绸之路的愿景与行动》，明确提出“推进浙江海洋经济发展示范区建设，加强宁波—舟山等沿海城市港口建设”。李克强总理2014年11月在浙江考察时，希望宁波、舟山共同打造江海陆联运服务中心，成为长江经济带龙头的龙眼之一。今年省政府工作报告强调，要大力推进宁波—舟山港一体化，积极谋划和推进“港口经济圈”建设。宁波是一座因海而生、因港而兴的城市，也是古代海上丝绸之路的始发港之一，港口优势一直是宁波最重要的优势。宁波正好地处海上丝绸之路和长江经济带的“T”字型交汇处，国家“一带一路”和长江经济带战略为深入推进浙江海洋经济核心示范区建设，实现宁波港口辐

射半径的最大化、港口功能的最大化、港口经济的最大化拓展新的发展空间，为打造国际强港，谋划创建国际港口联盟带来新的发展机遇。

（三）为城市国际化加强对外开放合作带来重大机遇

国家“一带一路”和长江经济带战略是国家和地区之间、城市之间加强交流合作的战略，有利于充分发挥宁波的开放优势，发挥好港口资源、对外开放、城市功能、产业配套、海洋经济等比较优势，加强港航物流、国际贸易等重点优势领域合作与发展，提升城市国际化水平，打造圈内具有强大辐射带动能力的国际开放门户城市。宁波以对接“一带一路”长江经济带战略为契机，搭建国际贸易合作平台和对外经济合作平台，重点是加强与“一带一路”沿线国家和“长江经济带”沿线城市合作，共建产业园区、科技园区、经贸合作区，提升国际贸易合作水平和对外经济合作水平。加强全球资源利用和整合，深化对外开放新格局，积极推进开放合作模式创新，构建完善开放经济体系。

（四）为经济转型升级和宁波都市圈建设带来重大机遇

“一带一路”行动方案，以政策沟通、设施联通、贸易畅通、资金融通、民心相通为主要合作内容。《关于依托长江建设中国经济新支撑带指导意见》主要从综合交通物流、产业布局、新型城镇化、开发开放、生态环保、协调机制六个方面推动长江经济带城市经济转型升级。港口经济圈与都市圈、城市群、港口群等区域经济圈密不可分，通过圈层带动，即整个港口经济圈依托核心集聚区形成若干环状空间组团，以宁波为中心区向外通过紧密的功能联系走廊，形成内围圈层；通过链式集合，即将相关港口和城市的产业、资金、信息、基础设施、人才、生态等要素集合，形成产业链、供应链、价值链、创新链、服务链等环环相扣、紧密衔接的发展链条。加快建设“港口经济圈”，就是要在更高层次上提升宁波产业发展能级、区域辐射力和国际竞争实力，在服务“一带一路”和长江经济带国家战略中发挥更大的作用。是新常态下推动宁波经济创新转型发展、争创比较优势和竞争优势的重要突破口，也是宁波提升资源配置功能和城市战略地位的现实选择。

（五）为加强城市间合作带动城市群发展带来重大机遇

“一带一路”战略旨在促进经济要素有序自由流动、资源高效配置和市场深度融合，推动沿线各国实现经济政策协调，开展更大范围、更高水平、更深层次的区域合作。长江经济带战略将推动长三角、长江中游和成渝三大城市群的跨越式发展，形成具有世界意义的长江沿岸城市带。习近平总书记曾提出：“要把地方交流合作做实做深，建立更长远的合作关系。”这就强调国家交流和城市交流要结合起来，发挥各城市作用，加强城市之间交流合作。构建“港口经济圈”，就是要以合作共赢为目标，坚持把港口经济圈建设作为区域经济合作的新载体，着力发展城市经济，不断增强中心城市群功能。以更加开放的姿态，大力推动与圈内相关城市在港口、产业、贸易、投资、文化等方面的合作，努力构筑优势互补、资源共享、共荣共兴的合作发展新格局。特别要搭建人文交流合作平台，发展友好城市，确保港口经济圈经贸合作源远流长。

（六）为基础设施建设带来重大机遇

国家“一带一路”战略和长江经济带战略的重点就是加快同周边国家和区域基础设施互联互通建设，形成全方位开放新格局。特别是共建“一带一路”致力于亚欧非大陆及附近海洋的互联互通，建立和加强沿线各国互联互通伙伴关系，构建全方位、多层次、复合型的互联互通网络。宁波要充分把握战略机遇，以建设“港口经济圈”为契机，构建互联互通的海陆空集疏运网络和互联互通新走廊，如港航走廊、航空走廊、陆路走廊和信息走廊，打通宁波通往长江中上游和中西部的铁路大动脉，加快中西部地区以及中西亚、中东欧国家陆相腹地开发，使宁波港成为连接“一带一路”和长江经济带的重要枢纽港。

二、宁波参与国家“一带一路”和长江经济带战略，构建“港口经济圈”的优势条件

根据“一带一路”和长江经济带的战略构想，宁波构建“港口经济圈”具有许多独特优势和有利条件。通过主动对接“一带一路”和长江经济带战略，让宁波的这些优势和条件发挥得更加充分。

（一）复合型的区位优势

宁波地处长江黄金水道和南北海运大通道的“T”型交汇处，紧邻亚太国际主航道要冲，具备辐射“一带一路”、长江经济带沿线城市的战略区位。又是长三角五大区域中心之一和长三角南翼经济中心，水陆空交通网络直通全国各地，腹地广阔，对周边城市的辐聚功能较强。目前，宁波栎社机场已与长江经济带 11 个重要城市机场开辟了直飞或经停航线；宁波火车南站每日有始发开往长江经济带重要城市的高铁和动车近 30 班次，过路车近 70 班次。

（二）国际化的港口优势

历史上，宁波曾是海上丝绸之路的起讫港之一。2014 年完成货物吞吐量 5.26 亿吨、集装箱吞吐量 1870 万标箱，均居国内港口第 3 位，分别居世界港口第 4 和第 5 位。临港工业占全市工业比重 65% 左右。宁波港已与世界上 200 多个国家和地区的 600 多个港口开通了 228 条航线，有至印尼、马来西亚、越南等 7 国 20 个港口的集装箱直航航线和数十条经停航线。去年以来，积极开发东盟、南亚、西亚等经济

板块的“21世纪海上丝绸之路”新航线，新开航线11条。宁波港与马来西亚的巴生港是友好港，与新加坡港务、中海码头共同出资设立公司，管理经营梅山港区1#、2#集装箱泊位。2013年推出的反映集装箱运价的“海上丝绸之路”指数在东盟国家具有较大的影响力。海铁联运业务进展快速，2014年共完成海铁联运13.5万标箱，增长28.4%，增幅列全国6个示范通道首位。海铁联运网络已覆盖省内台州、金华、绍兴、衢州及省外的南昌、上饶、鹰潭、景德镇、萍乡、新余、西安、襄阳等12个城市，部分还开辟了“五定班列”，运箱量持续快速增长。目前，国家集装箱海铁联运物联网应用（宁波港）示范工程已进入工程实施阶段，建成后将给宁波海铁联运发展注入巨大动力。

（三）全面开放的平台优势

2014年，宁波自营进出口额达到1047亿美元，大宗商品交易额突破6000亿。宁波已形成体系完备的开放平台体系，包括以保税港区、保税区、出口加工区等特殊监管区和高新区、杭州湾新区等国家、省市级重点开发区为基地的产业性平台，以国际贸易展览、金融服务和航运服务三大中心等为代表的功能性平台，以浙洽会、海洽会、中东欧展、消博会“两会两展”为龙头的载体性平台，以APEC港口网络为依托的港口合作平台等。这些平台可以为宁波率先探索习总书记出访欧洲四国时提出的“中国—欧洲—东盟”等新型合作模式提供有力支撑和有效途径，也可以为长江经济带内陆城市争取全球资源、拓展海外市场提供高水平的专业化服务。

（四）经贸合作优势

宁波是全国首批14个沿海开放城市之一，是全国第8个进出口总额超千亿美元的城市，2014年宁波对“一带一路”沿线重点国家（地区）境外投资额10多亿美元。东盟是宁波第三大贸易伙伴，2014年双边贸易额达到86.81亿美元，印尼、泰国和马来西亚三国占59.9%。双方外资外经关系密切，截至2014年底，东盟在宁波实际投资14.34亿美元，新加坡和印尼两国占86.8%；宁波在东盟国家设立了226家境外企业和机构，核准中方投资额10.37亿美元，其中在越南、柬埔寨、新加坡、泰国等地已形成一定规模，宁波企业在越南投资建设的首个工业园区项目已投产。另外，宁波与长江经济带各省市建立了较为密切的经贸合作关系。一是投资和市场合作基础良好。市财政每年拨付专项资金，鼓励宁波企业去中西部地区设工厂、拓市场；市国内经济合作办公室先后在成都、武汉、南昌举办过“宁波周”，连续几年组织宁波优秀企业参展成都举行的中国西部国际博览会。二是产业合作快速推进。积极推进长江经济带省市的宁波产业园和宁波企业生产基地建设，如贵州黔西南（宁波）产业园、雅戈尔绵阳工业城、奥克斯南昌生产基地等。

（五）人文交流优势

宁波是“海上丝绸之路”的起讫港之一，有着悠久的经贸和人文历史。目前，宁波已与45个“一带一路”沿线重点国家城市缔结友好城市。如今，宁波华侨和留学生集中在东盟几个重要城市内，新加坡城超过1万人，曼谷、吉隆坡也都有数百人的规模，而且树立了良好的整体形象。有30多万“宁波帮”人士分布在世界各地，而且“宁波帮”在东盟国家有很强的影响力，泰国江浙会现任理事长是宁波人，胡志明市有数个宁波人创办的华文学校。另外，宁波已与长江经济带沿线城市昆明、成都、贵州、南昌、合肥缔结友好城市关系；市经济建设促进协会在武汉、杭州、成都等7个城市建立了分支机构；云南、成都、重庆、贵州等10省市成立了宁波商会；宁波市内已设有四川、重庆、贵州、湖北、湖南、安徽等省级商会和数十个长三角城市商会。

三、宁波参与国家“一带一路”和长江经济带战略，构建“港口经济圈”的基本设想

“港口经济圈”是涵盖港口、产业、城市、生态等要素的有机综合体，以国际强港和港口群为核心，中心城市和城市群为依托，港口经济及相关产业为支撑，综合运输体系、基础设施体系和信息网络体系等为纽带，改革创新和开放合作为动力，具有较强辐聚力和影响力的新型经济模式和现代经济体系。根据“一带一路”和长江经济带的战略构想，宁波应在“港口经济圈”建设上做好以下几项重点工作。

（一）对照“一带一路”和长江经济带战略，力争“港口经济圈”上升为国家战略

抓紧制订宁波港口经济圈专项规划，要把宁波“港口经济圈”地位上升到全国乃至全球经济版图中的地位和作用，在“一带一路”、长江经济带、长三角一体化等国家战略中的地位和作用。大力推进宁波—舟山港一体化，尽可能将宁波港口经济圈建设上升到国家战略，列入国家“十三五”规划。构建宁波港口经济圈作为重大战略，要成为全国乃至全球港口群和经济圈的重要板块，我国亚太国际门户、“一带一路”、“长江经济带”的重要支撑，长三角中国和浙江经济的重要增长极。把宁波建成为“一带一路”的重要支点城市、“长江经济带”的重要节点城市和浙江经济的重要中心城市。这一战略定位的实质是聚合圈内外优质资源要素，形成优势集聚功能，实现区域共同发展；关键是深化改革创新和开放合作，推动产业布局、基础设施、产品要素、市场体系等一体化发展；核心是不断提升港口经济圈的综合实力、国际竞争力和可持续发展能力。

（二）推进国际强港建设，构建互联互通新走廊

“港口经济圈”不是单纯地发展港口经济，而是要以此为纽带，构建跨区域、大容量、高效率的经济要素交流网络，促进港口与产业相融合，积极推进宁波—舟

山港一体化，加强港口基础设施建设，扩建“无水港”，争取组建国际港口联盟，使宁波成为我国集聚配置国际贸易、港航、物流资源的战略高地，成为名副其实的现代化国际港口城市。

一是构建互联互通的海陆空集疏运网络。完善公铁水空一体化的对外综合交通，推动宁波—舟山港口一体化取得实质性进展，特别是加快甬金铁路建设，打通宁波通往长江中上游和中西部的铁路大动脉。加快中西部地区以及中西亚、中东欧国家陆相腹地开发，优化重点城市“无水港”布局，打造宁波—华东地区集装箱海铁联运“黄金通道”，推进“甬新欧”贸易物流线建设，使宁波港成为多式联运国际枢纽港。加快推进机场三期、杭州湾跨海铁路等重大项目建设，加快发展海铁联运、江海联运和国际中转，开辟、加密到圈内外重要城市的空港客货运航线和到重要港口的国际远洋干线等。

二是构建互联互通新走廊。①港航走廊：开辟新航线，重点增加至印尼、马来西亚、泰国等国港口的航线，发展一批友好港口。规划建设邮轮码头，打造海上丝绸之路旅游圈。②航空走廊：稳固已有的到曼谷、岘港等城市的国际航线，重点拓展至新加坡、印尼、马来西亚、泰国等东盟国家城市和中东欧国家城市的客货两用直飞、经停航线。增辟签证“绿色通道”。③陆路走廊：拓展高铁网络和高速公路网络，尽早开通宁波—新疆、宁波—武汉的“五定班列”，加快与中西部地区的公路、铁路互联互通。加快海铁联运延伸到长江经济带和中西部地区各铁路枢纽，提升货运量级，争取创建国家级海铁联运综合试验区。④信息走廊：搭建服务“一带一路”沿线国家和地区的跨境电子商务信息、物流信息平台。规划建设“一带一路”沿线国家物流信息互联互通合作项目，推进港口、航运信息交换，开辟货物通关快捷渠道。

（三）建设一批重要平台和载体，带动中心城市能级和水平提升

一是打造一批港口开发合作平台。组建海上丝绸之路港口国际合作组织，推动成员港口在基础设施共建、国际航线设置、航运价格协调等方面加强互利合作。

二是打造一批区域科技创新平台。高水平规划建设国际海洋生态科技城，与宁波新材料科技城形成“双子星座”的区域创新格局。启动宁波海洋研究院和海上丝绸之路研究院建设，加快构建海洋科技创新体系。

三是打造一批产业合作共建平台。谋划建设中意、中以、中澳等高端特色产业园，加快建设马来西亚产业园、刚果（布）钾肥生产基地和中策尼日利亚产业园，形成多层次、全方位的产业合作格局。

四是打造一批贸易物流发展平台。深入推进甬商所、航交所、智慧物流公共基础平台、“世贸通”“跨境购”等重大平台载体建设，强化贸易物流服务功能支撑。

五是打造一批经贸人文交流平台。建立友好城市，互设办事处。积极承办中国

—中东欧国家投资贸易博览会、国际港口文化节、中国航海日等活动，进一步扩大“一带一路”城市间的交流交往。

六是重点打造一批中国与东盟合作的重要平台和载体。①依托宁波港，可选择越南、印尼等国沿海港口城市，合作开发港口和岸线资源，共建新港口。②依托杭州湾新区、新材料科技城等产业集聚区平台，加大引进东盟国家和地区的企业总部、优质项目等。③依托宁波“三大中心”和“两会两展”的平台载体，拓展与东盟国家和地区的贸易展览、金融、航运合作服务功能，扩大合作往来。④依托宁波大宗商品交易市场和大型外贸企业，扩大与东盟国家和地区的粮食、水产品、橡胶等货物贸易，建立贸易和销运基地。⑤在宁波开设中外合作共建产业园或东盟国别产业园。如与新加坡等国家和地区合作共建航空产业园、海洋装备产业园、生态环保产业园等。⑥到外方开设宁波产业园。考察、选择印尼、马来西亚、越南等东盟国家和地区建设宁波产业园，鼓励支持有条件的企业“走出去”，积极开展海外并购、创设产业基地、开发战略资源等。争取宁波成为中国—东盟自贸区建设试点先行城市。

（四）加快经济转型升级，提升综合实力和国际竞争力

一是发展高端城市经济。大力发展总部经济、信息经济、跨境电子商务、现代金融、国际物流等新型高端城市经济，创建“模拟自由贸易区”，构筑“网上海丝之路”，建设区域性重要资源配置中心，增强对周边及圈内外城市的服务、辐射和带动能力。

二是发展壮大现代物流服务产业。加快物流供应链系统建设，完善“三位一体”港航物流服务体系，发展大宗商品交易、现代航运、国际会展、市场交易、金融结算、航运保险、商务服务等临港现代服务业，全面增强港口物流产业的核心竞争力和衍生效益。

三是择优发展临港大工业。围绕石化行业的补链型项目、装备制造行业的先进项目以及国家布局的重大生产力项目，打造若干个优势产业集群。

四是积极推进开放合作模式创新。争取与“一带一路”沿线国家驻华使馆一一洽谈对接，疏理出具体合作项目。支持企业加强与“一带一路”沿线国家的投资贸易和资本技术合作，“走出去”建立境外资源开发、生产加工和产品营销基地，不断增强跨国经营能力。

（五）加快体制机制创新，争取国家先行先试和重大项目支持

一是争取上海自贸区经验推广复制。构建“港口经济圈”，应争取实施自由贸易战略，当前重点是优化整合海关特殊监管区，尽快设立综合保税区或开展“园中园”试点，争取最大限度复制上海经验，提升核心区竞争力。

二是争取国家建立完善宁波—舟山港一体化发展的体制机制。将上海“两个中心”相关政策率先向宁波—舟山港延伸、复制，全面推进口岸、贸易便利化改革，积极争取国家先行先试和重大项目支持，提升服务长江经济带发展的能力。

三是争取国家支持宁波、舟山开展大宗商品交易模式创新和配套金融服务创新。建议国家把江海陆联运服务中心作为宁波—舟山港一体化的基本服务平台，破除体制机制障碍，形成以资本为纽带、市场为主体、功能互补、合作共赢的发展新机制。

四是争取国家支持宁波—舟山港建设海铁联运综合试验区。加快沪甬跨海通道等重大项目建设，构筑甬新欧等货运通道，理顺海铁联运管理、定价、通关等体制机制，赋予启运港退税、国际船舶登记、沿海捎带业务和促进物流业发展的相关政策。

总之，要以“一带一路”和长江经济带战略为契机，争取国家先行先试和重大项目支持，尤其要在土地资源等要素上予以强有力的保障，在更高层次上提升宁波产业发展能级、区域辐射力和国际竞争力，使宁波“港口经济圈”在服务“一带一路”和长江经济带国家战略中发挥更大的作用。

课题组成员 任月红 冯　路 王正坤 栾　鸾 张　研

宁波融入长江经济带的推进策略

◎冯　路

随着习近平总书记2013年提出“建设全流域黄金水道”以及李克强总理2014年提出“依托黄金水道，建设长江经济带”，长江流域正逐渐成为推动我国区域经济协调发展的发动机和示范地。上海、江苏、浙江、安徽、江西、湖北、湖南、重庆、四川、云南和贵州等9省2市之间将进一步深化联动发展和开放合作。融入长江经济带，对于宁波发挥港航新优势、拓展发展新空间、再创开放新优势具有非常重要的意义，同时也与宁波正在谋划推进的“港口经济圈”建设不谋而合。

一、国家实施长江经济带战略的重要意义

建设长江经济带是国家区域发展战略的新突破，也是完善国家战略体系的重要内容，体现出四方面的战略意义。

第一，形成联动化、整体化和特色化的区域发展新格局。这一战略的实施标志着我国区域战略开始从东中西三大区域、四大板块分头推进转向重视不同地区间的联动发展。上海、武汉、重庆三大航运中心、长江水道、沪汉蓉沿江高速铁路、公路、航空、油气管网等基础设施建设和软环境改善，将不断促进长江经济带内部的要素流动、产业转移以及市场的一体化，形成经济带区域协同发展的态势，缩小东西部发展差距。

第二，支撑“一带一路”等一系列重大对外战略。长江经济带东连东海，对接“21世纪海上丝绸之路”和中日韩自贸区；西至川滇，连接“丝绸之路经济带”和中巴、中印缅经济走廊，形成了我国东中西融合、内外互动的战略新格局。

第三，培育具有全球竞争力的长江沿岸城市群。这一战略将充分调动地方政府的积极性，推动长三角、长江中游和成渝三大城市群的跨越式发展，形成具有世界意义的长江沿岸城市带。

第四，强化龙头城市的核心特色和示范带动。这一战略的实施将进一步促进重点区域，特别是“两头”和中部重点城市的自主开发开放，树立区域特色，提升区域核心竞争力，并发挥其示范带动作用。典型的如上海“四个中心”和自贸区建

设，重庆打造西部开发开放重要战略支撑和五大功能区域发展战略等。宁波可以依托区位、港口等优势，构筑“港口经济圈”。

二、各地融入长江经济带战略的重大举措

李克强总理主持召开长江经济带建设座谈会后，长江沿岸的上海、重庆、四川、江苏、江西、浙江、安徽等多个省市迅速采取措施，积极推进长江经济带建设有关工作。

一是提出融入长江经济带的战略构想。重庆市明确提出建设“长江经济带西部中心枢纽”的目标，正在全力研究相关工作方案。四川省发布《四川省长江经济带建设发展研究报告》，明确其“依托黄金水道推动长江经济带发展的战略腹地和重要增长极、促进长江经济带与丝绸之路经济带联动发展的战略纽带和重要依托、保障国家安全和维护民族团结的战略前沿和生态屏障”的战略定位。江苏省已建立“融入长江经济带建设”工作协调机制。浙江省把参与长江经济带的目标要求和主要任务纳入“十三五”总体规划编制。武汉市则提出打造“长江经济带发展的战略支点和全国重要的中心城市”。

二是启动区域重大交通规划编制和重点交通项目建设。上海积极推进与长江经济带主要城市的快速交通线路，2014 年 7 月沪成渝间首开动车，全程运行时间比原来缩短近 5 个小时。湖北省积极推进武汉至安庆段、武汉至宜昌段航道整治工程前期论证等工作。浙江省启动“十三五”综合交通、宁波—舟山港等专项规划前期工作。贵州省启动乌江经济走廊发展规划编制工作。江西省启动昌九大道等一批先导性工程。云南省启动金沙江综合交通规划编制研究，推动将金沙江航道建设工程纳入长江经济带综合交通网规划。2014 年 6 月 11 日召开的国务院常务会议重点部署了长江经济带综合立体交通走廊的建设工作，意味着国家和相关省市将围绕这一战略推出更多的基础设施建设项目。

三是加强区域合作和沿江城市协同发展。近日，湖北、湖南、江西、安徽联合召开推进长江中游黄金水道建设座谈会，研究推动四省港航企业加强合作和交流，推进联盟化、网络化发展等工作。上海、重庆、武汉、合肥、南京等城市共同召开座谈会，探讨通关、水铁联运、产业转移等领域合作事宜。四川省积极推动宜宾、泸州两港整合，以及宜宾港与云南昭通市水富港的战略合作。成都海关与重庆海关签署区域通关合作备忘录，就成渝区域通关一体化合作项目建立更为紧密的合作关系。

四是谋划和营销区域核心竞争优势。重庆部署建设内陆开放高地，加快对外开放平台建设和“大通关”政策创新，加快构建东西大通道，向西更好地发挥渝新欧铁路作用，促进与沿线国家和地区的经贸合作，向东更好地利用长江黄金水道优势，

加快承接东部地区产业转移。上海发改委明确上海依托长江建设中国经济新支撑带的六方面任务，包括强化综合交通枢纽功能，服务长江综合运输大通道；加快产业结构调整，推动长江经济带产业转型升级；加快新型城镇化建设，推动沿江城镇带协调发展；充分发挥自贸区示范带动作用，推动长江经济带制度创新和扩大开放；加强生态文明制度机制建设，提高长江流域生态环境整体质量；深化长三角一体化体制机制，建立健全长江沿江区域合作机制。

三、宁波融入长江经济带构筑“港口经济圈”的五大优势

一是区位综合优势。宁波地处“一带一路”战略的结合部，水陆空立体交通网络发达，腹地广阔，长期以来表现出很强的聚合力和辐射带动力。栎社机场已与长江经济带 11 个重要城市机场开辟了直飞或经停航线；宁波火车南站每日有始发开往长江经济带重要城市的高铁和动车近 30 班次，过路车近 70 班次。

二是航运网络优势。国内方面，宁波港服务范围已覆盖辐射长江经济带中的浙江、上海、江苏、安徽、江西、湖北、湖南、重庆、四川等 7 省 2 市。近年来，宁波港货物吞吐量的 30% 以上、口岸进出口货值的 28% 以上来自省外腹地。国际方面，宁波港已与世界上 200 多个国家和地区的 600 多个港口开通了超过 220 条航线，月均航班 1400 班。其中有至印尼、马来西亚、越南等 7 国 20 个港口的集装箱直航航线和数十条经停航线。完善的集疏运网络和发达的国际运输体系，使宁波成为长江经济带各省市加强国际经贸往来的重要窗口，成为连接长江经济带与 21 世纪海上丝绸之路的重要战略支点。

三是海陆联运优势。宁波港已建成内陆“无水港” 12 个，2014 年口岸“无水港”运营总量达到 55.6 万标箱，同比增长 16.7%。海铁联运网络已覆盖省内台州、金华、绍兴、衢州及省外的南昌、上饶、鹰潭、景德镇、萍乡、新余、西安、襄阳等 12 个城市，运箱量持续快速增长。目前，国家集装箱海铁联运物联网应用（宁波港）示范工程已进入工程实施阶段，建成后将给宁波海铁联运发展注入巨大新动力。

四是经贸合作优势。长期以来，宁波市与长江经济带各省市建立了较为密切的经贸合作关系。一是投资和市场合作基础良好。市财政每年拨付专项资金，鼓励宁波企业去中西部地区设工厂、拓市场；市国内经济合作办公室先后在成都、武汉、南昌举办过“宁波周”，连续几年组织宁波优秀企业参展成都举行的中国西部国际博览会。二是产业合作快速推进。全市积极推进长江经济带省市的宁波产业园和宁波企业生产基地建设，如贵州黔西南（宁波）产业园、雅戈尔绵阳工业城、奥克斯南昌生产基地等。三是政府和民间合作优势明显。截至 2014 年底，已与昆明、成都、贵州、南昌、合肥缔结友好城市关系；市经济建设促进协会在武汉、杭州、成

都等7个城市建立了分支机构；云南、成都、重庆、贵州等10省市成立了宁波商会；市内已设有四川、重庆、贵州、湖北、湖南、安徽等省级商会和数十个长三角城市商会。

五是开放平台优势。宁波已形成完备的开放平台体系，包括以国际贸易展览、金融服务和航运服务三大中心为代表的功能性平台，以浙洽会、海洽会、中东欧展、消博会为龙头的载体性平台，以APEC港口网络为代表的港口合作平台等。这些平台可以为长江经济带内陆城市争取全球资源、拓展海外市场提供高水平的专业化服务。

四、宁波融入长江经济带构筑“港口经济圈”的推进策略

随着长江经济带建设的推进，国家将对重点区域和领域予以重点扶持。宁波是促进长江经济带与“一带一路”经济带联动发展的战略纽带和重要依托，当前要以建设“港口经济圈”为引领，以集疏运网络对接、港口战略合作、重大经贸平台建设和多层次产业合作为重点，加快长江经济带融入步伐。

一是构建互联互通新走廊。①强化融入长江经济带的陆路走廊。扩大与长江经济带各省市的铁路直通，争取甬金铁路、重载列车等项目在宁波落地，构筑公铁协调的陆路运输网络。完善高速公路网络，参与长三角区域交通融合发展。②扩展和提升海铁联运网络，设立专项扶持资金鼓励海铁联运向湖南株洲及以西的各铁路枢纽延伸，积极创建国家级海铁联运综合试验区。③大力推动航空枢纽港建设。坚持“客货并举、以货为主”的发展理念，近中期重点拓展至长江经济带城市、新马泰和印尼等东盟国家城市的客货两用直飞、经停航线。加快机场基础设施建设，创新招商引资和管理运营模式，创新保税、通用航空补贴等相关政策，吸引国内外主要航空运输和快递企业设立区域中心。以空港保税物流中心为基础，充实高品质产业，加强综合商务配套和高端商业布局，促进空港向航空城的转型。

二是加强与长江沿岸港口战略合作。①利用APEC港口网络，建立以宁波为基点的国际性港口联盟，逐步形成相关国家、港口城市、港口集团和智库等四个层面的合作交流平台和载体。②开辟宁波港与长江主要港口的水运航线，增强江海联运、水水中转能力，近期以长江中下游主要港口为重点。③发挥宁波港集团的资本优势和港口战略合作经验优势，推进宁波港与长江沿岸主要港口的资本和战略合作，拓展腹地，互利共赢。④以长江经济带主要省市为重点，进一步扩大宁波港的揽货体系，支撑水水中转和港口战略合作。

三是打造与长江经济带相关省市的外经贸合作平台。①加强与长江经济带城市的通关一体化合作，重点实施特殊监管区域之间保税监管货物“区间结转”，以及“属地申报，口岸验放”、“属地申报，属地放行”便捷通关模式。②推进与长江经

济带城市的跨境电子商务合作，把保税区或梅山港区打造成跨境电子商务产业基地和服务总部，提供金融、通关、物流、退税、外汇等系列服务；在长江经济带主要省市建设跨境电子商务平台的营销网络和分销基地。③做大做强大宗商品交易平台。打造和提升集仓储、集散、交易、物流、金融和信息等功能于一体的石化、铁矿石、煤炭、有色金属、橡胶等大宗商品的高层次交易平台，提升服务长江经济带的能力。④继续支持在长江经济带相关省市新设宁波商会、经促会分会，推动投资考察、信息交流、合作服务，完善相关扶持机制。

四是推进与长江经济带城市的多层次产业合作。①发挥全市石化、纺织服装、日用家电、模具、文具等产业优势，继续推进与相关省市合作共建产业园。②进一步加大财政资金支持力度，鼓励本地制造、金融、航运、外贸、会展等企业去长江经济带相关省市拓市场、设基地、建工厂。③支持和鼓励长江经济带相关省市来甬设立进出口基地、采购基地和研发基地，对符合宁波产业转型导向的战略性新兴产业和高新技术产业企业入驻以及高层次人才引进加大支持力度。

当前还要做好重要的筹备工作，抢抓长江经济带建设的战略机遇，与国家相关部委进行积极主动的对接。①专题研究制定融入长江经济带规划，建立融入协调机构，完善协调机制，谋划相关对策措施。②加强在综合和专项规划上主动对接，目前涉及长江经济带的相关规划正在制定中，应争取在国家规划层面占据主动。如在长江经济带综合立体交通走廊建设上，应积极对接，争取在铁路、公路、水运、航空等重大项目安排上有所覆盖；政策试点如国家级海铁联运综合试验区、海上丝绸之路物流信息互联互通项目等方面，也可以通过对接有所突破。

宁波复制对接上海自贸区有效理念和做法的建议

◎ 课题组

自2013年9月29日正式挂牌以来，中国（上海）自由贸易试验区（以下简称“上海自贸区”）通过转变区域发展思路，加大各领域先行先试力度，扎实推进投资自由化、金融国际化、贸易便利化和行政管理简单化等重大创新。这些理念和做法上的创新给宁波同时带来机遇和挑战，积极做好全方位因应对接已经成为宁波发展的一个重要课题。

一、上海自贸区提出区域转型发展新目标和推进思路

2014年9月，《中国（上海）自由贸易试验区产业规划》发布，提出到2015年建设成为具有国际水准的投资贸易便利、货币兑换自由、监管高效便捷、法制环境规范的自由贸易试验区的总体目标，并明确了产业发展四个并重原则和“四个形成”具体目标。

四个并重原则包括：产业选择注重产业集群与业态创新相结合，增量引入与存量提升并重；主体集聚注重总部经济与平台经济相结合，外资与内资并重；产业功能注重货物贸易升级与服务贸易拓展相结合，在岸业务创新与离岸业务发展并重；溢出效应注重产业链条延伸与功能集聚辐射相结合，区内发展与区外联动并重。

“四个形成”具体目标包括：一是形成以跨国公司亚太营运总部集聚地、国际贸易创新引领区、新兴产业创新策源地和国内企业“走出去”对外投资促进新平台为主导的产业功能框架。二是形成国际贸易、金融服务、航运服务、专业服务、高端制造五大集群，总部经济、平台经济、“四新”经济三大业态为主导的产业经济体系。三是形成外高桥保税区、洋山保税港区、浦东机场综合保税区、外高桥保税物流园区等四大区域主导功能相对集聚、产业链条有效延伸、空间资源高效整合、区内区外联动发展的产业空间布局。四是形成基础设施优质便捷、服务配套综合完善、投资准入开放宽松、政府管理透明高效的产业发展环境，逐步形成世界一流自由贸易园区的软环境。

二、上海自贸区已经形成一批值得复制推广的制度创新成果

2014 年 10 月 27 日，中央全面深化改革领导小组第六次会议召开，并审议通过了《关于中国（上海）自由贸易试验区工作进展和可复制改革试点经验的推广意见》。意见指出，上海自贸区可复制改革试点经验，原则上除涉及法律修订、上海国际金融中心建设事项外，能在其他地区推广的要尽快推广，能在全国范围内推广的要推广到全国。此外，李克强总理 2014 年 9 月考察中国（上海）自由贸易试验区时也明确指出，上海自贸区的“一些理念完全可以推广”，比如政府与市场关系怎么处理，负面清单、权力清单、责任清单等，“这是理念问题，没有法律障碍，或者说没有更多的法律障碍，很多是马上可以做的”。

截至 2014 年 9 月底，上海自贸区已经形成 54 项可复制推广的改革措施，首批 21 项制度创新已在全国或部分区域推广（见表 1），第二批预计在 2015 年初启动复制推广。

表 1　上海自贸区 54 项可复制推广改革举措清单

类　别	内　　容
贸易监管类 9 项	一线进境货物“先进区，后报关”；区内货物流转自行运输；加工贸易工单式核销；融资租赁海关监管模式；简化统一进出境备案清单；批次进出、集中申报；仓储企业联网监管；保税展示交易；智能化卡口验放
投资管理类 6 项	注册资本认缴制；营业执照样式；境外投资项目备案管理制度；外商投资项目备案管理制度；企业年度报告公示和经营异常名录制度；境外投资开办企业备案管理制度
金融创新类 6 项	取消境外融资租赁债券审批；跨国公司外汇资金运营管理；取消对外担保行政审批；人民币跨境使用相关政策；部分银行分行级以下机构和高管准入事项由事前审批改为事后报告；允许符合条件的金融租赁公司在境内外设立子公司

三、国内城市复制对接上海自贸区建设进入新阶段

与中央传递出的重要信号相呼应，国内城市应对我国自贸区建设已从“申报热”和“对接热”，进入申报对接和复制推广并重的阶段，主动迅速有效地复制对接和借鉴探索上海自贸区的新模式、新制度、新政策、新平台、新业态，成为很多地区推进创新转型升级的重要举措。

天津、广东：积极申报自贸区建设。国务院已向商务部下达通知，要求协助天津、广东两地进行自贸区的框架设计，最新申报方案的确在筹备中，预计在年底前敲定初步框架。其中，广东自贸区预计将覆盖南沙新区保税区、前海和横琴新区及白云机场保税区。2015 年 3 月 24 日召开的中共中央政治局会议，已审议通过了广

东、天津、福建自由贸易试验区总体方案。

四川：$8.77km^2$ 的模拟自贸区。2014 年 8 月 5 日，四川省委常委会议审议通过《关于在我省成都市部分区域学习借鉴中国（上海）自贸区经验的方案》，将成都高新综合保税区和空港保税物流中心作为试点区域，学习借鉴上海自贸区 4 方面的 17 个措施（见表 2）。

表 2 四川“模拟自贸区”改革举措清单

类别	内容
投资管理制度	实行负面清单管理模式；实施境外投资管理方式改革；创新商事登记制度
贸易监管制度	推动区域通关一体化改革；推进更加便利的海关监管制度；积极拓展海关特殊监管区域保税功能；实施更加便利的检验检疫制度
金融制度	扩展境外融资渠道；扩大人民币跨境使用；开展有利于总部经济发展的金融业务；建立跨境电子商务结算制度；推动融资性租赁行业发展；推进有利于外商直接投资的结汇制度改革
事中事后监管制度	建立安全审查制度；建立反垄断审查制度；健全信息共享和联合监管制度；建立社会力量参与市场监管制度

湖北：$518km^2$ 先行先试，$5.41km^2$ 核心区。2014 年 8 月，湖北省宣布启动自贸区先行先试，并在 9 月公布《东湖高新区先行先试实施方案》。按照该方案，2014 年启动 12 类改革 42 项具体工作的先行先试（主要 26 条见表 3），2015 年则铺开全部 97 项具体工作。

表 3 湖北“模拟自贸区”先行先试典型举措

类别	内容
行政审批与服务	工商登记“先照后证”；探索外资准入前国民待遇的审批登记管理模式；建立“一表申报、一口受理、三证联办”的工作机制；制定东湖高新区行政权力和服务、园区服务企业、街道服务百姓三个事项清单；打造全新的政务信息管理服务系统；转变监管方式，依靠信用监管促进市场主体诚信经营
科技创新	出台《东湖国家自主创新示范区条例》；实施高校院所职务科技成果管理改革试点；实施“海外公民证”、“海外华裔证”和外籍高层次人才“绿卡”制度；启动建设国家技术转移中部中心；推进产业（工业）技术研究院建立企业化、市场化、专业化运营机制；探索产业技术创新联盟和行业协会运作新机制
科技金融	试点设立可贷款、可投资的科技小额贷款公司；成立光谷科技金融服务公司和武汉集成电路产业投资基金；开展跨国公司总部外汇资金集中运营管理试点；开展外商投资企业外汇资本金结汇管理方式改革试点；支持符合条件的民营企业发起设立风险自担的民营银行，吸引民间资本设立科技担保公司、小额贷款公司；出台促进民间资本金融业专项政策
扩大开放（综保区）	启动跨境电子商务平台建设；建设特色保税展示交易平台；建设大宗商品贸易平台；推行实施关检合作“三个一”；启动国际贸易“单一窗口”建设；在全省范围内率先试点实施“一线放开、二线管住、区内自由”的监管模式；逐步开展国内外快递企业办理国际快件属地报关业务；逐步允许设立外商独资专业服务机构、经营性教育培训机构

苏州：五轮驱动，昆山先行。苏州将昆山深化两岸产业合作试验区、中新合作苏州工业园区等 5 个特殊区域作为先行先试区，推出四大创新举措。其中，昆山试验区获得交通银行 100 亿元人民币的融资支持，推进区内金融创新。仅 7 月，就有上海畅联、保利电商港、新加坡莱佛士、富邦华一银行等 10 个对接上海自贸区产融合作重点项目签约，总投资超 200 亿元。

京津冀：通关一体化。根据海关总署《京津冀海关区域通关一体化改革方案》的内容，2014 年 7 月 1 日起在北京、天津海关率先启动区域通关一体化改革，10 月份扩大至石家庄海关，并出台 7 项具体落实措施。

青岛：申办自由贸易港区。青岛市提出要以申办自由贸易港区为契机构建开放型经济新格局，并推出打造"中国青岛"境外双向投资贸易合作平台、在省级以上开发区建立"三位一体"的外资准入行政许可办理体系、制定出台《省级以上开发区投资贸易便利化实施意见》、第一时间复制推广"统一备案清单"等 14 条海关监管创新措施。

四、宁波复制对接上海自贸区有效理念和做法的若干建议

宁波复制对接上海自贸区有基础、有条件，应抓住机遇，积极有为，建议当前以"五新"为重点，在复制对接的基础上大胆探索创新、先行先试，为经济社会转型升级和城市国际化提供强劲动力。

新模式方面，以宁波保税区、梅山保税港区等为试点区域，重点建设宁波的"模拟自贸区"，在风险可控的前提下，通过自我改革、自我创新，打造全市集聚全省乃至全国现代企业和创新要素的先行区、示范区和核心区。

新制度方面，形成以"四张清单一张网"为核心的，符合区域发展需求的制度创新格局。主要包括下大决心建好"四张清单一张网"，纵深推进商事登记制度改革，探索"一证多址"、"一照多址"、"一照三证"联合办理、电子证照同效力等新制度；加快突破贸易监管模式中的"先入区、后报关"、关检合作"三个一"、保税展示交易等制度，试点探索"单一窗口"模式；准确复制安全审查、反垄断审查、企业年度经营情况公示制、企业诚信体系建设、联合执法和信息共享等行政管理机制；研究建立创业创新的保障制度等。

新政策方面，重点加快金融政策、航运服务政策和服务业其他领域开放政策的复制和创新。重点包括：金融政策中的分账管理、跨境直接投融资便利化、开放个人项下跨境投融资、开放跨境证券项下业务、境内外租赁业务、人民币跨境使用放宽等；航运服务政策中的中转集拼业务、启运港退税、沿海捎带、国际船舶登记等；以及参考上海自贸区的开放尺度，探索对专业服务、文化服务、商贸服务、社会服务等其他领域的开放。

新平台方面，同步推进产业经济平台、信息平台和监管平台的建设，创新平台功能，激发各县（市）区和特殊功能区的创新热情。重点包括：做大做强会展中心、大交所、航交所、金融服务中心等现有城市经济平台；深化宁波保税区跨境贸易电商平台、梅山保税港区类金融产业服务平台等区域特色平台；创建电商经济创新园区等新型战略性平台；鼓励和大力支持余姚塑料城发布“中塑指数”、航交所发布“海上丝绸之路指数”等有益做法；深化智慧城市建设，建设数据的全面共用共享平台。

新业态方面，充分学习借鉴上海发展总部经济、平台经济和“四新”经济三大业态为主导产业经济体系的相关举措。主要包括：引入和培育跨境融资租赁、股权投资、离岸服务外包、文化保税贸易、全球维修检测等新兴服务业态；借鉴上海森兰商都模式，探索发展保税商品展示交易新业态等。争取在跨境电子商务人民币结算试点、保税进口备货模式、进口电商集货模式等领域的重大突破或明显提升。

课题组成员 ◀ 沈小贤 冯　路 王明荣

谋划建设宁波国际交流中心

◎ 吴红艳

加快推进宁波城市国际化是市委市政府积极应对经济全球化发展趋势、全面深化改革开放、提升城市综合竞争力的战略举措。根据宁波推进城市国际化行动纲要，借鉴国内外经验做法，当前迫切需要谋划建设以国际交流中心大厦为载体、涉外综合服务为核心、国际或国家（地区）组织和跨国企业总部机构以及国内涉外服务组织机构等集聚为重点，具有开放度最高、功能化最优、标志性最强的国际交流中心。

一、建设宁波国际交流中心的必要性

一是落实宁波城市国际化行动纲要的重要抓手。《宁波市加快推进城市国际化行动纲要》提出了加大力度引进国际企业、项目和人才，加快建立国际交流平台、窗口和基地，加强经济、科技和文化国际交流与合作等一系列举措。为更好地落实上述举措，全市亟需建立一个功能健全、集中的场所，为各类国际交流与合作提供一站式、综合性的政务和商务服务。建设国际交流中心，将凸显宁波加快推进城市国际化的决心和力度，为加快推进城市国际化进一步统一思想、营造氛围和提供平台载体。

二是引进集聚国际或国家（地区）组织、跨国企业总部机构和涉外服务组织机构等的重要载体。建立国际交流中心，通过提供统一、多样、集中和国际化的商务办公场所，将吸引国际或国家（地区）组织、跨国企业总部机构、国内涉外服务组织机构以及招商引资机构等入驻，形成集聚效应，拓宽政府、企业、社会的国际交流与合作渠道。

三是加强宁波国际交流与合作的重要平台。近年来，宁波国际交流与合作的步伐明显加快，承办和将要承办的各类重大国际会议、赛事和活动越来越多，宁波国际交流中心的建设将为重大国际交流合作活动的组织开展提供专门场所，打造一个对外合作、交流、服务、宣传、展示的综合性平台，成为宁波加快国际化步伐以及积极参与21世纪“海上丝绸之路”建设的又一重要平台。

四是提升宁波国际交流与合作服务水平和城市国际形象的重要窗口。设立涉外服务专门场所是各城市推进国际化建设的通行做法，例如，韩国2013年启用了“首尔国际中心大厦”，为外国人提供出入境、金融、行政、生活、商务等一站式服务，是韩国最大的外国人综合服务设施，被认为是提高首尔国际城市地位的一大转折点；国内广州、重庆、南京等城市以及省内义乌也设立了类似的涉外一站式服务机构。目前，全市提供国际交流与合作服务的各种机构比较分散，渠道比较单一，办理有关事务需要奔波往返于各机构之间，十分不便，效率难以提高，也难以满足日益多元化、高层次的国际交流合作需求。建立国际交流中心，将有助于提升服务质量，更好地展现宁波开放、务实、包容的国际形象和良好的社会人文环境，提升宁波城市的吸引力。

二、国际交流中心的定位和主要功能

国际交流中心的基本定位是各类涉外组织机构集聚的国际化商务办公场所，为各类国际交流与合作活动提供一站式、综合性服务。主要具有四大功能。

（一）涉外综合服务功能

引入各类涉外中介机构，为外籍人士在甬或本地及周边地区居民赴境外投资、创业、创新以及居留、就学、就业、结婚、生活、旅游等，提供一站式、全方位咨询和代办服务。

引入各类涉外专业机构，为外籍人士或本地及周边地区居民赴境外提供国际金融、法律、会计、审计、税务、翻译、保险等专业服务。

引入外语服务热线、投诉、调解、支援中心等机构，为外籍人士提供电话咨询、投诉受理、纠纷调解、紧急意外事故志愿者服务等。

（二）涉外机构集中办公功能

引入招商引资、海外引才、对外投资等机构，引入跨国企业总部、国际或国家（地区）组织、涉外民间组织等机构，为其提供集中、国际化的商务办公场所，可以考虑按区域进行划分和装修，凸显国际化特色。同时，搭建平台促进有关信息资源的共享共用、优势互补，集中各方力量和资源，拓展国际合作领域、丰富国际合作内容、提升国际合作层次。

（三）承办部分国际交流与合作项目功能

设立国际会议中心、国际论坛等场所，洽谈、组织、承办部分重大的国际会议、活动和外事接待等。

设立外籍人士特色培训中心，承办诸如汉语、宁波话、中国传统文化、民间传统技艺等各类特色培训以及在甬外籍人士联谊活动。

（四）集中宣传与展示功能

设立门户网站、官方微博和微信，集中进行城市宣传和推介，集中发布各类涉外政策法规、对外交流与合作信息，集中提供网上咨询，提升宁波的辨识度、知名度和美誉度。

三、国际交流中心大厦选址和建设设想

（一）选址和建设方案

1. 选址方向：东部新城区域。

2. 规模设计：综合考虑国际交流中心的定位和功能，同时，为未来发展预留空间，大厦的建筑面积设定为2万平方米左右比较适宜。

3. 建设路径：一是在东部新城内选址新建；二是将现有适合楼宇进行功能转换。建议优先考虑在国际会展中心、文化广场附近选择合适的闲置楼宇进行功能转换，一方面建设周期短、投入使用快，另一方面，周围的国际会展中心、国际金融中心、国际航运中心、文化基础设施和星级酒店等可以形成良好的设施配套，方便后续组织开展各种国际合作和交流活动，也有利于形成集聚效应。

（二）推进和运管工作建议

国际交流中心大厦建设，建议由市政府有关领导牵头，市外办等部门组织实施。

建议市里成立公司化运作的机构，作为国际交流中心建设、投资、招商、管理和运行机构。具体运营可采用与国际航运中心、国际金融中心类似的模式。

对于国际交流中心的建设、招商和运营等，市政府给予必要的政策支持。

宁波外贸公共服务平台建设存在的问题及对策

◎王　巍

外贸公共服务平台是指按照服务开放性和资源共享性原则，为出口基地外贸企业提供服务的机构。目前，宁波已经构建起相对健全的外贸公共服务平台，有力促进了外向型经济的快速发展。但在实践运行中，宁波外贸公共服务平台还存在一些问题，亟待解决。

一、宁波外贸公共服务平台的类型及作用

根据外贸公共服务平台的主体、服务对象以及服务性质的不同，分为外贸政务型、市场资讯型和环节服务型等三类外贸公共服务平台。

1. 外贸政务型平台。由政府主导的为外贸企业提供外贸相关服务的平台，主要包括法律服务平台、融资服务平台等。宁波市现已建立了宁波市外经贸企业网上法律服务平台和宁波市外经贸企业网上融资平台，满足了在当前经济形势下更多企业的法律需求，提升了企业防范风险的意识和能力。

2. 市场资讯型平台。为外贸企业提供政策信息、市场信息以及预警信息的平台，主要包括公共信息平台以及预警平台，为出口企业提供国家和宁波市的最新政策法规、相关立法、关税调整和优惠、汇率变化等信息以及介绍当前国际市场上的供给和需求情况、价格变化，还通过对重点和敏感产品出口数量、价格等重要参数变化的监测，分析其对宁波市产业的影响，发布重要产业的预警信号；通过对商品出口后的价格、销售、质量等进行跟踪监测，对国外同类商品和行业的影响程度进行分析，为出口商品提供有效的监控和预警机制，防止出口商品的重复化和维护外贸市场的正常经营秩序；通过对可能造成损害的不公平贸易行为发起调查，维护良好的出口秩序和企业的正当权益。

3. 环节服务型平台。为外贸企业提供从企业初创、产品设计研发、试验检测、认证注册到国际展示、销售、交易、售后等各个环节服务及相关培训服务的平台，几乎囊括了所有中央专项资金支持的平台，即产品设计中心、公共试验检测平台、公共技术研发平台、公共认证及注册服务平台、国际营销服务平台、国际孵化器平

台、公共交易平台、公共展示平台、公共培训平台、公共物流平台、农产品质量可追溯体系平台。

二、宁波外贸公共服务平台存在的问题

1. 结构体系有待平衡。结构体系不健全，完整性仍显不足，主要表现在检验检测类平台和研发类平台相对较多，展览展示、公共信息、公共物流、公共认证平台较少，国际营销服务平台欠缺。在宁波的外贸公共服务平台企业中，检验检测类平台和研发类平台分别占据了 42% 和 36%，其他如展览展示、公共信息、公共物流、公共认证等平台一共只有不到 10 家，国际营销服务平台欠缺。

2. 服务功能有待强化。宁波外贸公共服务平台体系构建起步晚，服务意识弱，服务水平低，由于平台形式单一，不具备专业化和差异化，无法形成平台企业的规模效应、广度和深度。这不仅降低平台自身竞争力，也大大降低了这些平台对宁波市外贸企业的服务效果和效率。另外，6 家重点外贸公共服务平台是民营企业出于服务的外部性和对同行企业竞争的顾虑，都不能全力对外提供服务，一定程度制约了平台服务功能的发挥。

3. 监督管理难度增加。首先，平台无形的特点导致监管困难，外贸公共服务平台大多数是无形的，不易于保存，甚至有些平台设置在境外，难以准确地对其服务数量和质量进行评估；其次，平台主体服务分散化加大监管难度，随着宁波平台主体的多元化进一步增强，平台服务的分散化、碎片化趋势明显，增加了监督管理难度；最后，协调机制与平台市场化程度的不匹配导致管理困难，各类政策性的金融机构、信息服务机构以及行业组织协调机构等发展相对滞后，导致各类平台在管理上的沟通和协调难度增加。

4. 持续发展能力不足。持续发展能力不足。宁波外贸公共服务平台企业大多数规模不大，持续发展的后劲略显不足。一旦政府减少或者停止提供经济补助，一些平台企业甚至无法继续运转，这种脆弱的自主成长能力会使得外贸企业的公共服务需求无法得到满足。

三、完善宁波外贸公共服务平台的对策建议

1. 完善外贸公共服务平台体系

第一，积极参与外贸公共服务平台建设。在外贸公共服务平台的认定工作上做到严格审核，不违反标准，不降低层次，对符合标准的予以支持。集中资金和智慧，对于一些公益效果突出、需要政府公信力给以支持、社会效益明显但经济效益难以在短时间内得以体现的境外展示、公共检测等平台，建成涉及面广、辐射力强的外

贸公共服务平台，为宁波建设外贸公共服务平台方面起到积极的带头示范作用。

第二，激励民间行业协会参与外贸公共服务平台的建设。民间行业协会等中介机构在政府与企业联系沟通中起到承上启下的桥梁和纽带作用，具有公共、专业、独立、客观等特点。积极鼓励市内各地按照自身特色产业的发展特点，以行业协会等中介机构为主体，建设一批行业特点鲜明、为特定产业服务的外贸公共服务平台，在提供外贸公共服务中发挥中流砥柱的作用。

第三，建立完善公共环保服务平台。针对经济快速发展带来的城市环境污染日趋严峻的形势，加快建立外贸公共环保服务平台，定期进行港口安全评价、事故与灾害的应急救援等，对外贸商品进行严格的检测与认定，以保证经济发展与环境保护相适应。

2. 提升外贸公共服务平台能力

第一，激励企业由封闭型向公共型的服务平台发展。企业在经济发展中不仅要服务自身，具备较强的自我服务能力，还要继续扩展为具有较强的服务社会的外贸公共服务平台。支持企业由封闭型向公共型平台发展，鼓励基础好、投资少、成效大，而公共性不足的企业平台，采取设立子公司提供专门服务的方式，使服务平台具备第三方身份，使平台主体实现从企业本身向中介机构的转变。

第二，实行平台电子化、办公网络化、政务信息公开化。促使电子政务与电子商务紧密结合，实现信息收集、整理、发布的网络一体化，为贸易企业咨询信息提供方便。充分发挥电子口岸平台体系与口岸通关中心的协助监督能力，提高口岸服务能力，拓宽口岸的经济领域，完善揽货服务体系，为贸易企业咨询信息提供方便。

3. 创新平台的规范化管理机制

第一，建立完善的评估体系。包括政府评估系统和平台内部评估体系，其中包括政府相关人员与顾问、在平台建设与运行方面具有丰富经验的专家以及专业人员，保证评估的科学性和正确性。体系包括质量性指标，即从服务质量的角度衡量外贸公共服务平台管理的绩效，强调平台提升公共服务水平，保证公共服务质量；公平性指标，即强调平台要在所服务的区域内进行公示，让区域内相关企业知晓平台所能提供的服务，平台在提供服务时要做到公平；稳定性指标，即强调平台要能在一定时期内持续稳定地提供服务。

第二，建立方便群众参与的评估机制。公众的参与增加外贸公共服务平台绩效评估的客观性。通过建立体现多样化满意程度的评估指标，采取服务现场评价、电话回访、问卷调查等方式来实现这一目的。

第三，建立平台的整合提升机制。改善评价落后的外贸公共服务平台，对于经改善后仍不符合条件的平台，予以剔除，同时培养出一批表现优秀的外贸公共服务平台，壮大外贸公共服务平台队伍，提升外贸公共服务平台整体建设水平。

4. 探索平台持续发展的运行机制

第一，有选择性地推进平台的市场化。对于以政府补贴为重要补充为来源的平台，加速市场化，提高平台的服务附加值，增强市场盈利能力。

第二，扶持平台做大做强。对于具备自我造血功能的平台，在推动其持续进行市场化交易的同时，通过政策资金引导，激励其做大做强，为出口基地企业提供更完善的服务。

第三，加强多方平台企业合作交流。合理利用已建成的宁波国际贸易平台和国际贸易会展中心，扎实推进进口大宗物资交易中心、国际贸易信息中心和国际贸易综合服务中心等载体建设，有效聚集利用国际贸易资源，优化和促进贸易综合服务体系信息平台建设。降低口岸综合商务成本，促进服务平台可持续发展。低成本使外贸流通更加方便快捷，增加其收益。

城市经济发展

宁波加快城市经济发展的对策研究

◎ 课题组

城市经济是以中心城市及相关功能区域为主要承载空间，以现代服务业和先进制造业为主导，资源要素高度集聚和高效配置的新型经济形态和现代经济体系。当前，城市经济迸发出了极强的区域带动力、资源要素集聚配置力和产业融合创新能力，成为各地强势推进的战略制高点。互联网经济、平台经济、总部经济等城市经济形态已经成为各地实现质量效率型增长的核心引擎和参与国际区域竞合的重要抓手。加快发展城市经济，最大限度激发创新动能，是宁波适应新常态、引领新常态的迫切需要。

一、顺应趋势，实践城市经济发展的有效探索

近年来，市委市政府贯彻落实国家、省、市各项战略部署，特别是深入实施“双驱动四治理”决策部署和经济社会转型发展“三年行动计划”，积极探索发展城市经济，在新型高端产业、重点平台载体、基础要素支撑、体制机制创新等领域均取得明显成效。

（一）新型高端城市经济发展初具规模

近年来，宁波加快建设国际航运、国际金融和国际会展三大服务中心以及国际大宗商品交易所、航交所、甬易电子支付平台、新材料科技城、电子商务城、电商经济创新园区等载体，推进实施国家进口贸易促进创新示范区、移动电子商务金融科技服务创新试点、电子商务示范城市、跨境贸易电子商务服务试点城市等建设，加大对新产业、新技术、新模式、新业态的扶持，电商经济、平台经济、总部经济、信息经济等现代新型高端城市经济的高成长性已经显现。2014 年全市网络零售额增幅居全省首位，甬商所交易额翻番，甬易电子支付平台实现支付结算业务 500 多亿元，航交所交易额增长 142%；全市累计共培育引进总部企业近 400 家，其中 500 强企业 134 家。

（二）传统优势产业转型升级显现成效

工业经济领域，通过落实《关于推进工业稳增长调结构促发展的若干意见》、

深化“四换三名三创”工程、淘汰落后产能等举措，转型升级成效良好。2014 年全市高新技术产业产值达 5200 亿元，占规上工业总产值的近四成，其中新材料产业产值突破 1000 亿元，软件产业业务收入突破 300 亿元；装备制造业增加值首破千亿元，占全市规上工业比重超过 40%；目前产值超千亿元的汽车产业基地、千亿级临港化工产业集群正在快速形成。开放经济领域，突出表现在三个转变，即“引进来”为主转向“走出去”、“引进来”并重，货物贸易为主转向货物和服务贸易并重，线下交易为主转向线下线上交易并重。2014 年，全市外贸自营进出口总额保持超千亿美元规模，服务贸易、对外投资、实际利用外资持续保持较高增长势头，认定首批 12 家境外投资创业基地，跨境贸易电子商务试点进口业务量居全国首位。

（三）城市经济重大功能平台实现提升

区域性平台方面，杭州湾新区和慈溪滨海、鄞州经济开发区分别升格为国家级和省级开发区，国家级中意宁波生态园正式开园，综合保税区申报和象保合作区建设加快推进，南部滨海新区挂牌成立。功能性平台方面，镇海保税物流中心获批成为全国首家液体化工品保税物流中心，国际贸易展览中心拓展区、进口商品展示交易中心、空港国际物流园区等一批新平台顺利推进。载体性平台方面，成功承办了亚太经合组织高官会议、中国—中东欧国家经贸促进部长级会议和中国宁波—中东欧国家经贸文化交流周等重大外事活动，中国—中东欧投资贸易博览会正式落户本市，浙洽会、海洽会、消博会等每年固定在本市举行。服务平台方面，中小企业信息化云服务平台、智慧物流云公共服务平台、对外贸易公共服务平台、8718 政策咨询服务交易平台、81890 等平台功能不断完善。

（四）城市经济发展的基础支撑得到加强

中心城区的集聚辐射和综合服务功能明显增强，东部新城、南部新城、鄞奉路滨江商务居住区、江东核心滨水区、镇海新城、北仑滨海新城、东钱湖旅游度假区等重大功能区块形象进一步提升，余姚高铁新城、慈溪文化商务区、奉化滨海新区、浙台（象山石浦）经贸合作区、三门湾建设取得新进展，卫星城、中心镇、特色镇等一批现代化小城建设成效显著。覆盖城乡、联网互通的交通、水电气、通信等都市基础设施建设加快推进，“六线一枢纽”铁路网、“两环十射”高速公路主骨架基本形成，轨道交通正式运行，光网覆盖能力达 335 万户，政府免费 WIFI 覆盖市六区主要公共场所，82% 以上的城市社区设立了“一站式”服务大厅，人居环境和生态环境进一步改善。

（五）发展城市经济的体制机制初步建立

在决策部署层面，市委《关于深入推进新型城市化提升城乡治理水平的决定》和 2014 年市政府工作报告对发展城市经济分别提出了总体要求和具体工作部署，有效推动了各级各部门形成发展城市经济的工作合力。在规划层面，积极推进城市总规修改、土地利用规划调整和宁波都市区规划编制工作，进一步扩大中心城市规模，优化副中心、卫星城、中心镇和特色镇空间布局，重点保证城市经济发展的功能平台、重大项目和基础设施的用地需求，为拓展新型高端城市经济的承载空间创造条件。在配套社会环境建设方面，全面深化改革开放和实施创新驱动战略，深入推进行政管理、新型城市化、资源要素配置、国际化等重点领域和关键环节的改革，进一步加快创新机构、创新企业、创新人才的集聚和创新平台建设、创新成果转化，为城市经济发展营造良好环境和提供有力支撑。

在看到成效的同时，我们也必须清醒认识到本市城市经济发展中还存在不少问题和障碍。

一是发展城市经济的战略地位尚需提升。城市经济的发展目标不够明确，缺乏配套的政策措施推动实施，导致实践中有些同志对城市经济还存在不同的理解和看法，有的还存在一些模糊认识。比如，把城市经济简单等同于城区经济或者服务经济，又或者，担心强调发展城市经济会忽视县域经济发展，还有的同志对发展城市经济重点抓什么、怎么抓，感到无从下手。

二是城市经济结构层次仍然不高。与先进城市相比，宁波在吸引集聚资本、科技、人才、信息等高端要素方面存在较多制约，产业高端化和集群化发展不够，城市经济难以做大做强。产业仍然以临港重化工业和传统制造业为主，战略性新兴产业、高新技术产业、现代服务业的规模和占比都有待提高，与宁波城市地位和发展目标不相适应，与杭州、苏州、南京、大连等同类城市差距也在拉大。

三是中心城区和重点开发区的辐射带动效应不够。中心城区和重点开发区域是宁波城市经济发展的主战场，目前中心城区集聚50%左右的人口、贡献60%左右的经济，城区首位度与上海、南京、杭州等城市相比存在较大差距；重点开发区域生产总值在全市的占比不高，统筹带动功能和集聚辐射功能发挥不够；与同类城市相比，宁波在谋划重大开发区、争取国家战略方面也需要进一步加快步伐。

四是推动城市经济发展的体制机制还不健全。市和县（市）区城市经济缺乏统筹规划、布局和协调机制，不利于形成错位发展、功能互补的城市经济发展格局。市域统筹配置资源的体制机制不健全，空间碎片化和资源低效利用仍然存在，难以有效协调好增强市级调控力和发挥县（市）区积极性的关系；各县（市）区发展不平衡，政策调控空间和资源配置能力差距较大；东部新城、机场物流园区、东钱湖旅游度假区等区块与行政区关系尚未理顺，功能平台服务带动力不强；抓城市经济的机构职能配置有待优化，民生服务、科技服务等行业发展的职能部门不明确，等等。

二、加深认识，坚持把发展城市经济作为突出的战略任务

2013 年，市委市政府对发展城市经济作了重要部署，成效十分显著。2014 年，要结合“十三五”规划制定，进一步谋划发展城市经济的思路、目标、方向和重点，把这项战略任务持之以恒地抓下去。

（一）加快发展城市经济对于宁波发展十分关键和紧迫

从融入对接国家战略、建设港口经济圈来看，城市经济是重要载体。宁波要成为连接“一带一路”和长江经济带的枢纽城市，打造辐射长三角、影响华东片的“港口经济圈”，关键还是靠港口优势和产业优势。从国际港口城市的发展经验来看，后者意义更为重大，只有发展具有更强资源集聚配置功能和增值功能的新型高端产业，城市的辐聚服务能级才能上去，港口优势也才能充分发挥。对宁波而言，大力发展现代航运、国际会展、国际贸易、市场交易、现代金融、现代物流等城市经济，逐渐培育起区域性航运中心、资源配置中心、创新中心、先进制造业基地和高端服务中心等城市核心功能，才能增强服务和融入国家战略的能力，为打造强带动、高层次的“港口经济圈”奠定基础。

从巩固和提高城市战略地位来看，城市经济是重要支撑。当前，人才、资本、技术以项目为依托高度集聚在新型高端产业中，产生了巨大的竞争力，宁波的问题是这样的产业和项目还不够多、不够强。近年来，深圳、南京、苏州、青岛、杭州等城市快速发展，信息经济、平台经济、电商经济、总部经济等城市经济发展是重要原因。目前，宁波城市化水平已接近 70%、人均 GDP 超过 1.5 万美元，已经进入城市经济快速发展阶段。无论从发展阶段看，还是从城市发展需要看，全市都必须努力拓展以中心城市为龙头的城市经济发展大格局，在更高的平台上谋划经济社会发展，抢占产业链、价值链和供应链的高端环节，促进产业高端化和集群化，走出一条城市经济与新型城市化、新型工业化相融合的道路。

从推动经济转型升级、实现质量效率型增长来看，城市经济是重要突破。当前宁波加快经济转型升级已经显得越来越迫切。经济转型升级核心是产业转型升级，而产业转型升级，存量是主体，增量是引擎，这个增量就是以新型高端产业或业态为方向的现代城市经济。鄞州区撤县设区后仅用十年就实现了 GDP 从不足 200 亿元到超过 1000 亿元的跨越，关键还是实现了从县域经济向城市经济的转变。从根本上说，本市产业转型要两条腿走路，一是传统优势产业的转型升级，这是城市经济的重要组成部分，是根基，要靠大力发展新技术、新业态、新模式来促进；二是新型高端产业发展，它们不但能带动传统优势产业转型，而且具有极强的增长性，是持续竞争力。无论哪一条路，发展城市经济都是突破口。

从优化资源要素配置水平、建设高水平现代化国际港口城市来看，城市经济是重要路径。宁波要建成现代化国际港口城市，培育和提升资源集聚配置能力是根本，发展城市经济是提升这一能力的重要路径。上海大力发展平台经济，凭借一批具有行业影响力的领军平台企业，形成了大宗商品交易、互联网金融服务、文化教育和健康生活、网上购物等四大平台集群，每个集群都具有百亿级的营业收入、千亿万亿级的交易规模，仅浦东一个区的第三方支付平台交易规模就占全国60%。平台经济不仅支撑了上海这个国际大都市的资源配置功能，而且自身形成了惊人的成长能级。宁波的平台构建已经初具规模，今后，做大城市经济平台，更好地吸引集聚资本、科技、人才、信息等优质高端要素，并立足国际国内市场实现资源要素的整合优化和高效配置，已经成为现实的战略选择。

从改善民生品质、建设幸福之城来看，城市经济是重要手段。新常态的一个重要表现是城乡居民的物质精神消费需已经出现显著变化，目前，无论是全国还是宁波，居民消费结构正加速向“发展型”、“享受型”和个性化转变，信息科技、休闲旅游、文化娱乐、医疗保健等现代服务业的需求十分强劲，电商经济、信息经济、智慧经济等新型业态需求潜力巨大，都市工业、都市农业等绿色低碳产业成为产业发展趋势，抓住消费升级、科技进步以及新型城市化发展的新机遇，大力发展城市经济新产业、新业态，创新需求，满足需求，促进产业升级和品质提升，不仅直接关系城市综合实力和竞争力，也直接关系到老百姓的幸福感和满意度。

（二）加快发展城市经济的总体思路

坚持以邓小平理论、“三个代表”重要思想、科学发展观为指导，坚持以“四个全面”战略布局为总纲，全面贯彻党的十八大和十八届三中、四中全会精神，以“一带一路”和长江经济带建设、打造“港口经济圈”为战略引领，以加快推进三个战略性转变为发展方向，以建设“四个中心”为实现路径，以构建现代城市经济新格局为发展目标，着力培育新型高端城市经济，着力推动传统优势产业转型升级，着力完善重大功能平台体系，着力增强基础设施和区域发展承载力，全面提升城市经济综合能级和城市综合竞争力，为宁波实现“两个基本”目标、建设“四好示范区”提供强大动力和支撑。

第一，宁波加快城市经济发展要以服务国家和省、市重大战略为引领，特别是要结合服务“一带一路”和长江经济带建设、打造“港口经济圈”以及“双驱动四治理”和“三年行动计划”等重大决策部署展开。

第二，宁波加快城市经济发展的方向是推进三个战略性转变。一要推进从县域经济向城市经济的转变，着力解决城市经济发展的总量和速度问题，重点加快县（市）中心城、卫星城和中心镇等区域城市经济发展；二要推进传统一般的城市经济向新型高端的城市经济转变，着力解决城市经济发展的质量和效益问题，重点推动中心城区发展新型高端城市经济，提升带动力和辐射力；三要推进从分散粗放型城市经济向集约协调型城市经济的战略性转变，着力解决城市经济发展的布局和制度问题，重点完善城市经济布局体系，创新体制机制，尤其要发挥重点开发区、功能区和产业集聚区的引领带动作用。

第三，宁波加快城市经济发展的路径是建设“四个中心”。即加快构筑以中心城市为龙头、副中心城市为节点、重点开发区和功能区为主要增长极的城市经济发展新格局，增强对资本、人才等高端要素的吸聚能力和全市域优化配置能力，加快培育发展若干走在全国前列的新型高端城市经济发展领域，形成区域性资源配置中心、创新中心、先进制造业中心和高端服务中心等城市经济核心功能，引领全市经济突破发展，走出富有时代特征和宁波特色的城市经济发展道路。

第四，宁波加快城市经济发展的目标是构建现代城市经济新格局。即到 2016 年，城市经济总量、结构、质量明显提升，发展基础更加扎实，动力更加强劲，基本形成以城市经济为主导的发展格局；到 2020 年，城市经济取得突破性发展，主导地位进一步巩固，新型高端城市经济加速发展，城市经济总量和竞争力居同类城市前列，空间布局、经济体系和体制机制更加优化，基本构建起以新型高端城市经济为主导，支撑有力、更具活力、走在前列的现代城市经济新格局。

三、把握方向，明确城市经济发展的重点任务

随着全面深化改革的推进和产业、技术、模式、业态等创新速度的加快，城市经济正迎来最好也是最迫切的发展时期。宁波要抓住契机，结合本市的既有优势和战略需求，实现城市经济重点领域的新突破。

（一）以新型高端经济为引领，实现城市经济提质提速新突破

城市经济提质提速的核心是发展新型业态和高端产业，这既是发展城市经济的突破点，也是带动宁波经济转型升级的重要引擎。

一是大力培育新型经济业态。电商经济领域，继续推进集聚区和支撑体系建设，推进电商和产业高度结合、国内电商和跨境电商相互促进、城市电商和农村电商同步发展。平台经济领域，依托港口物流、贸易和市内专业市场优势，强化供应链整合创新，加快培育壮大一批千亿级、万亿级的增值服务平台，提升集聚辐射和带动功能。总部经济领域，积极培育本土跨国公司，大力引进国内外优质企业区域性、专业性总部机构，推进总部企业集聚区建设。

二是加快发展新兴高端产业。加快新材料产业发展，打造“一城、两园、四区、多点”的新材料产业集群；推进高端装备产业发展，引进培育国内外重点装备企业，加快实现新装备产业技术自主化、产品集成化和产业集群化；加快文创产业

与制造业等产业融合发展；发展互联网金融、移动金融、航运金融、融资租赁和股权投资、基金管理等新型金融业态；促进智慧物流、第四方物流、供应链物流、冷链物流、保税物流等新型物流业发展；加快宁波国际海洋生态科技城和海洋特色产业基地建设，推动海洋高新技术和现代海洋服务业发展；促进信息电子、物联网、大数据、云计算和软件信息服务等信息产业发展和智慧应用发展。

（二）以传统产业转型升级为动力，实现城市经济优势再创新突破

传统优势产业是宁波城市经济的重要基础，基础不但不能丢，而且要用产业融合、集成创新、业态模式转变等新理念、新路径去实现优势再创。

一是推进传统制造业向先进制造业的转型升级。在行业层面，要推进传统行业延伸产业链、提升价值链，发展新业态、新模式，促进产业融合；在企业层面，要推动企业不断加大科技创新和经营管理创新力度，积极向科技型企业、总部型企业、供应链管理型企业和具有核心竞争力的跨国型企业等方向转型；在产品层面，要加强传统产品与新技术、新工艺、新功能的结合，实现向智慧、绿色、低碳、个性化产品等转型；在园区层面，要进一步加快市域内传统产业集聚区和工业小区的改造提升，强化“亩产率”和节能降耗的衡量标准，向具有“高产、集群、集约”特征的现代产业集群转型升级。

二是推进传统服务业向现代服务业的转型升级。加快外贸转型升级，推动产品技术创新，大力发展服务贸易，创新贸易方式，构建内外对接的现代营销贸易体系，再创外贸发展新优势。促进传统商贸的转型升级，积极培育月光经济，推进商贸企业的“品牌化、连锁化、电商化”，构建由大型商贸综合体、各类专业市场及特色街区、社区配套商业服务等组成的新型商贸体系。推进旅游业转型升级，整合市域旅游资源，推动旅游业与餐饮、商贸和住宿、会议等产业融合发展。加快传统港航服务业转型升级，以建设“三位一体”的港航服务体系为核心，推动港口仓储物流、水运业、运输代理等行业转型升级，大力发展航运金融、港航信息、中介服务等高端港航服务业，提升各类港航服务平台功能。

三是推进传统农业向现代农业的转型升级。以高效、生态、集约为方向，以“规模化、标准化、一体化、品牌化”为路径，大力发展现代都市农业。积极扶持发展一批农业龙头企业，实施特色农产品的标准和品牌战略。加强现代农业一体化产业链建设，促进农业与文化、旅游、休闲等产业的融合，创新现代农业新业态。

（三）以重大功能性平台为载体，实现城市经济资源配置能力提升新突破

城市经济的本质是高度集聚和高效配置资源要素，特别是增强对资本、人才等高端要素的吸聚能力和市域优化配置能力，其主要抓手就是功能性平台。

一要建设重要商品的集聚交易平台。提升综合性商品展示交易平台功能，包括

国际航运中心、国际贸易展览中心、大宗商品交易所、航运交易所等。提升专业化商品交易平台，包括中国塑料城、镇海液体化工产品市场、中国镍金属交易中心等。加快建设电子商务平台，包括跨境购、世贸通、慈溪“家电馆”等。

二要建设优质资本集聚配置平台。加快打造东部新城金融服务中心、杭州湾新区金融后台产业集聚区、高新区投资广场集聚区、鄞州南部商务金融中介服务集聚区、梅山金融创新服务业集聚区金融产业集聚区等。加快发展政府引导基金、产业基金、信托基金、私募股权基金、众筹创业创新基金等各类新兴金融服务平台。完善产权交易、股权交易、排污权交易、知识产权交易、船舶融资租赁等要素权益类交易平台。

三要建设高端人才集聚发展平台。打造创业创新机构集聚平台，加快推进“千人计划”产业园、人才管理改革试验区等建设，推动留创园、海创园、大创园、留创基地等提升发展，谋划建设“国际人才自由港”。健全人才培育和引进平台，继续办好人才科技周、百校千企、“3315”计划、海外人才创业创新大赛等活动，引进和建设一批高端科研院所、重点实验室、院士工作站等平台。完善人才创业创新服务平台，建设科技创新、成果转化、检测、法律、会计等中介公共服务平台，建设高层次人才创业创新服务联盟。

四要建设公共信息集聚交换平台。加快基础数据库建设，包括法人、人口、自然资源等基础数据库，以及创新资源、文化资源、社会信用、城市管理等综合数据库。加快城市经济相关云计算大数据中心建设，主要是物联网公共服务平台、智慧城市感知计算服务平台、金融数据处理中心、国际物流数据处理中心、重点产品和资源数据中心等项目。加快特色区域性公共信息平台建设，深化电子口岸建设，提升第四方物流平台、航运服务管理信息平台、对外贸易公共服务平台、进出口商品信息平台等平台功能。

（四）以区域特色优势塑造为路径，实现城市经济布局优化新突破

优化布局就是要充分发挥市和县（市）区的优势和积极性，在市域形成分工合理、功能互补的城市经济发展格局，整合空间资源，强化特色功能，实现城市经济发展效益的最大化。

一要提升中心城市的辐射带动和服务功能。进一步拓展中心城市空间，加快推进三江口核心区、东部新城、中山路轴线、三江六岸、城市重点功能区、旧城整治、交通拥堵治理、城市绿化美化等十大提升工程，强化高端资源要素集聚，加强城市精细化管理，着力提升城市形象品位和宜居程度，推动主城区外围镇海、北仑、江北、鄞州等区域的新城、新区建设和城乡一体化水平提升，积极稳妥推进行政区划优化调整，努力打造城市经济的核心区域和高标准现代化区域。

二要发挥重点开发区域的有效增长极作用。按照城市经济功能培育的重点，推

动10个A类市级重点产业（功能）区和9个B类重点开发区域的整合提升，着力形成各具特色的城市经济功能区和增长极。进一步明确重点产业（功能）区的功能特色和主导产业，促进产业错位布局、协调发展、做大做强，建设一批世界级或国家级的新材料产业基地、石化产业基地、汽车制造基地、市场贸易基地、基金集聚基地、旅游经济基地等城市经济功能区。鼓励重点开发区域推广“一区多园”模式，探索与县（市）区合作建设功能区，积极争取国家综合保税区、自贸区等创新试点政策，扩大开发区的外溢效应。

三要推动县域经济加快向城市经济转型发展。加快各县（市）中心城市建设和形象提升，要以谋划打造区域发展新平台、新载体为抓手，推动形成城市经济发展新引擎。加快提升余慈中心城融合发展水平，促进城区与杭州湾新区全面对接，实现三地资源、产业和基础设施的共建共享，整体提升城市经济实力和区域竞争力。推进宁海、奉化、象山组团建设，因地制宜地发展生态农业、滨海渔业、休闲旅游等优势产业，科学利用保护象山港和三门湾区域，努力提升生态经济和海洋经济发展水平，加快推动区域联动发展，加快建设宁波副中心城市和南部生态家园。

四要加强卫星城和中心镇节点功能。积极推进全市8个卫星城和14个中心镇的建设，逐步扩大卫星城改革试点范围，增强产业发展、公共服务、吸纳就业、人口集聚和带动周边乡镇发展的功能，充分发挥“承上启下”的重要节点和纽带作用。以“产城融合、产城一体”为方向，提升区域性的资源配置功能，实现由“镇”向“城”的跨越。加强与中心城的对接，在承接产业转移的同时，大力发展特色产业，按照“产业培育特色化、特色产业集群化”思路，促进传统块状经济向现代产业集群转变，建成特色小城镇。

（五）以基础设施完善为关键，实现城市经济发展支撑能力新突破

要实现重要基础设施在更大范围内共建共享、互联互通、高效利用、集约低碳，提升高效集聚配置资源能力和发展承载力，为城市经济提供重要支撑。

一要完善交通基础设施网络。加快建设环绕市域的“两环六射”的高速公路网络，建设连接各节点城市的“八横五纵三沿海”干线公路网和全域公交化的城乡公交网，建设以城际客运专线、“一环五支”货运线为重点的铁路网，加快轨道交通网络和交通场站建设，推进海港、空港等基础设施建设，加快形成现代化、立体化、高效化的综合交通网络体系。

二要完善生态基础设施网络。着力构筑“四屏五廊多区”的市域重大生态屏障体系，推动平原绿化、生态公益林和城区公共绿地建设，加快城乡污水管网敷设和污水处理设施建设，加强海洋生态环境保护与治理，加快形成点线面相结合、全覆盖、多层次、立体化的生态安全网络。

三要完善城市公用基础设施网络。推进供电、供水、供气等管网的改造提升工

程，加快形成城乡管网建设一体化格局；统筹规划建设市域图书馆、博物馆、科技馆、体育场馆、大剧院、学校、医院等重大科教文体卫基础设施，加强多个项目在空间上的集聚和组合式建设管理，实现社会事业设施的整体功能提升。

四要完善信息基础设施网络。加快智慧城市建设，实施光网城市、无线城市和信息安全等重大工程，建设覆盖城乡、有线无线相结合的“三网融合”宽带接入网。

（六）以重大项目为抓手，实现城市经济内生动力新突破

当前，城市经济很多重大项目已经被纳入“三年行动计划”推进实施，在此基础上，我们要立足当前，兼顾长远，精心谋划和加快生成一批事关长远发展的城市经济重大工程项目。

一要全力推进已确定重大项目。深入实施“三年行动计划”，加快建成投产一批、开工建设一批已确定的城市经济重大项目。突出抓好新材料（国际）创新中心、南车产业基地、各地电子商务产业园和总部基地等新型高端经济重大项目，中塑在线等重要资源配置平台和专业市场改造项目，两江北岸、南部商务区、国展中心、东部新城门户区等重大平台载体项目，“五水共治”、轨道交通、高速公路、港口码头、机场和供电、供气网络等社会民生和城市基础设施重大项目建设。

二要抓紧谋划生成一批重大储备项目。如：新型高端经济要着力在战略性新兴产业、电商经济、总部经济等领域，谋划一批重大项目，力争中长期形成若干具有规模优势的新兴产业或新型业态。传统产业转型升级要瞄准产业技术、模式、业态的创新，整体谋划一批“机器换人”、信息化改造、产业区整合提升和工业技改类重大项目，让老产业转出新业态、焕发新优势。重大平台载体建设要围绕资源集聚配置中心建设，在大型专业要素市场、优质资本集聚配置平台、高端人才集聚发展平台、公共信息集聚交换平台等领域谋划一批好项目。

三要加快完善重点项目推进机制。创新城市经济重大项目招商工作机制，整合全市招商资源，加强重点项目针对性招商。优化重点项目审批制度，推行特定区域和特定项目联合审批，提高重点项目审批效率。进一步完善抓重点项目的组织领导和工作体系，明确目标，落实责任。统筹全市资源要素，加强重点项目的土地、拆迁、资金和环境容量等方面的保障力度。建立健全重点项目分类分级管理机制，加强全过程精细监控，强化问题类别管理，完善“快办、快处、快反馈”问题处理机制。

四、改革创新，强化城市经济发展的保障措施

宁波加快城市经济发展要不断加大重点领域和关键环节的改革创新力度，着重

在资源配置、政策保障、工作推进机制创新等领域，努力构建充满活力、富有效率、更加开放、有利于加快发展的体制机制，推动城市经济发展实现新突破。

（一）创新资源要素配置机制

着力破除资源要素配置中的各种障碍，加快推进人才、土地、资金和环境容量等方面的市场化配置机制改革，进一步增强城市经济发展的资源要素保障力度。

一要创新引才育才用才机制。深入实施“3315计划”和“海外工程师”计划，深化实施领军和拔尖人才培养工程、专业技术人才知识更新工程和高技能人才培养工程等。建立产业集聚带动人才集聚的机制，围绕高端人才的创新创业，加快建设一批机制灵活、功能齐全、配套完善的创新创业载体，加大对创建单位的奖励和补助。完善市场化人才服务体系，建设人力资源服务产业园区，引进培育市场化人力资源服务机构，探索建立高层次人才服务联盟，推广政府购买人才公共服务，进一步优化人才生活服务环境。建立人才合理流动机制，完善专门的人才中介机构和产业人才档案库。

二是创新土地资源配置和保障机制。完善土地储备制度，明确市与区的财权、事权，适当扩大市级土地储备空间范围。推动实施“存量盘活改革、增量合理配置”，加大批而未供土地消化利用和盘活存量建设用地处置力度，推进荒滩低丘缓坡开发利用试点和围垦工程，重点保障新型高端经济和重大项目建设用地。推进农村土地制度改革，鼓励通过委托流转、股份合作等方式，实行整村、整组连片集中长期流转。提高土地节约集约利用水平，稳步推进城乡建设用地增减挂钩，深入开展“腾笼换鸟、空间换地”、实施“亩产倍增”行动计划，加大城镇低效用地再开发工作力度。

三是创新投融资机制和资金保障机制。提升国有投融资平台功能，推进国资国企“瘦身强体”改革，加大优化重组力度，鼓励各类平台联合投资，提升运营管理能力，促进投资绩效提升和可持续发展。拓展投融资渠道，积极利用债券工具融资，充分发挥保险资金、开发银行资金的引导作用，规范运作BT、BOT、TOD等融资模式，继续加强资本市场融资，进一步扩大直接融资。推进投资主体多元化，鼓励民资、外资等社会资本以股权参与、BT、TOD等方式参与投资建设，研究出台PPP模式引导政策和具体项目库，扩大利用社会资本。建立健全财政投入机制，充分发挥政府资金的引导作用，撬动社会资本投资新型高端城市经济和重大基础设施项目。

四要创新环境容量配置统筹机制。加大生态文明建设力度，加快重大生态屏障、生态走廊、生态隔离带、防护带等基础设施建设，推进生态环境治理工程，进一步扩大市域环境容量。加强全市环境容量统筹管理，把环境容量配置作为结构调整的有效手段，抓好环境资源调控和准入门槛。推进环境要素市场化配置，推广排污许可证制度，完善推广排污权和碳汇交易机制，形成能够反映环境稀缺程度、供求关系和污染治理成本的环境价格体系。

（二）制定完善规划和政策体系

加快城市经济发展的政策保障，要充分发挥规划的引领作用，加大配套政策的创新力度，进一步增强发展城市经济的统筹能力和调控能力。

一是抓紧制定专项规划。围绕宁波“港口经济圈”建设，结合“十三五”经济社会发展规划编制，加紧制定宁波城市经济发展专项规划，进一步明确宁波加快城市经济发展的总体要求、战略目标和重点任务。各地各部门要进一步形成合力，强化共识，把发展城市经济的理念、要求、目标、方向和重点全面融入“十三五”经济社会发展各级各类规划之中，进一步明确今后加快发展城市经济的量化目标和重点抓手，并谋划生成一批重大项目，使推动工作更有针对性、务实性和有效性。

二是创新重点领域政策。财税政策方面，重点要用好专项基金、税收等政策工具，发挥政府资金引导作用，进一步聚焦城市经济发展的重点领域，尤其要加大对新型高端经济的财政支持力度；加大创新支持力度，支持行业共性技术、关键技术的开发与推广，支持“新产业、新技术、新业态、新模式”；完善转移支付制度，逐步解决区域经济结构雷同和低水平同质竞争等问题，实现差异化发展。

产业政策方面，重点要支持新兴高端产业发展与传统优势产业转型升级，推动形成“结构合理、协调发展”的格局。加强产业基地（平台）建设，鼓励重点行业建立产业联盟等，促进产业集群发展。分类支持企业发展，力促形成龙头骨干企业和中小企业梯度发展格局；加快清理各相关领域的准入条件，制定和完善新兴产业项目审批、核准、备案等相关管理办法。

金融政策方面，重点要支持金融生态示范区、保险创新综合示范区建设，引导金融机构加大产品开发和服务创新力度，支持城市经济重点项目建设；积极推广供应链融资、物流融资、网络融资等金融产品，建立中小企业信贷审批和风险定价机制，提升中小企业的信贷审批和发放效率；推进海关特殊区域外汇便利化，支持外贸企业境外债务融资。

区域政策方面，重点要强化区域统筹协调，建立健全统一的城市规划和建设管理政策，加强市级资源统筹力度；推动区域合作发展，探索实施全市统筹的招商政策，探索建立区间合作建设园区的政策，建立产业对接、人才流动、市场开放等方面的合作政策；稳妥推进行政区划优化调整，促进形成各地功能有所侧重、条件相对均衡、良性互补的区域发展态势。

（三）创新工作推进机制

推进城市经济发展的各项具体工作，要在市委市政府的统一领导下，完善组织体系，优化部门职能配置，着力提升领导能力，形成推进合力，提升发展城市经济的实效。

一要完善工作推进的组织体系。针对城市经济发展的重点行业、薄弱环节、重大项目等，建立协调例会制度，切实推进城市经济发展。按照统分结合工作机制的要求，充分发挥城市经济综合管理机构的综合、协调、指导、服务作用，做好城市经济发展目标落实、政策措施制定和考核督促等工作，强化对规划编制、政策出台、体制创新、重大项目安排的统筹协调。各县（市）区要按照“上下衔接”的要求，加快完善本地区城市经济发展领导机制，健全城市经济工作机构和网络，充实工作力量。

二是优化职能配置和管理体制。进一步明确发展城市经济重点领域的主体责任和任务，根据城市经济实际需求合理配置部门职能和完善管理体制，尤其要更加明确跨行业、跨部门的新型高端城市经济的责任部门和配合部门，做到合理分工。积极探索建立城市经济统计体系，结合研究制定城市经济的总量、速度、结构和质量等方面的量化目标，建立相适应的统计指标体系、统计方法等统计制度和经济运行监测制度。加大督查考核力度，将城市经济发展的量化工作目标分解到各地各部门，并纳入全市目标管理考核体系。

三是着力提升城市经济领导能力。加强宣传力度，深化全市各级领导干部对城市经济发展的认识和理解，推进发展理念创新，增强发展城市经济的紧迫感和主动性。加大培训力度，提高各级干部的实践工作能力，特别是领导发展新型高端城市经济能力。加大成功经验和创新成效的总结推广，发挥示范引领作用，推动城市经济发展水平的整体提升，为建成现代化国际港口城市奠定经济实力基础，为全国、全省发展做出更大贡献。

课题主持人 卢子跃

课题组成员 阎　勤 沈小贤 卢　跃 吴红艳 张树法 童明荣

宁波发展城市经济的创新探索与实践成效

◎ 课题组

伴随着工业化、城市化的深入推进，城市经济已经成为城市竞争力的重要体现和国际、区域竞争的主战场。近两年，宁波积极探索有效路径，取得了明显成效，为走出一条与新型城市化、新型工业化相融合，富有时代特征和宁波特色的城市经济发展道路打下了坚实基础。

一、统一思想认识，把发展城市经济作为突出的战略任务来抓

宁波市委市政府高度重视城市经济发展，通过一系列有针对性的工作举措，使各地各部门对发展城市经济的共识和合力政策加速形成。

（一）深化思想认识，进一步凝聚城市经济发展合力

市委市政府通过召开各类专题会议、调研座谈、督查工作、考核发展目标等方式，使各级各部门在认识和行动上对发展城市经济都有重要突破。目前，全市各地各部门已经深刻认识到加快城市经济发展是宁波实施国家和省重大战略、积极融入“一带一路”和长江经济带建设、深入推进新型城市化的重要战场，是落实“双驱动四治理”、“五水共治、五措并举”等决策部署的重要抓手，是加快发展方式转变、持续提升城市综合实力和加快实现发展战略目标的重要支撑，是提高城市品质和民生品质的重要路径。

（二）强化决策部署，把发展城市经济作为突出战略任务

市委十二届七次全会通过了《关于深入推进新型城市化提升城乡治理水平的决定》，把大力发展城市经济列入重点任务之一，并明确提出“到2020年，城市经济取得突破性发展，城市经济更具活力”的发展目标。2014年，市政府工作报告将加快城市经济发展作为政府六大重点工作中的第一项工作，并提出了主要任务的分解落实。《经济社会转型发展三年行动计划》也把现代产业培育、功能区块建设、基础设施强化等城市经济重大项目放在主体地位。2014年以来，市委市政府着重在月光经济、信息经济、电商经济、工业经济发展和重点开发区（功能区）整合提升等

方面做出专项部署，狠抓工作落实，收到明显成效。

（三）把握内涵特征，明确发展城市经济目标方向

通过广泛深入的调研、研讨和宣传，目前全市对城市经济内涵特征和目标方向逐步清晰，为加快发展城市经济奠定基础。

一是认清城市经济本质内涵。城市经济是以中心城市及相关功能区域为主要承载空间，具有资源要素高度集聚和高效配置功能的新型经济形态和现代经济体系。发展城市经济的本质是高度集聚和高效配置资源要素，特别是增强对资本、人才等高端要素的吸聚能力和全市域优化配置能力。核心是新型高端城市经济发展，要加快培育发展新产业、新技术、新业态和新模式。

二是明确城市经济发展目标方向。总体要求是要着力推进三个战略性转变。要推进从县域经济向城市经济的转变，着力解决城市经济发展的总量和速度问题，重点是推动县域经济转型，加快县（市）中心城、卫星城和中心镇等区域城市经济发展；要推进从传统一般的城市经济向新型高端的城市经济转变，着力解决城市经济发展的质量和效益问题，重点是推动中心城区发展新型高端城市经济，提升带动力和辐射力；要推进从分散粗放型城市经济向集约协调型城市经济的战略性转变，着力解决城市经济发展的布局和制度问题，重点是完善城市经济布局体系，创新体制机制。

总体目标是，到 2016 年，城市经济总量、结构、质量明显提升，发展基础更加扎实、动力更加强劲，基本形成以城市经济为主导的发展格局；到 2020 年，城市经济取得突破性发展，主导地位进一步巩固，新型高端城市经济加速发展，城市经济总量和竞争力居同类城市前列，空间布局、经济体系和体制机制更加优化，基本构建起以新型高端城市经济为主导，支撑有力、更具活力、走在前列的现代城市经济新格局。

二、突出规划引领，优化城市经济空间布局

近期市有关部门以城市总规修改为契机，积极拓展城市经济发展的承载空间，努力形成以中心城市为龙头、副中心城市为节点、重点开发区和功能区为主要增长极的空间格局。

（一）全力推进城市总体规划修改

修改后的城市总体规划，进一步明确了城市发展边界、生态安全底线和城市发展规模，预留“中心城 + 组团”的弹性生长空间，优化副中心、卫星城和中心镇的空间布局，重点保证城市经济发展的功能平台、重大项目和基础设施的用地需求。城市总规的修改将进一步扩大中心城市规模，为优化城市经济空间布局，特别是为

拓展新型高端城市经济的承载空间创造条件。

（二）统筹谋划城市经济发展布局

中心城区以做大做强城市经济为目标，重点加快推进新型高端产业发展，形成“9 个综合经济功能区 + 15 个特色高端产业集聚区”的功能格局；各县（市）以推进县域经济向城市经济转型为目标，结合区域优势功能发展符合区域实际的城市经济。同时，开展了《宁波市域城镇空间布局优化研究》、《宁波市域空间结构规划研究》、《宁波市中心城（三江片）功能区规划》、三门湾区域空间布局规划等规划研究和编制工作，重新审视和谋划发展战略空间。

（三）推进土地、生态、交通等规划的相应调整

加快推进国土规划编制工作，部署开展县乡级土地利用总体规划修改前期工作；启动新一轮生态文明建设规划和生态功能区划修编工作，进一步明确各主体功能区生态控制红线和环境承载力底线；制定了高速公路网和县乡公路网调整、城市公共交通发展等规划。这些举措为城市经济发展创造了空间、功能和发展基础等条件。

三、构筑平台载体，增强城市经济引擎作用

全市各级各部门着力推进平台建设、功能区提升等工作，进一步夯实了城市经济发展的平台基础。

（一）开发建设城市经济重大功能平台

一是提升功能性平台能级。提升贸易展览、金融服务、航运服务等“三大中心”功能，成功推动宁波镇海保税物流中心获批全国首家液体化工品保税物流中心，谋划建设宁波电子商务经济创新园区，顺利推进国际贸易展览中心拓展区、宁波进口商品展示交易中心、空港国际物流园区等一批新功能平台建设。

二是扩展载体性平台功能。2014 年，首次承办了 APEC 第一次高官会、中国—中东欧国家经贸促进部长级会议，组织实施了浙江投资贸易洽谈会、浙江海洋经济投资洽谈会、中国国际日用消费品博览会、中国宁波—中东欧国家经贸文化交流周、“深圳·宁波周”等重大经贸活动。

三是完善服务性平台功能。目前，中小企业信息化云服务平台、智慧物流云公共服务平台、对外贸易公共服务平台、8718 政策咨询服务交易平台、宁波电子口岸公共信息平台、81890、宁波市医疗信息公共服务平台等功能正在不断完善。

（二）整合提升重点开发区

大力推进重点开发开放区域功能拓展、政策创新、试点示范、整合提升，新设宁波南部滨海新区管委会，启动建设国家级“中意宁波生态园”，推动申报宁波综

保区。先后制定《宁波市开发区整合提升方案》、《宁波市重点开发区域国际化合作园区促进意见》、《宁波市重点开发区域错位提升发展指导意见》，着力提升9个重点开发区域和特色产业园层级。目前，重点开发区域在全市稳增长、调结构、促改革中起到中流砥柱的作用。

（三）加快改造工业小区及传统产业集聚区

推动“空间换地”、“腾笼换鸟”，实施了一批落后产能的整治淘汰计划和区块改造项目。2014年，市政府与15个县（市）区政府（管委会）签订年度“腾笼换鸟”目标责任书，排定了余姚市再生金属熔炼、杭州湾新区印染园区等11个高能耗重污染区块（行业）的整治提升计划和第一批淘汰落后产能（设备）的重点企业名单（共97家），使相关区块的整合提升取得了明显成效。

四、坚持高端带动，加快城市经济转型升级

在发展城市经济过程中，全市更加突出新型高端产业和业态发展，城市经济发展的新引擎正加快形成。

（一）突破发展创新经济

一是大力发展高新技术和战略性新兴产业。制定实施八大战略性新兴产业的三年行动计划，重点是以新材料科技城建设和石墨烯等重大专项为抓手，推进发展新材料产业；围绕数控成套设备、工业机器人、成套自动化生产线装备等发展高端装备制造业；以产业园区平台建设和骨干企业扶持为重点，加快发展软件产业；以政策扶持、平台建设和市场对接拓展为重点，大力发展文创产业；以信息电子、信息技术服务、大数据、云计算、物联网等信息产业发展和智慧应用为重点，积极发展信息经济。

二是大力发展新模式、新业态。重点突出电商经济、平台经济、总部经济等新经济。加快推进国家电子商务试点示范城市、跨境贸易电子商务服务试点等建设，制定出台加快电子商务发展和工业企业“电商换市”三年行动计划等政策举措，加快“一城两区一中心”电子商务城建设。目前，全市电商企业和服务主体加快集聚，电商经济迅速发展，带动作用十分显著。扶持中塑在线、航交所、大宗商品交易所、液体化工品交易、跨境购、81890、世贸通等平台企业发展，为增强城市经济资源配置能力提供核心支撑。在由北京社科院中国总部经济研究中心发布的“中国35个主要城市总部经济发展能力评价”中，宁波连续两年位列第10名，稳居第一方阵。

（二）转型发展工业经济

一是加大政策支持力度。召开由市四套班子主要领导出席的全市工业强市建设

推进大会，制定出台《关于推进工业稳增长调结构促发展的若干意见》，进一步突出发展重点，切实减轻企业负担，加强要素支撑保障。

二是深化“四换三名三创”工程。制定《宁波市全面实施“三名”工程的若干意见》、《宁波市工业“三名”工程培育试点办法》和“小升规”实施意见。综合运用差别电价和财政奖励等手段，促进传统产业组织结构、技术装备结构、产品结构的调整优化。开展“机器换人”专项行动，建立“机器换人”专家库，出台《宁波市工业投资和“机器换人”技术改造考核评价办法》。

三是推进循环经济发展和节能降耗工作。实施工业循环经济“611”工程，评选一批宁波市工业循环经济示范园区和示范企业，下达 307 家企业的清洁生产审核计划。合理控制能源消费总量，定期分析重点用能企业的能源利用状况，对特大型能耗企业要求能源总量下降，对新增能耗总量大的企业要求削减新增能耗量，对其他企业要求不增加能耗总量。

（三）提升发展服务经济

在大力推进传统服务业转型升级的基础上，重点推进港航服务、现代物流、现代金融服务等现代服务业发展。

一是推进港航服务业发展。深入实施《关于推进宁波现代港航服务业发展的实施意见》，支持航运专业市场发展壮大，培育一批船舶设计检测、水运工程设计、港航设施安全等专业性港航服务机构，大力促进航运经纪、海事仲裁、航运金融、船舶保险、航运教育培训等高端航运服务业发展。目前全市已经拥有一批具有较强竞争力和影响力的港航服务品牌企业和机构。

二是推进现代物流业发展。加快全国物流示范基地建设，立足宁波优势发展国际集装箱物流、保税物流、大宗货物物流、国际航空物流、特色专业市场物流、区域及城市配送物流。智慧物流“1+7”协同平台不断完善，物流企业与电商巨头、快递领军企业或第三方的合作日益密切。

三是推进现代金融业发展。围绕新主体、新产业、新业态等，促进金融业提质增效。东海航运保险公司筹批，推动杉立期货引进战略投资者、申请创新业务牌照。推动互联网金融发展，推进甬易电子支付平台正式上线。大力推进金融租赁、股权投资、票据服务等产业发展。到目前，全市已有各类投资基金 360 余家，管理资金 300 亿以上。

（四）优化发展开放经济

一是创新发展国际贸易。先后制定加快外贸转型升级、支持企业参加展会、外贸稳增提质促效等一批政策，深入实施“外贸实力效益工程”和“外贸育苗工程”等工作，大力发展跨境电子商务，促进宁波保税区国家进口贸易促进创新示范区建设。服务贸易持续保持高速增长势头，积极争创全国服务外包示范城市。

二是全力推进招商引资。落实《关于进一步加强国际招商工作的若干意见》，近两年实际利用外资保持两位数以上的高增长。到目前，全市累计引进500强企业近50家，投资项目超100个，总投资额超100亿美元。积极推动国内招商引资，支持浙商甬商回归工作，近两年国内引资实际到位资金突破1000亿元，引进10亿以上项目超过20个，大众一期二期、海越新材料、银泰汇等一批内资大项目落户宁波。

三是鼓励企业“走出去”。积极支持企业境外投资创业，加快建设境外营销网络和售后服务体系；加快培育本土跨国公司，2014年出台《宁波市境外三大基地认定试行办法》，认定首批12家宁波市境外投资创业基地，“走出去”的方式不断优化，投资产业方向不断延伸。

（五）培育发展民生经济

重点促进月光经济、旅游经济、文体经济、商贸经济和康体养老医疗教育经济的发展，在扩大消费、服务民生的同时，也成为城市经济的重要增长极。研究制定了《关于发展月光经济的指导意见》和《实施方案》，成功举办中国宁波—中东欧国家旅游合作交流会和2014宁波旅游节，积极组织文化场所参与商文互动项目，成立体育产业发展引导资金，推进以节兴商，举办2014全国消费促进月宁波市活动、宁波购物节、中国食博会等商贸活动，鼓励民间资本参与医疗、教育、养老、康体养生等产业。

与此同时，市政府出台了《关于进一步落实全市交通物流健康发展实施意见的通知》、《宁波市新能源汽车推广应用实施方案》等政策文件，加大相关工作推进落实力度，有效推动了交通经济、生态经济、现代都市农业经济等城市经济重点领域的发展，有力促进了城市品质和民生品质的提升。

五、推进改革创新，强化城市经济发展基础支撑

全市各级各部门着重在体制机制、创新体系、基础设施等方面加大工作力度，增强了城市经济发展的基础支撑。

（一）加快重点领域改革创新，优化城市经济发展体制机制

重点推进行政管理、新型城市化、资源要素配置、资金保障和投融资等方面体制机制的改革创新。深入实施行政审批制度、注册资本登记制度、财政体制、政府购买公共服务、政府职能转变和机构调整、“四清单一张网”建设等重点改革举措。建设国家新型城镇化综合试点，健全卫星城市中心镇开发建设体制机制，探索“多规融合”试点等。加快整合公共资源交易平台，创新土地资源配置机制，探索排污

权有偿使用和交易制度。加快建设金融生态示范区和保险改革创新示范区，扩大直接融资规模，开辟新型融资渠道，扩大非传统信贷融资规模，发展信托融资、租赁融资、股权融资等。

（二）实施创新驱动战略，强化城市经济创新支撑

一是加快培育企业创新主体。实施“科技领航”计划、“智团创业”计划，加大科技型、创新型企业的培育，引导创新资源向企业集聚。目前，全社会研发经费投入的90%出自企业，全市90%的专利申请和授权来自企业，近年来宁波所获得的国家科学技术奖、省科技进步奖中，80%以上源自企业技术创新，80%以上的国家科技计划项目由企业为主承担。

二是加快完善创新平台载体。推进新材料科技城等已有平台建设，相继引进共建了各类高端创新载体70多家，建设技术创新、检测等科技创新公共服务平台，组建“宁波工业智能化产学研技术创新联盟”等战略联盟。

三是加快集聚人才和人才团队。打造“蔚蓝智谷”，深入实施领军拔尖人才培养和专业技术人才知识更新工程，推进海外高层次人才“3315计划”，建设千人计划产业园。全市现共有48人入选“国家千人计划”、128人入选“省千人计划”，有84个团队和251名海外人才入选市“3315计划”。

四是优化创新政策体系环境。先后出台了《关于强化创新驱动加快经济转型发展的决定》、《关于实施“科技领航计划”加快推进创新型企业发展的意见》、《关于加快推进科技成果转化的若干意见》等政策意见，制定了促进高校毕业生来甬就业创业、工业科技特派员专项行动、石墨烯产业发展中长期规划等一批政策文件，初步形成了“9+40”为基本框架的创新驱动政策体系。

（三）抓好重点项目建设，完善城市经济发展的基础网络

一是完善城市经济载体基础。三年行动计划中，2014年安排的涉及城市经济发展的项目超过200个，年内投资超过1000亿元，其中现代产业培育工程投资621亿元，城市功能提升工程投资324亿元。东部新城门户区、姚江北岸启动区一期、鄞奉路滨江商务居住区、湾头休闲商务区、大目湾新城、上海大众汽车整车后续项目等一批重大项目有序推进。

二是完善交通基础设施网络。轨道交通1号线一期工程、铁路货运北站正式投入试运行，环城南路快速路、北环快速路、跨区域干线公路、三门湾大桥及接线等项目正全力推进，“四位一体”公共交通出行模式初具规模。

三是完善生态环保基础设施网络。有序推进加快建设生态文明行动纲要重点项目。全市电力企业脱硝工程已全面完成，垃圾河、黑臭河治理、城镇污水处理厂建设和污水管网铺设任务按时顺利推进。

四是完善信息基础设施网络。实施光网城市、无线城市和信息安全等三大工程，全市光纤网络覆盖家庭用户累计超过335万户，光纤网络覆盖率达95%以上。

五是完善城市公用基础设施。目前全市82%以上的城市社区设立了“一站式”服务大厅，体育系统直属场馆加快向社会开放，县（市）区直属场馆定期免费开放实现全覆盖，加快新十大医疗卫生基础设施建设。

六、着眼长远发展，扎实有效做好城市经济推进工作

在今后工作中，宁波加快发展城市经济将坚持发展城市经济与实施国家战略、推进新型城市化、建设港口经济圈和实施三年行动计划、提升民生品质等相结合，着力于城市经济的增后劲、强引擎、促均衡、上水平，带动经济社会转型发展。

（一）围绕目标方向，制定城市经济发展规划

围绕总体要求和战略目标，以发展新型高端城市经济为主攻方向，结合“十三五”经济社会发展规划编制，加紧制定宁波城市经济发展专项规划。各地各部门要进一步形成合力，强化共识，把发展城市经济的理念、要求、目标、方向和重点全面融入“十三五”经济社会发展各级各类规划之中，并谋划生成一批重大项目，使推动工作更有针对性、务实性和有效性。

（二）实施“五大工程”，推进城市经济重点突破

一是实施新型高端经济发展工程，在提升城市经济质量上实现新突破。重点要发展现代服务经济、总部经济、电商经济、信息经济、平台经济、创新经济等带动力强的新型高端产业和业态，提升城市经济质量。

二是实施传统优势产业升级工程，在推动县域经济转型升级上实现新突破。重点要促进传统优势产业通过转型提质再创新优势，尤其要以“四新”推动工业经济、服务经济的转型提升，加快推动县域经济转型升级。

三是实施重大功能平台提升工程，在增强资源集聚配置和辐射功能上实现新突破。重点要优化已有重大功能平台，培育发展新型功能平台，整合提升重点开发开放区域，增强城市经济的资源集聚配置和辐射功能。

四是实施城市基础设施完善工程，在强化基础支撑力和承载力上实现新突破。重点要加强交通、生态、信息、公共服务等基础设施网络建设，改造提升城市形象，不断强化城市经济的基础支撑。

五是实施体制机制创新工程，在强化城市经济制度保障上实现新突破。重点要加快改革创新步伐，适时实施行政区划优化调整，推动行政管理体制、要素配置机制、工作推动机制的不断创新，建立健全城市经济新体制。

（三）完善工作体系，推动城市经济举措落实

重点要加快创新工作推进机制、探索建立城市经济统计体系等方面。鉴于城市经济新模式、新业态跨行业跨部门的客观实际，要优化相关部门职能配置，进一步明确发展城市经济的主体责任和任务，尤其要使抓新型高端业态发展的部门职能更加明确。制定城市经济的总量、速度、结构和质量等方面发展的量化目标，并分解到各地各部门，通过督查等各种形式促进各地各部门抓好落实。进一步深化调查研究，结合研究制定城市经济发展量化目标，探索建立城市经济的统计指标体系和统计方法，建立健全城市经济发展的统计制度。同时，总结成功经验和创新成效，及时发现各种问题和薄弱环节，破解城市经济发展中的瓶颈制约。

（四）深化改革创新，提高发展城市经济的能力水平

重点在行政管理、要素配置、政策支持等方面深化改革创新，不断提高发展城市经济的领导能力和工作水平。继续深化行政审批制度改革，优化城市经济发展重大项目、重点功能区的审批流程，强化干部能力培训，进一步优化政府职能、精简机构。在人才引进使用、土地保障和集约利用、资本引进和融资创新、环保权益交易等方面加大改革创新力度，提高资源要素配置水平。加紧研究和适时出台加快城市经济发展的新举措、新政策，对新产业、新业态加大政策扶持力度，推动城市经济发展实现新突破。

课题组成员 ◀ 阎　勤 沈小贤 卢　跃

宁波打造时尚之都的路径选择及对策举措

◎ 课题组

时尚之都建设是未来提升宁波城市综合实力的重要力量，有助于打造宁波发达的时尚产业体系，提升宁波经济的自主创新能力，促进宁波经济增长方式的转变，推动宁波经济的转型升级。从影响力层面、文化层面、产业层面、人才层面出发，将宁波建设成为具有国内时尚潮流影响力、特色时尚文化、发达时尚产业、高素质时尚人才队伍的时尚之都，对提升宁波城市品位，扩大宁波城市影响力具有重要意义。

一、宁波与国际时尚之都的差距与存在的问题

根据调研需要，对照城市时尚指数评价体系，向宁波市时尚相关企业专家、园区专家发放宁波时尚指数各影响因子情况调查问卷共计96份，回收有效问卷77份。通过对问卷的统计分析，得到标准化后的宁波时尚指数各影响因子情况，对照城市时尚指数评价体系，最终得到宁波时尚指数水平为3.00497。这表明，宁波与国际时尚之都仍有明显的差距。主要在以下几个方面。

第一，宁波打造时尚之都城市综合经济实力有待加强。城市综合实力中“城市经济生产总值”占0.0264的权重，在区域背景要素和时尚指数中占比都较大。宁波的自然条件匹配，历史文化悠久，具备便捷的交通、众多的人口、富裕的消费人群等基本条件与其他时尚之都相差不大，但宁波总体的城市经济实力不强，2014年宁波市GDP为7602.5亿元，列全国城市第17位，人均GDP为16112美元，列全国城市第21位，城市经济竞争实力未列入全国城市10强，城市经济实力有待进一步加强。

第二，宁波对时尚产业的整体规划与扶持政策力度有待加强。时尚专项政策出台数占比0.0114，时尚产业财政投入占比0.0234。宁波尚未出台专门的时尚产业专项政策，时尚产业的财政投入也较少，与时尚有关的规划制定主要针对宁波纺织服装产业《宁波市纺织服装产业“十二五”发展专项规划》，未从整体时尚产业发展的角度统一对这些潜力产业进行重点产业的定位和整体规划，出台专项的产业扶持

政策。

第三，宁波时尚配套产业体系水平有待提高。时尚产业集聚园区数量占比0.0338，时尚产品城市年销售额占比0.021，时尚会展成交额占比0.027，时尚供应链信息化程度占比0.016，时尚产业集聚与时尚产业配套的会展业、消费业发展水平等对时尚之都的建设意义重大。目前，宁波国际服装节国内外知名度较大，已渐成气候，但参加品牌多以国内本土品牌居多，国际品牌参与较少，2014 年，服装节国际品牌参与度为25%；宁波的时尚高端消费中心和城市时尚街区有：和义大道、天一广场、万达广场、东部新城等时尚消费中心，但宁波目前还是缺乏有国际知名度的城市时尚地标和消费街区；宁波的服装、家纺等产业供应链响应效率低，时尚企业供应链管理水平亟待提高。

第四，宁波时尚品牌国际化、高端化建设仍有待提高。时尚品牌数量占时尚指数的比重达 0.0864，城市中有世界 100 强的时尚品牌数占时尚指数的比重达0.1216，是所有指标中占比最大的两项，因此品牌建设对时尚之都的打造意义重大。目前，宁波服装、家纺等时尚产品的制造工艺、效率等均领先国内，可比肩国际水平，为多个国际时尚品牌作贴牌加工，例如申洲公司为 adidas、NIKE 做全球市场产品的贴牌生产。宁波的本土拥有 20 个中国名牌、25 个中国驰名商标，品牌建设领跑全国，但宁波本土品牌销售范围基本局限在国内市场，极少品牌开拓国际市场，与国际品牌在品牌知名度、品牌销售额方面等有很大差距。

第五，宁波时尚人才培养力量薄弱。时尚行业人才数在时尚指数中的权重占比为0.051，当地时尚教育机构所数在时尚指数中的权重占比为0.0525，对宁波时尚之都的建设十分重要。目前，宁波专业培养时尚设计人才、时尚营销人才的高校机构较少，仅浙江纺织服装职业技术学院有长期的服装设计人才、家纺设计、视觉形象设计、时尚买手等专业人才的培养，最新与英国相关院校合作成立了中英时尚学院，与雅戈尔集团合作成立雅戈尔商学院，为宁波时尚人才的培养打下了一定基础，宁波大学开设了时尚 MBA 项目针对时尚管理人员的培养。但浙江纺织服装职业技术学院高职类人才的培养与宁波时尚企业急需的优秀设计师、时尚买手人才契合度较差，宁波的时尚高端人才培养仍较为薄弱。

第六，宁波时尚文化内涵与特性提炼不够深刻。时尚文化内涵层次占时尚指数权重的比例达0.054，宁波的时尚文化是有百年时尚历史的红帮文化，以精湛的技艺、上乘的质量、敬业的精神、良好的声誉为特色，将传统中式服饰与西式工艺进行结合。但宁波的时尚文化内涵层次不够，宁波文化与外来文化的共性与特性提炼不清晰，导致时尚文化的传播推广面窄，因此，要让宁波文化随着宁波时尚产品走上国际舞台，仍需对自身文化进行内涵挖掘和层次提升。

二、宁波打造时尚之都的目标设定

（一）总体目标

宁波要建设成为具有国内外时尚潮流影响力、特色时尚文化、发达时尚产业、高素质时尚人才队伍的时尚之都。

（二）目标细化

宁波打造时尚之都要从影响力、文化、产业、人才等层面对目标进行细化。

影响力层面，要使宁波的时尚产品具有引领国内外时尚潮流的能力，时尚品牌国内外知名度高，吸引众多国内外时尚采购商和时尚买手，时尚产品畅销国内外时尚消费市场。

文化层面，要形成宁波独特的时尚文化，较好地融入宁波城市社会各个方面，鲜明体现在宁波制造的时尚产品中，并被国内外消费者广为认可与辨识。

产业层面，要形成集聚度高、产业整合度高、配套产业体系完善的时尚产业，能控制和拥有完整的时尚产业链，时尚制造业、时尚会展业、时尚流通业、时尚消费业、时尚传媒业均十分发达。

人才层面，要形成系统化、模块化的时尚产业人才培养体系，打造一支具有“全球化视野、全设计能力、全创新意识”的时尚人才队伍。

三、宁波打造时尚之都的推进路径

围绕宁波时尚之都影响力层面、文化层面、产业层面、人才层面的建设目标，形成了宁波打造时尚之都的四条基本路径。

路径一：观察、感染、宣传宁波时尚潮流，提升国际时尚潮流的引领性和影响力。首先，快速准确分析与把握国际时尚潮流趋势，打造服务于品牌的国际时尚观察人才梯队，紧随潮流趋势推陈出新，占领国际时尚潮流制高点。其次，提升宁波国际时尚潮流的引领性和影响力，品牌战略是核心，通过国际品牌的知名效应，形成一批庞大、忠实的时尚消费国际人群，以品牌的时尚消费为载体，达到品牌所在城市时尚潮流的感染与传达。最后，在品牌营销的基础上，加大宁波视角的时尚潮流宣传力度，紧紧依托品牌市场和宣传平台，传达宁波的时尚潮流理念。

路径二：提炼、培养、宣传宁波时尚文化，构筑时尚风格特色和独到的城市文化。首先，构筑宁波时尚风格特色和独到的城市文化，通过对宁波现有时尚文化的内涵进行分析，比较与其他文化的差异之处，提炼宁波时尚文化特色，在此基础上要让宁波文化随着宁波时尚产品走进国际舞台，寻找宁波文化与外来文化的共性与特性点是关键。其次，构筑宁波独到的城市文化，宁波时尚文化受众主体的培育必不可少，时尚文化通过主体在城市生活各方面的表现，通过不断地感染和传播，形成宁波独到的时尚文化环境。最后，找寻时尚文化宣传平台，良好的时尚文化宣传平台是介质，可以有效加快宁波时尚文化的国际化传播，最终形成国际视角的宁波时尚文化风格。

路径三：规划、整合、打通宁波时尚产业链，增强时尚产业的实力和特性。首先，制定科学的产业发展规划，进行明确的产业定位和系统设计，是增强时尚产业实力的基础，可通过政府出台相应的产业规划和扶持政策，设立专门的时尚产业发展机构来完成这一步骤环节。其次，依托现有产业体系，将时尚产业的设计、制造、消费等环节进行时尚产业链整合完善，特别是时尚创意环节的能力，加大创意投入，进一步加强产业集聚度，进而增强时尚产业基础实力。最后，在扎实的时尚主产业基础上，结合时尚潮流、时尚文化等软实力，构筑发达的时尚配套产业体系（会展业、传媒业、流通业等)，打造一体化的时尚产业链，形成宁波时尚产业特性。

路径四：协同、构建、完善宁波时尚人才培养体系，夯实时尚人才基础。首先，以产业为导向，完善协同创新机制，通过校企协同、中外协同、专业协同，使时尚教育紧跟产业发展脉搏，构建与产业同步发展的时尚人才培养体系。其次，通过校企合作、国际合作等多渠道培养模式，培养培训具有“全球化视野、全设计能力、全创新意识”的时尚人才，加快时尚企业骨干高端人才的培养，接轨国际潮流；最后，出台相关人才引进政策，引进国内外优秀时尚人才，汇聚多方英才，为时尚产业的发展提供坚实的人才保障。

四、宁波打造时尚之都的对策举措

（一）着力实施品牌战略，提升国际时尚潮流话语权

第一，大力实施品牌战略，培养一批龙头企业和时尚品牌。建设自主时尚品牌梯队，立足世界、国家、市级品牌三个层次，按层次、分梯队推进，相应制定实施品牌战略的目标，形成有特色、有竞争力的宁波著名品牌创新体系。其次，选择一些能够突破的领域，促进优势资源向名牌企业集中，重点扶持、培养和打造一批具有行业影响力和国际竞争力的龙头企业和时尚品牌，如雅戈尔、GXG、太平鸟、维科家纺、方太厨具等。

第二，加快品牌升级，走个性化、差异化的自主创新道路。改变企业理念，加快宁波企业从外围品牌创新向整体品牌创新、内涵创新转变。由行业协会牵头，邀请国内外时尚专家开设品牌建设与自主创新等专题讲座或论坛，深化宁波企业品牌创新层次。每年举办宁波时尚品牌风格与影响力评选活动，奖励致力于自主创新的优秀企业，增加自主品牌市场影响力。例如，宁波的太平鸟品牌通过面料、图案、

色彩、款式造型、结果处理、缝制工艺、产品包装等全方位、独一无二的设计创新，以形成品牌的风格和个性化，树立起独特的品牌形象，深化太平鸟品牌创新层次。

第三，扩展品牌营销渠道，紧抓全球网络营销的发展机遇。升级品牌营销渠道，建立线上线下协同并进的品牌营销渠道。由行业协会牵头，组织电子商务专家为宁波时尚企业营销人员开展电子商务知识技能培训，搭建宁波时尚企业与淘宝网、易趣、中国服饰网等电商企业的联系平台，助推宁波时尚品牌的网络营销渠道拓展。鼓励引导企业积极与国外主流购物网站的合作洽谈，充分利用网络平台，拓展国际营销渠道，宣传企业品牌。

第四，举办国际性高端大型时尚活动，宣传与推广宁波时尚品牌。组织具有国际影响力的年度时尚品牌活动，如国际著名品牌发布会、流行趋势作品发布会等系列主题活动，加大国际品牌参与邀请力度，为国际时尚品牌参会提供进出口会展的绿色通道。其次，建议组建宁波品牌抱团对外宣传推广会，借助政府的公信力与关系网，向世界宣传宁波时尚品牌，提升宁波时尚品牌的国际知名度。

（二）大力建设时尚文化，构筑宁波时尚风格

第一，提炼与挖掘宁波文化，清晰宁波时尚文化内涵。要鼓励宁波的文化工作者和研究人员，积极投身于宁波时尚文化的研究和传播，建立专业时尚文化研究机构，配备研究人员，设立专项课题，开展高水平的时尚文化专业研究，对宁波的时尚文化作清晰、细致、深入的自我剖析，提炼与挖掘宁波文化的精髓，为宁波时尚文化的追根溯源与宁波时尚文化的传承发展奠定厚实基础。

第二，加强时尚文化培育，拓宽宁波时尚文化受众范围。要大力支持时尚组织、时尚机构和时尚人士、时尚人群的时尚活动，培育一批有影响力的时尚文化协会、沙龙、论坛、俱乐部、团队等，促进时尚交流和探讨，积聚时尚力量，为时尚文化的不断提升，创造良好的专业环境。其次，要提升城市建筑的时尚水平，建设时尚文化浓厚的城市空间，建设好文化广场项目，真正把文化广场建设成为时尚文化展示、交流、活动、培训的大舞台、大课堂、大展厅。要精心规划、建设城市的休闲空间，艺术化的设计城市雕塑、城市色彩、城市道路，使宁波成为时尚生活的“好客厅”。

第三，搭建时尚文化的信息宣传平台，加快宁波时尚文化的传播。在宁波举办的国内外会展活动中注重宁波文化的展示，并借助国内外时尚活动的交流契机，对外发布宁波的时尚资讯，提高宁波时尚文化的引领力度。鼓励企业、高校和研究机构，成立时尚信息研究和发布机构，即时采集、加工、发布国际先进的时尚信息和专业情报，使宁波的时尚文化保持与国内外的实时同步传播。其次，宁波市宣传部门和宁波市电视台可以通过公开征集剧本、公开竞聘导演、公开选聘演员等活动，策划拍摄一部以当代宁波为背景，反映当代宁波人生活的时尚影视剧，全面提升宁

波城市的时尚形象。

第四，培育扶持专业时尚媒体，提升民众时尚品位。时尚产品、时尚文化、时尚理念的推广离不开良好的宣传平台。建议宁波培养、扶持专业时尚媒体平台，加强本土时尚品牌、时尚企业、时尚文化的宣传，开设专门的时尚经济产品推介、时尚人物访谈等栏目，重点办好 1~2 本时尚杂志，针对时尚阶层人群，专业化地推送高端时尚文化作品，增强宁波时尚媒体的潮流视角、国际视野、时尚权威等专业水平。其次，充分开发网络新媒体，利用移动网络系统，随时随地传播时尚宁波，通过新媒体的力量促进宁波时尚品牌的国际知名度与影响力提升。

（三）整合完善时尚产业链，形成扎实的时尚产业基础

第一，搭建发展载体，制定时尚产业发展规划。由市经信委牵头，会同贸易局、科技局等部门共同组建成立宁波时尚产业发展领导小组，并根据宁波具有的科研、人才、品牌和市场等方面的综合优势，重点培育和发展五大时尚产业领域，形成宁波“2+3”（“2”指服装、家纺产业；“3”指小家电、厨具、文具产业）的产业集群体系架构。其次，组织专业研究机构、高校、企业合作成立时尚专业研究所，开展时尚领域的前沿研究，为宁波时尚产业发展规划和扶持政策的制定提供科学的决策依据。

第二，争取政策、资金和协会支持，服务时尚产业发展。从宁波市天使投资引导基金项目中设立促进时尚经济发展的专项基金，协调宁波金融机构给予贷款政策支持，出台针对时尚产业的专项扶持政策，用于解决时尚企业特别是创意设计工作室等时尚创意企业初期的资金问题，通过时尚经济风投机制促进宁波时尚企业的成长和发展。其次，建立宁波时尚行业协会，充分协调政府与企业关系，促进企业间的交流合作，加强宁波与上海、伦敦、巴黎等国内外前沿时尚行业协会的交流合作，积极推动宁波时尚产业发展。

第三，引导时尚产业集聚，构建具有一定规模的时尚产业园。时尚产业的集聚不仅有助于时尚经济创新要素的提升，也有利于降低时尚产品的设计、生产与营销成本。目前宁波仅有和丰创意广场这一时尚创意园区，建议从政府层面组织按照产品类型建设多层次多类型的时尚产业园区，根据时尚价值链的不同环节，细分时尚产业，形成特色鲜明、分工明确、协同互动的时尚产业集聚区，如时尚创意园区、时尚设计研发园区、时尚宣传营销中心、时尚文化园区，以促进宁波时尚经济的集群式发展。

第四，整体提升时尚消费业，打造完善的时尚产业链。建议进一步扩展宁波时尚购物空间，打造和义大道、天一广场、万达广场、东部新城等宁波时尚消费地标，打造多维度的时尚品牌消费区，丰富宁波时尚消费渠道，塑造宁波时尚文化氛围。其次，宁波时尚产业可以依托自由贸易区的关税、物流、渠道、资金等政策优势，

打造自由贸易区时尚产品贸易专区，如以梅山保税港区为依托打造宁波国际时尚产品或奢侈品消费街区，打造宁波时尚高端产业链，提升宁波时尚品牌层次。

（四）构建时尚人才培养体系，做好时尚产业发展的人才配套

第一，建立时尚人才培养规格，制定时尚人才能力要求。根据时尚产业发展对时尚人才的需求，组织相关院校深入宁波时尚企业开展人才需求调研，结合英国、法国、美国等国外高校时尚专业设置与人才培养体系的调研情况，指导宁波高校开设时尚类相关专业并系统建立时尚人才的培养规格，并以时尚人才培养目标为核心，根据企业岗位的技能要求，细化制定时尚人才培养的能力要求。

第二，构建时尚模块课程体系，实现培养链对接产业链。根据时尚人才培养的能力要求，模块化设计对应专业课程体系，主要培养紧缺的时尚买手、时尚与奢侈品管理、时尚设计师等人才，通过专业课程的开设、实训、考核，使学生掌握与时尚企业岗位能力要求相一致的知识与技能，契合时尚产业发展的人才需求，实现专业培养链对接产业链。

第三，多渠道联合培养，加快时尚人才培养进度。以开放的姿态迎接国际先进教育理念和资源，接轨国际潮流。出台办学扶持政策，鼓励宁波高校与国外高校国际合作办学，引进国际时尚人才培养师资，开展学生国际交流合作项目，打造宁波国际时尚人才教育中心。其次，鼓励时尚企业选送员工赴国外院校机构进修培训，并为其提供技能培训补贴，形成时尚产业在职人员的专业培训体系，加快时尚企业骨干人才的培养。

第四，大力引进时尚人才，给予相应人才引进政策。建议宁波的高洽会专门设立时尚人才招聘专区，引进国际和国家级设计大师，在国内外各类时尚设计院校中（如东华大学、北京服装学院等）公开选拔优秀人才，鼓励国内外知名设计师和优秀人才来宁波开设工作室，并给予一定的资助、贷款优惠政策和房租减免。每年组织国内外多类型的时尚设计比赛，邀请国内外设计师参与比赛，为宁波时尚人才与国际时尚人才同台竞技切磋、交流取经提供良好的平台，也为宁波时尚企业与国内外时尚人才搭建沟通、了解、合作平台。

课题组成员 ◀ 任月红 钟海州 毛才盛 张芝萍 胡碧琴 黄 潇

关于争取设立宁波文化产权交易所的建议

◎陈利权 王 巍

党的十八届三中全会作出的《中共中央关于全面深化改革若干重大问题的决定》明确指出，要建立健全现代文化市场体系。文化产权交易所（以下简称文交所）集文化产权交易、投融资服务、文化企业孵化和文化产业信息交流为一体，是我国文化市场体系的重要组成部分。在当前形势下，宁波设立文交所，推动文化产业转型升级，显得尤为必要。

一、我国文交所发展的基本情况

（一）发展经过

早在2007年，上海和深圳就提出了建设“文化产权交易所”的构想。2009年6月15日，国内首个综合性文化产权交易平台——上海文化产权交易所揭牌，掀开了“文交所”遍地开花的序幕。9月17日，天津文交所设立。11月16日，深圳文化产权交易所挂牌建立。2010年，全国各地纷纷开始成立文交所。2010年3月19日，中央出台《关于金融支持文化产业振兴和发展繁荣的指导意见》文件，确立了文交所的性质和法律地位。此后，国内先后开张了多家文交所：2010年5月，号称“西部第一”的成都文化产权交易所成立；次年1月，南方报业集团等投资创立了广东南方文化产权交易所。据统计，北京、天津、广东、浙江、江苏、山东在内的18个省、市、自治区已经成立的文化产权交易平台机构有30家左右，并成立了“全国文化产权交易共同市场”。

（二）交易模式

文化产权交易模式是指文化产权主体将合法拥有的文化产权，通过文化产权交易市场实行有偿转让的行为。目前我国文交所的交易模式主要是以下两类。

一类是以上海文交所、深圳文交所、（广东）南方文交所为代表的文化产权交易模式。这种模式以文化物权、债权、股权、知识产权及相关虚拟权益为交易对象，属于专业化、综合性的服务平台。

另一类是以天津文交所、北京文交所、成都文交所为代表的份额化交易模式。这种模式将份额标的物（资产）进行等额拆分，拆分后按份额享有的所有权、而非实物艺术品公开上市交易的方式。例如，一件艺术品价格为1000万元，那么就可以将它分成1000万份的份额，按每份份额1元申购；此时，投资人可以参与艺术品上市前的发行申购，持有艺术品的原始份额。

（三）代表机构

①上海文交所：2009年6月15日，由上海联合产权交易所、解放日报报业集团、上海精文投资公司联合投资创立，为国内首家成立的文化产权交易所，采用政府引导、市场化运作方式，遵循“公开、公平、公正、规范”的原则，以文化物权、债权、股权、知识产权等各类文化产权为交易对象，依法开展政策咨询、信息发布、产权交易、项目推介、投资引导、项目融资、权益评估、并购策划等服务，集文化产权交易、投融资服务、文化企业孵化、文化产业信息交流和人才培训为一体，为各类文化产权流转提供交易平台及专业服务。至2012年3月，该所各类文化产权挂牌项目约2000宗，交易完成300余宗，交易额152亿元，交易规模居全国前列。

②深圳文交所：2009年11月份正式挂牌，以“文化对接资本、交易创造价值”为经营理念，与中国（深圳）国际文化产业博览交易会紧密结合与深度互动（此为深圳文交所的最大特色），是一个面向全国乃至全球的文化产权交易平台、文化产业投融资平台、文化企业孵化平台与文化产权登记托管平台，服务内容主要包括产权、企业上市、版权、艺术品银行以及与文博会投融资服务等，交易模式也从早期的艺术品份额化交易向“文化+资本”的新型经营模式转变。深圳文交所自成立两年来，共征集入库的文化产业投融资项目超过15000多个，实现成交的项目超过300个，交易金额超过150亿元。

③天津文交所：以文化股权、债权、物权、版权等各类文化产权为交易对象的专业化市场平台，规范化程度全国最高，无论是公告的提前量还是交易信息的披露，都较其他文交所规范。该所最大的特点是通过网上开户、网上交易的模式，通过将艺术品分成多股，允许投资人进行投资交易，使艺术品投资进入了普通百姓的视野，但因估价偏高、交易规则朝令夕改等问题而饱受争议，也引发了极具风险的狂热，在媒体报道中甚至被称为国内文交所的“负面典型”。截至2012年6月，天津文交所作为2011年席卷全中国的艺术品份额交易热的始作俑者，共发行艺术品份额产品20个，累计发售面值3.47亿元。

④成都文交所：2010年5月成立，集文化产权交易、投融资服务、文化企业孵化、文化产业信息发布于一体的专业化综合性服务平台，是西南地区第一家以文化物权、债权、股权、知识产权等为交易对象的专业化市场平台。成立后的两月内，

该所挂牌的文化项目从成立时的 65 个飙升至 144 个，挂牌金额从 7.8 亿飙升至 12 亿元，涉及出版、影视、动漫等多个方面。2013 年 7 月，成都文交所艺术品网络竞价交易平台正式上线，首期网上拍卖以 10 万成交额结束，但艺术品份额产品的交易模式存在的最大问题是不尊重价格优势，为暗箱操作提供了便利，而且导致交易所工作量繁重，且随着交易品种的增加，人工处理的难度越来越大，广受质疑，每周只能交易一次。

二、我国文交所存在的问题及国家管理措施

（一）存在问题

①交易价格虚高，与真实价值严重脱节，是我国文交所存在的最大问题。文交所是新鲜事物，美国也只有商品交易所，还没有文交所。文化产权份额化交易不具备创造价值的功能，现阶段份额化的泡沫不小，存在较大的市场不稳定性并蕴含着巨大的风险，主要原因是投资者预期将会有人花更高的价钱接盘，而且文化产权份额化交易的盘子小，很容易拉高炒作，是巨额游资冲击获利的目标，牛市趋之若鹜，熊市抛之大吉。大起大落的交易动荡，使得向往高收益神话的普通投资者损失惨痛，也使得文交所交易市场不可能持续、稳定、健康地维持和发展。

②鉴定和估值难是我国文交所发展面临的最大瓶颈。在文化产权金融化过程中，鉴定和估值具有很大的不确定性。目前中国文化产权的价值评估主要体现在传统书画和古董古玩，而现当代艺术价值评估是空白的，但即使在传统方面也极其混乱，评估机构和个人的诚信问题受到很大的挑战和质疑。因此，具有公信力的权威鉴定和公正价值评估是最重要的配套基础，这个配套基础亟待完善。

③证券化交易存在较大风险，需要加以规范。证券和期货交易具有特殊的金融属性和风险属性，直接关系到经济金融安全和社会稳定，必须在经批准的特定交易场所遵循严格的管理制度规范进行，但一些文交所所未经批准违法开展证券期货交易活动；有的交易场所管理不规范，存在严重投机和价格操纵行为；个别交易场所股东直接参与买卖，甚至发生管理人员侵吞客户资金、经营者卷款逃跑等问题，极易引发系统性、区域性金融风险，甚至影响社会稳定。

（二）管理措施

针对全国文交所存在的一些问题，2011 年 12 月 30 日，中宣部、商务部、文化部、国家广播电影电视总署和新闻出版总署联合发布了《关于贯彻落实国务院决定加强文化产权交易和艺术品交易管理的意见》，以推动文化产权交易和艺术品交易健康有序发展，涉及文化产权交易的管理内容主要包括以下五个方面。

一是明确文化产权交易的涵义、范围和作用，指出文化产权交易是指文化产权

所有者将其拥有的资产所有权、经营权、收益权及相关权利全部或者部分有偿转让的一种经济活动；交易范围包括文化创意、影视制作、出版发行、印刷复制、广告、演艺娱乐、文化会展、数字内容和动漫等领域；文化产权交易所是为文化产权转让提供条件和综合配套服务的专业化市场平台，业务活动主要有政策咨询、信息发布、组织交易、产权鉴证、资金结算交割等，是文化领域多层次市场的重要组成部分。

二是统筹规划文化产权交易场所的数量规模和区域分布，制定文化产权交易品种结构规划和审查标准，加强对文化产权交易的宏观调控和分类管理，原则上只允许在省一级设立文化产权交易所。

三是明确设立文化产权交易所的基本条件，要求申请设立文化产权交易所的省份，须基本完成文化体制改革重点任务，文化企业数量达到一定规模；文化资源资产化程度较高，文化企业间的联合、重组、并购活跃；须有法定注册资本、固定交易场所、完整交易规则、专业交易人才，须提供权威专业的投资咨询、评估鉴定、金融服务等中介服务。

四是完善审批设立程序，指出设立文化产权交易所，必须由省级人民政府批准，批准前应征求文化部、广电总局、新闻出版总署意见，并经中央文化体制改革工作领导小组办公室和清理整顿各类交易场所部际联席会议认可。文化产权交易所的业务活动须符合现行法律、行政法规以及文化市场准入政策和行业管理规范。

五是加强各类文化产权交易所的整顿规范，对未按审批设立程序批准、已注册使用“交易所”名称的文化产权交易所，限期予以规范；文化产权交易所不得将任何权益拆分为均等份额公开发行，不得采取集中竞价、做市商等集中交易方式进行交易；不得将权益按照标准化交易单位持续挂牌交易，任何投资者买入后卖出或卖出后买入同一交易品种的时间间隔不得少于5个交易日；对从事违法证券期货交易活动的文化产权交易所，严禁以任何方式扩大业务范围，严禁新增交易品种，严禁新增投资者，并限期取消或结束交易活动。

三、宁波设立文交所的必要性及工作建议

宁波设立文交所，对繁荣发展我市文化产业，孵化文化企业，发现文化价格，从而推动文化产业转型升级，十分必要。

（一）必要性

一是繁荣文化产业。宁波文化企业总体规模不大，资金回收周期长，一些实力不济的文化企业不愿投入大量研发资金，再加上文化企业的无形资金比重大且评估值难以确定，申请银行贷款时面临较大的担保难题，外部融资环境不利，融资渠道比较单一。通过设立文交所，宁波可以建立文化产业多层次资本市场和金融服务体

系，搭建文化与资本联姻的广阔平台，为全市的各类文化企业及项目提供融资支持，繁荣发展宁波文化企业。

二是孵化文化企业。文交所一个重要的经济功能是为非上市、非公众文化企业提供股权融资服务。通过设立文交所这样一个专业平台，可以为宁波文化企业改制、重组、股权登记托管、融资等提供完善的服务，提高文化企业的孵化效率，加速其成长，辅导其进入资本市场。

三是发现文化价格。没有进入文化市场的文化产权难以确定其真实价格。通过设立宁波文交所，建立高效的文化产权信息发布平台和电子交易系统，广泛征集卖家和买家，可以充分发现市场价格，提高文化产权交易效率。

（二）现实性

宁波设立文交所，也已经具备现实基础和基本条件。

一是文化体制改革深入发展。近些年来，宁波积极推进政企分开、政事分开、管办分离，经营性文化单位转企改制任务和市属国有文艺院团转企改制工作基本完成，扎实推进了国有文艺院团、非时政类报刊转企改制，全面实施了传统文化事业单位岗位设置管理工作和绩效工资改革。

二是文化产业发展迅速。2013 年，全市实现文化产业增加值 316.9 亿元，占同期 GDP 的比重为 4.5%，增长率达到 15.7%，全市规（限）上文化企业（单位）数（个）1176 家，国家级文化产业示范基地 3 家、省级文化产业示范基地 2 家、市级文化产业示范基地 28 家，国家级文化出口重点企业 15 家、省级文化出口重点企业 10 家，上市文化企业 4 家。

三是文化企业间的联合、重组、并购活跃。民营资本积极参与文化企业跨地区、跨行业、跨所有制兼并重组，一批具有竞争力的大型文化企业集团培育形成，风险资本开始投资文化创意企业，建立了战略投资者有效退出机制。

四是文化资源资产化程度较高。文化产权市场化运作较为成功。2012 年 6 月，海伦钢琴股份有限公司在深交所创业板成功上市，成为国内首家登陆资本市场的民营钢琴企业和宁波第四家文化类上市公司。

五是金融市场健全发达。截至 2013 年 5 月底，全市共有各类金融机构 206 家、小额贷款公司 41 家、股权投资机构 270 余家、金融中介服务机构 1100 余家。先后改制重组通商银行、东海银行、昆仑信托、镇海农村商业银行 4 家地方法人金融机构，地方法人城商行达到 3 家，位居计划单列市首位。东部新城国际金融服务中心已初具规模，2014 年将构建全省第一个形成规模的金融集聚区。

（三）工作建议

中宣部等部委明确“原则上只允许在省一级设立文化产权交易所”，设立文交所“必须由省级人民政府批准，批准前应征求文化部、广电总局、新闻出版总署意见，并经中央文化体制改革工作领导小组办公室和清理整顿各类交易场所部际联席会议认可。”鉴于浙江省已经设立一家文化产权交易所，建议宁波有关职能机构就本市设立文交所向省、中央有关部委汇报反映，进行积极争取。如获得设立的明确态度，再制订包括投资主体、业务范围、发展政策和市场监管等方面的政策方案，根据申报程序进行正式申报。

以项目开发带动宁波文化旅游业发展

◎ 陈利权 王 巍

文化旅游业作为现代服务业的重要组成部分，是指以旅游经营者创造的观赏对象和休闲娱乐方式为消费内容，使旅游者获得富有文化内涵和深度参与旅游体验活动的一种特殊的综合性产业，因其关联性高、涉及面广、辐射性宽、带动性强，环境污染少、资源消耗低，被国际经济学界公认为“21 世纪全球经济一体化时代的朝阳产业”。在当前宁波转型发展的紧迫性、艰巨性日益突出的形势下，深入借鉴国内外文化旅游项目开发的六大模式，着力实施项目带动战略，大力发展文化旅游业，增强宁波文化旅游业的整体实力和竞争力，显得尤为迫切。

一、国内外文化旅游项目开发呈现五大模式

文化提升旅游，旅游传播文化。近年来，随着文化与旅游融合步伐的加快，文化旅游业呈现前所未有的生机与活力，进入了发展的转型期和战略的提升期。为此，国内外不少城市根据区域自身特色，推进文化与旅游紧密结合、互融共进、互动发展，大力发掘现代文化旅游资源，开发文化旅游项目，呈现出了以下五种开发模式。

①直接利用型。直接把现实的文化资源开发成旅游产品，并保持其原貌，如法国著名的旅游城市斯特拉斯堡以各时期的建筑为主线，营造了斯特拉斯堡浓郁的文化旅游情调，显示出文化旅游城市的特征。

②主题公园型。围绕特定文化进行旅游开发而形成的旅游产品，包括以下三种类型：主题文化开发，围绕特定文化主题，与旅游相结合进行深度开发，如美国迪斯尼乐园、深圳华侨城等；整合提升开发，整合一个区域的文化资源或者多个区域的多种文化资源，集中包装、提炼，采用人造景观开发方式进行场景再现，如深圳锦绣中华、北京中华民族园等；复原历史开发，按照历史记载，挖掘题材，恢复历史面貌或其中一方面，如杭州宋城、西安大唐芙蓉园等。

③文化创意型。在创造创意含量丰富的特定空间（园区、基地），以文化创意构成旅游吸引物，满足游客观光、休闲、娱乐、餐饮等旅游需求的开发方式，包括以下三种类型。

艺术园（社）区开发。成规模地租用和改造因历史原因留存下来的城市工业空置厂房，或集中在租金相对廉价区域租用场地，使其发展成为集画廊、艺术家工作室、设计公司、餐饮酒吧等为一体、具有一定规模、融入了旅游活动的艺术创意集聚区，如798艺术区、北京宋庄画家村、上海8号桥艺术园区、M50艺术基地、杭州LOFT49等。

影视（动漫）基地开发。将静态的影视（动漫）基地文化资源经过创意活化，让游客体验影视角色参与、影视独立创作（DIY）、影视（动漫）文化主题教育，进行影视旅游观光体验活动的开发方式，如首尔MBC文化园“大长今村”、横店影视城、北京怀柔影视基地、上海国家动漫游戏产业振兴基地等。

节庆演出基地开发。在传统的节庆活动策划中加入创意元素，通过改变场地、变换活动形式、重组和完善活动内容以及创新宣传等方式，从而扩大节庆演出活动对游客的吸引力，如印象刘三姐、禅宗少林音乐大典等。

④新兴街区型。以全新的“IN”生活体验（“流行前卫”、“潮流健康”）为旅游创意，成为新的融入了创意理念的文化街区，从而成为吸引游客新亮点的开发模式，如北京什刹海、北京三里屯、上海新天地、重庆黄桷坪涂鸦艺术街等。

⑤转换价值型。第一、第二、第三产业中的产品由于存在着已被开发、尚待开发或本身具有的潜在的文化旅游价值，所以各项成果能同时转化为文化旅游资源，如农业科技园、创意农业园、工业科技园等等，最典型的是本市一些渔业捕捞活动逐渐演变为游客参与的娱乐活动。

二、宁波文化资源的现状及开发中存在问题

重大项目是文化旅游业发展的重要载体和切入点。深入实施项目带动战略，必须以本土文化资源为基础，进行科学合理发掘，找出其丰富内涵，化虚为实，把它们打造成吸引游客宣传宁波的重要品牌。

宁波是国家历史文化名城，拥有深厚悠久的历史文化底蕴，全市进入中国世界文化遗产预备名单2处（中国古瓷窑址：上林湖越窑遗址，丝绸之路中国段（海路部分：宁波遗迹）），国家级历史文化名镇2座（慈城、石浦），省级历史文化名城1座（余姚）。为便于归纳总结，现把宁波文化资源分为海洋、陆地两大类加以介绍。

①海洋文化。宁波海洋文化历史悠久，源远流长，有以龙文化、妈祖文化、渔文化和饮食文化为代表的海洋民间文化，以镇海海防遗迹为代表的抗英法和抗日的海防文化，以镇海海塘为代表的兴修水利防患海潮和台风的海洋水利文化，以徐福和鉴真东渡为代表的海洋名人文化，以宁波港为代表的“海上丝绸之路”的海洋商贸文化等。

②陆域文化。宁波陆域文化同样内涵深刻，类型多元，有以距今7000年的河姆

渡遗址为代表的源远流长的史前文化；以天一阁为代表的博大精深的藏书文化；以八大历史街区为代表的名门大家的居住文化；以白云庄为代表的个性鲜明的浙东学术文化；以保国寺为代表的辉煌灿烂的古代建筑文化；以上林湖越窑遗址为代表的独具神韵的青瓷文化；以天童寺、阿育王寺为代表的古刹丛林的宗教文化；以象山影视城为代表的自然景观优越的影视文化；以浙东抗日根据地为代表的艰苦抗战的红色革命文化；以十里红装·女儿梦为代表的反映民间风情的民俗文化；以宁波帮为代表的艰苦创业回报家乡的儒商文化等。

旅游和文化之间的要素渗透是发展文化旅游业的必备条件。虽然宁波文化资源丰厚，但也存在着文化元素挖掘不足、缺乏文化旅游精品的问题，如对历史文化资源的开发利用程度相对较低，名人文化资源挖掘和利用不足，非物质文化遗产也未得到充分整合开发，极富影响力和开发利用价值的佛教文化资源长期未受到应有的重视，历史文化资源优势尚未实现向文化产业优势的全面转化，许多具备丰厚文化元素的旅游项目难以发展成为旅游精品。

三、深入实施宁波重大文化旅游项目的几点建议

加快发展文化旅游业需要谋划投资规模大、科技含量高、市场前景好、辐射带动强的重大项目。依据宁波文化资源的禀赋基础，建议对其进行深入发掘，深入实施以下重大文化旅游项目。

1. 中国（宁波）·龙文化博物馆。中国（宁波）·龙文化博物馆的展览展示作品主要包括民间传说的东海龙宫馆、民间艺术舞龙馆、历史遗物馆（羽人竞渡）和民间文化作品馆等，其中东海龙宫馆和民间艺术舞龙馆设计成游客可进行参与性活动的设施，同时与深圳大鹏半岛龙岐山的中华龙文化博物馆与龙有关的玉文化作品有所区别。

2. 海战体验园。中国·宁波海战体验园主要包括：中国海战纪念馆，展览展示曾经在中国发生过的历次重大海战图片和实物，并作为一个关于海战的影视拍摄基地；海洋游艺馆，为青少年乃至成人提供模拟海上战争的游戏活动；海洋科普馆，为游客提供海洋生物观赏，开展海洋科普活动，提高人们尤其是青少年认知海洋、探索海洋的愿望；海洋旅游馆，参照哥伦布航海路线图，引领人们从海上出发到达按比例缩小的世界各国模拟图进行参观游览；海洋食品馆，为游客提供世界各国的海洋食品，同时为游客提供各类海鲜饮食。

3. 滨海休闲旅游中心。中心包括三大块内容，从北向南依次为以下度假区。

杭州湾跨海大桥及沿海滩涂区块滨海休闲度假区。借助该区域为华东地区最大的滨海平原及滩涂区，以及一望无际的滨海生态空间资源在华东地区具有唯一性的优势，开发定位为适合周末出游、自驾车旅游休假的滨海平原、湿地的滨海休闲度假区。

象山港湾现代海湾休闲旅游度假区。借助该区域海光山色、渔乡风情、人文景观等港湾特色旅游资源优势，开发定位为面向上海、杭州等长三角都市群，以“休闲海湾”为主色调，建成融观光、休闲、度假、疗养于一体的现代海湾休闲旅游度假区。

象山半岛海洋旅游度假胜地。借助该区域是宁波唯一拥有山、海、岛、崖、滩、景、渔港、海防遗址、节庆及特有的“不老文化”等多样性海洋旅游资源优势，开发定位为：以海洋生态旅游和休闲养身度假为主题，以“多彩海洋”为主色调，建设百里黄金海岸旅游带，建成为长三角地区的海洋旅游度假胜地。

4. 东方商埠文化旅游节。以海上丝绸之路、国际港口、商埠贸易等元素为线索，举办“东方商埠文化旅游节”。

5. 宁波文旅大厦。主要包括为各种与文化旅游相关的旅行社和文化中介机构提供办公场地，为与文化旅游相关的旅行社导游和文化中介人才提供培训服务场所，为宁波优秀文化作品，如千玉琉璃、越窑青瓷、旷世腊业、泥金彩漆以及海伦钢琴、音王音箱等名气较大的文化作品提供展厅。

宁波文化创意产业集聚区的现状、问题及提升对策

◎ 童明荣

一、宁波文化创意产业集聚区发展现状

（一）总体概况

截至目前，宁波拥有各类文化创意产业园区 28 个，其中国家级园区 4 个，分别为鄞州国家动漫原创产业基地、宁波和丰创意广场、宁波大学科技产业园和宁波市软件与服务外包产业园；市级园区 1 个，即宁波影视文化产业区；县（市）区级园区 5 个，分别为创意 1956、创新 128 园区、余姚阳明 188 文化创意园、宁波经济技术开发区数字科技园和科技创业园。上述宁波十大文化创意产业园区总建筑面积约 130 万平方米，集聚企业 1420 家，总产值超过 42 亿元。同时，宁波数字媒体产业园、民和·惠风和畅文化产业园和余姚文山创意广场等一批新兴文化创意园区处于规划或在建状态。

（二）区域布局

宁波文化创意产业集聚区的区域分布相对比较集中，主要分布在宁波中心城区，而其他区域较少。其中，江北区 8 个，江东区和鄞州区各 3 个，镇海区、北仑区、余姚市和慈溪市各 2 个，海曙区、高新区、东钱湖旅游区、奉化市、象山县和宁海县各 1 个（如表 1 所示）。

表 1　宁波文化创意产业园区域分布一览

区域名称	县（市）区	园区数量	园区名称
宁波中心城区	海曙区	1	新芝 8 号创意园
	江东区	3	宁波和丰创意广场、228 创意园、三厂时尚创意街区
	江北区	8	创意 1956、“1842 外滩”创意产业基地、财富创意港、134 创意谷、慈城古城文化创意产业园、天工之城、日湖金论商务区、江北中部创业园

续表

区域名称	县（市）区	园区数量	园区名称
宁波中心城区	鄞州区	3	创新128园区、国家动漫游戏原创产业基地、宁波古玩城
	高新区	1	宁波市软件与服务外包产业园（宁波市软件产业园、宁波研发园区）
	东钱湖旅游区	1	211创意空间
	镇海区	2	宁波大学科技产业园、创e慧谷
	北仑区	2	数字科技园、科技创业园
北部都市区	余姚市	2	余姚阳明188文化创意园、中国轻工（余姚）模具城
	慈溪市	2	慈溪市文化创意园、慈溪家电科技城
南部生态区	奉化市	1	溪口文化旅游产业园
	象山县	1	宁波影视文化产业区
	宁海县	1	中国（宁海）模具城
合计		28	

资料来源：根据《宁波市文化产业统计概览》及有关资料整理。

（三）产业布局

宁波文化创意产业集聚区的产业主要集中在创意设计、动漫游戏、软件信息、会展广告、影视、文化旅游等领域。从单体来看，各个文化创意产业集聚区一般根据自身特点，选定发展一个或若干个主导产业，兼顾发展与此配套的其他文化创意产业，如宁波和丰创意广场产业定位以工业设计为主，兼顾发展动漫软件、广告设计等产业；宁波大学科技产业园重点发展软件、创意设计、动漫游戏、文化传媒、影视等产业等。

表2 宁波十大文化创意产业园主导产业一览

序号	园区名称	主导产业
1	鄞州国家动漫原创产业基地	动漫游戏
2	宁波和丰创意广场	工业设计
3	宁波大学科技产业园	软件、创意设计、动漫游戏
4	宁波市软件与服务外包产业园	软件、电子商务、影视动漫
5	宁波影视文化产业区	影视、文化旅游
6	创意1956	创意设计
7	创新128园区	高端生产性服务业

续表

序号	园区名称	主导产业
8	余姚阳明 188 文化创意园	创意设计、文化传媒、动漫
9	宁波开发区数字科技园	工业设计、软件信息、动漫
10	宁波开发区科技创业园	高新技术、战略性新兴产业

资料来源：根据宁波十大文化创意产业园有关资料整理。

（四）开发模式

宁波文化创意产业集聚区的开发模式主要有四种。一是国有投资主体开发模式，即政府负责文化创意产业集聚区的规划、开发、建设、招商、运营及管理，如宁波和丰创意广场、新芝 8 号、创意 1956、宁波影视文化产业区等。二是校地联合开发模式，即高校和当地政府联合投资开发的文化创意产业集聚区，如宁波大学科技园、宁波开发区数字科技园等。三是政企联合开发模式，即当地政府与企业联合打造文化创意产业集聚区，如镇海创 e 慧谷就是由镇海区政府与宁波亚创公司联合打造的创意产业总部基地。四是文化创意企业主导开发模式，即政府负责基础设施建设、发展规划制定等，而其他配套建设及其经营管理则委托给文化创意企业，如鄞州国家动漫游戏原创产业基地由鄞州区政府委托宁波水木动画设计有限公司负责基地的配套建设和运营等。

二、宁波文化创意产业集聚区存在的问题

（一）规模偏小

宁波文化创意产业集聚区规模总体都还不够大，十大文化创意产业园区产值占全市总产值的比重仅为 15%。从单体规模看，除 5 个市级以上园区之外，其他集聚区的规模普遍比较小，入驻企业数量在 100 家以下的集聚区占总数的 2/3 以上。

（二）区域发展不平衡

宁波市中心城区的文化创业集聚区共有 21 个，占总数的 75%；余姚、慈溪总共只有 4 个，占总数的 14.3%；奉化、宁海、象山总共只有 3 个，仅占 10.7%。

（三）主导产业较为雷同

以工业设计和动漫游戏为主导产业的文化创意产业集聚区占宁波总数的 80% 以上，而定位于广告会展、管理策划、数字娱乐等产业的集聚区极少。

三、加快推进宁波文化创意产业集聚区提升发展的对策建议

(一) 优化空间和产业布局

在空间布局方面，要对中心城区位置相邻、主业相近的文化产业集聚区进行整合，着力打造几个规模较大、特色鲜明的集聚区；在相关县（市）区、重点开发区，根据当地发展基础和特色，规划建设一批基础性、引导性重大文化创意项目，打造文化与科技融合型集聚区。

在产业布局方面，要进一步明确和突出各个产业集聚区的主导产业和特色，深化重点园区发展规划，实施差异化发展，打造特色化、专业化、品牌化文化创意产业集聚区。避免盲目和无序发展。

(二) 完善产业链

一方面，在重点文化创意集聚区内要规划建设创意产业链，在招商引企及运营管理时，要注重引进培育创意、制作生产、传播营销、投融资、法律服务、人才培训等各类企业，全力引进国内外有实力的文化创意产业大集团、大公司，建设一批文化创意产业大项目，逐步形成集聚效应和产业特色。

另一方面，相关集聚区之间要注重通过产业链式发展、专业化分工协作，增强集群协同效应，探索组建宁波市文化创意产业集聚区联盟，形成优势互补、相互促进的集聚区发展格局。

(三) 加强管理服务

一是加强管理。抓紧研究出台宁波文化创意产业集聚区建设管理办法，对文化创意产业集聚区的认定、考核等方面作出具体规定，定期举行工作推进会，研究宁波文化创意产业集聚区的发展问题。

二是加快公共研发平台建设。根据文化创意产业和集聚区发展需要，重点建设创意设计、技术研发、后期制作、协同创新等技术服务平台，产品展示、用户体验、设计大赛、高端会展等产业服务平台，以及融资担保、风险投资和产业基金等投融资服务平台。

三是强化投融资服务。根据入驻企业所处发展阶段及其融资需求，定期组织资金供需双方对接会或洽谈会，协助企业成功融资。鼓励和协助符合条件的入驻企业到创业板市场上市融资或新三板市场挂牌融资。组织优质的入驻企业组成发行主体，通过信托投资公司发行集合信托债券基金融资。鼓励有条件的文化创意产业集聚区，组建文化创意产业集聚区创意投资公司，以集聚区内成长型企业为投资对象，协助企业做大做强。

（四）保障发展空间

一是优先安排重点文化创意产业集聚区用地计划指标，鼓励盘活现有产业园区和传统工业区存量房地资源建设文化创意产业集聚区，公益性文化设施用地可以行政划拨或协议出让的方式优先安排用地指标。

二是多措并举破解土地“高成本”问题。积极探索土地一级、二级开发联动方式，科学制定集聚区土地上市计划，秉承先易后难原则用好现有土地资源。用足用活现行土地政策，采取土地出让和出租等方式满足不同企业的需要，促使优质项目尽快“落地”。综合测算集聚区分期开发的土地成本，采用分摊共享的方式消化成本，多途径解决土地“高成本”问题。

进一步完善宁波新材料产业链的对策建议

◎ 沈小贤

完善新材料产业链对于加快推进宁波新材料技术产业化、增强新材料产业协同创新能力、提升新材料产业价值链、推动先进制造业转型升级均具有重要意义。近年来，宁波新材料产业取得较快发展，但同时在产业集聚度、自主创新能力、产业区域配套、纵横向带动力等方面仍有待提高。要从根本上解决这些问题，必须在产业链完善和拓展上加大力度，实现新材料产业的规模化、集聚化、高端化和可持续发展。

一、宁波新材料产业链发展存在四大“断点”

（一）前中端产品生产日趋多样化，但仍存在明显的后端应用“断点”

目前宁波部分新材料产业链在前端研发生产环节上提升较快，产品品种也日益丰富。但从产业链角度看，新材料产业与市内制造业的嵌入度不够，尤其是与相关终端产业的配套性与融合度不强，本地的新材料生产企业与新材料应用终端企业之间缺乏有效的产业交流与融合渠道，上中下游企业间缺乏社会化专业协作，难以通过对接互动形成成本优势。如稀土永磁产业链，本地优势企业往往将注意力放在市外，较少考虑本市企业的合作和共同发展；石墨烯被称为“工业味精”，很多制造业企业都是其潜在对接对象，但目前应用仍处于较低层次，下游众多产业与石墨烯的对接还很不充分；大豆基木材胶黏剂是绿色环保材料，但本市家具板材行业应用也相当少；氧化亚铜船舶涂料等海洋新材料虽在本市船舶制造、维修保养等领域具有庞大的潜在需求，但因多种原因仍没有有效对接。

（二）特色生产总量优势明显，但仍存在原创性技术和高端技术“断点”

目前宁波在钕铁硼、生物降解树脂、新化纤材料等领域已经形成特色生产基地和产业链。但从这些产业链发展结构来看，仍存在核心技术上的断点。一是缺乏技术的原创性突破。如磁性材料总体仍缺乏原创性的专利技术，在技术、工艺、配套装备的集成创新，在高精度电机上的应用以及全工艺流程自动化方面与国际先进水平仍存较大差距。许多重要材料的开发以仿制国外同类产品为主，出口要缴纳大量专利费，很多关键材料又依赖进口。又如高分子材料，主要靠传统手段对国外高性能材料产品开展逆向工程而进行模仿，企业自主创新能力欠缺，特色与支柱产品缺乏，众多领域还是空白，在利润更高的工程塑料、高性能专用料、先进复合材料领域明显缺乏竞争力。二是缺乏高端核心技术和高附加值产品，产业链在全球产业链体系中仍难以占据价值链高端地位。如碳纤维材料产业链，虽然宁波研发生产有较大突破，但掌握核心先进技术的还是美日等国企业居多，技术仍有差距，要在下游推广运用面临很大的竞争。

（三）产业链逐渐增多，但链上仍存在企业主体“断点”

目前，宁波已形成若干具有全国乃至全球影响力的新材料产业链，如稀土永磁产业链、化工新材料产业链，高性能金属材料、高分子材料、电子信息材料等方面产业链也在加速发展。但从链上企业主体分析，有实力的企业主体不多且在链条各个环节分布不均。一是全市从事新材料生产的400 多家企业大多以中小企业为主，规模小散，难以支撑企业链状发展，更多是为市内外大企业加工配套。二是企业主体集中在产业链局部环节，导致产业链某些环节“过粗”，而该环节的上下游环节企业缺乏，影响了产业链的形成。比如中低档钕铁硼进入门槛低，全市目前有近 80 家企业从事钕铁硼产品生产，大部分企业生产能力和产量小，产品结构单一，创新能力弱，竞争力不强，而且节能环保压力大，但同时，在产业链下游缺乏实力较强的电机企业与之对接。三是竞争力强的龙头企业不多，为数不多的实力强的龙头企业更多融入市外产业链或全球产业链，且长期专注于某一环节或行业，由于技术、市场和成本等原因，在市内建链拓链的能力和意愿不足。

（四）产业基础环境更加优化，但促链发展存在政策“断点”

宁波一直高度重视新材料产业发展，大力推进平台建设和优化政策服务，为新材料产业链发展创造良好的条件。但在产业发展环境趋优的同时，对产业链发展重视仍不够。政府促链发展的意识不强，企业促链发展的动力不足。目前宁波尚缺乏对新材料产业链的整体规划，缺乏促进新材料产业与本地产业集群配套的系统扶持政策，缺乏促进龙头企业跨区域并购产业链关键环节的扶持政策，招引新材料产业链上关键环节来进行产业的拓链、补链的力度也尚需加强。国内外发展实践表明，产业链稳定性关乎区域产业竞争力的保持和提升，在这一过程中，链上企业一般只会依据自身经济利益目标协调内外市场关系，不会考虑区域发展的全局需要，在产业链构建和治理上，政府的引导必不可少。目前宁波相关规划和政策偏重于点上促进，在产业链线上促进尚缺乏系统性手段，这将制约新材料产业整体竞争力提升。

二、着力推进宁波新材料产业建链、补链、拓链和提链

根据国内外新材料产业发展趋势，结合宁波新材料产业发展的系列部署，近中

期全市新材料产业应围绕建链、补链、拓链和提链，从注重新材料产业优势环节和点上突破，转变到点、线、面结合，构建和完善新材料产业链，带动新材料产业做大做强。

（一）建链

围绕宁波已经具备的、在行业有领先地位和较强影响力的核心项目或龙头企业，构建产业链。

稀土永磁材料产业链。重点发展以钕铁硼为代表的高性能稀土永磁材料，充分巩固现有产业基础，积极提升钕铁硼产品的技术优势，打造“磁性材料——磁体元件——特种电机、新能源汽车、节能家电、信息产品、智慧设备制造”产业链。

聚氨酯材料产业链。依托宁波万华等龙头企业，重点发展“异氰酸酯、多元醇——聚氨酯——弹性体、保温材料、高性能涂料——建筑、汽车、轨道交通制造”产业链。

碳四、碳五产业链。依托炼化一体化项目，重点发展“碳四、碳五——合成橡塑——改性橡塑——橡塑制品”产业链。

高性能纤维产业链。重点发展碳纤维和超高分子量聚乙烯纤维，积极开发复合材料低成本规模化制造技术，拓展其在民用领域的广泛应用，打造“高性能纤维——复合材料——轻量化装备”产业链。

石墨烯产业链。抢占全球石墨烯产业化及应用市场先机，拓展其在动力电池领域的应用，重点谋划“石墨烯原料——石墨烯复合材料——动力锂电池、热管理材料——新能源汽车、高性能微电子器件”产业链。

海洋新材料产业链。重点谋划“海洋新材料——装备关键部件制造——高端海工装备、平台”产业链。

纳米材料产业链。重点支持已有基础的纳米材料制备技术发展，鼓励拓展纳米技术在各行业的应用，并培育纳米器件开发等前瞻技术，形成“纳米材料——纳米电子器件——节能环保、电子信息、机器人”产业链。

此外，还可以依托宁波平板显示器件与材料、高性能溅射靶材等核心企业和项目，谋划引进上下游配套企业和项目，形成规模化产业链。

（二）补链

针对宁波已经有一定延伸度的产业链，补齐补强产业链弱势环节。对宁波新材料产业而言，重点主要是两个：一是围绕产业链的关键项目或环节向上下游补链，二是补强核心技术及其转化技术。

碳纤维产业国外已经有比较成熟的技术和一定规模的生产，部分细分领域国内也有一定规模的发展。要抓住细分市场，瞄准低成本高品质目标，加大技术突破，降低成本，提高性能。推进阻燃、易染、抗静电等差别化、功能性纤维研究开发。重点攻克复合材料连续化自动化生产工艺等共性关键问题，推动碳纤维轻量化复合材料在新能源汽车行业的大规模运用。

海洋新材料要开发海洋工程装备关键金属材料与制造技术，重点发展海洋耐蚀耐候材料、无毒防污海洋涂料、长效高固海洋防护涂料、海水淡化反渗透膜材料、深海密封材料、海洋环境友好功能高分子材料等，大力推广表面强化技术在海洋装备关键部件材料中的应用技术。

石墨烯潜在应用广泛，低成本规模化生产技术及应用技术突破是关键。要鼓励中科院材料所石墨烯研究团队与下游企业深度合作，建立协同创新的战略联盟，在低成本规模化生产和下游运用关键领域取得实质性成果。如针对石墨烯用于锂电池和 Led 散热等方面做共同研发突破，使产业链尽快成形。

聚氨酯产业要发挥宁波 MDI 制造优势，以宁波万华为核心，争取建成全球规模最大、产业链配套合理、具有国际领先技术水平的 MDI 制造基地之一。

（三）拓链

拓展新材料产品的下游对接应用。提高宁波新材料产业与本地发达制造业的关联度，打通瓶颈，拓展应用环节。

稀土永磁产业链要从高性能钕铁硼向下游关联产业拓展，实现产业规模的倍级增长。要加快向电机产业拓展，鼓励相关重点企业依托高性能钕铁硼产品实力，大力向稀土永磁电机拓展；支持本地电机企业发展壮大、拓展市场；推动本地高性能钕铁硼生产企业与电机企业的合作；关注国外电机行业向国内转移的演变趋势，瞄准国外重点公司引进工作，如德昌、博士、西门子等大型电机公司。同时，要结合新能源、生物医药、智慧产业等的发展，培育和引进传感器、磁共振仪和高级音像设备等生产企业，拓宽应用渠道。此外，稀土原材料的价格在稀土永磁产品中占有举足轻重的地位，要鼓励有条件的企业向上游原材料领域拓展。

聚氨酯产业链要向建筑保温节能、汽车节能、集装箱制造、高铁、轨道交通、新能源等下游拓展，大力推进在全市建筑、汽车、家具、家电、轨道交通、新能源等产业领域的应用。

海洋新材料产业要推动与宁波装备产业的对接。目前宁波装备制造产业整体基础良好，如北仑区已经拥有一批在各自细分市场具备一定优势的海洋装备企业，涉及海缆、整船制造、船用机械配套、远洋捕捞等领域。象山也正在打造总面积达 100 平方公里的国家海洋重型装备先进制造业基地。要推动这些领域的行业联合创新，尽快形成海洋新材料产业链优势。

（四）提链

推动新材料产业向价值链关键环节攀升，把生产规模优势转化为产品技术优势，坚持特色引领，注重产业深度开发和后续加工，提高附加值。

钕铁硼产业要大力发展高性能烧结钕铁硼，突破钕铁硼磁粉的关键技术和相关设备改造，实现连续化生产，打破国外对我国在技术上的垄断；加强纳米复合磁体的制备技术研究，获取高性能的新一代磁体材料，实现低成本高性能纳米复合磁体材料与器件的产业化；推动热压（热变形）钕铁硼磁体的研究开发。

碳纤维产业除了巩固已有的技术优势外，要紧跟国际碳纤维技术革命动态，探索新型碳纤维技术研发以及碳纤维复合材料的创新应用，尤其是要跟踪新型碳纤维原丝及工艺技术突破，推进碳纤维向低成本和高质量方向发展。

碳五产业链要加快转型升级，随着我国乙烯产能不断扩大，原材料裂解碳五供应不断加强，同时下游产业升级较为缓慢，低端供应趋于饱和，需要放眼全局转型升级提升价值。如发展高端加氢石油树脂，在延伸产业链的同时填补我国高端石油树脂市场的供应空缺。

三、推动新材料产业链发展的对策建议

完善宁波新材料产业链，要实现内外结合，既要立足本地基础，有选择地构建优势产业的全产业链，又要充分利用组织区域外资源，构建跨区域的产业链。当前主要应从完善规划、搭建平台、扶持龙头、拓展市场、优化政策等环节入手，促进新材料产业链发展。

（一）高度重视产业链建设，完善新材料产业链规划

强化新材料产业链规划，新材料产业“十三五”规划中要进一步明确产业链发展的整体布局、建设重点和政策支持。对重点产业链的发展要制定专项发展规划，细分研究，进一步明确产业链重点研发、重点应用的方向和领域，制定相应的重点项目指导目录和针对性支持政策。

（二）推进产业链协作创新，加速成果产业化

关键要围绕产业链建立创新链，发挥政策对研发方向、技术路线选择、人财物等创新要素配置的引导作用，加强产业链的协同创新。一要推广新材料订单式研发。推动研发主体与本地新材料后端需求相配套，构建后端市场需求——研发创新——生产——市场化的创新模式。二要强化全产业链的公共服务能力。鼓励孵化器、创业中心等创新平台引入研发服务和新项目，布局全产业链的检测、信息支持、人才培训等公共服务。三要建设新材料技术交易市场。举办国际性新材料技术展会或成果交流对接会，建立网上新材料技术交易平台，推动产业创新链的形成。四要创新新材料产业的投融资体系。将新材料产业创新作为宁波创业投资引导基金和天使投资引导基金的支持重点。用好新材料产业专项资金，联合企业、研发机构成立新材

料产业投资基金，引进国内外新材料的专业投资资金，鼓励金融机构加大支持新材料产业投融资的力度，扩大新材料产业创新的融资渠道。

（三）重视扶优促强，发挥龙头企业建链作用

一是对宁波的优势新材料产业，要着眼于全产业链培育，使产业链关键环节和重点领域均有龙头企业的支撑和带动。如稀土永磁材料在磁体元件中端环节和特种电机终端应用环节要加快龙头企业培育。二要建立梯度培育制度。建立有发展潜力的企业名单，支持其做大做强成为新的龙头企业。三要鼓励龙头企业延伸产业链。支持龙头企业通过并购重组、新建投资、合资合作等方式，布局上下游产业，拉长产业链。四要建立产业链关联企业的对接机制和对接平台，鼓励本地配套企业与龙头企业加强对接和配套服务，加大上下游企业的合作。支持龙头企业建立产业链专业园区，形成产业链集聚和产业集群。

（四）着力推进产业链招商，逐步实现产业配套

在产业链关键环节和短板领域加快引进大项目。一要进一步强化产业链招商，出台新材料产业链投资目录，围绕各产业链的建设重点，整理筛选规模以上企业统计数据，寻找补充和完善各重点产业链的适配项目，有针对性地引进国内外优质企业和项目团队。二要加强与世界 500 强和国内知名新材料企业的合作。紧盯产业发展的最新趋势和市场变化，密切与国内外龙头企业的联系，寻求扩大投资合作的机会，引进一批优势项目。

（五）加大政策扶持，增强促链发展的动力活力

促进产业链关键环节和重点领域突破性发展。一要支持创新链建设。促进各环节的研发创新能力同步提升，在人才、资金和配套服务上的政策资源要均衡配置，特别是对较长的产业链要同步制定提升各环节创新能力的扶持政策。二要支持产业联盟建设。围绕石墨烯、稀土永磁等重点新材料产业，建立产业联盟，通过资源整合、产学研合作、技术创新，加强产业链配套，实现产业链、创新链与服务链的集聚。三要支持本地产业链的融合配套。针对目前扶持政策主要集中在研发、转化环节的现状，建议加大对后端应用的支持，尤其是对本地下游企业积极推广应用新材料产品的，要给予政策支持。四要积极寻求国家大项目的配套，争取将新材料产业链重大建设项目纳入国家和省支持的目录。五要支持市场平台建设。要加紧在新材料科技城布局新材料产业技术、产品的展示、交易、信息发布等功能平台，让更多国内外企业投资宁波新材料产业，采购宁波新材料产品。六要创新人才支持政策。提升承担新材料重要研发功能的重点企业实验室规格，克服政策限制，探索允许特殊人才以事业编制身份引入到企业的政策。对企业引进填补新材料产业链空白的高层次人才和人才团队，进行重点配套扶持。

关于发展都市农业的几个问题初探

◎阎　勤陈　浩

一、发展都市农业的内涵特征及重要意义

都市农业是指以中心城市为依托，通过人才、科技、资本等高端要素的集聚和产业功能的多元拓展，进而实现资源优化配置、要素价值增值、产出功能高效的新型经济业态和现代经济体系。其核心在于园区开发、产城融合、功能重组、现代农业、价值平衡、统筹发展。

国外几十年都市农业的发展实践经验证明，农业、农村通过采用科学先进的生产技术和合理完善的管理运营体制，也能实现土地的高效利用和资源的高效配置，实现类似于第二、第三产业发展带来的土地价值提高和产业产值增加。

都市农业通常具有以下五个特征。

一是产城融合化。都市农业在空间布局上或者接近大城市中心城区，或者在城市内部及城市组团之间设置农业园区，或者在面积较大的农业园区内建立新城，进而实现城市与农业的深度融合。这样既能充分利用城市的资金、设备、基础设施网络组织生产，提高单位面积的产品产出率，实现类似工业园区和高端服务业集聚区的土地价值增值，又能直接面对产品销售市场，贴近最终消费者，加速产品流通。

二是功能多元化。都市农业不仅追求经济效益，而且追求生态效益和社会效益，具有生产功能、生态功能和生活功能等多元功能。都市农业除了要为都市圈内各城市提供安全、健康、高质量的农副产品，还要承担净化美化生态环境、提供旅游观光休闲场所、促进城乡文化交流等诸多方面的功能。

三是生产高效化。在城市快速扩张、农业用地较为紧张的背景下，都市农业充分应用现代农业生产技术，在有限的空间范围内集聚资本、科技、人才等高端要素，进而提高单位土地面积的产出，实现生产方式的高效化、集约化。

四是流通快速化。都市农业是一种高度市场化的经济体系，通过利用靠近大城市这一巨大销售市场的地理优势，借助区域内发达的市场、信息和物流网络，根据需求状况，选择重点产业和主导产品，快速组织农业生产，广泛布设销售网点，进

而实现产品流通方式的直销化、一体化、快速化。

五是体制科学化。为有效实现功能多元、生产高效、流通快速等特征，都市农业需要应用现代企业的运作模式和工业园区式的管理体系，对传统农业的经营方式进行改造升级，通过广泛利用资源信息网络和专家决策支持系统，创新价值平衡机制，提高园区决策管理水平，从而建立一套完善的包括园区建设、生产运营、营销策划等在内的科学化管理体制，以支撑园区健康、快速、持续发展。

对于奉化来说，发展都市农业具有重要意义。首先，都市农业是新型城镇化背景下实现农业、农村与城市有效组合、统筹发展的一种新型手段。通过发展都市农业，能实现要素的高度集聚和价值平衡，实现土地、空间资源的高效增值，提高农业用地价值，拉近城乡之间的土地价格级差，缩小城乡差距，形成农村与城市的有机协调发展和相互兼容，实现城乡经济社会的一体化发展。

其次，都市农业的发展能帮助奉化更有效地融入宁波都市圈。利用奉化独有的农业资源禀赋，与宁波都市圈内的其他组团形成错位竞争优势，在为宁波主城区提供生鲜农产品的同时可以产生重要的社会功能、生态功能，包括为城市居民提供接触自然、体验农业、开展观光休闲的机会，同时充当都市的生态隔离带，改善自然环境，维护生态平衡，防止城市过度扩张。

第三，都市农业能促进奉化农业转型升级。都市农业充分汲取现代科技成果，利用先进设施装备开展农业生产，提高了农业的规模化、科技化、设施化水平，通过采用现代企业管理手段和产销一体的经营模式，并借助都市圈内发达的物流网络，促进传统农业向企业化、市场化方向的转型升级。

二、构筑奉化现代都市农业新格局

奉化作为一个宁波市域范围内的农业大市，农业生产面积较广，各区域发展基础不同，不能实行一刀切的发展战略，要根据各区域的自然环境条件和农业实际发展状况，将奉化农业发展格局划分为都市农业、现代农业、特色农业三个层面，进而形成以都市农业为向导、以现代农业为基础、以特色农业为优势的现代都市农业新格局。

（一）都市农业

都市农业主要集中于奉化城区近郊及靠近宁波主城区的区域范围内，以农业科技园区、休闲观光农园、农产品物流中心为主要发展形态。

农业科技园区是都市农业产城融合、产业融合这一重要特征的具体体现，集农业生产、科技示范、优化环境三种功能于一体，主要引进、集聚涉农大学和科研院所的研究院，生产各类高附加值的经济作物和名特优蔬果，采用新型农业技术生产手段和工业园区管理方式，以市场为导向，以体制创新和机制创新为动力，以促进区域农业结构调整、产业升级、农民增收为目标，高投入、高产出、高效益，是都市农业发展的有效模式。

观光休闲农园以都市内部和都市近郊的农园为载体，以田园景观和自然风光为依托，利用农业设施与空间，融合农业生产、乡土风情、娱乐休闲、文化教育和农事体验，实现农业与旅游业的紧密结合，满足城市居民走出城市、回归自然的心理需求。主要包括生态景观型农园和体验参与型农园两类。景观型农园可供市民参观农村景观或生产过程，并购买农园出产的新鲜产品（如花卉、蔬果），参与型农园划分小块农地供市民承租，让市民直接参与农业耕作，亲身体验农业劳动过程。

农产品现代物流中心包括大型物流企业、批发市场和集贸市场，主要位于城市中心、高速公路、旅游景点等人口密集区域，集信息服务功能、仓储配送功能、质量检测功能于一体，能促进农产品快速有效流通，是都市农业发展的倍增器。

（二）现代农业

集中于远郊区和粮食生产功能区的现代农业以发展高科技设施型农业、生态循环农业为主要目标，着重提高农业的技术含量和可持续发展水平。

高科技设施农业通过采用现代工程技术、生物技术、信息技术和机械技术，改变自然环境，为动植物生产提供相对可控制甚至最适宜的温度、湿度、光照、水和肥等环境条件，在一定程度上可摆脱对自然环境的依赖，进而实现农业生产的标准化、可控化和工业化。

生态循环农业按照生态学原理和生态经济规律，以资源的高效利用和循环利用为核心，以低消耗、低排放、高效率为基本特征，因地制宜地设计、组装、调整和管理农业生产，将发展粮食与多种经济作物生产，发展大田种植与林、牧、副、渔业结合起来，形成生态上与经济上的两个循环，实现经济、生态、社会效益的统一。

（三）特色农业

主要位于大雷山、雪窦山等山区及莼湖、裘村、松岙等滨海地区，包括海水养殖、水蜜桃、竹笋、花卉苗木等特色精品农业，以解决农村人口就业、提高农民收入、促进主导产业提升为主要发展目标。按照无公害、绿色、有机农产品（食品）生产技术规程，组织生产富有地域特色的安全、营养的农副产品，从生产、加工、包装、运输到销售实行全程质量控制，以满足人民群众对高质量农产品日益增长的需求。

三、奉化发展都市农业需要研究抓好的重点工作

根据奉化农业发展的目标定位以及奉化快速融入宁波主城区的现实背景，加快

发展都市农业，要着力推进以下几方面工作。

（一）坚持试点探索

发展都市农业首先是要明确其发展方式。都市农业这一新兴农业发展方式多种多样，不同模式适应不同地区的发展基础和历史背景。因此，必须坚持先局部试点探索后全面推广的发展方式，选取若干条件成熟、发展基础好的农业区块，先行开展农业科技园区、观光农园等都市农业的试点建设工作。

试点地区要努力探索一条适合奉化本地的都市农业发展道路，寻找如何在宁波都市圈范围内实现产城融合、发挥综合功能、提升土地价值等重大问题的答案，并对取得的成效及时进行总结提炼，对遇到的困难勇于尝试克服。待试点地区取得一定实践经验并有效归纳总结后，再向规划中的都市农业发展区域逐步推广。

（二）制定发展规划

在城市化和工业化进程加快、农业用地逐渐减少的背景下，都市农业面临着被忽视或削弱的风险，需要规划的有力保障。而相关规划的欠缺，特别是在城市总体规划中缺位，导致都市农业的发展空间严重受限，使都市农业在受益于城市完备基础设施和发达信息网络带来便利的同时，更多地感受到城市高速扩张带来的空间压力。

由于都市农业发展规划的制定是一项涉及多学科、多领域的系统工程，因此，建议由农业、旅游、土地、生物工程、规划设计、建筑园林、生态环境等各方面专家共同研究，制订切实可行的奉化都市农业发展规划，并将其纳入奉化及宁波都市圈总体规划中。同时，在土地利用规划中要安排好都市农业发展用地，为都市农业发展预留一定发展空间，对规划划定的都市农业用地实施严格保护，避免非法占用。特别注意发挥都市农业在大都市圈中的社会功能、生态功能，建议在奉化城区与宁波都市圈的其他组团之间划设都市农业园区，从而形成“水泥森林”、“柏油沙漠”之间的绿色生态走廊。

（三）深化土地改革

都市农业要在都市内部及都市近郊的狭小空间内形成一定规模的农业园区，落实相关土地保障必不可少。十八届三中全会提出“在符合规划和用途管制前提下，允许农村集体经营性建设用地出让、租赁、入股，实行与国有土地同等入市、同权同价”，2014 年中央一号文件提出“在落实农村土地集体所有权的基础上，稳定农户承包权、放活土地经营权”，为土地流转和农业集中经营提供了政策支撑，但目前各地缺乏相应的实施细则，土地制约这一难题仍有待破解。

对此，建议统筹利用城乡用地指标，对园区内各种性质土地进行有效组合，国有土地征收和农村集体土地流转双管齐下，在中央政策文件的框架下制定适宜奉化本地都市农业发展的用地政策，切实保障园区用地。鼓励农民以转包、出租、互换、转让、股份合作等形式流转土地承包经营权，将闲置土地资源用于都市农业建设，同时，大力发展农村土地承包经营权流转中介服务组织，在县（市）级及乡镇建立土地流转服务中心和土地流转供求信息网络，加速破解用地难题。

（四）创新体制机制

目前其他城市发展都市农业项目多来源于政府导向，基本以农村集体经济合作社和农民个体为主进行运营，普遍存在统筹管理缺乏、项目性质雷同、投资建设盲目、管理经营体制落后等问题。同时都市农业投资大、见效慢、周期长的产业特征使其面临融资难的困境，资金筹集和投入不能满足发展需求。

因此，需要对包括组织领导机制、土地开发机制、园区建设机制、管理运营机制、投融资机制、招商引资机制、价值平衡机制等在内的体制机制进行全面创新。建议在政府层面成立都市农业领导机构，负责指导和统筹管理奉化区域范围内的都市农业园区，加快出台都市农业的监督管理办法，避免无序和恶性竞争。支持都市农业合作组织建设，鼓励和扶持发展跨地域、跨行业的都市农业合作社，建立都市农业协会，负责园区之间的组织协调。鼓励滕头集团等有实力的农业龙头企业与经济实力不强的集体经济合作社合作共建都市农业园区，以公司化体制和园区开发模式进行运营管理。创新都市农业的投融资机制，做好招商引资工作，促进投资多元化，形成政府主导、企业主体、社会参与的投入体系，鼓励宁波本地的社会资本、民营企业以协作、参股、合作、独资等多种形式参与都市农业发展。

（五）加大政策支持

作为一种新兴经济业态，都市农业发展离不开政府的政策支持，面对国家推动新型城镇化和即将融入宁波都市圈核心区块的历史机遇，奉化应加快出台土地、产业发展、科技创新、人才引进等方面的一系列政策，推动都市农业健康、快速、持续发展。

土地政策方面，安排适量城乡建设用地指标，推动集体土地流转，优先保障农业园区建设用地。在旅游开发、农产品生产和流通等产业发展方面，对农业园区给予财政补助、税收减免、优先贷款等政策扶持。鼓励园区开展科技创新，对园区引入高端人才、高科技生产设施和研究设备，予以财政补贴和贷款优惠，对园区的农业科技创新成果，予以奖励。改革户籍制度，出台鼓励人才落户的优惠政策，落实优秀人才的住房、子女就学等各类社会保障，广泛吸引各种经营管理人才和科技人才投身奉化都市农业发展建设事业。

宁波轨道交通 TOD 发展新路子探索

◎ 吴红艳

TOD（Transit Oriented Development），是指以地铁、轻轨、公共汽车干线（巴士干线）等公共交通为导向的城市开发。TOD 理念契合低碳城市、宜居城市、紧凑城市等新理念，并在世界多个城市成功应用，我国也有不少城市已经或者正在开展地铁、轻轨等轨道交通 TOD 建设。总结有关经验，以地铁建设为契机推进轨道交通 TOD 建设，将大大提升宁波新型城镇化建设和轨道建设的品质和水平。

一、轨道交通 TOD 模式在国际上的应用及成效

TOD 理念产生于 20 世纪 80 年代的美国，旨在解决小汽车出行方式占主导地位所带来的城市无序扩张以及由此造成的老城空心化、社区纽带断裂、交通拥堵严重、能源消耗过大和生态环境恶化等一系列问题。其核心内容主要包括四个方面：一是城市以公共交通为导向有序扩张。将地铁、轻轨、公共汽车干线等公共交通骨干线路周边土地作为城市开发和发展的重点区域，形成更加科学的多中心组团式城市空间结构，推动城市的有序扩张。二是公共交通沿线土地混合开发、紧凑布局、集约建设。以公交站点为核心，在适宜步行的半径范围内（通常为步行 10 分钟，约 600 米）进行中高强度土地开发，混合布局居住、办公、商业等建筑，使其与公交设施形成紧凑开发、有效整合的一体化社区，尽可能做到就近工作、就近居住、就近解决日常生活问题，减少出行需求，并保障公共交通拥有充足的客源。同时，用周边土地开发收益弥补地铁、轻轨等建设所需资金。三是绿色出行为主。以地铁、轻轨、快速公交等大运量的公共交通作为城市交通骨干，把城市的各个组团串联起来。同时，在社区内部建造适宜步行和自行车通行的街道网络，并与公共交通站点无缝接驳，尽量减少小汽车的使用。四是提升宜居性。以人为本，坚持从人的需求出发考虑公共交通站点周边及地上地下物业的规划和开发，注重宜居性，从而引导人们的居住和出行。

TOD 模式在新加坡、中国香港、斯德哥尔摩、哥本哈根、东京、纽约、旧金山、库里蒂巴等多个城市应用都取得了很好的成效。实践证明，TOD 建设大大提高

了这些城市的公共交通出行率，新加坡公共交通占机动化出行率超过63%，香港公共交通占机动化出行率超过92%，库里蒂巴工作日75%的通勤出行依赖公共交通。公共交通出行率的提高使得交通拥堵、环境污染、能耗增加等“城市病”迎刃而解。此外，TOD模式还很好地解决了一直以来困扰轨道交通建设和运营的三大难题：投入大、盈利难和难以吸引足够客源。

国际上轨道交通TOD建设主要有三种模式，即以新加坡为代表的政府主导型，以东京为代表的市场主导型以及以香港为代表的政府资助、政策导向型等。但无论哪一种模式，遵循上述核心理念始终是TOD建设取得成功的关键。

在众多模式中，最为国内所关注的是香港模式。香港地铁在实现较好的社会效益的同时，还实现了较好的经济效益，是全球为数不多盈利的地铁公司。2012年香港地铁公司实现利润97亿港元，其中20%来自票务，20%来自零售，20%来自物业出租，40%来自物业开发。其具体操作模式是“地铁+物业”：即在规划、设计、投融资、建设、经营等五个环节把轨道交通项目与沿线土地开发项目统筹考虑、有机结合、同步开发，首先由香港地铁公司确定建设运营资金缺口，然后与政府协商以协议价格获得沿线土地进行中高密度开发，以其利润补贴地铁建设资金缺口，并保障地铁拥有足够的客源，使轨道建设从纯粹的公益事业转化为由商业经营和地产开发支撑的良性发展实体。

二、我国轨道交通TOD建设的实践与探索

21世纪以来，随着我国城市化的快速发展以及小汽车日益走进家庭，城市以“摊大饼”的方式不断扩张，并由此导致了交通拥堵、环境污染、能耗增加、资源浪费等突出问题。为解决上述问题，我国从2012年开始大规模建设轨道交通，迄今为止，全国获批轨道交通建设规划的城市已达36个。预计到2020年，全国布局轨道交通的城市将达到50个。但地铁建设运营普遍面临着一个困局：一方面，地铁开通后城市交通拥堵依然严重；另一方面，由于前期一次性投资大、运行费用高、缺乏充足的客源，已经运营的地铁几乎都处于亏损状态。北京地铁2013年只承担了公共交通中39.5%的客流量①，年亏损10亿元以上；上海地铁2012年只承担了公共交通中26.8%的客流量②，年亏损43.7亿元；杭州地铁运营半年即亏损1.2亿元。在公开报道中，只有南京地铁和广州地铁是盈利的，但这种盈利也是在不计算利息和折旧基础上的“盈利”。

轨道交通TOD模式正是破解上述困局的有效方案。近年来，国家层面已经逐步

① 《北京市2013年国民经济和社会发展统计公报》。

② 《2012年上海市国民经济和社会发展统计公报》。

认可 TOD 模式。2003 年，国务院办公厅下发《关于加强城市快速轨道交通建设管理的通知》，提出“轨道交通沿线土地增值的政府收益，应主要用于城市轨道交通项目的建设”；2005 年，国务院办公厅转发了建设部等部门《关于优先发展城市公共交通的意见》，进一步明确提出“建立以公共交通为导向的城市发展和土地配置模式”，“把公共交通基础设施建设与周边地区用地开发统筹考虑，充分发挥项目建设的综合效益”。各省市也纷纷开展轨道交通 TOD 建设，深圳、北京、上海、杭州等城市通过与香港地铁公司直接合作试图引入港铁模式，广东省则是迄今为止最为完整并全面推行轨道交通 TOD 模式的省份。

（一）以深圳为代表的早期探索

深圳是国内较早借鉴香港“地铁 + 物业”综合开发模式的城市。早在 2001 年，深圳就颁布了《深圳市地下铁道建设管理暂行规定》，明确“地铁公司对经批准取得的地铁沿线规划用地享有土地综合开发权和物业管理权”。新获批的深圳市轨道交通 7 号线和 11 号线的批复文件也明确指出，工程资本金主要来源为轨道交通上盖物业及沿线土地出让收益，在土地收益不能满足需求时由市财政资金投入。在“地铁 + 物业”的发展模式指导下，深圳全面推进了地铁上盖物业及地下空间综合开发工作，已开发上盖物业 7 个，地下空间 4 个，涉及学校、保障性住房、商务办公、商业、酒店等。然而，由于只关注地铁上盖物业的商业开发，而没有完整引入 TOD 理念，忽略了周边地块对公共交通的回馈，存在步行环境恶劣、换乘不便、站点周边开敞空间和公共设施相对缺乏等问题，导致站点与周边地块联系不足、公共交通出行率低、亏损严重。2013 年，深圳全年公共汽车客运总量为 26.9 亿人次，而地铁客流量仅为 7.8 亿人次①；深圳地铁运营以来累计亏损近 15 亿元，地铁 1 号线至 5 号线每年不计折旧和利息亏损近 6 亿元②。

（二）广东轨道交通 TOD 建设的主要做法

2010 年，广东省发布《珠江三角洲城乡规划一体化规划（2009 ~ 2020 年）》，明确提出：“积极推行公交引导（TOD）的土地开发模式。”2012 年，又下发《关于完善珠三角城际轨道交通沿线土地综合开发机制的意见》、《关于第一批珠三角城际轨道站场 TOD 综合开发规划的批复》、《珠三角城际轨道站场 TOD 综合开发规划技术指引（试行）》、《珠三角城际轨道站场 TOD 综合开发规划基础调查技术要求》等文件，并成立了珠三角城际轨道交通资源开发有限公司，正式把轨道交通 TOD 建设推进到实施阶段。近期，还将出台《珠三角城际轨道交通沿线综合开发总体规划》。

---

① 《深圳市 2013 年国民经济和社会发展统计公报》。

② 《深圳市政府 2012 年审计报告》。

根据上述文件，广东省轨道交通TOD建设的主要做法包括以下五点。

一是统筹交通、土地开发和城市发展规划。把珠三角城际轨道交通站场建设、站场周边土地开发与城市发展紧密结合起来，促进城际轨道交通资源与城市资源的整合利用、共同发展，形成城际轨道交通与城市规划建设相互促进的良性循环。提高城市轨道等大流量公共交通通道沿线及站点周边地区的土地开发强度，围绕站点紧凑布局居住、办公、商业、公共空间等功能，减少就业与居住的空间距离；提倡建设城市（镇）综合功能区；街区尺度控制充分考虑步行和自行车的需求；土地综合开发的净收益首先用于弥补城际轨道交通项目建设及运营的资金缺口。

二是省市联合开发沿线土地。建立联合开发、利益共享机制，充分发挥省市各方积极性。轨道交通沿线开发控制在以各站场为中心、半径800米左右范围内，红线内土地开发工作由该轨道交通项目业主承担，红线外土地开发采取“一市一公司、一地一政策”的原则，由省市协商，实行联合开发或者由沿线市负责开发。根据建设、运营以及土地开发主体的不同，合理划分省市补亏责任和进行利益分享。

三是给予政策支持。要求沿线市政府支持轨道交通项目业主依法取得用地；对于红线外开发备选用地，科学合理确定出让底价，依法公开交易；对沿线土地开发在规划报批、土地使用以及有关收费等方面给予政策支持。

四是充分发挥省一级统筹作用。省市联合开发土地的，成立由省方主导的合资开发公司，市级出资比例低于50%，并按股比分享开发净收益；土地综合开发严格遵循省统一规划实施；省铁投集团负责统筹衔接红线内外土地综合开发工作。

五是设立运营补亏保障金。由土地综合开发的省市出资人净收益、各沿线市上缴的城际轨道运营专项补亏资金等构成，专项用于珠三角城际轨道运营补亏。

在广东省的统一规划和推动下，珠海、东莞等城市纷纷大力推进轨道交通TOD建设。2013年12月，珠海在有轨电车一号线的上冲基地开工建设80万平方米的TOD小镇。根据规划，小镇内的土地开发强度将实行圈层式梯度变化，各种功能用地和建筑将整体开发，在有轨电车的依托下，实行公交优先、慢行优先，打造自然环境优美、服务设施完善、交通便捷的宜居社区。2013年底，东莞下发了《东莞市城市轨道交通建设管理暂行办法》、《东莞市轨道交通站场TOD规划建设工作实施方案》，并公布了首批开发站点，将对77个轨道站场进行TOD开发。

三、积极探索宁波轨道交通TOD发展新路子

当前，宁波正在大力推进新型城镇化建设和轨道建设。借鉴国内外城市发展经验，宁波应积极推进轨道交通TOD建设，一揽子解决城市发展、交通拥堵、环境保护、地铁盈利等诸多问题。

宁波在城市规划和轨道建设中应全面引入TOD理念，在充分借鉴国内外先进城

市发展经验的基础上，坚持高起点、高标准，发挥好后发优势，在发展水平、发展方式、发展机制和发展路径上走出符合宁波特点的新路子。具体来说，在发展水平上，发挥后发优势，走高起点、后来居上的路子；在发展方式上，实行市域统筹，走市县联动的路子；在发展机制上，加强开放合作，走市场化的路子；在发展路径上，立足宁波实际，走因地制宜的路子。

（一）发展水平上：走高起点、后来居上的路子

借鉴国内城市经验，宁波轨道交通 TOD 建设必须摒弃简单的地铁站点 + 周边物业开发模式，而从建设宜居、低碳和紧凑城市出发，以建设公共交通为导向、慢行交通系统串接、紧凑布局、功能混合、充满活力的社区和城市为目标，统筹城市、社区和交通规划，把优化出行方式与优化城市空间布局、优化土地资源利用结合起来，实现轨道交通建设与土地开发利用的高度整合和联动开发，构建“轨道交通导向”的城市发展模式，把轨道交通 TOD 打造成为新型城市化的新载体、新典范。

从城市层面来看，要沿地铁线建成具有不同功能定位的组团，形成组团式多中心城市发展格局，并以轨道交通相连接，优化城市空间布局，促进城市有序扩张。

从社区层面来看，要围绕地铁站点，在易于步行的范围内进行中高密度混合开发，形成兼具居住、办公、商业、公共空间等功能的综合社区。社区内部要建设具有良好可达性的公园等开放空间以及学校、医院、超市等社区公共服务设施，提高社区的宜居性和吸引力。摒弃传统的大尺度街区和道路设计理念，建设以窄街小巷为特点的邻里社区，通过密集且人性化的步行道路和自行车道路网建设，实现社区内部步行优先以及与轨道交通站点的无缝衔接。步行为主的出行方式将推动沿街服务业发展，提供更多就业机会并进一步方便周边居民的日常生活。

从道路来看，要坚持公交优先、绿色出行，实现轨道交通站点与地面公交站点、公共自行车站点之间无缝换乘，将轨道交通的覆盖面进一步延伸至较远的社区。在城市郊区的轨道交通站点周边，则要建设大型停车场，鼓励自驾市民换乘公共交通进入市区。步行道路的设计要设置合理距离，并确保连续性，路灯、街景、绿化等的设计也要相应调整，为居民步行提供舒适的环境。

（二）发展方式上：走市域统筹、市县联动的路子

轨道交通 TOD 建设是一项复杂的系统工程，宏观层面关系到整个城市的空间布局、交通规划和发展策略的调整，中观层面涉及站点周边社区及其内部道路、公共设施等的规划建设，微观层面则面临土地性质调整、权属关系变更、房屋拆迁等许多具体问题，周期长，要求高，同时还需要平衡政府、开发商、公众等多方利益诉求，必须实行市域统筹、市县联动，形成推进合力。

一是制定统一的政策保障体系。统一的政策保障体系应涵盖 TOD 规划、建设、

运营的各个阶段，包括规划设计标准和指标、投融资政策、土地储备开发政策和运作机制、税收政策和财政补助政策、TOD 项目的认定和管理、公共交通优先政策、地铁运营机制等，确保 TOD 技术指标自始至终得到全面贯彻落实。

二是建立统一的组织领导体制。由市县两级主要领导牵头，相关部门参与，并设置常设性的办事机构和定期会议制度，分解工作任务，协调解决推进过程中的各种问题，督促检查工作任务落实情况，确保整个项目有序顺利推进。

三是建立共建共享机制。借鉴广东做法，在轨道项目建设、周边土地开发、地铁运营等方面明确市县两级的投入、利益分成和补亏责任，同时加强市级统筹，发挥市级在 TOD 模式中的主导作用，并积极调动县级政府的积极性。

（三）发展机制上：走开放合作、市场化的路子

国际上 TOD 建设的三种主要模式各有利弊：政府主导型的优点是规划执行度高、推进有力，缺点是政府需要投入大量资金；市场主导型的优点是政府资金投入小，缺点是缺乏整体、长远规划，企业对商业利益的偏重也可能导致片区功能缺失和配套设施建设缺乏；三是政府资助、政策导向型，兼顾了统筹规划和引入社会资金进行开发的要求，有利于同时发挥政府和企业各自的优势。

宁波可以参照香港做法，既确定政府在投融资方面的主导作用，又充分发挥市场机制作用，采取灵活的多方合作、联合开发模式，实现投资方式多元化、发展模式多样性。如鼓励上盖物业的联合开发，建立多方共同投资、共享收益、共担风险的机制，以减少政府投资压力风险。

（四）发展路径上：走因地制宜、分类推进的路子

各站点沿线物业的开发必须综合考虑其所处的区位环境、服务半径、承担的主要功能等因素，明确各站点周边开发的功能导向，合理制定不同类型地区的交通衔接、土地综合开发的规划指引，有针对性地引导土地综合开发，避免雷同建设或盲目追求大而全。

老城区和新城区的 TOD 开发也要采用不同方式。老城区拆迁难度大、未开发土地少，只能采用改造、填入的方式分期逐步进行改善，而新城区则可以通过新建方式进行大规模的 TOD 开发。

全面深化改革

宁波推动国资国企“瘦身强体”改革研究

◎ 课题组

国资国企为宁波经济社会事业发展做出了重大贡献，尤其在城市重点项目建设、重要基础设施建设、重要区块开发、重要民生保障以及战略性新兴产业引导等方面，扮演了主力军、排头兵角色。但是与先进城市相比、与新常态下经济社会发展对国资国企的要求相比，当前宁波国资国企还存在许多问题，推动国资国企“瘦身强体”是应对解决这些问题的当务之急。

一、“瘦身强体”是国资国企改革方向

（一）国资国企“瘦身强体”的内涵要求

国资国企“瘦身”就是要明确功能定位，突出主业，强化核心功能。比如在资产处置方面，加快处置一批低效和无效资产，实现“轻装上阵”；在股权转让方面，进一步加强股权结构调整，尽量转让一些小额股权等。

“强体”就是保障国资国企保值增值，提升国资国企的规模实力、竞争力、带动力，在全市经济社会重大发展战略实施和服务民生等方面的带动作用更加明显等。对于融资平台类企业来说，“强体”主要就是要提高融资能力；对于产业类国企，“强体”主要就是要提升企业的规模实力和竞争力；对于资产经营类国企业，“强体”主要就是要实现固有资产保值增值等。

（二）“瘦身强体”是国家对国资国企改革的客观要求

党的十八大和十八届三中全会在关于国资国企改革的论述中明确提出，要优化国有经济布局和结构，把混合所有制作为公有制的重要实现形式，推动国有资本更多投向关系国家安全和国民经济命脉的重要行业和关键领域，增强国有经济活力、控制力和影响力等。从近年来国有经济结构调整的趋势特点看，主要方向是对国有企业和资本进行有进有退的战略性调整，改变国有经济分布过宽、涉足领域过多、整体素质不高的状况。因此，推动国资国企“瘦身强体”是贯彻中央精神、顺应国资国企改革规律要求的必然选择。

（三）推动宁波国资国企"瘦身强体"不仅重要而且紧迫

近年来，宁波市在有序调整国有资本行业领域布局、稳步推进国有产权结构调整步伐、优化企业的组织结构、突出主业优化企业资本结构等方面进行了许多探索，取得了明显成效，但仍然存在许多突出问题。一是国有经济集中度还不够，主要表现在：行业分布面太广，在 15 大行业门类中均有不同比例的分布，对一些事关发展大局和基本民生的行业缺乏必要的行业整合；国有企业很多都分布在一般竞争性产业，基础产业、主导产业、战略产业、现代服务业等方面的集中度、支撑力不够；同业竞争较严重，同一产业有几家国企同时进入，造成重复建设和恶性竞争。二是企业总体规模比较小，在各类国有企业中，小（微）型企业约占 80%，大中型企业只占约 15%，在市属国有企业中，中小企业占 90% 以上，户均资产不足亿元，在 18 家市属监管企业中，资产总额超过百亿元的只有 8 家，营业收入超过 10 亿元的只有 10 家，龙头企业的支撑力和带动力还不够。三是盈利水平较差，大多市属国有企业承担重点项目投资建设任务，投入大、周期长、收益低，全市企业户均实现利润总额仅约 0.1 亿元，许多企业亏损严重。四是资产负债率较高，市属国企资产和负债规模随着所承担的政府重大工程项目投资建设任务的增加而逐年扩张，负债率居高不下，盈利能力极弱，资金平衡十分困难，造成可再融资资源匮乏、融资空间接近极限，发展后劲不足；五是企业产权结构需要优化，国有独资企业比例过高，国有企业特别是二级企业的股权多元化需要进一步推进，市本级国有独资公司的国有资产占市本级国有企业国有资产的约 60%，市属监管企业及其控股企业中，国有独资公司占比约 52%，实行绝对控股、相对控股或参股等多样化产权模式的企业不多。

（四）宁波推动宁波国资国企"瘦身强体"的探索

近年来，宁波不断深化国有企业改革，国有经济的活力和综合实力得到不断增强，主要经验是坚持不懈地以改革促发展，坚持不懈地建立健全现代企业制度，坚持不懈地调整国有经济布局和结构。一是积极推进所有权与经营权分离，推进企业治理制度改革，目前 20 家直接监管和委托监管企业以及国投、文化广场、和丰创意广场等 6 家重点二级企业已实现监事会进驻全覆盖；二是积极推进企业制度改革，建立健全现代企业制度，使企业运行更加规范有序，推动宁波港集团加强内部资源重组，按码头经营、港口商贸物流、资本运作三大板块进行分类归并，188 家下属控参股企业整合为 29 家，投资管理层级压缩到 3 级；三是积极推进国有企业产权多元化，加快资产证券化步伐，通过参股、控股，以少量资本引导大量的资产，促进经济社会发展，比如推动宁波热电、宁波银行定向增发，实现融资 44 亿元，开投公司同步参与；四是积极推进兼并重组和行业整合改造，提升了一批传统优势产业，宁波能源集团等企业组建并挂牌运行，使老产业得到了新发展；五是针对不同目标功能定位，推进企业分类改革，有序推进企业主业认定工作，严格控制主业数量，竞争类、公共服务类企业的主业一般为1~2个，功能类企业主业在3个左右；六是积极推进国有资本从竞争性行业中国有股权低、效益差的企业撤出，集中于事关经济发展和民生保障的重点行业。

二、相关地区国资国企“瘦身强体”的主要做法与启示

（一）上海：把发展混合所有制经济作为重中之重

上海一直是我国国企改革的领头羊和引领者，近年来已经推行了多轮国资国企改革，新一轮国企改革重点在四个方面：一是国资流动平台规范运作，实质性启动部分的国资流动项目；二是推动集团公司整体上市，发展混合所有制；三是推动国有企业改革转制、创新转型的双轮驱动，为上海建设全球有影响力的科技创新中心发挥作用；四是建立长效的激励约束机制，全面推行国企股权激励改革。其中发展混合所有制经济成为其中的重中之重，在全国率先出台了《关于推进本市国有企业积极发展混合所有制经济的若干意见（试行）》，总的考虑是以公众公司为主要实现形式，通过推进公司制股份制改革、开放性市场化重组和鼓励实施股权激励和员工持股，经过3~5年的持续推进，基本完成该市国有企业公司制改革。

（二）天津：大手笔推进兼并重组培育打造大企业大集团

近年来，天津国资系统遵循市场规律，加强自身市场意识，积极契合市场对资源配置效率的要求，同时兼顾制度特征与历史延续，探索出一条具有“天津特色”的国资国企改革之路。“天津模式”的核心是大手笔推动兼并重组，培育打造大企业大集团。天津坚持存量调整与增量调整并举，产业优化、清理退出、创新驱动“三位一体”，建立了6支总规模130亿元的产业结构调整基金，把推进低效企业退出与盘活资产、结构调整紧密结合，按照产业相近、行业相关、主业相同的原则，推进市管集团重组整合，着力培育打造了一批品牌优、效益好、行业领先的大集团，有效促进了国资国企“瘦体强身”。

（三）重庆：把资产证券化作为撬动国资国企“瘦体强身”的杠杆

重庆在新一轮国企改革过程中，从改革的总体要求、积极发展混合所有制、优化国有资本布局结构、加快完善现代企业制度、完善国资监管体制等方面对重庆国资国企改革作出系统安排，其中加快推进资产证券化成为重庆国企改革的主要路径和特色亮点。近年来，重庆加快扩大产权开放，力争让2/3左右的国有企业发展成为混合所有制企业，大多数竞争类国有集团及所属国有企业通过引入增量或转让减持等方式，实现了投资主体多元化；设立国有资本投资公司、产业投资基金，全市

计划组建培育3~5家专业性强、影响力大的股权类投资公司，发挥国有资本在国民经济中的影响力、控制力；大力推进国有集团企业上市，根据重庆国资国企改革目标，适宜上市的企业和资产力争全部上市，80%以上的竞争类国企国有资本实现证券化。

（四）广州：把深化企业管理制度改革作为重要突破口

广州的国有资产总额居于四大直辖市之后，排在全国城市第5位、省会城市第1位，约占全省经营性国有资产的45%，在新一轮国资国企改革中，广州把深化企业管理制度改革作为重要突破口。广州明确提出今后所有市属国企及其领导人都要取消行政级别；积极创新国企领导人员选拔机制，建立健全企业领导人员任期、交流和退出机制，在竞争充分行业加快推行职业经理人制度，仅2013年就完成10家企业6名董事长、8名总经理、8名纪委书记的公推遴选和聘任工作；推进企业领导人员监督管理体制改革，出台市管国有企业动态分类管理实施办法，建立动态分类管理体制；完善企业法人治理结构，分类加强董事会建设，竞争性企业包括金融企业推进以外部董事过半为主的规范董事会建设，准公益性企业从公司制改革入手，推进外部董事占1/3为主的规范董事会建设，并推进落实董事会主业投资权、薪酬分配权、经理层选聘权等重大权力。

三、宁波加快推进国资国企“瘦身强体”的对策建议

（一）以市场为导向，加大国资国企布局结构战略性调整

一是要加快调整国有企业布局，坚持优进劣退、进而有为、退而有序原则，推动国有资本更多投向关系全市长远发展的重要行业和关键领域，重点向金融、高新技术、能源、原材料、城市基础设施和国计民生领域集中。二是要加快调整国有资本空间布局，加快国有企业“走出去”步伐，鼓励跨国并购、海外建厂，向国内外能源资源丰富、比较优势突出的地区布局，提升全球配置资源能力。三是要加快劣势企业与低效资产清理退出，采取股权转让、引入社会资本改制、合并、资产和债务重组等方式，实现国有资产清理盘活，对于一些没有盈利也不会增值的资产，要尽快从现有抵押担保中转出来并及早出售，对资不抵债、扭亏无望的企业和“壳”企业，采取依法破产、清算注销等方式，实现国有资本有序退出。

（二）加快重组整合步伐，着力培育大企业大集团

坚持“1+1>2”的原则，沿着产业链、产品链、价值链等“链条”加大企业重组整合，努力做到实施一个重组、做大一个集团、做强一个产业。一是要加大竞争类企业重组，建设主业竞争能力强、自主创新能力强、资本运作能力强的大集团，带动战略性新兴产业和优势产业发展，近期要尽快研究组建市旅游投资公司、市文

化投资控股公司等。二是要加快公共服务类企业整合，培育功能完善、保障有力、可持续发展的大集团，提升城市能级和服务民生能力。三是要推进企业内部整合，纵向压缩企业管理层级和产权链条，通过股权划转、合并、转让等方式，清理整合三级以下企业，横向消除同业竞争，点上减少资源浪费，提高国有企业资产质量和整体竞争力。

（三）加快推进国有资产证券化，积极发展混合所有制经济

一是要分类分层推进股份制改革，积极吸引各类社会资本，进行产权多元化改革，着力推动二级核心骨干企业股份制改革。二是要扩大产权开放力度，除少数承担政策性职能和特殊目的的国有企业外，积极引进外资、民营、机构投资者等社会资本，通过资本对资本，实现国有资本与非国有资本交叉持股、相互融合，打造一批体制新、机制活、竞争力强的混合所有制企业。三是加强资本运作，用好用足用活现有国有控股上市公司平台，鼓励企业大胆尝试PPP等投融资模式，推动设立产业投资基金，建立若干国有资本投资运营公司，择机合理实施增发、资产注入等，推进市场化开放性联合重组，合理设计合作模式，大力引进央企、省企等战略投资者。四是积极推动企业上市，推动具备上市条件的企业采取首发、借壳、分拆等方式，实现境内主板、中小板、创业板以及境外资本市场上市。

（四）推动国有企业完善现代企业制度，改革和创新体制机制

加强企业内部管理，推动企业瞄准行业领先和龙头企业，积极开展对标管理，逐步由粗放型管理走向精细化管理。一是要加快建立有效的公司治理机制，推动企业建立健全股东（大）会、董事会、监事会和经营层，健全协调运转、有效制衡的公司法人治理结构，加快国有独资公司规范的董事会建设，争取今后三年全部引入外部董事。二是要建立完善选人用人机制，在二级及以下企业增加市场化选聘比例，推行职业经理人制度，最大限度发挥企业家的智慧和才能。三是要建立健全激励约束机制，在科技型中小企业积极探索对核心骨干人员实行股票期权、岗位分红权等多种激励方式，并建立与长效激励机制相配套的业绩挂钩、延期支付、追索扣回等约束机制，实行契约化管理等。

（五）加强组织领导，完善推进工作机制

一是要加强领导、建立机构，成立市国有企业整合重组工作领导小组，由市政府主要领导任组长，市政府分管领导任副组长，市纪委（监察局）、市委组织部、市国资委等有关单位主要负责人为成员，负责指导全市国企国资整合整体工作。二是要明确分工、落实责任，为切实做好各板块的整合，每个整合重组板块设立筹建指导组和筹建工作组，筹建工作组在筹建指导组的指导下开展工作，具体负责制订本国资营运公司的整合重组详细方案，经筹建指导组审核后报市整合重组工作领导

小组审批。三是要周密部署、行动迅速，近期要马上启动排摸、研究及方案制定等工作，建立完善相关领导、协调、考核机制，确保国资国企“瘦身强体”工作顺利推进。

课题组成员 ◀ 童明荣 顾晨辉 王明荣 廖绍云 丁春文

宁波加快推进 PPP 模式的对策建议

◎ 课题组

国家明确提出和创导 PPP 模式，并且推出了一系列政策举措和工作要求。对于宁波来说，当前加快推进 PPP 模式，需要着重解决思想认识、项目生成、运作机制和管理体制等方面的现实问题。

一、着眼三个维度强化对 PPP 模式的认识

当前加快推进 PPP 模式应从三个维度综合立体地看待其重要意义，即创新投融资模式化解债务问题、引进社会资本促进投资转型和引入市场机制优化公共治理，不可失之偏颇。

从化解债务问题来看，要综合运用发行地方债券开展地方债置换和实施 PPP 模式等解决措施，稳步推进债务问题的解决。加快推进 PPP 模式是解决问题的主动创新之路，发行地方债券开展地方债置换是稳健推进之路，要在两者之间做好平衡，既保证整体债务问题平稳过渡，又有新的发展动力。对于存量公益投资项目来说，如能够从地方融资平台单独分离出来，且具备市场化运作收益基础，应该鼓励分离出来做 PPP。对于增量的公益投资项目，要优先采用 PPP 模式，积极谋划具体的运作方式。

从促进投资转型来看，积极谋划推进有效投资稳定经济增长总体水平，是加快推进 PPP 模式的转型命题。从过去政府单方推进项目建设的实践来看，项目的谋划生成容易走偏，一些产出效益低下、社会效益也不突出的项目，容易在政府投资冲动下产生。加快推进 PPP 模式，加强政府与社会资本的合作，深入开展项目可行性研究，以社会资本的市场化运作机制来提升项目生成的有效性。

从优化公共治理来看，在引入市场机制后政府公共服务的供给将更加市场化，很多过去政府为主提供的公共服务都可以大胆尝试购买的方式引入社会化运营机制。优化公共服务供给提升社会治理水平，应是这次推进 PPP 模式的更深远的意义所在，因此在制定推进 PPP 模式实施意见时，不要只着眼于投融资模式创新，要有更宽泛的视野，否则制定的有些意见会成为今后公私合作的绊脚石。

二、通过三大途径加快推进 PPP 项目生成

当前，加快生成推出宁波的 PPP 项目是工作推进的首要，没有 PPP 项目储备，后续一切工作都是空话，没有实际意义。可按改造存量、增量谋划和积极储备三个途径，尽快推出生成一批 PPP 项目。

改造存量项目。认真甄别筛选融资平台公司的存量项目，积极开展 PPP 模式的改造与应用；对适宜开展 PPP 模式的在建和已建项目，也可以植入 PPP 模式对原项目进行升级改造或者合作运营。对于存量项目的改造要注重平稳推进的原则，不能过快过急，因为植入 PPP 模式一旦陷入泥潭中将影响项目建设的稳步有序推进。

谋划增量项目。根据产业发展新趋势，适时谋划提出新项目，按照 PPP 模式进行培育开发，如在财政部首批 30 个试点项目中，天津就提出了建设新能源汽车公共充电设施网络项目，其谋划能力已经超出了一般的污水处理和公路项目，值得宁波学习。要加大宣传，引导社会投资人根据市场发展需求和自身投资意愿，按照 PPP 模式设计生成项目，报相关主管部门，积极开展合作。

建立 PPP 项目储备库。按照谋划类、推介类、实施类等分类建立市级 PPP 项目储备库，及时向社会公布项目清单。所谓抛砖引玉，要通过项目储备库的建设，尽早尽快地吸引有实力的投资机构参与到宁波 PPP 项目的洽谈与合作中来，在谈判合作中又可以不断地对储备项目进行科学合理调整谋划。

三、把握三个关键问题加快推进 PPP 项目实施

PPP 模式的实质是通过给予私营公司长期的特许经营权或收益权来换取公共产品加快建设和有效运营，因此，加快推进 PPP 项目实施需要特许经营制度、收益机制优化和融资新模式对接等一系列关键制度支撑。

特许经营的法律保护。开展基础设施和公用事业特许经营，是重要的改革和制度创新，事关社会资本进入到 PPP 模式的信心关键和制度基础。2015 年 4 月份，国家发改委公布的《基础设施和公用事业特许经营管理办法》，就是着眼于此关键问题推出的针对 PPP 模式特许经营问题的管理办法。管理办法明确指出，社会资本进入特许经营领域必须签订书面特许经营协议，并明确特许经营者和政府的权利义务。特许经营者取得的特许经营权受法律保护。宁波要这个管理办法基础上，尽快结合本市实际情况制定基础设施和公用事业特许经营管理办法。

收益机制优化。公益投资类项目，大部分收益比较低，本身市场化运作是有难度的，除了排污治理和公路设施的收益机制较好以外，其他大部分领域的项目都需要进行收益机制优化。一是收益资产捆绑。对于基础设施公共领域项目经济强度不

高、项目营收的财务现金流一时难以支撑的项目，捆绑其他收益性资产或以资产分包方式来间接改善项目投资收益状况是有必要的。比如铁路、地铁通常会连带站区或部分路线两侧的土地开发等。二是政府给予运营补贴方式，从“补建设”向“补运营”转变，采取适当的运营补贴，使项目具备覆盖利息支出后能有一定的收益。近期，银行利率在国家推动下不断下行，以及国家对地方债实施的一系列救助制度，将使得公益类项目的收益基础也大大提升，相信在更多的收益机制优化下，PPP 项目实施的营利性基础会越来越好。

融资新模式对接。PPP 项目周期很长，既要提高社会福利、又要降低财政负担，同时还要对社会资本保持足够的吸引力，必然对于大规模低成本长期限的资金有较高需求，但寻找这样的资金并不容易。为了解决融资难的问题，在推动 PPP 项目的融资便利性方面，近期中央和各部委也在积极推进各项安排，如大力发展债权投资计划、股权投资计划、资产支持计划等融资工具；支持重点领域建设项目采用企业债券、项目收益债券、公司债券、中期票据等方式通过债券市场筹措投资资金；推动铁路、公路、机场等交通项目建设企业应收账款证券化等。这些融资的体制改革为推动融资方式转变打下了一定基础，宁波需要通过试点运用尽快对接国家创建的融资新模式。从宁波自身来看，当前比较重要的是要研究探索设立产业基金，专门用于城市公共服务和基础设施方面的 PPP 项目建设，按照总的 PPP 项目投资总金额的一定比例确定基金规模，同时积极鼓励产业基金通过探索运用 QFLP、自贸区跨境贷款等创新融资模式来增加融资多样性。

四、强化三大管理理顺 PPP 项目的管理体制

项目建设中的协调管理。宁波在此前缺乏 PPP 协调管理机构，是 PPP 模式开展较慢的原因之一。一个 PPP 项目的成功实施需要较长的准备工作，宁波应着手建立 PPP 工作机制，在 PPP 模式工作领导小组中，以发改和财政为核心，推动设立 PPP 协调管理机构，加强对风险分担、竞争机制、政府合理承诺、后续合同管理等方面的统一指导。同时，要高度重视投资咨询中介的专业力量，通过与这些专业机构的合作，既加快推进宁波 PPP 项目实施，也强化与金融机构、国内外战略投资者的合作。

项目审批中的财政管理。PPP 项目物有所值和财政可承受能力评估是 PPP 项目管理中的核心环节，这两项工作做好了才能避免 PPP 项目选择上的盲目性，才能对财政在 PPP 项目中的隐性风险作出清晰准确的判断。但物有所值的证明和财政可承受能力评估并非易事，如果没有较强的专业评估判断能力，也许根本起不到把关的作用，只会成为项目推进的拦路虎。因此，财政部门要高度重视项目审批中的物有所值和财政可承受能力评估两项工作，加强工作能力培训和学习，提升项目分析评

估的专业能力。

运营过程中的国有资本管理。现在很多民营企业不大愿意跟政府项目合作，倒不一定是因为项目收益问题，国有资本在公私合营中的管理问题是民营企业比较头疼的，主要是国有资本管理对公司运作的限制条款太多，因此有必要在签订 PPP 项目合作时，将公司管理中可能涉及国有资本管理的提前细化考虑，国有资本管理针对 PPP 项目也要有相应专门的便利化管理办法。

课题组成员 钟海州 张 华 鲍盛基 张小兰 唐新贵

宁波推动民间资本投资社会事业领域的成效、问题及对策

◎ 课题组

2014年6月，根据中央的指导意见，宁波下发了《关于鼓励和引导民间资本投资社会事业的意见（试行）》政策文件，逐步消除宁波民间资本投资社会事业领域的障碍，“非禁即入”的市场准入大门已经敞开，民间资本投资社会事业领域取得了明显业绩。但是还要看到，当前全市在民间资本投资社会事业领域的模式创新、政策落实、市场定位、要素保障和服务监管等方面还存在一些问题，需要进一步加快改革步伐。

一、宁波民间资本投资社会事业领域取得明显成效

（一）贡献较大

民间资本已经成为宁波社会事业发展的重要力量，在全市社会事业投资中发挥了重大作用。统计数据显示，近五年来，宁波民营卫生事业机构数达到2434家，占全市医疗机构的比重达61%，其中民营医院达到53家，占比为49%；各类民办学校1110所，占全市学校数的比重达52.5%；民营养老机构数82家，占全市养老机构数的比重为38%。

（二）步伐加快

2014年6月，宁波出台了鼓励和引导民间资本投资社会事业的政策文件后，民间投资社会事业领域步伐明显加快。以民办养老机构和民营医院为例，短短两年内，宁波的民办养老机构的数量就从2012年的35家增加到2014年的97家，增加了近177.1%；民营医疗机构从2010年的1088家，增加到2014年的1613家，4年间增加了48.3%。

（三）渠道渐宽

2009年，宁波民间投资主要是投向传统的制造业和房地产开发，两项合计占到85%，而投向教育、文化、体育业几乎可以忽略不计。2014年6月，宁波《关于鼓

励和引导民间资本投资社会事业的意见（试行）》政策把扩大民间投资、放宽市场准入作为宁波社会事业领域改革的一项重点任务，明确全市医疗卫生、教育、社会福利和文化体育四大领域向民间资本开放，进一步拓宽了民间资本投资的范围和领域。

二、当前宁波民间资本投资社会事业领域面临的主要问题

（一）新兴投资模式推广不够

最近，全国各地根据国家促进民间资本健康发展的指示精神，结合本地实际，在实践中不断推广吸引民间资本投资的新兴模式。从宁波的情况看，引入民间资本投资社会事业领域的主要模式还是以社会独资为主，比较单一，虽然有合作建设宁海十里红妆博物馆、象山张德和根雕艺术馆等民办文化设施的“公助民办”模式，民营资本以参股、收购兼并等合资方式参与国有文化企业改制和文化事业单位公司化模式等，但总体看来，这些实践探索多属个案，代表性不强。如何进一步扩大应用新兴投资模式引入民间资本投资社会事业领域的推广面还有待于进一步加强。

（二）一视同仁难以得到认真落实

无论是公办性质还是民办性质，宁波社会事业单位都是为全市服务的公益性机构，理应受到同等待遇，但以下因素的存在使得民办社会事业机构难以享受到同等待遇：一是财政补贴歧视。虽然宁波的政策文件要求对公办和民办社会事业尽力做到同等对待，但执行起来却面临重重阻力，难以做到一视同仁。以民办教育为例，一些领导干部认为，发展民办教育是“权宜之计”，民办教育是“异类”、是保持教育普及程度组成部分，在财政资金补贴方面更倾向于公办机构；二是“所有制歧视”，金融机构对民办社会事业“规模歧视”和“重公轻私”，商业银行贷款给民办社会事业单位后，一旦出现亏损，则要承担很大风险，而贷给公办社会事业，即使亏损，也不需承担什么风险，因此对民办社会事业单位惜贷现象比较普遍。

（三）项目多属低小散的低端类别

受资金和风险影响，宁波民间资本投资社会事业领域多属过剩的、低端的、所需资金不多的项目，层次不高，而具有一定的风险性、属于高端的、急需的、短缺的社会事业领域项目则较少涉及。以养老服务业为例，宁波近年来民间资本投资兴办的养老床位以低挡设施为主，上规模上档次的不多，缺乏高档次服务内容，服务专业化水平比较低，养老服务内容单一，服务内容仅限于吃、住等简单的生活照料服务，与主动为老龄人提供生活照料、医疗服务、精神慰藉、文化教育等全方位的养老服务还有较大的差距，服务标准较低，基本上还是传统计划经济时代救助式的供养和运行模式。

（四）土地人才保障仍存在困难

从宁波的情况看，要素保障困难主要表现在以下两个方面：一是项目用地缺乏。民办社会事业在要么缺乏用地指标，要么因为拆迁成本较高的情况下，即使可以享受政策规定的划拨、协议出让土地权益，但在实际操作中却面临重重困难；二是民办社会事业单位受政策差异性影响，人才引不进留不住。当前，本市许多公办社会事业机构实行事业单位管理办法，而民办社会事业单位人才在工资待遇、社会保障、医疗服务、职称评定、评优评先等方面与公办社会事业存在较大差距，退休后也只能享受企业的退休待遇，导致民办与公办事业单位的退休待遇相差悬殊，难以吸引并聚集优秀人才。

（五）监管体系不够科学

一是民间资本投入社会事业监管制度的操作性不强，监管的形式几乎都是法规或政策，多为原则性、缺少可操作性和程序性的条款，根据政策的变化而变化，稳定性较差，执行起来缺乏透明度；二是对单一投资主体投资起点规定较高，不少单个民营企业很难参与项目投资，导致大量民营有限的资本规模、零散的民间资金与社会事业所需的巨额资金需求之间难以进行有效对接。

三、加快推进民间资本投资社会事业领域的对策举措

（一）广泛运用民间资本投资的新兴模式

当前，政府引进社会资本投资的模式主要有 BOT 模式，BT 模式，TOT 模式，融合 TOT 与 BOT、以 BOT 为主的 TBT 模式和 PPP 模式。对此，宁波需综合本市的社会发展程度、经济发展水平、民间投资意愿，以及该领域的竞争程度，在不同的区域和不同的社会事业领域，灵活运用上述五种模式，进一步扩大民间资本投资发展社会事业领域的实践面，改变民间资本独资为主的投资模式，并取得新的成效。

（二）落实“公办”“民办”的同等待遇

加强政策宣传，充分利用各种媒体，强调公办、民办社会事业单位都是公益事业，从舆论宣传方面引导人们树立科学的财政补贴思维。以建设法治政府为契机，市人大适时制定出台《宁波市民办社会事业促进条例（试行）》，明确民办社会事业可以享受公办社会事业单位财政补贴的同等待遇，歧视民办社会事业单位的单位和个人应受到处罚。市委市政府组织促进民办社会事业发展的专项督查活动，杜绝包括在财政补贴方面的歧视民办社会事业的行政行为，使公办与民办事业单位处在同一起跑线上。

（三）鼓励民间资本投资高端急需社会事业项目

发挥公益创投基金的引导作用，引导全市民间资本投资“高”、“大”、“上”

的社会事业单位。明确细化民间资本参与社会事业领域的财政政策，由市财政出资组建担保基金，为民间资本投资高端的、急需的，又具有一定风险性的社会事业提供有限担保或全部担保。积极引进市外民间资本投资高端的、急需的社会事业发展项目，为本市民间资本投资社会事业领域起到示范带头作用，形成科学合理的民办社会事业项目结构体系。

（四）保障民办社会事业的要素支撑

支持民间资本充分利用闲置厂房、商业设施、农村集体房屋等存量资源开展社会事业经营活动，允许民办社会事业项目以作价入股、租赁等方式取得土地使用权，降低建设成本。明确符合专业技术职务任职条件的民办社会事业单位的人才，工资待遇、社会保障、医疗服务、职称评定、评优评先，以及职称评审、课题申报、技能鉴定等方面，参照公办社会事业单位的同类人员标准享受，并推行公办事业单位人才到民办事业单位就业，可以享受原单位同样待遇办法。推动设立小额贷款融资平台，鼓励金融机构允许民办社会事业单位在一定范围内以收费权作质押申请贷款，同时支持金融机构设立同行异地的知识产权估价互认办法，使民办社会事业单位的知识产权可以作为抵押品申请银行信用贷款。

（五）完善民间投资的服务监管

紧紧围绕全市“四张清单一张网”的指示要求，全面清理调整与鼓励民间资本精神不符的各项政策规定措施，取消对民间资本投资社会事业领域的各种限制性、歧视性的行政审批事项，简化环节、缩短时限，进一步推动管理内容、标准和程序的制度化、公开化、规范化。抓紧制订完善鼓励民间资本进入文化、卫生、教育、社区服务等重点社会事业领域的实施细则，尽快形成针对性和可操作性强的政策体系，把社会的公共服务需求与民间资本的投资愿望进行顺利对接。根据社会事业项目的实际情况，适时降低项目资本金准入额度，建立科学的民间资本投资社会事业项目的办法，或支持民间资本通过联合、合作等多种方式，满足项目资本金额度要求，为民间资本投资社会事业项目营造良好环境。

课题组成员 ◀ 邓小河 王　巍 唐平原 周威锋 周秋江

宁波推进政府购买公共服务需注重解决四个问题

◎ 课题组

政府向社会力量购买公共服务，是加快政府职能转变、推进社会事业改革、创新社会治理体制、促进服务型政府建设的重要抓手。近年来，宁波市各级政府积极探索，政府购买公共服务的体制机制逐步建立，政策措施不断完善，但从宁波近年来的实践来看，还存在购买模式相对单一、购买领域有待拓展、信息网络技术应用不足和监管体系有待完善等方面问题，需要通过不断深化改革予以解决。

一、购买模式创新问题

目前，宁波市政府购买公共服务，仍然主要以直接购买为主，模式相对单一，制定出台的规范性政策措施也大多围绕直接购买展开，未充分将其他购买模式涵盖进来。

在实践中，很多城市在公共服务购买模式上有所创新。如，深圳市南山区深入挖掘公共资源内涵，通过让渡一定年限的土地使用权获得私营企业提供青年公寓服务；北京市拓展公共服务提供途径，利用 PPP 模式建设地铁 4、14、16 号线以提供公共交通服务；宁波市鄞州区也在充分发挥财政资金杠杆作用，鼓励民办文化场馆建设运营方面有所探索；等等。

要根据公共服务的不同类型和特点，参考成熟经验，深入挖掘公共资源的概念内涵，进一步突破购买公共服务理念，创新公共服务购买模式，并逐步将更多服务提供形式纳入政府购买的规范管理范围。

一是提供补贴。指政府给予一定补助，弥补企业建设和经营成本，鼓励社会力量从事公共服务。财政补贴形式可分为两种，即前期建设阶段的一次性补贴，及运营阶段按照服务人次等确定的补贴。这种方式是以财政资金撬动社会资本，使其参与公共服务提供，一般用于可以收费的准公共服务的供给。如，在群众期盼较高的公共文化和体育服务方面。

二是以非资金公共资源换取。深入挖掘公共资源内涵，逐步扩大公共资源利用范围，积极探索公共资源价值实现路径，合理使用让渡特许经营权、冠名权等公共资源换取社会力量提供公共服务。如，发展公共自行车过程中，公开拍卖公共自行车身广告权；中山路改造过程中充分发掘可用资源，以让渡道路两边广告牌使用权等形式换取改造服务等。

三是采用 PPP 模式。PPP 模式是政府从公共服务的生产者转为提供者而进行的特殊采购活动。我国政府采购法规定‘本法所称服务，是指除货物和工程以外的其他政府采购对象’，对政府采购服务做了兜底式定义。从法律定义上看，PPP 属于服务项目政府采购范畴。在当前公共服务持续投入压力较大的情况下，建议从政府购买公共服务的视角，而不仅仅是从政府投融资体制创新的视角，重新检视 PPP 模式，在公共服务领域研究和推广 PPP 模式。

四是政府发放消费券。是指政府通过向服务对象发放消费券的形式，实现公共服务的委托授权，由服务对象以消费券在市场上有选择地购买公共服务，再由提供服务的社会力量凭消费券与政府结算。它在坚持政府责任的前提下，借助消费者的选择引入了市场竞争机制。建议政府在购买保障住房、卫生、社区教育、幼儿保健等公共服务的供给上，充分探索发放消费券模式。

二、购买领域拓展问题

2013 年国务院出台的《关于政府向社会力量购买服务的指导意见》（国办发〔2013〕96 号）中明确“凡适合社会力量承担的，都可以通过委托、承包、采购等方式交给社会力量承担”。宁波市财政局 2015 年 3 月制定发布的《宁波市政府购买服务指导性目录》，将购买领域划定为基本公共服务等六大类 18 小类，系统的梳理了购买服务的类别，但从国外和兄弟城市实践来看，宁波划定的范围仍有进一步拓展空间。

在推进公共服务购买过程中，要区分核心职能与非核心职能。非核心职能在社会力量有能力承接的情况下，应该尽可能的推向市场，核心职能则应守土有责，要防止履职能力虚化，形成过度依赖单一市场主体、受制于人的情况。同时，在购买服务时，要有利于市场主体的竞争。建议按照上述原则，借鉴负面清单做法，加快制定《宁波市政府购买公共服务负面清单》，进一步扩大政府购买公共服务范围。当下，可以进一步研究拓展政府购买服务的领域有以下三类：

一是公共设施维护管理领域。要按照《宁波市政府购买服务指导性目录》，分解责任，制定方案，狠抓落实。特别是，加快公共设施维护管理领域市场化步伐，打破部分公共基础设施的维护仍然由事业单位或国有企业垄断的格局。研究梳理政府职能，推动事业单位与主管部门理顺关系和去行政化，按照事业单位改革的要求，协调推进有条件的事业单位转为企业或社会组织，通过推广政府购买服务促进政事分开，逐步实现事业单位由“养人”向“养事”的转变。

二是环境治理领域。环境治理服务的政府购买在国内外都有成功的先例。例如，日本政府治理生态环境主要依靠购买公共服务来完成，通过政府主导、居民配合、第三方负责的方式，形成了完善而有效的农村污水治理体系。再如，宁波2011年起通过PPP模式进行内河水质养护提升工程试点，取得良好效果。空气、水、土壤、海洋等环境治理往往技术要求高、投资周期长、治理见效慢，单纯依靠政府的力量难以做到事半功倍。建议进一步总结成功经验，加大环境治理领域的政府购买力度。

三是农村公共服务领域。宁波非常重视公共服务均等化建设，但由于大多数农村天然具有地理位置分散、人口密度小、交通等基础设施不够完善等不利因素，依然是公共服务提供的薄弱点和需要突破的重点。建议政府系统梳理当前农村公共服务需求，逐步加大购买服务的力度，合理利用社会力量在提供农村公共服务方面的优势，创新农村公共服务提供途径，以早日实现公共服务均等化。

三、信息网络技术应用问题

近年来，宁波积极推进智慧城市建设，各级政府都非常重视信息网络技术的应用，积极通过微博、微信、政务APP等方式传递提供公共信息，但有的微博、微信长期不更新，名存实亡；有的APP功能单一，服务领域、服务内容与群众期待相比还有不小差距；有的公共服务载体陈旧，传播途径固化，不能适应时代要求。

国际上，很多国家依托信息网络技术，通过购买的方式不断拓展公共服务范围，创新信息传播方式。如：英国医生可以像开药单一样向病人开APP处方，这些APP可以更好地跟踪管理病人的健康数据，并尽力为英国健康部门实现节省成本的目的；韩国政府早在2010年就计划搭建政府APP平台，私营企业与开发者能利用政府公开的公共信息，开发各类移动应用软件，令公众在该平台上获得更多政府推送的各类公共信息，如天气预报、交通状况提示及就业信息等。

宁波在改进政府购买公共服务时，要科学认识、主动适应，积极运用信息网络技术，深化树立“互联网+”理念，推动购买领域、购买方式等诸多方面的变革。

一是开拓新的公共服务领域。紧跟信息网络技术发展步伐，及时回应社会需求，加大公共服务平台信息化建设和开放力度，及时更新服务内容；加大对移动媒体重视程度，引导职能部门开通并运营好微信、微博等社交媒体公共账号；拓展公共服务领域，扩大公共信息开放共享力度，通过购买的方式，引导社会力量开发更多符合群众需要的APP，提供更多更好更及时的公共服务。

二是促进公共服务提供方式变革。在适合网络传播的公共服务领域，如文化、就业培训、咨询、医疗保健服务等领域，加大信息网络技术应用水平，创新服务提供方式。如在文化服务领域，一方面，在目前电影下乡、戏剧进村、现场展览等传统服务形式基础上，更加重视信息技术应用，将现场的文艺演出等与新型的网络传播相互衔接促进，通过不同的服务渠道满足公众多样化的文化需求；另一方面，充分利用微信、微博等平台和新媒体，鼓励以公私合作的方式，加大数字媒体开发力度，借助微电影、微文化等形式提供公共文化服务。

四、监管体系完善问题

政府购买公共服务，要形成监管主体明确、监管对象清晰、评判标准统一、奖惩效果明显的监管体系。目前，宁波政府购买公共服务的监管体系尚待完善，在监管主体上，还存在同体监管、多头监管、监管缺位并存现象；在监管对象和评价标准上，还存在对象不够清晰、标准不够统一现象；在行业监管与服务上，科学的奖惩机制尚未确立，监管与服务的关系尚未完全理顺。对此，提出以下四方面改进举措。

一是明确监管主体、监管对象和评价标准。进一步完善政策法规，明确政府购买公共服务的监管主体是财政部门、各购买主体、行业管理部门和社会第三方；监管对象是参与购买和服务提供过程的各方、服务提供过程以及服务效果。同时，相关部门要加快标准化建设，完善公共服务评判标准体系，争取全面覆盖政府购买服务各领域。

二是完善绩效评价机制。按照“政府统一领导，财政部门牵头，机构编制、人力社保、民政、市场监管、审计和行业主管部门协同，职能部门履职，监督部门保障”的工作机制，由财政部门牵头，审计等部门参与，定期对政府购买服务的项目类别、资金使用、服务效果等进行绩效评价。对服务效果评价时，要引进第三方，通过购买服务的方式邀请专业机构参与评价体系的制定和实施，坚持过程评价与结果评价、短期效果评价与长远效果评价、社会效益评价与经济效益评价相结合，确保评价工作的全面性、客观性和科学性，评价结果要与今后的购买服务资金安排、购买计划和选择承接主体相衔接。

三是建立健全监管体系。建立政府购买服务信息发布机制，建设程序透明、过程开放、公众广泛参与的公共服务平台，全面公开政府购买公共服务信息，广泛接受社会监督。加快公共服务市场体制配套改革，逐步实现购买主体和监管主体相分离，避免同体监督；建立健全部门合作机制，各监管主体要加强配合，既要分工明确，尽量避免多头监管，又要建立信息分享和合力形成机制，形成监管合力；建立监管范围动态优化调整机制，对新出现的社会力量和新列入政府购买范围的公共服务，要及时明确监管部门，避免监管缺位。同时，还要紧密结合新的政府购买服务形式，如特许权出让、PPP 模式等，探索新的监管模式。

四是处理好监管和服务的关系。一方面，要加强行业管理。在政府购买服务领域，建立健全行业准入制度；加快市场信用体系建设，充分利用大数据技术，加强信息挖掘，推动“黑名单”名录库建设，形成统一规范的诚信体系。加大守信激励和失信惩戒力度，逐步实现“一处失信，处处受限”。另一方面，要加快市场主体培育。加快深化社会组织管理制度改革，清理和废除妨碍公平竞争的各项规定和做法，激活市场活力。各级民政、市场监管以及行业主管等部门要按照职责分工，培养和壮大社会力量，支持社会组织、企业、机构和其他经济组织等社会力量参与政府购买服务工作。

课题组成员 ◀ 钟海州 张树法 张小兰 郑 栋

进一步完善市级公共资源交易市场和招投标机制研究

◎ 课题组

建立统一规范的公共资源交易市场，是当前我国全面深化改革的一项突出任务，也是加快政府职能转变、发挥市场配置资源决定性作用的关键环节。近年来，宁波加快公共资源交易市场建设，逐步形成“一委多办多中心”的市级公共资源交易组织架构和管理体制，也取得了一些改革成效。但与全面深化改革的新要求、新形势相比，改革的力度还不大、速度还不快，市场固有的突出问题持续存在。因此，如何加快改革、创新体制，加快整合建立统一规范的公共资源交易市场，已成为当前宁波迫切需要研究解决的一个重大课题。

一、宁波市级公共资源交易市场建设现状

目前，宁波市级公共资源交易市场功能逐步完善，效应初步显现，对提升公共资源市场配置效率和加快政府职能转变等都起到了积极的推动作用。据统计，从2003年至2014年，市级交易市场共交易项目数累计达20623个，交易额7375.6亿元，增收节支超300亿元。

一是基本形成集中的交易服务平台。2003年以来，宁波逐步整合原先相对独立、分散的各类公共资源交易中心，2014年实现市招投标中心（公共资源交易中心）、政府采购中心、国土登记交易中心、产权交易中心等“四中心”集中进驻市公共资源交易平台，基本形成“统一进场交易，统一发布信息，统一交易规则，统一监管和受理投诉，统一收费，统一建设、管理和使用专家库”的交易服务平台，使交易市场功能得到整体提升、服务更加便利，进一步降低市场运行成本和各类主体交易成本。

二是逐步完善“一委多办多中心”的组织管理体制。市政府先后出台《关于加强市招投标统一平台建设的若干意见》、《关于推进公共资源市场化配置的意见》等相关文件，逐步形成了“一委多办多中心”的市级公共资源交易组织管理体制。“一委”即市公共资源交易工作管理委员会为领导决策机构，其下设办公室（简称

“交管办”）代表政府对各类公共资源交易工作履行指导、协调、考核和综合监管职能；“多办”指各行业主管部门的相应管理办公室，行使行业监督职能；“多中心”指上述“四中心”等交易中心为交易事务办理服务机构，依法办理纳入统一平台进行招标、拍卖、采购交易的相关事项，并提供技术咨询和场所服务。这种管理体制使公共资源交易的行业监督、行政监察、交易服务、日常管理等环节呈相对独立，有利于行业监督部门的上下对口衔接。

三是不断拓展交易领域和服务范围。为提升交易市场的服务功能，加快公共资源市场化配置进程，近年来市级公共资源交易市场将更多公共资源事项纳入市场交易，并拓展服务范围，为市属国有企业和民营企业提供交易服务。2010 年，市政府相关部门专门出台了《宁波市公共资源市场化配置拓展目录》，对需要拓展的公共资源市场化配置项目进行了整理归类。目前，除建设工程项目、土地出让、产权交易、政府采购外，新拓展排污权交易、小型客车特殊号牌号码竞标、公共空间户外广告资源有偿使用、机关事业单位公有资产出租出让、执法机关罚没物品处置、政府购买服务等项目。

四是积极探索创新招投标机制。招投标工作是公共资源市场交易的核心环节，在完善招投标管理、工程项目招投标、政府采购招投标等方面政策法规的基础上，不断加强对招投标活动的监督，规范创新招投标活动的程序。如，在部分重大项目中探索试行了与模拟审批制度相配套的预招标制度；强化对违法失信行为的惩戒，制定全市统一的公共资源交易“黑名单”管理制度；推行“政府协议采购电子反拍系统”，提升政府采购效率；加强综合性评标专家数据库建设，建立远程异地评标系统，实现专家库资源共享；使用电子辅助评标系统、电子竞价系统等先进的信息管理系统。

二、宁波市级公共资源交易市场存在的突出问题

在市级公共资源交易市场加快建设的同时，也凸显许多问题和矛盾。总体来看，宁波公共资源交易市场与全面深化改革的要求相比、与先进省市相比，推进改革的力度还不够大、速度还不够快，市场功能尚未得到有效发挥。

一是改革方向不明确。近期，宁波把完善公共资源交易市场交易管理机制纳入年度的全市改革重点，但着重于对分散在各行业主管部门“交易中心”的整合，这种改革仍属于形式上的整合，实质上只是交易服务“四中心”的集中进驻，对市场总体改革的目标方向和监督管理等体制机制完善还未有明确方案。从国家和其他省市来看，宁波改革较为滞后。

二是监管体制不顺畅。首先，“管办不分”使行政干预、同体监督等问题难以避免，“多办”的监管体制，使得有些行业主管部门既是“裁判员”又是“运动

员”。其次是存在多头监管现象，有些项目如重点工程的水利、交通、房屋市政项目等，存在两个或多个监管主体，往往会造成推诿扯皮、分而治之等问题。此外，还存在监管缺位问题，由于一些按省、市政府文件要求拓展的新增项目没有明确的法定行政监督部门而缺少必要监督，如新增的单独的材料设备招标、会展和营销服务、小车特殊号牌的有偿出让等等。

三是部门协调难度大。从国家到地方，公共资源交易市场管理的条块分割现象还比较严重，政出多门、规则冲突等现象还比较明显，要地方行业主管部门打破“家规”，协调推动改革的难度很大。如，市审计监督和人大代表、政协委员曾多次提出改革设想和初步方案，但因部门争议较大而搁浅。另一方面，许多部门也担心改革会带来监管难度增加。主要担心“管”“办”分离后，部分监管职能转移会打破行业主管部门原有的全链条监管模式，造成监管不到位、上下衔接难度增大等问题。

四是招投标领域问题仍然较多。因市场不正当竞争、从业主体信用意识淡薄、监管手段不完善等因素，目前招投标领域还存在着串标围标、假借资质、非法转包和违法分包等突出问题，也存在建设项目造价控制不严、概算、预算、结算和决算层层突破、低价中标高价结算等现象，这不但影响到市场资源配置功能的正常发挥，损害国家利益和市场信誉，还容易引发项目质量和生产安全等问题，对此社会反响较大。

此外，我国公共资源交易领域的法律法规还存在立法部门化倾向明显、法律体系协调性较差、新领域法律空白等问题，对加快全市公共资源交易市场建设和改革进程具有一定制约。

三、各地推进公共资源交易市场改革的经验做法

围绕“建立统一规范的公共资源交易市场”的改革要求，各省市积极探索有效路径，形成许多成功经验和先进做法，为宁波推进改革提供了良好借鉴。

一是以机构整合建设统一的公共资源交易中心。对于原有的各类公共资源交易平台，各地都进行了不同程度的整合，有的地方则一步到位建立了统一的公共资源交易平台。例如，成都市将资产类、资源类、货物类、工程类、服务类等 5 大类 41 项公共资源统一纳入市公共资源交易服务中心集中交易；广州成立公共资源交易中心，并作为市政府直属的副局级事业单位，原采购中心、建设工程交易中心、信息工程招投标中心、广州交易所集团不再保留；浙江省内其他地市实现了招投标中心、政府采购中心、土地交易中心和产权交易中心的归并，人事、编制、职能、财产也实现了完全整合。

二是以职能归并创新公共资源交易监管体制。许多城市在监管方面积极探索

“管办分离”的有效路径，有的将行业监管职能划转到公共资源交易监督管理机构（“一办”）统一行使，有的探索公共资源交易综合执法或联合执法。例如，安徽的合肥、铜陵等地将原隶属建设、财政、工商等部门、涉及招投标业务的数十项执法权集中委托市招标管理部门统一实施，彻底改变了过去招投标过程中行业主管部门“既是运动员，又是裁判员”的局面。

三是以科学手段规范优化交易程序。各地除了推行“五统一”等标准化管理外，还积极依托科学的手段和模式提升交易管理水平。大部分省市都建立了统一的公共资源交易电子化平台，推进交易主要环节和数据信息的实时网上运行和记录，最大限度地减少人为干扰。例如，济南开发了电子监察系统，由现场视频监控和网上电子监察两部分组成，对可能存在的违纪违法和效能问题预警预告，实现对公共资源交易全过程的监督监控；广州创设了“两地三方”的远程评标模式，实现两地专家通过评标系统独立评标，监督、管理部门在线远程监管，交易中心实行数字见证。

四是以完善配套制度保障改革顺利推进。各地纷纷加大在法律法规和政策体系上的创新力度，努力突破制约公共交易市场改革的制度障碍。例如，安徽在全国率先制定实施了《公共资源交易管理条例》、《公共资源交易监督管理办法》等，通过地方立法解决了公共资源交易中心设立和公共资源交易监督管理机构监管职能的法律依据等问题，明确公共资源交易中心运作的基本规则。

四、完善宁波市级公共资源交易市场和招投标机制的对策建议

公共资源交易市场是全面深化改革的重点领域和关键环节，宁波要充分认识市场的功能作用，进一步加大改革力度，加快完善体制机制，着力提高公共资源配置的质量和效益，着力提升政府公共服务能力水平，为推进宁波经济社会创新转型发展提供重要支撑。

一要明确改革方向，加紧制定专项改革方案。宁波市级公共资源市场改革要按照国家的总体要求，坚持政府主导、市场驱动，整合资源、创新监管，统一规范、分类指导，分步实施、重点突破等原则，力争到2017年基本建成统一规范的公共资源交易平台体系，到2020年全面建成规则统一、公开透明、服务高效、监督规范的公共资源交易平台体系和与经济社会发展相适应、较为完善的公共资源配置机制。按照改革的总体方向目标，加紧制定专项改革方案和年度改革计划，并纳入全市深化改革的重点。要明确市公共资源交易工作管理委员会全面负责专项改革，负责各项改革任务的统筹协调和推动落实工作。

二要抓住改革突破口，调整完善招投标监管体制。以国家《招标投标法实施条例》为依据，探索成立综合性招投标行政监督部门，推动实施对工程建设项目招投

标活动集中统一监管的体制机制。调整政府部门有关招标投标活动的监督职责分工，撤销发改、住建部门的招标投标管理办公室，剥离水利、交通、城管、信息等行业职能处室的建设工程招标投标监管职能，整合各行业主管部门招投标监管机构和职能处室的人员、编制等行政资源，明确由第三方监管机构履行市级招标投标活动的综合监督执法职能，即使招投标活动的“多办”转变为“一办”架构。强化第三方监管机构的职能配置，将明确其为市政府常设的公共资源市场化配置综合监管机构，建议第三方监管机构设在市行政审批管理办公室，并增挂“市公共资源交易管理办公室”牌子，使其能切实履行市委市政府文件规定的对各类公共资源交易工作指导、协调、考核和综合监督职能，并强化内设机构与人员编制。

三要加快多中心整合，推动形成统一的交易中心。在现有“四中心”集中入驻的基础上，把原隶属于住建、国土、财政、国资等相关职能部门的建设工程项目交易、土地使用权出让、产权交易和政府采购等四中心交易机构及职能、财产、编制、人员，统一纳入公共资源交易中心，形成市级公共资源一个交易中心的格局，即“多中心”转变为“一中心”架构。强化交易中心的机构职能配置，进一步明确机构性质和规格，并明确行政上受市政府相关独立部门管理。积极拓展交易中心进场范围，按照《宁波市公共资源市场化配置拓展目录》，各部门要进一步梳理公共资源管理和配置情况，实现公共资源的“应进必进、能进则进”。

四要创新政策法规体系，努力突破制度障碍。充分运用地方立法权限，加快修订完善《宁波市招标投标管理暂行办法》，调整现行的部门监督管理职责分工，明确市公共资源交管办为综合性招投标行政监督管理部门。对新出现的公共资源交易领域，没有法律法规覆盖的，要加强立法，实现监管制度的全覆盖。做好与国家法律法规、部门规章衔接工作，密切关注政府采购、土地使用权和矿业权出让、国有产权交易等领域上位法的调整完善，为统一各类公共资源交易活动的监督职责做好基础准备。梳理目前宁波公共资源交易领域相关政策文件，对相互冲突的、不符合新形势和新要求的政策要加快修改完善，提高政策的协调统一性。

五要严惩违法违信行为，完善招投标全程监管机制。除严格按基本建设项目程序办事和加强标前、标中、标后各个环节的监管外，相关行业行政主管部门要强化联动，形成监管合力，实行项目建设全流程、各节点事项和造价公开，接受社会监督，加强政府投资项目全过程、多方位监管。加强政府投资项目概算和预算控制，审计要提前介入项目预算和招标控制价的审查。建立有关行政监督部门、公安、检察、市场监管和公共资源交管办等部门组成的联合查处机制，加大对串标围标、行贿受贿、弄虚作假、出借资质、违法挂靠或以他人名义投标、非法转包或违法分包等违法失信行为的查处力度。建立健全投诉（举报）件快速协调处理机制，完善重大投诉（举报）案件的联席会议制度。加大实施公共资源交易“黑名单”管理制度的力度，进一步完善各行业市场主管部门企业信用信息管理、评价、应用制度，加强工程建设领域综合诚信数据库建设，建成统一规范的建设市场诚信体系，推进公共资源交易平台“一站式”综合性企业信用信息查询平台实施应用，形成“一处受罚、处处受制，守信激励、失信惩戒”的市场环境。

六要规范发展中介机构，完善中介市场服务体系。严格落实《宁波市人民政府关于培育发展和规范管理工程建设领域中介机构的意见》，进一步削减中介服务事项，优化中介服务环节，扩大政府购买服务力度，逐步剥离政府部门与中介机构关系，推动中介市场开放，促进中介市场健康规范发展。强化行业监管，健全中介资质资格管理制度，加强行业自律和诚信体系建设规范中介收费行为，制定完善行业服务标准。加强对中介机构的管理和考核，要将招标代理机构等中介活动的日常行为、服务质量效率与企业资质管理和信用评价挂钩。

课题组成员 ◀ 卢 跃 张树法 吴红艳 滕 帆

宁波加快构建农村产权交易市场研究

◎ 课题组

建立农村产权流转交易市场是激活农村要素市场，规范农村产权交易行为的重要举措，对于统筹城乡、区域发展，推动生产要素流动、优化资源配置具有重要意义。近年来，成都、武汉、北京、广州、杭州等城市纷纷建立农村产权交易市场，推动了各自地区农村经济的发展。宁波的象山、余姚、奉化等县市也都开展了这方面的探索，建立了层级不等的农村产权交易市场，但相关的体制机制还不完善，覆盖全市域的规范统一的交易平台也尚未搭建。因此，建议尽快研究推动建立宁波农村产权流转交易市场，并明确相关的市场定位、发展目标、交易规则。

一、构建农村产权交易流转市场的重要意义

中央十八届三中全会提出“使市场在资源配置中起决定性作用和更好发挥政府作用”，而建立农村产权交易市场的一系列过程都有利于转变政府在三农工作中的职能，通过市场规律来配置农村资源要素。

一是确立农民及集体经济组织在产权交易中的市场主体地位。通过农村产权交易，推进了农村产权确权登记，把农民及集体经济组织从法律和政治上的产权主体变为真正享有产权收益、分配、处置权利的产权主体。

二是建立明确完善的市场交易规则。一个公开公平公正的农村产权交易平台，通过完善管理制度，严格执行公开挂牌交易的行业准则，并推行合同范本应用、信息化等管理方式，能有效确保交易过程阳光透明，规范农村产权交易行为。

三是促进农村资源要素按照市场规律有序流动。建立农村产权交易市场，可以在最大程度上减少转让方与受让方信息不对称现象的产生，有利于通过市场交易发现价格、发现投资者，体现市场集聚信息、配置资源的功能，实现农村产权资源要素合理、高效、顺畅流转。而政府也可以从直接负责处理农村土地流转交易行为中解脱出来，有效地解决政事不分的问题。

二、农村产权交易流转市场的发展趋势

国内农村产权交易市场最早从成都建立。2008 年作为全国统筹城乡综合配套改革试验区的成都率先成立全国第一家综合性农村产权交易所——成都农村产权交易所。2009 年 4 月，作为两型社会综合配套改革试验区的武汉也正式设立了武汉农村综合产权交易所。其后，杭州、上海、重庆、天津等大城市也纷纷设立农村产权交易所，江苏东海、浙江平湖等县级层面的农村产权交易市场也广泛铺开。

纵观国内各先进地区的相关经验做法，可得知当前农村产权流转交易市场的主要发展方向有如下几点。

①市场化。主要表现为去行政化和跨区域化。先期建立的武汉、成都、上海、杭州等地农交所均为公司制，其中成都农交所为股份制公司，其余三地为国有独资公司。各农交所的发展目标也都试图跨出行政界限、力求辐射周边乃至全国，如武汉农交所就打算建成服务范围覆盖全湖北省的农村产权托管中心。

②平台化。各地在交易平台上普遍实施了归并，将过去分属规划国土、房产、水务、农业、林业、知识产权等部门的产品进行了整合，搭建了统一的交易平台，既避免了各自为战，重复投资建设，也方便了农民、农村集体经济组织、投资业主的咨询和交易。

③网络化。在区域范围内，各农交所都力求打造多级网络体系。成都农交所成立了 15 个分所和 257 个乡镇农村产权交易服务站，构建了市、县、乡三级平台和市、县、乡、村四级服务体系。杭州农交所打造了一个市、县（市）区、乡镇（街道）三级联动，辐射杭州八区五县（市）的农村产权交易市场体系。

④综合化。各地交易所普遍集合农业要素物权、债权、股权、知识产权等交易服务为一体，除了提供农村土地承包经营权、村集体经济组织“四荒地”使用权、农村集体经济组织养殖水面承包经营权、林权等权益类产品外，还提供指标类产品交易（农村土地综合整治的建设用地指标、占补平衡指标等）、资产类产品交易（农业生产设施、二手农具、大宗农产品现货等）以及股权类产品（如农村集体和农业企业股权托管、融资及转让）等。此外，还提供信息咨询、产权评估、交易策划、项目包装、产权经纪等相关配套服务。

⑤信息化。各地均重视打造功能复合的农村产权信息管理平台，大力推进农村产权信息化管理和电子化交易，基于互联网实现交易审核、信息发布、业务管理、招标竞价、电子监察等多重功能。如杭州农交所通过网络信息系统及其子系统，在项目审核、项目交易、项目统计等一系列环节上实现了市、县、镇三级机构之间的无缝对接，使得三级机构都能在第一时间进行双向互动交流，解决了最重要的沟通协调问题。

⑥规范化。各交易所都非常注重制度建设，制定了交易管理办法、各类交易规则、申请受理办法等多项规章制度，并严格按照各项制度规范运作。主要采取“六统一”的管理模式，即“统一交易平台、统一交易规则、统一信息发布、统一交易鉴证、统一培训机制、统一监督管理”的管理模式。

三、宁波农村产权流转交易市场发展现状

在农村产权交易方面，宁波的象山、余姚、慈溪等县市也都进行了有益的尝试，建立了县域范围内的农村产权交易市场，取得了一定的成效，但也存在不少问题，覆盖全市域的统一交易市场尚未成立，各项体制机制也不够完善，交易品种和交易主体有限，交易潜力有待挖掘。

（一）工作实绩

一是出台政策意见。2011 年 5 月，象山县出台了《关于规范全县农村产权交易管理的若干意见》和农村土地承包经营权、农村森林资源资产、农村集体养殖水域承包经营权、农村房屋四个品种的“1 + 4”交易管理服务规则，明确了全县农村产权交易的宗旨、原则、范围、方式。余姚、慈溪也与其后相继出台了农村产权交易管理办法，规范了农村产权交易行为。

二是搭建交易平台。2011 年 7 月象山县农村产权交易中心正式成立，并按照“统一交易规则、统一交易鉴证、统一信息发布、统一收费标准、统一监督管理、统一平台建设”的“六统一”模式进行管理。余姚于 2011 年 9 月也建立了农村产权交易中心，在各乡镇（街道）和行政村建立农村产权交易分中心和土地流转服务站。慈溪将市公共资源交易中心（市产权交易中心）作为农村产权交易的指定服务机构，并对 18 个农村产权交易所进行授牌，与各镇级公共资源交易平台合署运作。

三是切实推动流转。通过产权交易，使得社会资本进入农村市场，农村资源得到合理配置，农村发展活力有效激发，农业转型升级得以加快。截至 2013 年底，象山县农村产权交易中心共计对农村土地承包经营权、农村森林资源资产、农村集体养殖水面承包经营权、农村房屋进行产权交易 562 宗，交易总额 1.9 亿元。余姚市农村产权交易中心成立以来，共登记土地流转、农村集体经济组织的房屋租赁等意向信息 3103 条，完成土地流转项目 53 宗，交易面积达 5729 亩，成交金额 1395 万元；完成农村集体经济组织的房屋租赁项目 13 宗，交易金额 346.9 万元，增加村级集体和农民收入 1741.9 万元。

（二）存在问题

一是平台层次较低。宁波当前进行的农村产权交易市场试点其业务范围仅覆盖

象山、余姚、慈溪等县市各自的县域范围内，相对于武汉、成都、杭州等地建立市级产权交易平台，平台较为狭小，市场层级较低，产权交易局限在县域范围内，不利于在全市域范围内进行农村资源要素的快速有效配置。

二是交易功能单一。目前象山县实施的农村产权交易品种有农村土地承包经营权，农村集体林地使用权和林木所有权、使用权，农村集体养殖水面（河塘、海淡水养殖池塘等）承包经营权，农村房屋所有权、使用权，农村集体建设用地使用权。余姚市和慈溪市允许交易的品种也大体类似，比象山县增加了涉农知识产权，基本集中于权益类交易，与成都、武汉、杭州等相比，缺少了指标类产品交易（农村土地综合整治的建设用地指标、占补平衡指标等）、资产类产品交易（农业生产设施、二手农具、大宗农产品现货等）以及股权类产品（如农村集体和农业企业股权托管、融资及转让）。其他类交易项目较少，导致农村产权交易市场的综合产权交易功能未能充分体现。

三是交易主体有限。目前宁波各县市推出的农村产权交易仅限于农户或农村集体经济组织成员之间交易。如根据《象山县农村房屋交易规则（试行）》规定，农村房屋转让仅限于本村成员，限制了工商资本等参与农村资产交易，也使农村资产抵（质）押贷款容易遭遇悬空。

四是违规处置困难。目前出台的交易办法都界定了若干违规行为，但普遍缺乏司法强制力，特别是抵押财产司法处置、执行较难，虽然政府、法院等有关部门积极协调，在交易办法中均明确了司法处置程序，但在实施过程中，受农村人情关系等因素的影响，很难对农村集体产权开展拍卖、变卖等司法执行处置。

四、宁波构建农村产权流转交易市场的对策建议

（一）搭建交易平台

成立以分管副市长为主任的农村产权流转交易管理委员会，委员会下设办公室（考虑设在农业局），对全市的农村产权流转交易进行监管。由市农业局、林业局、国土资源局、公共资源交易中心等相关单位共同出资，注册成立宁波市农村产权流转交易所股份有限公司，负责宁波市农村产权流转交易所的日常管理。参照杭州模式，搭建市本级、县（市）区、乡镇三级联动的交易体系，江东、海曙、江北、高新区与市级平台合署，吸纳已经建立的象山、余姚、慈溪等县级农村产权交易中心，新建其他地区的县级平台，同时依托各乡镇的公共资源交易中心，成立乡镇农村产权交易服务站。

（二）开展确权登记

明晰产权、用益物权是产权流转交易的前提，农民承包地、宅基地和集体山林、

水面资源及资产等确权是产权流转交易运行的基础性工作。在现行农村集体产权股份制改革的基础上，进一步明晰各类权益及资产的产权，开展确权登记颁证工作。

（三）逐步拓展交易品种

前期先开展国家政策法律允许范围内的农村土地承包经营权、林权、农村集体养殖水面承包经营权、农房所有权使用权、农村集体建设用地使用权等权益类交易和涉农知识产权、农业生产设施、大宗农产品现货等资产类交易，待今后国家政策放开和相关法律法规完备之后，逐步扩展到农村土地综合整治的建设用地指标、占补平衡指标等指标类产品交易和农村集体企业股权托管、融资及转让等股权类产品交易。

（四）规范运行机制

市、县（市）区、乡镇三级农村产权交易平台在宁波市农村产权流转交易管理委员会的监督指导下实行“六统一”的运行模式，即统一交易平台、统一交易规则、统一信息发布、统一交易见证、统一培训机制、统一监督管理。市农交所按照“六统一”的模式，组织管理各县级平台内的各项交易行为。乡镇农村产权交易服务站负责农村产权交易信息的收集和报送，不履行流转交易职能。

农村产权交易市场的交易活动，先进行流转申请提出、前置审核、交易信息发布、受让资料审查等前期工作，然后农交所依据征集到的资格审查合格的受让方情况，选择协议、电子竞价、招投标等交易方式，组织进行交易。农村集体产权的转让价格，以有资质的资产评估机构的评估值作为参考依据。农村产权转让方与受让方达成转让意向后，签订农村产权交易合同，宁波农交所审核、登记后出具相关凭证，有关部门根据该凭证办理权属变更登记手续。

（五）完善保障体系

一是建立信息化支撑体系。建立宁波市农村产权流转交易门户网站，开发一套拥有完全自主知识产权的网络信息传输系统以及交易系统。通过实时发布交易信息、工作动态、政策上传，实现交易网上公示、网上办事、网上监督等功能。完成市农交所网络平台与各县（市）区、乡镇等平台（窗口）的信息互联互通，在项目审核、项目交易、项目统计等环节上做到三级联动。

二是完善市场服务体系。涉及农村产权的各职能部门都需在农交所设立服务窗口，按照“统一受理、分职履责、归口管理”的运作方式，提供确权赋能、资格审查、登记变更等“一站式”服务。

三是构筑金融支撑体系。进一步完善农业保险体系，减少因自然灾害和市场波动对生产经营带来的不可预知风险。建立多层次、专业、规范的涉农资产评估体系，引入专业的评估机构和农业专家对涉农资产进行评估，确保抵押物的价值。建立涉农担保体系，对农村土地经营权抵押贷款进行担保和反担保，化解金融机构涉农贷款风险。建设新型农业经营主体信用管理系统，及时登记产权抵押担保信息，记录借贷主体信用情况，并向银行和担保公司开放，防止农村产权幕后交易、“一权多贷”和贷款投向不良信用主体。

课题组成员 ◀ 农贵新 韦风涛 宋宇宇 陈　浩 王萌萌

宁波加快发展环境权益交易市场的对策研究

◎ 课题组

环境权益交易是指为达到节能减排、加强生态环境保护的目的，通过市场化交易机制来配置一系列环境资源和权益的活动。建立和完善环境权益交易市场对于转变政府环境管理方式、推动技术创新和产业升级、优化环境容量资源配置具有重要意义，北京、上海、天津、广东等地在这方面都开展了多层次的探索，取得了相当的成效。宁波目前也推动试点了排污权有偿使用和交易、合同能源管理和碳汇基金建设，获取了一定的经验，但独立的环境权益交易市场平台尚未搭建，相关制度体系还不完善，因此宁波亟需从市场定位、建设主体、运行机制、保障措施等多方面入手，加快构建和发展环境权益交易市场。

一、宁波环境权益交易市场的发展现状及存在问题

（一）发展现状

1. 排污权有偿使用和交易

2012 年 12 月，宁波发布了《宁波市开展排污权有偿使用和交易工作方案》和《宁波市排污权有偿使用和交易工作暂行办法》，正式开启了排污权有偿使用和交易的进程，规定从 2013 年 1 月起，全市范围内排放污染物的新、扩、改建工业项目需要新增排污权的，都要通过交易有偿取得。排污企业有偿取得的排污权，可以通过市公共资源交易管委会办公室交易平台上市交易，也可以让政府按不低于初始买入价进行回购。企业污染减排后多出的排污权，可以用于企业的继续发展，也可以上市交易或由政府回购。交易种类有化学需氧量、氨氮、二氧化硫和氮氧化物 4 项。2013 年 11 月，又出台了《宁波市排污权有偿使用和交易工作暂行办法实施细则（试行）》，进一步完善了交易规则。

试点一年半以来，宁波共完成排污权有偿使用和交易 112 笔，交易金额总计 9946. 84 万元，交易总量 8226. 98 吨，基本建立了以市场调控为手段激发企业自觉减排的工作框架。

2. 合同能源管理

合同能源管理是指节能服务公司与用能单位以契约形式约定节能项目的节能目标，节能服务公司为实现节能目标向用能单位提供必要的服务，用能单位以减少的能源费用来支付节能项目全部成本的节能业务方式。2012 年 6 月，宁波发布了《宁波市公共机构合同能源管理办法》，规定政府机关、事业单位及学校、医院等公共机构须按照国家制定的相关节能标准和规范，优先采用合同能源管理进行节能改造。为帮助中小企业节能降耗，由宁波市经信委、宁波电业局、浙江浙电节能服务有限公司三方合作，在全省率先推广合同能源管理和分期偿还投资模式，减轻中小企业节能降耗所需资金负担。至 2013 年底，累计更新淘汰 S7 及以下型号变压器 2996 台、合计约 50 万千伏安容量，相当于年节电 1500 万千瓦时，节约标准煤 4695 吨。该模式已被省电力公司在全省进行推广。

3. 碳汇基金创建

林业碳汇交易是碳排放权交易的一种特殊形式，是指通过营造一定量的碳汇林，计算该片碳汇林一定时间内吸收的二氧化碳量来抵消排放主体额外的二氧化碳排放指标。宁波的碳汇林项目已于 2010 年启动，目前在鄞州和北仑分别建立了用于碳汇造林的碳汇专项基金，合计筹款 8500 万元，已发展碳汇造林 3600 亩。

（二）存在的问题

一是独立平台尚未搭建。目前宁波的排污权有偿使用和交易的平台为宁波市公共资源交易平台，尚未建立起独立的、囊括多种环境权益的统一平台。而国内先进地区如北京、上海的环境权益交易所都已运行多年，在国内外形成了一定的影响力，交易网络覆盖众多企事业单位，对本地区的节能减排和环保产业的发展起到了重要的推动作用。深圳、广州、大连等同等级城市的综合性环境交易所也都已建立，并形成一套完备的交易运作机制。

二是交易品种单一。目前宁波投入市场交易的环境权益仅有排污权一项，节能量交易、碳排放交易、节能环保技术交易等尚未进入实质性工作阶段，相关的前期研究成果也不多，而缺乏独立的环境交易所作为市场机制层面的中介平台，也影响到环境政策咨询、环境项目设计及投融资、环保课题研究、环境人才培养、绿色金融产品推广等环境服务类业务的开展。

三是市场化程度不高。就宁波当前开展的环境权益交易而言，市场化程度普遍不高。到目前为止，市场上产生的排污权交易都是由企业向各级环保部门购买排放指标，尚无企业将通过污染减排获得的多余排污权上市出售给其他企业。合同能源管理尚处于政府主推的阶段，各企事业单位自主采用合同能源管理的积极性不高，节能量交易的市场尚未形成。碳汇林建设也以政府投入和企业自愿性出资为主，对于市场机制下的碳汇交易指标，企业购买意愿不强。

二、宁波加快发展环境权益交易市场的设想与对策

（一）构建市场体系

一是搭建独立市场。目前浙江省内尚无综合性的环境权益交易平台，省一级层面仅有排污权交易中心，各地市目前开展的也多是排污权交易且挂靠在公共资源交易中心，因此，建议将宁波市排污权有偿使用和交易这一职能从市公共资源交易中心中剥离出来，在组织机构层面单独成立一个宁波市环境权益交易市场（中心），并将该市场定位为宁波地区乃至浙江省内的综合性环境权益交易平台。交易场所为有形市场，初期设在中心城区，并适时在各县市区设立服务网点，但仅做会员登记、账户开设和资金划拨之用，交易业务统一在市级电子交易平台上完成。

二是划定业务范围。首先开展排污权交易和节能环保技术交易，逐步向节能量交易、碳排放交易、碳汇交易等梯次推进，并适时拓展至环保项目设计、咨询、投融资、人员培训、绿色金融产品等关联性的服务业务。视政策规定和交易种类的不同，不同类型的交易种类可以设定不同的交易范围。如排污权交易局限在宁波市域范围内，节能量和碳排放交易可以拓展到全省范围，其余关联性的环境服务类业务可以在华东乃至全国范围内推广。

三是完善治理结构。借鉴先进地区各环境交易所的经验，并根据宁波现阶段经济社会发展的实际情况，建议由市政府牵头，环保部门主导，财政、发改等部门参与配合，以宁波市产权交易中心为出资主体，吸收广大关心生态环保事业及业务有关的国企、民企、科研机构等共同参股，注册成立国有控股的股份制公司，并由该公司负责交易市场的运营。因为采取公司制的组织形式，形成多元化投资主体，能有效整合资源，减少各方阻力，降低交易费用，提高交易效率。

（二）健全制度保障

一是制定政策法规。针对不同交易种类，在政府层面都要制定相应的法规及政策。目前宁波已经在排污权交易方面出台了《宁波市排污权有偿使用和交易工作暂行办法》及其细则，为排污权有偿使用和交易奠定了基础，下一步需要调整其中相应的内容，以便为其交易平台从市公共资源交易中心转移至新创建的环境权益交易市场提供政策依据。针对节能量交易、碳排放权交易等，也应在先期做好调研工作的基础上，加紧出台相关的政策法规，明确总量控制、配额分配等问题。

二是完善限额管理。总量控制和配额发放需要结合宁波经济发展阶段、环境容量等情况进行科学测量，并将其细分到市域范围内各受限排放的行业，要求将排放物控制在下达的排放指标以内。初始配额的发放由有需要的企业向政府主管部门提出，并有偿购买。对于高能耗、高排放的企业，需要严格控制配额数量或者提高初

始配额的基准价格。

三是制定交易规则。对于排污权交易、碳排放交易、节能量交易等交易类业务来说，普遍都包括交易方式确定、交易结算等内容。交易方式包括公开竞价和协议转让。对于市场交易活跃的交易品种，可以进行网上平台的电子竞价，由价高者获得卖出的交易配额，对于市场交易不够活跃或者交易数额特别巨大的，可以在场外达成意向后，在环境交易市场监管之下进行一对一的协议转让。交易结算由市场对参与交易的主体统一进行。交易主体应当在市场指定的结算银行开设交易专用资金账户。交易市场在当日交易结束后进行交易清算，并通过结算银行完成资金划付，结算银行根据交易所提供的交易凭证和数据划转会员资金，并将资金划转凭证和相关账户变动信息反馈给交易所。

（三）加强交易过程管理

各类交易业务都应在环境权益交易市场搭建的如碳排放权交易平台、排污权交易平台、节能量交易平台等不同交易平台上进行，并由交易市场对交易过程进行管理。

一是审核交易主体资格。明确只有在宁波环境权益交易市场注册登记的、符合相关政策规定的企业及其他经济组织才能有资格参与环境权益的市场交易。其中，只有配额初始分配中获得环境权益配额的企业才能卖出配额。

二是鉴定审核交易对象。交易对象一般为交易主体通过采取各种节能减排措施剩余的且已纳入交易平台交易的环境权益配额，由交易市场负责对交易主体在账户内剩余的交易配额真实数量进行审定。

三是确认交易有效性。由交易市场对双方交易的真实性进行审核，避免虚假交易。对违反交易规定的异常交易行为进行及时处置，减少交易风险的产生。

（四）加强监督执法

一是优化信息监管体系。尽快建立和完善环境权益配额数量的监测体系和计量体系，改进技术条件，准确核证实际减排量，以适应环境权益交易市场发展的需求。完善以计算机网络为平台的排放跟踪系统、审核调整系统，使有关人员及时掌控企业的排放状况和环境权益交易情况。

二是加大执法力度。环保部门应严格查禁企业超标排放和用能的行为，加大处罚力度，促使企业主动节能减排，积极走向环境权益交易市场，从而实现总量控制和环境保护的总体目标。

课题组成员 陈 浩 农贵新 窦 清

宁波生态补偿制度改革对策

◎陈　浩

生态补偿制度是指为保护生态环境和促进生态系统良性发展，通过经济调节手段，对可能造成生态影响的生产、经营、开发、利用等活动进行环境管理。当前，国内多地对生态补偿制度进行了创新探索，如采用征收生态补偿金、异地开发、水权和碳排放交易等，成效明显，对宁波具有较强借鉴意义。同时，还要高度关注宁波在推动生态补偿试点过程中遇到的补偿标准较低、补偿范围较为狭窄、补偿资金来源单一、补偿机制固化等问题，从完善补偿机制、提高补偿标准、建设多元化市场主体等角度加以优化和提升。

一、当前各地生态补偿机制的积极探索

近年来，各地涌现出一批经过实践检验行之有效的生态补偿典型做法，值得宁波在生态补偿机制建设中学习和借鉴。

一是征收海洋生态补偿金。山东、福建、广东等省在围填海、跨海桥梁、航道、海底排污管道等工程建设中开展海洋生态补偿试点，要求项目开发主体对工程生态损害进行补偿。广东省大亚湾开发区还安排资金扶持失海社区发展，对失海渔民给予创业扶持和生活补贴。舟山市对围填海、海上爆破、海底开挖、海上倾废等涉海工程征收海洋生态补偿资金，用于海洋生态修复工程，并对因工程建设受影响的渔民及相关利益者，给予相应的经济补偿。

二是异地设开发区。金华市为避免流域上游地区发展工业而造成污染，并弥补上游因限制发展而带来的经济损失，采用了“异地开发”的生态补偿模式。在市经济技术开发区内建立“金磐扶贫经济开发区”，作为该市水源涵养区磐安县的生产用地，区块内实现的产值、税收归磐安县。当地约有四分之一的国地税入库、工业销售产值、外贸出口交货值、新增固定资产投资来自该区块，同时在县域范围内拒批污染项目100多个，整治和关闭污染企业10多家，全县境内99%以上的河道水质达到1类水标准。

三是开展跨行业水权交易。内蒙古鄂尔多斯市为提高粗放型灌溉农业的水资源

使用率，缓解众多大型工业企业日益紧张的缺水状况，在城市内部开展工农业两大行业之间的水权交易。由工业企业出资，在农业灌区进行灌溉渠道的节水改造，提高农业用水效率，减少的灌区供水指标（亦即通过改造节省的渠道渗漏水）则转让给工业企业。农业水权转向工业企业后，在不减少农业灌溉用水量的同时，有效地解决了新上工业企业项目的水资源瓶颈问题。

四是开展碳排放交易。广东率先探索发放有偿碳排放配额和将新建项目企业纳入碳排放管理模式，同时加快推动排污权、碳排放权交易价格形成机制。湖北省则按照“中速增长 + 低碳情景”的预测结果，确定二氧化碳排放总量，从总量刚性出发，兼顾机构柔性，进行动态化管理，充分发挥配额结构管理的灵活性。北京、天津、上海、重庆、深圳等其他省市也先后启动碳排放交易试点。

五是实施重点生态功能区（含湿地）生态转移支付。江苏、江西、福建、广东等省每年安排较大额度的专项财政资金，对国家级自然保护区、国家级森林公园，以及省级重点自然保护区、重要湿地和重要水源涵养地所在市、县给予生态转移支付。黑龙江、广东省每年各安排1000万元，专项用于湿地生态效益补偿试点。苏州市将重点生态湿地村、水源地村纳入补偿范围，对因保护生态环境造成的经济损失给予补偿。

二、宁波现行生态补偿制度的突出问题

一是补偿标准较低。集体林权制度改革后，现行生态公益林补偿标准，远低于建设成本，特别是人工商品林、自留山和自费造林山场的价格。这一问题在水资源保护上更为突出，以宁海白溪水库为例，库区居民为保护水库水质，宅基无地可批，旅游、种植和养殖等开发项目被禁止，每年得到的仅是每亩21元的生态公益林补偿金和白溪水库每亩10元的补助金，10年各项补偿合计未超过200万元，生态补偿标准明显偏低。

二是补偿范围较为狭窄。现有生态补偿主要集中在生态公益林、饮用水源保护区等领域，湿地、海洋、流域水质、空气质量等均处于刚刚起步或尚未开展阶段。

三是补偿资金来源渠道和补偿方式单一。目前宁波补偿资金主要依靠财政转移支付，私营企业投入、优惠贷款、社会捐赠、生态基金等多元化融资渠道缺失，市场化补偿机制尚未完善。除资金补助外，产业扶持、替代项目建设、技术援助、人才支持、就业培训等补偿方式未得到应有的重视。

四是补偿机制尚未动态化。现行政策一经发布，现行机制一旦建立，便长期固定不变，缺乏根据现实状况进行主动调整和补充的能力和积极性，一定程度上导致政策落后于需求，举措落后于现实。

三、宁波生态补偿制度建设的对策举措

针对目前存在问题，结合国内外其他地区实践应用的经验，宁波可从以下几方面入手，完善生态补偿机制。

（一）建设动态化的补偿机制

生态补偿标准与物价水平和居民消费水平挂钩，加大对白溪水库、皎口水库等水源保护区居民和生态补偿林造林者的补偿力度。适时拓展补偿范围，将湿地、海洋、河流水质、空气质量等纳入生态补偿领域，开展四明山、象山港、三门湾等重点生态功能区的补偿试点。考虑制定、出台生态补偿条例，结合实地情况不断调整完善现行生态补偿政策。

（二）建设体系化的补偿标准

组织相关高校、科研院所和职能部门，开展环境资源数量统计、资源消耗、环境损失评估方法等专题攻关，建立可以定量化的生态环境价值评价体系和生态补偿标准，健全市域范围内重点地区空气质量和主要内河水系的跨界断面水质监控点位和自动监测网络，及时提供动态监测评估信息，为后续生态补偿金的收取和发放提供定量依据。

（三）建设多元化的市场主体

积极探索并建立多渠道的融资机制，降低民营企业参与生态文明建设的政策壁垒。创新市场化的生态补偿机制，完善排污权交易市场，探索建立碳交易市场，探索跨区域、跨行业的水权交易。

（四）建设多样化的补偿方式

在市级层面搭建跨区域协商平台，完善政策支持，引导和鼓励开发地区、受益地区与生态保护地区、流域上游与下游通过自愿协商建立横向补偿关系；探索异地设立余姚、奉化、鄞州、宁海等水源保护区有关乡镇和街道的产业园区，转移相关地区的产业和人口，开展对生态保护区居民的再就业培训。在装修材料、纺织品、洗涤剂等事关环境安全的日用消费品中探索引入生态产品标签制度。

（五）建设自觉化的公民意识

进一步加强生态补偿的科普教育和大众宣传，结合其他一系列生态文明建设主题活动，提高民众对生态补偿重要性的认识，通过完善补偿政策，提高补偿标准，完善环境权益交易市场等方式，促进民众树立“青山绿水就是金山银山”的理念，增强生态功能区居民的维权意识，增强受益地区群众进行生态补偿的自觉性。

宁波政府性创投引导基金建设现状、问题及对策

◎ 课题组

用好用活政府创投引导基金，是充分发挥政府资金的引导和带动作用，培育发展商业性创投企业，推动商业性资本创投阶段前移的重要路径，也是进一步深化科技与金融结合，促进新兴产业和高科技企业发展、推动产业转型升级和资源集约节约利用的有效抓手。为此，课题组深入调研了宁波政府创投引导基金体系架构和运行现状，总结制约瓶颈，剖析内在问题，并提出进一步健全政府创投引导基金体系、提高基金运作效率和杠杆效用的对策建议。

一、宁波政府创投引导基金的发展现状

（一）“2 +7 + N”的整体框架体系基本形成

“2”是指市发改委为主推进的宁波市创业投资引导基金（以下简称“市创业基金”）和市科技局为主推进的宁波市天使投资引导基金（以下简称“市天使基金”）。其中，市创业基金2012年开始正式运作，设定规模为10亿元人民币，资金来源包括支持创业投资企业发展的财政性专项资金，引导基金运作产生的所有收益，个人、企业或社会机构无偿捐赠的资金，以及市政府确定的其他资金，截至2014年底已到位5.5亿元。市天使基金2013年初开始正式运作，设定总规模为5亿元，其中市本级2亿元，资金来源为市中小微企业发展专项资金、市财政科技资金，截至2014年底已到位1亿元。

“7”是指7支县级政府创投引导基金。截至2014年底，宁波市已有7个县（市）区累计出资2.2亿元参股设立7支创新基金，既有政府直接设立的，也有政府和企业共同设立的，还有国有企业出资设立的。

“N”是指由政府创投引导基金派生出，以及类似创投引导基金的其他政府资金的各类子基金，包括产业基金。目前规模较大的有海邦基金（募集规模3亿，财政出资5000万）、赛伯乐（募集3亿，财政2000万）、赛宝基金（募集1.015亿，财

政2000万）和海甬基金（募集1亿，财政1500万）。

（二）政策性作用得到制度性保障

市创业基金和市天使基金都是由市政府设立的不以营利为目的的政策性基金，以发挥财政资金的杠杆效应和引领作用为宗旨。前者通过扶持商业性创业投资企业的设立与发展，引导社会资金主要进入对初创期企业和高新技术企业进行投资的创业投资领域，健全本市创业投资体系。后者则是通过天使基金的跟进投资，鼓励天使投资机构（人）对具有专门技术或独特概念的原创项目或具有发展潜力的创新型初创企业实施投资、提供高水平创业指导及配套服务，助推创新型初创企业快速成长。

县级政府创投引导基金旨在服务地方经济，配套文件都提出了重点投资本县（市）区的基本要求。为充分发挥基金的杠杆放大作用，政府直接设立和国有企业参与设立的基金，都要求投资过程参股不控股，保证所投资的创业投资企业的决策及经营的独立性及商业化运作；要求主要用于阶段参股，从严控制跟进投资，对同一企业或项目不重复支持等。

（三）运营管理模式体现因地制宜

市创业基金设立创业投资引导基金管理委员会为领导决策机构，分管副市长任主任，办公室设在市发改委，负责创业基金管委会的日常工作，市创业基金管理公司负责基金的运营管理。

市天使基金设立天使投资引导基金管理委员会为监督管理机构，分管副市长任主任，办公室设在市科技局，宁波市天使投资引导基金有限公司负责天使基金的日常管理和投资运作。

县级政府创投引导基金根据资金来源情况，分为三类：一是政府直接管理，如镇海区由区工业国投公司负责操作；二是参与管理，如鄞州区将基金下拨给宁波创业加速器、天堂硅谷等园区管委会，区科技局负责把关和指导；三是委托管理，如象山县委托天津海达创业投资管理有限公司在象山县设立的宁波海达蓝源投资管理有限公司管理。

（四）杠杆性和引导性作用不断显现

市创业基金和市天使基金的建立和运作吸取了相关城市的典型经验和先进做法，目标清晰，起步较稳，且表现出良好的成长态势。目前，已基本形成制度化和规范化的操作流程，并且打造出一批与既定目标相贴合的项目，表现出较好的资本运作效率和杠杆效用。正在积极推进企业项目备投库、评审咨询专家队伍、天使投资俱乐部等项目建设，将进一步推动基金的健康快速发展，前景良好。

截至2014年底，市创业基金管委会共批准15支基金，认缴总规模25.18亿元，协议出资5.23亿元，撬动社会资金19.95亿元，放大倍数4.8倍。其中包括跟投项目15个，协议出资6850万元，俱为初创期战略性新兴企业；阶段参股项目57个，投资额5.20亿元，本地项目投资比例接近60%。市天使基金已完成超3000家创新型初创企业的信息收集，累计投资其中的58家，投资金额5235.5万元，撬动直接社会资本1.95亿元，间接资本3.14亿元，放大倍数分别为4.7倍和10.7倍。此外，县级政府创投引导基金方面也有杭州湾新区用3000万元财政资金撬动12亿元的创投基金，鄞州区政府创业投资引导资金参股支持清华海创、赛伯乐等5家创业投资机构投资科技领域等优秀案例。

二、宁波政府创投引导基金运作中存在的问题

从几年运作情况看，宁波政府创投引导基金与上海、深圳等地相比仍有一定差距，一方面是基金的吸引力慢慢消退，很多创投机构尤其是知名机构对与引导基金合作设立新基金兴趣不大；另一方面运作过程显现问题较多，如阶段参股项目方案调整、更换出资人、出资人无法按期出资等情况频发，资金沉淀现象较为普遍等，都需要引起高度重视。从根源看，五个“不够”问题已经成为阻碍基金做大、做活、做强的主要原因。

（一）宽容失败的体制安排不够突出

在考核机制缺失和奖惩机制失灵的环境下，市创业基金存在典型的“投多投少一个样”问题，承担者缺乏主动性和积极性，而且在专业人才引进方面也缺乏压力和动力；市天使基金虽由天使基金公司代管，但天使基金公司的主要负责人仍是政府编制，也需要接受政府的行政考核。不仅如此，基金的运作还缺乏宽容失败的制度性安排。尽管市委市政府领导多次强调要宽容失败，但在缺少可参照的失败案例和言明的亏损容忍度，且在跟进投资的退出和转让并未获得国资产权转让豁免的环境下，相关负责人对国库资金亏损可能带来的风险仍心存担忧，不愿投资、不敢投资一些风险相对较大的小微企业。

（二）整体运作与市场需求不够匹配

与投资市场需求和市场性风投基金运作模式相比较，政府创投引导基金的规模效应有待提升，产品结构有待丰富；人才体系有待健全，外部资源有待拓展；操作体系有待优化，风险控制有待加强；阶段参股方式与创投行业一般规律不够匹配、跟进投资存在制度缺陷等问题比较突出。阶段参股方面，目前政府创投引导基金阶段参股的支持对象是资金规模在3000万以上的创投企业。而目前创投行业普遍采用有限合伙制创投基金的架构，一般只投资具体项目，不对外投资建立创投基金，管理团队才是创投基金的核心。我市制订的《创业投资引导基金管理办法》在阶段参

股上只支持创投企业，不重视管理团队，与创投行业发展的一般规律不适应。跟进投资方面，目前市创业基金和市天使基金倾向于选择一些高成长性、知识密集型、有领军人才的企业作为投资对象，与市场形成竞争关系，存在与市场性创新投资机构和天使投资人抢市场、分利润的现象，而且优质项目随着这两年的挖掘日渐稀少。另外，《创投引导基金管理办法》规定市创业基金的跟投对象仅局限于发改委备案的创投企业，范围过小，使得跟投工作开展比较被动。市天使基金则只能做跟进投资，限制了基金的使用范围，不利于天使投资的机构化。

（三）审批流程不够高效

无论是市创业基金还是市天使基金，在投资规模、运营管理、投资比例、监督考核等方面都存在较多严格限制，具体操作主体的权限很小，很难对现有流程进行优化。以审批环节为例，根据市创投引导基金管理办法，所有阶段参股项目，都需要经过创投引导基金管委会审批，同时不允许其他出资人早于其退出，基金设立方案变动都须经管委会同意。由于管委会成员来自于 8 个市级政府部门和工投集团的主管领导，需召开管委会会议集体讨论决定，在审批程序上过于繁琐，缺乏适当授权。受资金人员比限制，天使基金虽然进行了制度创新，但是也面临同样问题，同样亟需制度的进一步创新。

（四）各基金间的协同合作不够有力

一是跟进投资的对象容易重合。天使基金投资于设立 3 年以下初创期企业，创业基金跟进投资于设立 5 年以下初创期企业。在跟进投资的对象上存在重合之处，容易产生竞争效应，体现不出在项目选择、服务模式、成效考核方面的差异性，没有打造出个性化服务体系和品牌效应，发展趋于同质化，形成同业竞争。二是一些不够合理的体制机制设计进一步加剧竞争。例如，对跟投项目最大累计投资额的设定，创业基金原则上不超过 600 万元，天使基金不超过 500 万元。三是市级创新引导资金与县（市）区和特殊功能区设立的各类与之配套或相关的财政资金也没有形成良好的互动。县（市）区和特殊功能区的相关管理部门不尽相同，有发改委、科技局为主推进的，也有财政局、金融办为主推进的，上下难以形成联动。

（五）发挥杠杆性、引领性作用的外部环境不够配套

一是税收优惠政策对市场性创新投资机构和天使投资人发展的促进作用还未充分发挥。虽然目前从国家到地方，都陆续出台了一些税收优惠政策，但优惠力度相对有限。一方面对投资早期创新企业的主体的优惠力度偏弱，另一方面中小高新技术企业标准过于严格，导致现行优惠政策实际效果受到限制。二是创业投资企业的退出机制仍不健全。创业板市场准入门槛依然较高，且缺乏有效的差异化禁售制度。同时，场外交易市场发展相对缓慢，难以满足创业投资企业退出和创业企业大面积

接续融资的客观需要。三是与之配套的商业企业、评估机构、行业协会、社会诚信体系等发展相对滞后。诸如创业投资行业协会、标准认证机构、知识产权估值机构、科技项目评估机构、专业性融资担保机构等发展才刚刚起步，天使投融资俱乐部、天使投资联盟、股权投资协会等架构虽然已经形成，但具体运作仍只是依靠政府独立推动，与深圳、杭州等城市相比差距较大。

三、加快推进宁波政府创投引导基金发展的建议

充分发挥政府创投引导基金作用，首先是要强化认识，确立持续转型发展，逐步向市场化过渡的长期规划。其次则是要在不断探索实践的基础上，创新体制机制，优化配套服务，从而更好发挥财政资金的杠杆效应和引领作用，扶持市场化创新投资引导基金和辅助型组织机构做大、做强。为此建议：

第一，从全市角度理顺政府创投引导基金的运作体制，夯实宽容失败的评价考核体系。调整优化市创业基金和市天使基金的功能，突出两者重点投资引导方向与主管部门业务重点的匹配度，强化错位互补、打造个性化服务体系和服务品牌的发展目标，共建共享企业备投项目库。对县级创业基金进行梳理，鼓励县（市）区科技部门主动承担职能，进一步优化上下互动的工作机制。在此基础上，进一步将科技口径的各类奖励、补贴等整合起来，进一步做大、做活天使基金，完善科技金融的政策“组合拳”。

第二，重点优化政府创投引导基金三方面运作机制。一是合理降低政府创投引导基金合作对象的准入门槛和操作限制，支持上市公司和注册资本5000万以上的公司（集团）作为基金发起人，参照国家《科技型中小企业创业投资引导基金管理暂行办法》（财企〔2007〕128号）和《新兴产业创投计划参股创业投资基金管理暂行办法》（财建〔2011〕668号），增加阶段参股对满足一定条件的创投管理机构的支持。二是扩大跟进投资的对象，把上市公司投资项目、阶段参股基金引进到宁波的项目等作为跟进投资对象，加大投资力度。对创新引导基金的股权转让和股权推出从国资监管考核的角度制定特殊办法，予以一定的授权和豁免。三是简化和优化项目审批流程，完善绩效考核机制和奖惩机制，给予基金运营者更宽容的运作环节和更便捷的操作空间，鼓励其与市场性创投基金、银行、券商、律师事务所、会计师事务所、著名投资机构、权威智库等建立紧密合作关系。推广阶段参股子基金的做法，支持和鼓励成立更多、更灵活的与人才引进、特色产业园区、企业孵化器相结合的子基金（含产业基金）。

第三，强化对政府创投引导基金的资金保障和政策引导力度。加大对各类政府创投引导基金出资情况的监管，确保其按期、足额完成投资额度；加大推进科技招商，加大专业人才、团队和科技型企业的引进力度；加大基金运营管理投入，对资

金运行效率提出更高要求。科技、发改和市创业基金、市天使基金合作，完善政府创投引导基金发展的外部环境，如出台初创期科技型企业的税收优惠政策，建设一批新兴产业和高科技企业的企业联盟、行业协会和专业性服务机构，探索培育作为有限合伙人（LP）的投资者队伍，完善对市场性创新投资机构和天使投资人的让利机制等。

第四，完善配套服务体系，加快推进产权交易平台、市场诚信体系、税收扶持体系建设。加快建设宁波市产权交易市场，构建交易体系，完善制度规范，不断提升整体功能水平和辐射集聚能力。加快推进市场诚信体系建设，建立企业所持证照、税务申报表、工商年检资料、各类行政处罚决定、企业主个人信用信息的公开查询渠道。破解现有公司制创业投资基金所面临的双重征税问题。建议给予符合条件的公司制创业投资基金免征企业所得税优惠；对创业初期被投企业实施优惠税率，例如符合“中小”或“高新”标准的，享受抵扣企业所得税 70% 的优惠政策，对同时符合“中小”和“高新”标准的，所得税全额抵扣；将投资抵扣政策延伸到投资者环境，并给予长期投资者税收优惠。

课题组成员 ◀ 任月红 冯 路 王明荣 阮美飞

宁波新一轮行政区划调整的背景、思路和建议

◎ 课题组

中共浙江省第十三届委员会第四次全体会议通过的《浙江省委关于全面深化改革再创体制机制新优势的决定》指出："完善中心城市提升发展机制，适时推进县(市)改区行政区划调整，提高省域中心城市集聚辐射能力。"《2014年宁波市政府工作报告》明确提出"着手行政区划优化布局研究"。根据省、市对行政区划调整的有关精神，结合宁波市内外行政区划调整的有关情况与趋势，现就全市新一轮区划调整提出以下对策建议。

一、宁波改革开放以来行政区划调整概况

改革开放以来，宁波先后经历了四轮大的行政区划调整。

第一轮是在1982年，实行市管县体制。1982年5月，中共浙江省委决定，并经国务院正式批准，撤销宁波地区行政公署，将原宁波地区的鄞县、慈溪、余姚、奉化、宁海、象山6县划归宁波市管辖。

第二轮是1984年至1988年，开展了多次县区级层面的行政区划调整。1984年1月，镇明区、海曙区合并为海曙区；郊区、江北区合并为江北区；扩大江东区；划镇海城关镇，湾塘乡、新碶乡和小港、临江乡的一部分成立宁波市滨海区。1985年7月，撤销镇海县，按甬江南北分界，设镇海、滨海2个区（1987年6月滨海区改名北仑区）；余姚撤县设市。1988年10月，慈溪、奉化撤县设市。此外，1984年10月，国务院发文批准在北仑小港区域3.9平方公里地块上创办宁波经济技术开发区，成为全国首批沿海开发区之一。

第三轮是在1992年至1993年，全市大规模撤区、扩镇、并乡；调整宁波经济技术开发区，设立保税区和大榭开发区。1992年4月，浙江省调整县市以下行政区划，撤销区公所，扩大建制镇区域范围，适当并乡。1992年5月至6月，全市42个县属区全部撤销，原99个镇248个乡扩并为113个镇37个乡。1992年10月，国务院又批准将原宁波经济技术开发区与北仑港工业区的重点开发区域合并，统称为宁

波经济技术开发区，规划面积调整为29.6平方公里。1992年11月经国务院批准设立宁波保税区，总面积2.3平方公里。1993年3月经国务院批准在大榭岛设立宁波大榭开发区，由中国中信集团公司成片开发，享受国家级经济技术开发区政策。

第四轮是2001年至2004年，主要是设立东钱湖旅游度假区、鄞县撤县设区和撤销一些镇、乡改设街道。2001年8月，市委市政府作出加快东钱湖地区开发建设的重大决策，把包括鄞州区东钱湖镇、天童寺、阿育王寺、天童森林公园等地在内的约230平方公里确定为东钱湖旅游度假区规划范围，成立了宁波东钱湖旅游度假区管理委员会，作为市政府派出机构，在其管理范围内行使相关的市级经济管理权限和相当于县级的社会和行政管理职能，东钱湖镇由鄞州区委托东钱湖旅游度假区管理。2002年4月，经国务院批准，撤销鄞县，设立宁波市鄞州区，以原鄞县的行政区域为鄞州区的行政区域。2003年至2004年间，根据民政部等七部委《关于乡镇行政区划调整工作的指导意见》和省体改办等七部门联合下发的《关于乡镇行政区划调整工作的意见》，大中城市城建规划区内的镇（乡）和县政府驻地镇要逐步撤镇设街道，全市撤销21个镇和7个乡，建立25个街道。

2004年之后，全市的行政区划只有较小的局部调整。2007年1月，经国务院批准，始建于1999年7月的宁波市科技园区升级为国家高新技术产业开发区，为直属市政府的派出机构。同年7月，设立新明街道，由江东区委托高新区全面管理。2008年2月，国务院批准在梅山岛设立宁波梅山保税港区，这是继上海洋山、天津东疆、大连大窑湾、海南洋浦之后的中国第五个保税港区，规划面积7.7平方公里。2009年11月，市委市政府作出《关于加快开发建设宁波杭州湾新区的决定》，新区面积从原来的145平方公里扩大至235平方公里，并在原浙江慈溪出口加工区（经济开发区）管委会基础上，组建宁波杭州湾新区开发建设管理委员会，为宁波市政府派出机构，独立行使相关市级经济管理权限，庵东镇由慈溪市委托杭州湾新区全面管理。2013年5月，省、宁波市批复同意了天元镇和周巷镇行政区划调整方案，撤销天元镇建制，其行政区域并入周巷镇。

宁波上述行政区划调整，对发挥本市的港口优势、扩大开放，对加快城市化进程，促进县域经济向城市经济转型，增强中心城市竞争力，对推动宁波经济社会快速发展均起到了积极作用。2012年，中心城市区域面积达到2462平方公里，建成区面积达到285平方公里，人口226万，6个城区的地区生产总值超过5个县（市），占全市地区生产总值的60.03%，城市化率从2002年的47%提高到2012年的68.8%。

与此同时，宁波改革开放以来的行政区划调整也存在以下突出问题：镇海、鄞州的县改区都不够到位，基本上保留了县的体制，市本级对其的统筹协调能力有待进一步提升；余姚、慈溪的市领导县体制还没有完全理顺，区域发展规划是“半省半市”；6个城区的区域、人口规模和经济实力极不均衡，尤其是江东、海曙的行政区划自1984年之后就未做调整，区域面积偏小，发展空间已十分局促，行政效能不高；由于江东与鄞州、海曙与鄞州、江北与镇海之间的行政分隔，城市空间、功能、基础设施布局和资源要素无法做到全面整合优化，不利于新型城市经济的发展；东钱湖旅游度假区处于鄞州区行政区域之内，体制不顺，发展不快；扩镇并乡、行政村合并的脚步过快，至今还存在很多内部矛盾和遗留问题；奉化市未能撤市设区，严重束缚了宁波城市向象山港湾拓展、向港湾型都市转型等。

二、2009年以来国内县区级的行政区划调整情况及特点

县区级的行政区划调整，分为撤县（市）设区（包括区与县（市）合并设区）、撤县（区）设市、区界重组（主要指市辖区的撤并和优化）、增设县（市）区、县（市）区更名、县（市）区驻地迁移等6种类型，均须经国务院批准。根据中国行政区划网公布的数据，2009年以来我国县区级的行政区划调整情况（为简便起见，不包括县（市）区的更名和驻地迁移）如下。

2009年，撤县（市）设区1起，为江苏省撤销通州市，设立南通市通州区。增设县（市）区2起，分别为宁夏吴忠市设立红寺堡区，湖北省随州市曾都区部分乡镇设立为随县。

2010年，区界重组1起，为江苏省徐州市撤销九里区，划归鼓楼区、泉山区及铜山县管辖。撤县（市）设区1起，为江苏省撤销铜山县，设立徐州市铜山区。撤县（区）设市2起，云南省撤销蒙自县，设立蒙自市（县级）；云南省撤销文山县，设立文山市（县级）。增设县（市）区1起，为江西省设立共青城市（县级）。

2011年，撤县（市）设区6起，分别为四川省撤销南溪县设立宜宾市南溪区，湖南省撤销望城县设立长沙市望城区，云南省撤销呈贡县设立昆明市呈贡区，江苏省撤销江都市设立扬州市江都区，贵州省撤销毕节地区、县级毕节市，设立地级毕节市，原县级毕节市设立为七星关区，贵州省撤销铜仁地区和县级铜仁市、万山特区，设立地级铜仁市，原县级铜仁市设立碧江区。区界重组2起，主要是江苏省扬州市撤销维扬区，归邗江区管辖，邗江区的部分区域划归广陵区管辖。撤县（区）设市1起，安徽省撤销地级巢湖市，同时撤销巢湖市下辖的居巢区，设立县级巢湖市，由安徽省直辖，合肥市代管。

2012年，撤县（市）设区7起，分别为河北省撤销唐海县设立唐山市曹妃甸区，江苏省撤销吴江市设立苏州市吴江区，四川省撤销名山县设立雅安市名山区，广东省撤销清新县设立清远市清新区，广东省撤销揭东县设立揭阳市揭东区，江苏省撤销姜堰市设立泰州市姜堰区，青岛市撤销黄岛区、县级胶南市，设立新的黄岛区。区界重组7起，主要是：苏州市撤销沧浪区、平江区、金阊区，设立姑苏区；

马鞍山市撤销金家庄区和花山区，设立新的花山区；青岛市撤销市北区、四方区，设立新的市北区；贵阳市撤销花溪区、小河区，设立新的贵阳市花溪区。增设县（市）区 5 起，分别为马鞍山市以当涂县的部分行政区域设立博望区，贵阳市以乌当区和清镇市的部分行政区域设立观山湖区，西藏自治区设立双湖县，新疆维吾尔自治区设立县级阿拉山口市、县级铁门关市。

2013 年，“撤县（市）设区”9 起，分别为广西撤销临桂县设立桂林市临桂区；青海省撤销海东地区和乐都县，设立地级海东市和乐都区；江苏省撤销溧水县和高淳县，分别设立南京市溧水区和高淳区；广东省撤销潮安县设立潮州市潮安区；浙江省撤销绍兴县和上虞市，分别设立绍兴市柯桥区和上虞区；广东省撤销梅县设立梅州市梅县区；江西省撤销南康市设立赣州市南康区；山东省撤销兖州市设立济宁市兖州区；四川省撤销达县设立达州市达川区。“区界重组”8 起，主要有：南京市撤销秦淮区、白下区，设立新的秦淮区，撤销鼓楼区、下关区，设立新的鼓楼区；广西梧州市撤销蝶山区、万秀区，设立新的万秀区；山东省济宁市撤销市中区、任城区，设立新的济宁市任城区。“撤县（区）设市”3 起，分别为吉林省撤销扶余县，设立扶余市（县级），由吉林省直辖，松原市代管；云南省撤销弥勒县，设立弥勒市（县级），由红河自治州管辖；青海省撤销玉树县设立县级玉树市，由玉树自治州管辖。“增设县（市）区”4 起，分别为广西梧州市以苍梧县的部分行政区域设立龙圩区；四川省巴中市以巴州区的部分行政区域设立巴中市恩阳区；四川省广安市以广安区的部分行政区域设立广安市前锋区；广西玉林市设立福绵区。

对 2009 年以来我国县区级行政区划调整情况加以梳理和分析，我们可以初步总结出以下特点：

1. 县区级行政区划调整自 2009 年以来呈现逐年加速的趋势，体现了国家通过放开县区级行政区划调整大力推进新型城镇化的战略意图。县区级行政区划调整 2009 年 3 起，2010 年 5 起，2011 年 9 起，2012 年 19 起，2013 年 24 起。

2. 不同于 20 世纪 80 年代和 90 年代主要通过撤县设市以大幅度增加城市数量，2009 年以来县区级的行政区划调整以着眼于扩大城市规模的撤县（市）设区和提高城市质量的区界调整为主要类型。2009 年以来全国县区级行政区划调整总共 60 起，其中撤县（市）设区共计 24 起，区界重组 18 起，两者合在一起占总数的三分之二多。苏州市行政区划调整后，辖 5 个区 4 个县级市，城区面积由原来的 1650 平方公里扩大到 2826 平方公里，户籍人口达到 325 万人。青岛市调整后由 7 个区 5 个县级市精简为 6 个区 4 个县级市。南京市调整后由 11 个区 2 个县精简为 11 个区。而在增设县（市）区中，增设为区的也有 7 起。从苏州、青岛、南京等一些城市的情况来看，撤县（市）设区与区界重组是密切关联的，某种意义上显示了两者并重、并进、联动的态势。

3. 从省区的分布来看，2009 年以来县区级的行政区划调整江苏、广东、四川、广西、山东、贵州、云南相对较为活跃，其中最活跃的为江苏，累计达到 12 起。浙江行政区划调整也有一定力度，有 3 起，但与江苏的差距十分巨大，也与广东、山东有相当差距。江苏自 2009 年以来，每年都有县区级的行政区划调整，涉及南通、徐州、扬州、苏州、泰州、南京 6 个城市，尤其是南京的力度最大，实现了全域城区化。南京市成为继深圳市、武汉市之后实现全域城区化的第三个副省级城市。

4. 2009 年以来县区级的行政区划调整极其明显地体现了国家政策取向的原则性和差异性。国家民政部对行政区划管理工作的一个重要原则是县级行政区划的总建制数要做减法，至少不能增加，但对于处于不同发展阶段的不同区域，还是采取了有一定差异性的政策取向。总体上来看，国家民政部对东部地区这一条原则执行得较为严格，如苏州是撤 4（1 个县级市、3 个区）设 2（新设 2 个区），青岛是撤 4（1 个县级市、3 个区）设 2（新设 2 个区），扬州是撤 2（1 个县级市、1 个区）设 1（新设 1 个区），南京是撤 6（2 个县、4 个区）设 4（新设 4 个区），江苏、山东、广东、江西、浙江、河北等省的其他城市基本上是撤 1（1 个县或县级市）设 1（新设 1 个区），安徽的马鞍山市增设博望区、江西省增设共青城市（县级）、湖北省随州市增设随县是为数很少的例外。而对于中西部地区，基本上坚持了撤 1（1 个县或县级市）设 1（新设 1 个区或县级市），但允许增设了 9 个县（市）区。

三、宁波新一轮行政区划调整的基本思路

当前，由于本市行政区划设置已经明显滞后于经济社会的迅速发展和城镇化的快速推进，存在的问题进一步凸显，再加上国内一些城市纷纷对行政区划进行调整，全市行政区划调整已经是大势所趋、战略所需、发展所求、群众所盼。但考虑到行政区划调整具有阶段性、复杂性以及较强的不可逆性等特性，我们认为，越是这样的时候，越是首先要有统筹谋划的基本思路，做到基本思路优先于具体方案。

根据宁波行政区划现状、存在问题和经济社会发展趋势，结合国家的政策取向和借鉴国内相关城市的有效经验，我们建议，全市新一轮行政区划调整的基本思路是优化行政区划设置，实现行政区划设置的时序优化、目标优化和力度优化。

①时序优化。时序优化即根据行政区划的不同层次加以有次序、有重点地推进。全市新一轮的行政区划调整包括了以下四个层面：一是市级层面。党的十八届三中全会通过的《中共中央关于全面深化改革若干重大问题的决定》提出“优化行政区划设置”，这首先是指优化省级行政区划的设置。据了解，国家下一步将增设省级行政区，比较可行的是在现有副省级城市中选择地位突出、区域带动力强的城市升格为直辖市，这样的调整可以优化区域格局，而且震动相对较小。二是县（市）区层面。根据国内其他城市在县区级行政区划调整中表现出来的区界重组与撤县

(市)设区的联动关系，在对中心城区进行区界重组的同时，也需要考虑有条件的县(市)撤县(市)设区的问题。因此，全市行政区划调整不但是对区进行调整，也包括了对县(市)的调整。三是镇(街道)层面。这主要有两个方面。一方面是随着县区级行政区划调整，下辖的部分镇需要改为街道或进行撤并；另一方面，由于全市卫星城市试点镇镇域面积偏小、综合实力偏弱和发展空间紧缺，也亟需进行行政区划调整。四是行政村层面。宁波在十年前已经进行过行政村撤并，目前要解决的主要是随着县(市)区和镇(街道)的行政区划调整所产生的村改居的问题。除第一个层面外，其他三个层面的行政区划调整，要讲究推进的时序性。从县(市)区的行政区划调整再到镇(街道)的行政区划调整，从上到下，由大到小，虽然是由难至易(县区级的行政区划调整由国务院批准，相对较难；镇(街道)的行政区划调整由省政府批准，相对较易)，但更有利于行政区划设置的优化。建议在县(市)区行政区划调整后，再推进卫星城市试点镇的行政区划调整及市辖区内的部分街道撤并、部分镇改设街道。

②目标优化。宁波行政区划调整的目标是以深圳、武汉、南京为榜样，实现全域城区化。根据这个目标，本市应该对行政区划调整加以总体谋划和规划，既要明确并有效实现这一轮行政区划调整的具体目标任务，又要为再过 8~10 年的下一轮行政区划调整打下基础、留有余地。南京这次的行政区划调整能够一步到位，既与中心城区中的 4 个区(秦淮区、白下区、鼓楼区、下关区)撤并为 2 个区有关，也得益于 10 年前行政区划调整打下的扎实基础。2002 年，南京市就撤销了浦口区和江浦县，撤销了大厂区和六合县，分别设立为新的浦口区和新的六合区。

③力度优化。力度优化包括两个方面：一是新一轮行政区划调整要解决目前本市行政区划设置中存在的最为突出的问题，符合全市经济社会发展的趋势，要为近 10 年之内中心城市的发展提供足够的空间、资源和体制保障；二是不贪大求全，不追求理想化，提出的方案本身切实可行，认同度高，操作性强。

四、对宁波新一轮行政区划调整工作的若干建议

实施行政区划调整是一项立足当前、谋划未来的战略举措，也是一次涉及面广、政策性强、群众关注度高的重大改革。为此，对推进宁波新一轮的行政区划调整提出以下工作建议。

第一，要“准”，即要准确把握实施的时机。行政区划调整是早调整比晚调整好，但由于此轮调整的幅度、力度相对较大，涉及重大利益格局的调整，尤其要准确把握实施行政区划调整的合适时机节点。从南京、苏州等地的经验来看，县(市)区领导班子届末调整之前是一个合适的时机节点，因为这个时候推进行政区划调整，可以做到对县(市)区领导班子调整和行政区划调整进行通盘考虑，有利

于领导干部的分流安排。

第二，要“紧”，即研究谋划、报批、实施的步骤要紧凑，做到一气呵成。参照南京、苏州的经验，成立由市委书记、市长、分管副市长、民政局长、研究机构主要负责人为核心的小型团队，开展相关区域的调研，对宁波新一轮行政区划调整进行总体谋划。同时，加强与国务院、国家民政部和省委省政府及相关部门的汇报对接，争取高层支持。在此基础上，形成方案抓紧向省政府提交请示报告，并由省政府转报国务院。国务院批复同意后立即实施。整个研究谋划和报批期间注意做好方案的保密工作。

第三，要“实”，即要做到工作基础和工作措施扎实。一方面，研究提出若干套行政区划调整的初步方案，从中进行充分比对，选取最具合理性和科学性的方案；另一方面，按照国家民政部区划地名司要求，对涉及人、财、历史文化、群众情感认知等各方面因素进行仔细分析，做实、做透风险评估，部署和落实风险防范和应对措施。

课题组成员 陈利权（执笔） 张　华 鲍盛基 唐平原 冯　路（执笔）

区域创新发展

完善对市重点产业（功能）区及相关县（市）区目标管理考核工作的建议

◎ 课题组

根据市政府工作部署和要求，为进一步完善对市重点产业（功能）区及相关县（市）区的目标管理考核工作，由市政府发展研究中心牵头，市人社局（考核办）、发改委、统计局、外经贸局参加，组成调研组，近期对10个市重点产业（功能）区和5个县（市）区进行了专题调研，提出完善目标管理考核的意见建议。

一、当前目标管理考核工作状况及存在问题

近年来，宁波目标管理考核体系不断完善，考核工作得到较大改进。特别是，目标管理考核与重点开发区域考核、经济运行“双底线”和“红黄灯”监测管理等工作逐步对接、统一，对10个市重点产业（功能）区进行单独考核，完善考核指标体系，设置区域的个性化特色指标，等等。通过这些工作，进一步增强了各县（市）区和市重点产业（功能）区的使命感、责任感和积极性，对全市各项战略部署和重点工作任务的落实，促进全市经济社会转型发展，都起到了积极作用。

从调研情况来看，目前对市重点产业（功能）区及相关县（市）区目标管理考核工作中存在的突出问题是，由于部分县（市）区的指标数据仍包含辖区内市重点产业（功能）区的数据，使得对这些县（市）区的考核难以准确反映实际发展状况。同时，对各县（市）区和市重点产业（功能）区的目标管理考核，在考核内容的针对性、指标设置的科学性、目标确定的合理性等方面也有需要进一步改进完善的地方。

二、对市重点产业（功能）区及相关县（市）区实行分开考核的意见建议

（一）分开考核具有必要性

将市重点产业（功能）区与相关县（市）区分开考核，是完善目标管理考核工

作的必然方向与重点。分开考核有利于进一步激发区域发展动力，调动各方的积极性和创造性，增强使命感、责任感和担当意识；有利于更加准确反应和认识区域发展实际，更加明确区域新增长极培育的方向和重点；有利于科学评价和衡量各方工作实绩，为改进政府工作提供科学依据。

（二）分开考核的对象与范围

建议分开考核的对象和范围，见下表所示：

表1　分开考核的对象和范围

县（市）区	分开考核的市重点产业（功能）区
慈溪市	杭州湾新区
镇海区	石化经济技术开发区
鄞州区	东钱湖旅游度假区、宁波机场与物流园区、宁波高新区
北仑区	梅山产业集聚区（梅山保税港区）

有关情况说明：

一是现行对鄞州区考核中，计入宁波高新区的财政收入数据，分开考核后应将该指标数据剔除。

二是现行对北仑区考核中，已不包含大榭开发区和保税区，宜将梅山产业集聚区（梅山保税港区）与北仑区分开考核，并按梅山产业集聚区（梅山保税港区）36平方公里区域范围来统计。

三是基于宁波经济技术开发区与北仑区在行政管理体制上基本合一，现行考核均采用一套数据，宜继续作为合体考核。

四是由于溪口雪窦山风景名胜区与奉化市在管理体制等方面的特殊性，不适合分开考核。建议市对奉化市考核中，继续包含溪口雪窦山风景名胜区；市对溪口雪窦山风景名胜区仍按市重点功能区进行考核。

（三）对分开考核的可能影响和反映

调研中了解到，对于分开考核，总体上各方面都是理解和支持的，并表示将认真贯彻落实和做好工作，但有关县（市）区和重点产业（功能）区对此也有一些反映和担心。

一是考核指标数据的合理确定问题。在市重点产业（功能）区及相关县（市）区中，有些企业总部与生产基地、总公司与分公司各处一地，“你中有我、我中有你”现象较多，往往难以区分统计；对地区生产总值（GDP）的统计核算方法有所不同，可能会出现区域间的统计数据难统一，而还有些指标如社会消费品零售总额、城乡人均可支配收入等也难以分开统计；有的市重点产业（功能）区如梅山产业集聚区（梅山保税港区），有多个规划区域范围（核心区、拓展区等），需要确定统计考核范围；规下（限下）企业统计在市重点产业（功能）区尚未形成独立的统计体系，数据统计的准确性、科学性有待改进提高。

二是有些同志反映分开考核，可能会对重点产业（功能）区和相关县（市）区的协同发展和相互支持带来影响。

三是有的县（市）区同志担心分开考核后，其有关指标数据若对外公开，可能会产生相关统计数据混淆，影响区域形象。

（四）加强分开考核后的相关工作

一要进一步统一思想认识。实行分开考核，目的在于进一步完善目标管理考核工作，更加科学准确反映区域发展实际情况，充分调动各方的积极性和创造性，增强使命感、责任感和担当意识。分开考核后，明确相关县（市）区的统计体系不变，对外公布的主要指标数据一律以现行统计为准。

二要更加强调注重区域间的协同支持。必须坚持发展上相互协同，工作上相互支持，建议在列入市考核办新年度目标管理考核中，把区域协同支持发展列为一项加分项进行考核。

三要加强和改进统计工作。市重点产业（功能）区管委会及相关县（市）区要适应区域发展和分开考核的需要，确定统计考核区域范围，建立健全统计体系，改进统计方法，充实统计力量，做好统计工作，核准核实统计数据。

四要加强各类考评工作的统一性和协调性。对全市现行的列入市考核办综合性考核及“双底线”管理、有效投资考核、重点开发区域考评、工业经济考核、开放型经济评价等专项考评工作，有条件的也要参照实行分开考核，使各类专项考评与目标管理考核更加统一、协调，进一步提高目标管理考核的科学性、合理性和导向激励作用。

三、关于2015年市重点产业（功能）区及相关县（市）区主要经济指标安排建议

（一）考核指标设置

目前市里对市重点产业（功能）区及相关县（市）区的考核主要是8个主要经济指标，要保持统一性、连续性和有效性。对市重点产业（功能）区，社会商品零售总额和城乡居民人均可支配收入等2项指标暂不作考核，待统计体系完善后再作考核指标。对宁波机场与物流园区，2015年仅考核固定资产投资指标。

（二）考核基数核定

对市重点产业（功能）区及相关县（市）区实行分开考核，原则上以2014年

各项主要经济指标实际数和增幅为基数，由市统计部门统一核定。对各县（市）区考核中，社会商品零售总额和城乡居民人均可支配收入等2项指标，包括全域范围即含所涉及市重点产业（功能）区的数据，并纳入考核基数核定。

（三）考核目标设定

2015年对市重点产业（功能）区及相关县（市）区的考核目标，既要与全市发展目标要求相对接，全面落实全市的目标任务，力争多作贡献，又要根据分开考核及各区域发展的实际情况，兼顾存量与增量，体现实事求是和积极有为的原则。

对于相关指标的2014年基数核定和2015年目标设定，调研组与相关区域进行了多次座谈、商议和对接，提出主要经济指标的基数和目标安排建议。这可作为市发改委及市相关职能部门安排计划和目标分解的依据。考核目标确定后，作为“双底线”管理的主要依据。

课题组成员◀阎　勤 沈小贤 卢　跃 张树法 王明荣

进一步完善宁波目标管理考核工作的对策建议

◎课题组

根据市政府工作部署，近期，由市发展研究中心牵头，市人社局（市考核办）、市发改委、市统计局、市外经贸局等部门组成调研组，就进一步完善本市目标管理考核工作进行了专项调研。对于对县（市）区和市重点产业（功能）区的综合性目标管理考核工作，我们针对当前的新情况、新问题，提出改进完善的意见建议。

一、近年来宁波目标管理考核工作改进完善情况

目标管理考核是“航向标”、“指挥棒”。按照“目的明确、科学有效、系统全面、激励明显”的总体要求，近年来宁波目标管理考核工作积极适应经济社会发展新常态，考核体系逐步完善，考核导向作用不断提高，对全市各项战略部署和重点工作任务的落实，促进经济社会转型发展，都起到了积极作用。

（一）建立健全组织领导体系

市委市政府高度重视全市目标管理考核工作，市目标管理考核领导小组充分发挥统筹协调作用，不断健全由党委、政府统一领导、市考核办组织实施、职能部门分工负责的考核工作机制，基本形成了横向统筹有力、纵向沟通顺畅的组织领导体系。各县（市）区和市重点产业（功能）区也相应成立专门机构，根据市里统一要求，结合本地实际，分解任务、明确责任，制定考核工作计划，有效推动全市考核工作的落实和本区域经济社会的转型发展。

（二）加强考核的统一性和协调性

近年来，宁波着力优化整合各类考评工作，不断强化考评工作的统一性和协调性，基本形成以综合性目标管理考核为主，各部门专项考核协调配合的目标考核体系。积极推动综合性目标管理考核与重点开发区域考核、经济运行“双底线”和“红黄绿灯”监测管理等考评工作的对接与统一，目前市级有关职能部门的各种专项性考评工作已基本纳入目标管理考核体系。进一步强调考核项目准入“四必四

不”原则，制定完善考核项目准入办法。考核工作突出中央和省、市重大战略部署及全市年度重点工作任务，重点强化了创新驱动、转型升级、生态保护、社会民生等方面考核内容，增加了“经济社会转型升级三年行动计划”、“五水共治”以及“三改一拆”、“三治理一提高”等考核要求。

（三）创新重点产业（功能）区考核工作

2013 年开始，市里将 10 个 A 类市级重点产业（功能）区纳入全市目标管理考核体系，根据产业区和功能区进行分类考核，并制定特色化、个性化的目标考核指标体系，使考核体系更加全面系统，有力促进了市重点产业（功能）区的转型升级和区域新增长极的形成。最近，根据市政府决策意见，对市重点产业（功能）区及相关县（市）区实行分开考核，并就市重点产业（功能）区按其发展要求和功能特色，调整完善了指标体系，切实开展了目标值设定等考核工作。此外，市商务委参照 10 个 A 类市级重点产业（功能）区，对未纳入市目标管理考核体系的 9 个 B 类重点开发区域进行专项考核。

（四）规范完善考核工作机制

规范考核程序。不断完善从 2014 年初确定考核目标、制定实施办法，年中开展工作抽查，年底考核验收，到翌年年初完成考核结果汇总、表彰先进的考核工作程序。

统一考核办法。在各责任部门制定专项考核办法基础上，市考核办制定统一的加减分办法，可量化指标统一采用权威性数据，不可量化的统一以上级评比奖励为依据。

创新考核手段。各考核责任单位结合考核项目特点，不断创新，积极推动引入第三方参与考核。如民主评议机关、文明机关创建开展了群众评议，科技创新、质量强市引入了专家评估，促进考核工作科学化、规范化。

（五）强化考核结果应用

为充分发挥激励和导向作用，近年来全市目标管理考核工作进一步加强了考核结果的应用。加大表彰激励力度，市考核办制定统一的评比表彰办法，对被评为优秀、良好的单位以市委市政府两办名义通报表彰。将考核结果及时向市委组织部、市审计局通报，作为领导班子政绩、领导干部离任审计、干部选拔任用的重要依据。及时对被考区域提出整改要求，使各项发展工作得到有效改进，进一步增强各县（市）区和市重点产业（功能）区的使命感、责任感和积极性。

二、当前宁波目标管理考核工作面临的新情况新问题

从调查了解的情况来看，当前全市目标管理考核工作存在四方面的新情况、新问题。

（一）考核类型偏多，功能往往相互混淆

调研中发现，目前从上到下尤其是市对县（市）区和市重点产业（功能）区存在考核偏多的现象。

一是考核功能相混淆，基层难以把握。调研中发现，有些考核部门在实际工作中将监测、评价、检查、督查等工作职能与考核混在一起，多方式并用，给基层带来很大的压力，存在将“软性评价硬化、硬性考核软化”的现象。

二是考核偏多且重复，基层负担加重。基层反映，目前面临的各类考核较多，如溪口雪窦山风景名胜区，要承担全省小城市培育试点考核、全市卫星城和中心镇试点考核以及重点开发区考核等多项综合性考核，同样的工作要被考核多次，部分数据需反复上报，给基层造成较大的负担。

（二）现行综合性目标管理考核项目规模过于庞大

一是考核项目不断增加，精简难度较大。由于考核工作要突出中央和省、市重大战略部署及全市年度重点工作，每年度需要新增一些必要的考核项目。近年来市级各部门更加重视全市综合性考核的“指挥棒”作用，都想将部门工作纳入目标管理考核体系，致使考核项目有增无减。

二是考核项目“以大套小”，细化考核指标数量多。以2014年市对县（市）区的目标管理考核体系为例，共设5个方面46项指标，每项考核指标又有职能部门的细化考核方案，有的还设置了一级指标、二级指标、三级指标等，少则数项、多则数十项。据初步统计，2014年目标管理考核的细化考核指标总数在300项以上。多数考核项目是工作性、过程性的，没有量化指标，往往是“文件来、材料去”。基层同志反映，到年底，要写考核材料多达几十甚至上百个。许多同志建议，要下决心对目标管理考核项目进行大幅消减。

（三）重点产业（功能）区考核指标体现发展要求和功能特色还不明显

突出表现在反映发展要求的结果性指标、转型升级的创新性指标以及区域功能定位的特色性指标偏少，反映工作过程的过程性指标居多。如，杭州湾新区、大榭开发区等产业区体现工业创新要求的指标不多；梅山产业集聚区体现港口发展要求指标没有，体现类金融集聚等特色功能不够；机场与物流园区考核指标还不能充分体现当前发展阶段的要求；东钱湖旅游度假区应当设置更多突出旅游度假功能特色的指标，如年旅游开发投入额、园区生态涵养水平等指标；等等。

（四）目标管理考核结果应用效果还有待提高

由于考核结果的应用效果还不够好，导致被考核区域改进工作的压力、动力还不足。

一方面，目标管理考核结果的精准性、科学性有待提高。有些考核结果存在随

意性、平均主义和结果不一致的现象。如：个别指标考核难以准确统计，结果由基层自报，随意性较大，责任部门难以确切核实；有些部门的考核结果没有拉开档次，仅分一类二类档次，发展和工作好坏几乎一个样；有的线上考核结果和面上考核结果不一致，有基层同志反映，某区域在全市招商引资工作中拿到全市金奖，但在目标管理考核中，该区域招商引资工作排名却不靠前。

另一方面，现阶段目标管理考核结果没有真正与政绩评价、奖励分配和资源配置等紧密挂钩，奖惩激励机制不够完善，对县（市）区和重点产业（功能）区的实质性影响不大。有基层同志反映，“一两次考核不理想，面子上还觉得有点过不去，几次之后，也就没有这样的想法了”。

三、进一步完善宁波目标管理考核工作的意见建议

为增强目标管理考核的科学性、合理性和有效性，使考核既能体现简政放权的要求，又能切实发挥导向激励作用，提出以下四方面意见建议。

（一）明确原则要求

一是考核目的上，要强化导向、注重管用。要突出深化改革和创新驱动的考核目标导向，坚持科学、管用、实效的考核设计原则，指标目标要体现积极有为、实事求是的要求，切实发挥考核指挥棒、航向标作用。

二是考核指标上，要突出重点、尽量精简。以结果评价性指标设置为重点，以可比较、可量化指标设置为原则，加强考核指标精简力度。优化发展指标和特色指标设计，着力体现被考核区域的功能定位、转型升级、优势特色、发展阶段等情况。

三是考核方法上，要体现科学、切合实际。增强考核工作的科学性，采用统计数据等权威来源，减少主观性评价考核，坚持考核过程的透明性和结果的可证明性，考核结果要拉开档次、及时反馈、强化运用。

四是考核工作上，要改进作风、减轻负担。坚持考核工作的可预期，不得临时新增考核计划、项目，减少赴基层考核次数，优化考核时间安排，鼓励采取联合考核等方式，切实减轻基层负担，让基层集中精力抓发展抓落实。

（二）完善对县（市）区目标管理考核工作

一是严格控制考核项目设置。严格落实市考核办“四必四不”原则，严格控制新设考核项目，对考核指标无法量化评价的，或者考核结果不区分多档次的，不得列入对县（市）区的目标管理考核。

二是精简细化考核内容。对于列入县（市）区目标管理考核的单个项目，细化考核指标一般不超过二级、考核内容原则上不超过 5 项，尤其是要大力精简体现工作过程性的考核内容，如召开专题会议次数等不要列入考核。

三是精简考核工作流程。严格遵守考核办法，线上考核必须与综合性目标管理考核相统一，按照年初定目标、年中抽查、年底考核的流程，规范考核工作，不得临时新增考核计划，平时要对重点问题加强督促检查，并及时落实、解决。

四是优化考核方案设计。对于2015年市对各县（市）区目标管理考核的指标体系优化调整方案，要更多体现新的发展要求和年度重点工作，更科学的设置项目类别和权重分值。具体来看（调整方案略）：

新增3项考核指标："网络零售额增长率"、"政府性债务控制"、"相关区域协同发展和工作支持"等；

调整5项指标名称："有效投资"改为"固定资产投资"；"行政审批服务和公共资源交易"改为"行政审批改革、公共资源交易和政务服务网建设"；"现代都市建设及住房保障"改为"现代都市建设、住房保障和棚户区改造"；"卫生事业"改为"卫生与计划生育工作"；"社会救助"改为"社会救助及养老服务工作"；

调整3项考核项目类别："人才工作"从社会建设调整至政治建设；"三改一拆与城市管理"从文化建设调整至社会建设；"五水共治"从经济建设调整至生态建设；

同时对"外贸出口额"、"外贸进口额"、"境外投资"、"国内招商及浙商回归"等指标权重分值进行了调整。

（三）优化对重点产业（功能）区的考核指标

对重点产业（功能）区的考核指标要在适应分开考核需要、突出创新转型升级的发展要求和主导功能定位等方面进行优化调整（具体优化调整方案略）。

在共性目标考核方面，新增"相关区域协同发展和工作支持情况"和"重大贡献自报加分项目"两个指标，并且对部分指标的内容和分值进行调整。

在特色发展目标考核方面，分两类进行指标调整完善。一类是对6个市级重点产业区。

共同调整了3项指标：

第一项是对"GDP及增幅"的单项考核，调整为"GDP及增幅"、"规上工业增加值及增幅"和"规上服务业增加值及增幅"三项指标考核（除石化区不考核"规上服务业增加值及增幅"外），同时取消对"规上企业工业产值、服务业营收及增幅"指标考核；

第二项是对"进出口总额及增幅"的单项考核，调整为"进出口总额及增幅"和"出口额及增幅"两项指标考核（除高新区外）；

第三项是对"生态化园区建设"的单项考核，调整为"完成节能年度目标"和"完成减排年度指标"两项指标进行考核。

同时进行了个性化调整：

宁波杭州湾新区：新增“总投资超过 50 亿元项目数”和“规上工业新产品产值率”两项指标；

宁波保税区：新增“跨境电子商务贸易成交额及增幅”和“进口商品直销中心设立数及营业收入”两项指标；

大榭开发区：取消“离岸服务外包执行额”一项指标，新增“规上工业新产品产值率”和“港口货物吞吐量及增幅”两项指标；

宁波梅山产业集聚区：新增“总投资超过 50 亿元项目数”、“港口货物吞吐量及增幅”和“新引进类金融企业数量及注册资本金规模”三项指标；

宁波国家高新技术产业开发区：新增“高新技术产品出口总额及增幅”、“高新技术产业产值及增幅”、“新材料产业产值及增幅”和“新引进孵化企业数”四项指标；

宁波石化经济技术开发区：新增“规上工业新产品产值率”和“实施循环化改造年度投资总额”两项指标。

再一类是对 2 个市级重点功能区。

宁波东钱湖旅游度假区：取消“规上企业服务业营收及增幅”、“旅游接待床位数及日会议接待容量”和“游客平均停留天数”三项指标，新增“规上工业增加值及增幅”、“规上服务业增加值及增幅”、“旅游项目年实际投入额及增幅”、“市级以上会议承办规模和数量”和“园区生态环境保护”五项指标；

宁波机场与物流园区：取消“实际利用外资额”、“新增航空货运仓储面积及总仓储面积”两项指标；调整 2 项指标名称，把“周平均航班起降数”、“工作推进”分别改为“年航班起降量”和“重点工作”；新增“机场三期扩建工程完成率”、“跨境电子商务贸易成交额及增幅”两项指标。

（四）强化目标管理考核结果应用和综合评价

一是健全考核结果与政绩、奖惩、要素资源配置的挂钩机制。将考核结果与领导干部的政绩衡量、与区域考核奖励以及与重要资源要素的配置安排等更加紧密地挂钩，强化考核的导向激励作用，增强工作动力。

二是开展县（市）区发展综合评价。在不增加基层工作负担的前提下，利用目标管理考核积累的工作数据信息，建立县（市）区发展综合评价指标体系，初步提出 26 项综合性发展评价指标（具体指标体系略），形成涵盖经济增长、创新发展和社会民生事业的可量化评价指标体系，设计总分为 100 分，其中经济增长占 30 分、创新转型发展占 45 分、社会民生事业占 25 分。通过计算分析，得出发展评价综合指数，来衡量比较各县（市）区发展状况。据此，在总体上形成全市即期经济运行监测、综合性年度目标考核、全面性评价比较等考评体系，即全市经济运行“双底线”和“红黄绿灯”监测管理、年度综合性目标管理考核和县（市）区“26 指数”

全面性评价。

四、下步工作建议

一是市领导专题听取一次调研情况汇报，并确定完善全市目标管理考核工作的原则方向和要求。

二是由市考核办牵头，加紧制定2015年全市目标管理考核实施办法，报市政府研究决定。

三是对有关新增考核项目和指标，市相关部门要明确具体的考核办法和指标目标值。如，对地方政府性债务考核，由市财政局具体落实；对网络零售额增长率考核，由市商务委具体落实；对相关区域协同发展和工作支持情况的考核，由市商务委和市考核办具体落实；对重点产业（功能）区的重大贡献自报加分项目，由市商务委和市考核办具体落实。

四是对各县（市）区经济发展“26指数”评价分析工作，可以由市有关部门和相关研究机构协同进行。

此外，2014年度市对各县（市）区和重点产业（功能）区的目标考核工作，仍按市政府已发文件执行。

课题组成员 阎 勤 沈小贤 卢 跃 张树法 王明荣

宁波政府目标管理考核的问题与对策

◎ 农贵新 韦风涛

20世纪80年代以来，发达国家相继兴起了一场以追求经济、效率和效益为目标的管理改革运动，绩效理论融入政府行政改革，国外通常称之为政府绩效管理（国内也称目标管理）。宁波于1988年开展目标管理考核，20多年来为本市经济社会科学发展发挥了重要作用。党的十八大提出，要深入推进政企分开、政资分开、政事分开、政社分开，建设职能科学、结构优化、廉洁高效、人民满意的服务型政府。课题组针对这一要求，就如何加强新形势下本市目标管理考核开展了研究。

一、宁波目标管理考核发展历程

宁波目标管理考核发展，大致可分为4个阶段。

（一）初创阶段（1988～1998年）

1988年，宁波初步创建了目标管理考核体系。一是成立组织。先后成立市目标管理考核办公室和市目标管理考核领导小组，并出台了《我市目标管理工作的机构及职责》。二是建章立制。县（市）区、市级机关目标管理实施方案的出台，标志着全市目标管理考核正式全面实行，市考核办同时还负责市级国家机关工作人员的年度考核。三是总结交流。市考核办编写出版了《目标管理的理论与实践》一书，参加了人事考核专题（国际）研讨会。期间，不断调整、充实目标考核的内容和指标，修改、完善考核评价和奖惩办法，建立了单位考核与领导班子个体考核挂钩责任制，为后续发展奠定了坚实的基础。

（二）探索阶段（1998～2005年）

1998年，宁波积极探索改善目标管理考核工作的新方法。一是细化指标。明确了年度目标管理考核项目、指标及标准分，制定了年度目标管理考核计分办法，建立了目标考核台账。二是规范运行。进一步规范了考核组织工作，明确了各单位的目标制定、目标分解、责任制、任务完成督查规定。推行了年度考核奖惩办法、年度考核奖励计奖及综合评等奖金发放办法。三是完善专项。进一步完善了专项考核内容和分解执行办法，确定了负责专项考核的部门单位和考核对象。这一阶段，全市加强了考核工作的有效激励，由粗放考核走向台账考核，目标管理考核进入精细化时代。

（三）改进阶段（2005～2011 年）

2005 年，宁波目标管理考核工作围绕贯彻落实科学发展观，做到与时俱进。一是体系重构。十六届五中全会提出我国社会主义建设包括“经济建设、政治建设、文化建设和社会建设”，全市按照科学发展观要求，构建了对应的“四位一体”考核体系。二是方法重建。采取了考核单位自评和考核办审核评分相结合的考评方法，在各单位自评的基础上，市考核办审核评分，调节平衡考核结果，避免差距过大。三是民主评议。把民主评议机关和文明机关创建列入了目标考核体系，促进了全市机关工作作风和精神面貌的改善。四是结果运用。重新制定了目标考核结果评比表彰办法，扩大考核结果运用范围，进一步增强了目标管理考核的激励作用。

（四）成熟阶段（2011 年至今）

2011 年以来，宁波目标管理考核工作朝着体系化、个性化、规范化方向前进。一是完善内容架构。围绕党的十八大提出的建设中国特色社会主义“五位一体”总布局，全市对县市区政府目标管理考核建立了“经济建设、政治建设、文化建设、社会建设、生态文明建设”的“五位一体”总框架。市级机关的考核在原来职能目标、共性目标的基础上，增加了“单项目标”考核。二是分类实施考核。2013 年，将重点开发区域单列考核，制定专门考核体系办法，形成了覆盖县（市）区、市级机关部门、重点开发区域的三大考核板块，统一实行了考核百分制。三是完善评价办法。改进形成了“考核部门评价、责任部门考核、社会公众评议”的“三位一体”的市直机关评价办法。为解决考核内容过度膨胀，推行了考核项目准入制，加强了考核结果反馈。

二、宁波目标管理考核基本现状

（一）主要成效

1. 发挥了发展指挥棒的重大作用

目标管理考核作为市委市政府的重要抓手，为推动市委市政府实施“六大联动”、“六大提升”、“六个加快”、“五水共治”战略，深化“平安宁波”、“文化大市”、“文明城市”建设发挥了重要作用，确保宁波经济社会发展走在全省、全国前列。

2. 建立了比较健全的考核体系

经过多年探索完善，宁波政府目标考核管理体系日益完善，形成了国家发展导向与宁波发展特色、定性与定量、台账与日常检查、激励与惩罚等有机结合的具有宁波特色的考核体系。在考核制度、考核指标、考核工作程序、考评主体和考评方式、考核结果运用等方面，也形成了系统化、规范化的工作体系。

3. 建立起有效的奖惩激励制度

宁波目标管理考核，以推动工作为导向，完善设立目标考核奖、评比表彰活动等奖惩激励制度，较好地调动了被考核单位、领导以及广大公务员的工作积极性。以“奖优”为主，把精神奖励和物质奖励相结合，以“罚劣”为辅，加强整改，帮助被考核单位提升工作绩效，激发争先创优的潜能，内生持续改进工作的驱动力。

4. 建立起比较完善的工作机制

以市考核办为考核主体、多个职能部门参与评分、公众参与满意度考评的多元考核机制，形成以统计数据为基础、部门数据为依据、部门记录为参考的台账管理制度，形成了年初部署任务、年中督促检查、年底考核评比的系统考核机制，增强了各级、各部门目标意识，强化了目标责任，形成了工作合力。

5. 提升了工作水平和作风改变

全市上下把实施目标管理考核作为新形势下转变政府职能、提升工作水平、提高工作效率的重要制度保障。各地各单位通过制定目标、分解任务、量化落实，将考核结果与奖惩挂钩，增强了竞争意识和责任，营造了奋发进取、争先创优的良好氛围，各条各线的工作都取得了明显的成效。通过积极开展文明机关创建、民主评议机关等活动，机关作风明显改善，干部服务意识明显增强，行政效能明显提高。

（二）存在问题

目前宁波目标管理考核存在的问题，突出体现为“五难”。

1. 政府职能“难反映”

目前对各县（市）区的考核主要围绕“五位一体”总体布局来展开，不能有效反映政府“有所为、有所不为”，更不能引导政府做应该做的事，政府难以转变职能，容易陷入“无为而治”或“无所不能”的被动局面。市直单位目标管理考核中，共性目标和职能目标反映了单位内部建设情况，却不能很好反映内设部门职能，不利于推进各部门转变职能、提高行政效能。同样，在重点开发区目标管理考核中，主要由共性工作目标、发展评价目标、工作推进目标构成，重点开发区管委会职能难以准确反映。

2. 顶层设计“难安排”

由于考核指标设置的取向是五位一体和年度市委市政府工作重点，涉及经济、政治、社会、文化和生态等方方面面，政府需要做的事情很多，需要完成的任务繁重，如何在短短的三四十项考核指标中充分体现出来，是件非常困难的事情。分析其中原因，没有理清目标考核是对政府职能的考核，还是对经济社会发展的全方位考核，这个问题搞不清楚，指标考核顶层设计就难以安排。

3. 考核重点“难确定”

一方面考核指标繁多，有的指标具有重叠性，考核重点不突出。另一方面考核指标变动过于频繁，导致被考核对象无所适从，增加了考核组织者的工作量和难度。究其根源，是考核指标顶层设计不合理，没有科学有效的评判准入办法和退出机制。

4. 考评方法“难把握”

主要表现在考评主体和方法较单一。现有考评体系的考评工作主要是由体制内的人员承担，这种由被考评人的上级部门主导，下级和同级部门参与的考评方式，通常以上级主管部门的意志为基调，容易形成唯上不唯下的弊端，难以形成正确的绩效观。单一的考评主体，很难保证真正意义上的公平和公正。单一的考评方法，单纯的以数据论英雄，容易造成下级弄虚作假。

5. 激励作用“难发挥”

目前目标管理考核体系，考核时间跨度大，一般采用年终考评，对过程缺乏明确、及时的指导。单位整体考评和个人考评分属不同部门，不能很好地结合，难以发挥聚集优势。考评体系与激励机制不相适应，奖励差距过小，惩罚力度不够，评优、选先、提拔、晋升等与考核结果结合还不够紧密。

三、宁波改进政府目标管理考核的对策建议

基于宁波目标管理考核历史与现状，借鉴国内外主要经验，就现阶段改进全市目标管理考核体系，提出以下几条建议。

（一）提高思想认识，加强组织领导

目标管理考核是指挥棒，是建设什么样政府的基本导向。各级各部门尤其是主要领导要统一思想认识，从政治的高度、全局的视野，认识到改进目标管理考核的必要性、紧迫性。课题组在调研中发现，省内的杭州市于2005年成立了综合考评委员会，2006年组建了常设机构综合考评委员会（正局级），挂靠在市直属机关工作委员会，下设5个处；温州市于2011年成立了考绩委员会（正县级），下设3个处，同时履行市委市政府督查室职能；其他地市考核工作的职能部门也不尽相同，大多以处室承担考核工作，配备5~8名工作人员。宁波必须加强目标管理考核的组织领导，强化领导小组及其办公室职能，建立领导小组决策机制，提高考核办行政级别，充实专业人员，使其能够不受干扰、独立行使全市考核业务，建立起公正性、权威性和科学性的考核体系，使其成为宁波建设服务型政府的指挥所，成为宁波建设现代化港口城市的监察队。

（二）增加考核主体，实现考核主体多元化

提高考核的科学性和合理性，必须推进考核主体多元化，主要是社会公众和第

三方机构两个方面。

社会公众考核主体，要坚持“让人民评判、让人民满意”的基本理念，在考核体系中设立社会评价这个一级指标，以及相应的二级、三级考核指标，由公众来评价。把社会公众作为考核主体，一是可以避免政府单方面决策造成的片面性，使政府决策变得更加系统、全面、有效、科学和合理；二是通过社会公众的参政议政，给予社会公众表达意见和建议的渠道；三是通过社会公众的绩效评价，实实在在检验政府的管理效果，从而为政府反思、改进工作提供思路和方法，提高政府的施政效能。

第三方考核主体的出现和发展，是政府绩效考核方式的一大进步。独立的第三方考核主体，包括受行政机关委托的考核机构、专业考核组织（包括大专院校和研究机构）、中介组织、社会组织等。第三方机构绩效评价的优势在于：一是评价过程公开透明，评价结果相对客观、公正；二是学术机构具有较强的理论和学术优势；三是可以代表民意，给予社会公众一个宽松公开的参政议政民间渠道。

（三）改进考核方法，实现考核方法的科学化

改进全市目标管理考核方法，重点要导入两种全新考核方法：

一是双向考核法。即实施上级与下级、内部与外部互动考核，尤其是推进外部对政府的考核，通过“上级—公众—下级”的三方关系，信息渠道与评价方式由单边拓展到多边，有效地获取真实的民意表达，在考核机制层面实现由“内考内”向“外考内”、“民考官”转变。

二是全过程考核法。主要是年终考核与日常评价相结合，加大考核的抽查力度，杜绝在定期考核中被考核单位“临时突击”、应付过关的现象，除定期集中开展的民意测评活动、网络在线问政活动外，还要注重开展好行风在线、民生在线等日常评议活动，把考核重心从偏重“终评”引导到注重“时评”，做到年初有目标，过程有督导，结果有奖惩，实现与市民经常性互动沟通，达到评议活动常态化。

（四）公开公平公正，构建透明考核信息平台

构建宁波考核信息平台，重点是开发通用考核指标库、专家库、中介机构库技术支持系统，整合考核数据资源，加强考核信息的收集工作，提升公众的参与感，提高公众测评效率，保证考核的公开、公正与公平。考核信息平台应具备两大功能，一要做到实时反馈管理动态过程，对考核进行全过程的监督和控制，能够自动收集各项指标，能够对收集到的数据信息进行准确、快速的汇总分析，使考核指挥棒挥得比以前更快、更准。二要做到考核结果实时公示，并接受内部监督，利用联查功能，被考核对象能够清楚地了解到哪里被扣分了，哪里的工作还需要改进，提高被考核对象工作针对性，加强被考核对象自我管理和自我提升能力。

（五）健全完善制度，提高考核结果的公信度

健全完善全市目标管理考核制度主要是两方面内容：

一是强化国家政策法规导入。即在现有考核制度中，将《预算法》《行政法》《公务员法》《公务员考核规定》等相关规定，适时纳入整个目标管理考核体系，以形成权威有效的法律法理依据，为考核制度长期有效实施奠定基础。

二是制定地方相关政策规章。根据本市实际需要，出台一系列政策规章，如《我市目标管理考核操作细则》、《我市目标管理考核指标确定及数据采集规则》、《宁波市目标管理考核项目准入、退出办法》、《我市目标管理考核结果运用规定》、《我市目标管理考核评比表彰办法》等。

从创业到创新——慈溪家电产业转型升级的嬗变

◎ 课题组

慈溪家电产业经过30多年的集群发展，总量规模不断壮大，产业结构日益优化，产品类型更加丰富，创新能力逐渐提高，已成为慈溪市重要支柱产业，2013年慈溪家电总产值突破800亿元，占慈溪市工业总产值的1/4，占宁波全市家电总产值的1/3，其中规模以上家电企业产值429.8亿元。在转型升级的过程中，慈溪家电产业全面推进产业创新、产品创新、技术创新、市场创新和管理服务创新，由创业致富型的块状经济转变成为创新强市型的支柱产业，实现了由创业到创新的根本性嬗变。

一、大力推动产业创新，走集中化、集聚化、集约化、集成化的发展之路

一是注重推动产业集中化发展。慈溪市明确家电产业作为全市主导产业进行发展，发布实施《慈溪市家电产业集群转型升级实施方案》，制订慈溪家电产业发展导向目录，明确家电产业总体布局、功能定位、发展远景。在厨卫家电、水家电、传统白色家电和小家电4个领域，确立20家产业龙头企业，促进各类要素和政策向优势家电企业集中，形成一批产业龙头骨干企业和总部型大企业，其中年销售收入10亿元以上企业8家，1亿元以上企业88家，2000万元规模以上企业214家。

二是注重推动产业集聚化发展。积极引导家电企业逐步向专业园区集聚，形成和强化以家电科技城为中心，周巷、附海、观海卫、新浦、杭州湾新区为支撑的“一个中心、五个核心区块”空间布局，使之成为慈溪家电产业的集聚地，打造慈溪家电产业转型升级的“主阵地”。

三是注重推动产业集约化发展。慈溪家电产业十分注重集约化发展，严格环保、节能、安全监管措施，制订扶优汰劣产品目录，逐步淘汰落后产能。迎合家电产业发展趋势，引导家电产品向“节能、智能、环保”型发展，增强可持续发展能力，

为慈溪家电产业发展赢得竞争优势。

四是注重推动产业集成化发展。针对家电产业“小、散、低、全”的传统块状经济形态，引导慈溪家电产业龙头企业充分利用家电块状经济的基础优势，促进大中小企业、上中下游企业直接专业协作配套，积极开展集成化、系统化的整机产品生产和系统化的服务，着力发展家电整机生产，慈溪目前拥有家电整机企业近2000家，配套企业近万家，全市740家家电整机企业出口超过31.1亿美元。

二、大力推动产品创新，走系列化、智能化、品牌化、绿色化的发展之路

一是以系列化产品创新为基础。慈溪家电依托发达的模具制造产业及注塑产业基础优势，重点发展大型高档模具、电机、电控等产业链补缺产品，完善家电产业链条，丰富产品类型。实现了从仿制到自主研制、从单一品种到多品种、从以小家电为特色的产品结构向大家电和健康护理家电等领域拓展的系列化产品格局。目前慈溪家电产品系列涵盖电冰箱、洗衣机、取暖器、电熨斗等各类大小家电20余个系列，成为饮水机、电熨斗、欧式插座等21个产品的全球生产基地。

二是以智能化产品创新为核心。紧紧把握智能化家电发展趋势，从市场需要开发转型为主动开发新产品引领市场。依托各类创新载体，加快推进家电制造业与信息化的结合，积极实施家电之“芯”工程，引导家电企业利用嵌入式技术、集成电路芯片开发和应用等技术变革来提升家电产品智能化创新水平。如韩电公司2006年进入家电领域后，抓住国内低效能传统冰箱面临大幅淘汰的机遇，加快建设新型智能环保型家用电冰箱生产线，年产量迅速达到120万台以上，2013年产值突破20亿元。

三是以品牌化产品创新为重点。慈溪家电注重实施名牌战略，设立“品牌运作资金”，对于收购外国知名品牌、自主品牌推广、联合创牌等品牌经营活动给予专项资助。采取家电个体品牌与整体品牌协同推广策略，打造“慈溪家电”区域整体品牌知名度。目前，慈溪家电已拥有中国名牌产品7只、中国出口名牌2只，中国驰名商标49件，省级以上出口名牌37个，商务部重点培育和发展名牌产品2个，已成为家电名牌汇聚之地，以慈溪家电产业集群为主要依托的宁波“全国小家电知名品牌示范区”也在积极推进中。

四是以绿色化产品创新为突破。积极支持和推动慈溪家电产品入围全国高效节能家电推广目录，拓展节能家电市场。建设国家级能效检测实验室，将绿色环保技术作为慈溪家电产业重要的关键共性技术之一进行联合重点攻关。如在慈溪市相关部门协助下，慈溪奇迪公司生产的两款“QIDI”饮水机产品因其降低能耗达到

40%，各项指标完全符合要求而被评为美国电器产品的“能效之星”，成为唯一一家获此殊荣的非美国本土企业。

三、大力推动技术创新，走协同化、高新化、高端化、融合化发展之路

一是从一般的工艺改进转向产学研智协同创新模式。加快集聚具有创新性的设计研发机构，引进、建设中国家电研究院华东分院、智能家电设计服务中心等一批家电产业设计和研发机构，加快产学研智结合创新步伐，在智能家电、机电一体化产品、新材料、节能环保技术等领域，组织开展产学研智对接活动，加快先进科技成果产业化。慈溪家电企业还建设了一批高端技术研发机构，拥有各级企业工程技术中心 80 余家，其中国家级 1 家、省级 16 家、宁波市级 28 家。

二是从简单的技术应用模仿转向高新技术转化创新。加大对科技型中小企业的扶持力度，推进企业向高新技术发展。推动家电企业主持或参与国家标准的制修订，进一步掌握行业发展话语权和“制高点”。持续提高企业研究与试验发展经费在生产总值中的比重，提高企业技术创新能力。慈溪家电行业累计获国家授权专利 6000 余项，培育家电相关高新技术企业 38 家。2013 年慈溪企业研究与试验发展经费支出占生产总值比重约为 2.4%，比上年提高约 0.2 个百分点，高于全省平均水平 0.2 个百分点。

三是从传统的产业集聚人才转向高端人才引领产业技术创新。坚持高层人才引进和本土培养相结合，明确人才引进重点和培养方向，加大政策支持力度，强化产业发展的人力资源支撑作用。慈溪目前拥有各级企业技术创新团队 17 个，集聚家电专业技术人才约 3 万人，高层次家电人才 1000 多人，为慈溪家电创新转型发展提供了强大的人才支撑。如慈溪德曼空压机制造公司，从一家部级研究机构引进一位高端人才做公司的总工程师，并为其提供研发平台和团队，成功开发出变频空压机和永磁性空压机等高技术产品，推动德曼公司成为国内变频空压机产品领域的领军者。

四是从初级的零配件组装加工转向工业化和信息化高度融合的创新。以行业龙头企业为主体，以生产控制自动化、企业管理信息化等方面为重点，推动一批符合条件的大型龙头企业作为试点，加大资金扶持力度，确保试点企业在三至五年内基本实现经营管理、研发设计、生产过程和生产装备的信息化。鼓励、支持企业应用电子信息技术实现对家电产品的信息化改造，使传统家电产品实现智能化、自动化、数字化功能，增强传统产品的市场竞争能力，促进产业转型升级。对于家电企业连续多年投入信息化建设的，持续给予扶持，对成功的典型示范企业给予额外奖励。

四、大力推动市场创新，走全国化、全球化、电商化、自主化的发展之路

一是推动区域市场与全国市场相结合。传统慈溪家电企业主要以上海等长三角周边市场为产品销售区域，近年来，慈溪家电依托精准的产品定位和不断创新的产品功能，在站稳周边市场的同时，将市场拓展到全国区域，产品市场份额也不断提升，其中饮水机、电熨斗、取暖器等14个产业已成为全国“单打冠军”。如，方太集团凭借“中高档”到“高端”战略定位调整，站稳了国内高端市场领导地位，先锋取暖器占据国内一、二线品牌20%以上的市场份额，牢牢锁定取暖器领域全国销量第一。

二是推动国内市场与国际市场相结合。抓住欧美传统市场回缓、消费者信心指数提升的大好趋势，通过市场、产品结构调整加速促进产业升级发展。支持企业收购国外销售网络，推出一批与慈溪家电产业接轨的国际性展会，鼓励企业组团参加，提升“慈溪制造”在海外市场的性价比优势和品牌知名度。2013年，慈溪小家电出口首次超过20亿美元，出口欧、美等高端市场的比例达到了50%以上。同时，积极引导企业重视国际市场和国内市场的对接转换，利用在国际市场取得的知名度等优势进一步拓展国内市场，如公牛电器在应对国际金融危机中调整策略，注重开发国内市场，目前国内市场占有率20%以上。

三是推动线下市场与线上市场相结合。深入实施“电商换市”战略，加快“家电触网”的步伐，大力推进生产和销售企业电子商务平台的建设与应用，鼓励建设独立电子商务应用平台或通过第三方电子商务企业开展电子商务应用，对电子商务应用示范企业给予奖励。慈溪市政府主导建设的一体化慈溪家电电商品牌——“慈溪家电馆”已进驻淘宝、京东等大型电商平台。慈溪现有淘宝天猫网店287家，总数居宁波各县市（区）首位，其中家电品牌网店占总数的52.3%，并且自有品牌率呈不断提高态势。

四是推动第三方营销与建设自主营销体系相结合。把建立健全销售网点和服务网络作为延长慈溪家电产业链的重中之重来抓，一方面充分发挥家电服务中心作用，建立健全家电营销网络、售后服务网络和物流网络；另一方面支持方太、沁园、先锋等有一定影响力的知名企业，建立自己的专卖店和售后服务网络，逐步降低直至摆脱对国美、苏宁等家电销售商的依赖。如慈溪飞龙电器集团成立了专门的物流公司，和全国各省市36家物流公司签订运输协议，分别在各省物流资源较好的城市设物流仓库和配件库，并对售后服务网络进行跟踪管理。

五、大力推动管理服务创新，走常态化、公共化、全面化、联盟化发展之路

一是强化常态化管理服务机制。强化财政扶持政策的常态化，确保家电产业转型升级的财政扶持资金每年一定幅度的增长。每年出台的工业经济政策，都对家电产业技术创新、自主品牌创建及品牌经营给予专项奖励。制定出台《关于工业企业效益提升工程的实施意见》，鼓励企业增加有效投入，每年排定一批家电产业技术改造项目，作为全市工业技改工程的重点，家电产业技改投入连续三年都在20亿元以上，每年用于家电投资项目的政策奖励扶持超1500万元。

二是强化公共服务平台建设。打造国内颇具特色的家电行业公共技术创新服务平台，专门出台《慈溪家电公共服务平台建设扶持政策》，每年拿出1200万元作为家电公共服务平台建设发展专项资金。引进建设了慈溪家电科技城、慈溪家电协同创新研究院、慈溪电器安全检测中心、网上技术中心等一批集展销、研发、检测、孵化、成果转化等产业发展公共服务平台。如慈溪家电协同创新研究院，集聚11家院校设计研发资源，常年开展科技合作交流、技术转移、项目攻关等公共服务工作，累计与企业达成合作协议322项。

三是强化全面的政策服务体系。在关键共性技术突破、国内外销售渠道建设、联合兼并重组、信息技术应用、财政扶持、高端人才培育等方面出台专项扶持政策。着力培育金融服务、现代物流、创意设计、会展商务等生产性服务业，完善家电产业配套。完善知识产权保护体系，重点打击盗版、制假、仿冒等知识产权侵权行为，帮助品牌企业做好知识产权纠纷的预警、起诉和应诉工作，保护家电企业自主创新积极性，为慈溪家电发展营造了良好发展环境。

四是强化企业联盟协会作用发挥。鼓励企业强强联合，构建家电产业联盟，企业联合兼并重组时在资产变更、税费优惠等方面在法定范围内给予最大额度的优惠，并在要素保障方面予以倾斜。建立完善家电行业协会组织，加强行业自律和行业管理，制订行业标准，完善行业内上下游和配套支持企业的专业化分工，促进家电行业抱团发展。目前，慈溪市组建成立综合型的慈溪市家电企业联合会以及慈溪市冰箱洗衣机联合会和饮水机联合会等2个专业性协会，在观城、附海等地成立镇级家用电器协会，有效推动行业资源整合。

课题组成员◀阎　勤 童明荣 王明荣

加快打造慈溪家电产业升级版的主攻方向与突破重点

◎ 课题组

如果说慈溪家电第一次嬗变是依靠产业集群形成了规模经济，慈溪家电的第二次嬗变则应是依靠产业链、创新链、供应链、价值链、服务链等“五链”集成创新，实现从家电产业到家电经济、从集群规模型向集成创新型转变，推动特色块状经济向创新型现代产业集群转型升级，努力打造家电品牌基地、交易结算基地、研发设计基地，把慈溪建成全国家电产业创新中心。

一、打造慈溪家电产业升级版面临的背景形势

（一）家电产品需求出现新的趋势

一是创新化，消费者对家电功能的需求呈现分散化、个性化趋势，新产品、新技术往往更容易获得市场认可或成为市场热点。二是绿色化，以能耗为标志的节能认证、以绿色为标志的环保认证越来越受到全社会认同。三是品牌化，家电企业已经进入完全依靠品质和实力开展竞争的阶段，企业品牌将是影响消费者选择的重中之重。四是智慧化，智能家电产品所具备的更安全、便捷、舒适、节能、环保的特性，越来越受到广大消费者的青睐。

（二）家电行业发展呈现新的特点

一是市场竞争越来越激烈，由于家电进入门槛较低，退出壁垒较高，进出壁垒具有不对称性，加剧了行业内的竞争程度。二是市场集中度逐步提高，家电行业非常强调规模效应，家电、冰箱、洗衣机等前三家企业所占的市场份额总和均已超过50%。三是电商成为增长主力，2013 年家电电商市场规模同比增长 120% 并逐渐从一、二级市场向三、四级市场扩散。四是产业链竞争成为重要形态，越来越多的家电企业致力于产业链深度整合以及跨界合作。五是“促升级”成为家电政策主基调，随着三大家电消费刺激政策已经全面退出，未来国家家电产业政策导向将以促进转型升级为主。

（三）家电区域竞争出现新的态势

一是国际竞争态势，欧美日等发达国家仍占竞争主导，2013 年欧美日三地的家电销量占到全球家电销量的 60% 以上，同时东南亚等新兴国家积极参与国际竞争，预计到 2016 年印度家电市产量或将超过中国。二是国内竞争态势，宁波、顺德、青岛三大传统家电产业基地产量占全国一半左右，同时以合肥为代表的新兴地区快速发展，发达国家家电企业更加倾向在中西部地区设立研发或生产基地。

（四）产业集群转型升级出现新的策略

一是龙头带动型策略，如诸暨店口镇通过大力扶持万安集团等龙头骨干企业，带动当地其他五金企业的技术创新转型提升。二是电商突破型策略，如博洋、罗蒙、太平鸟、GXG 等宁波服装企业通过大力发展电商，实现了线上线下业务、规模与产业结构同步提升。三是智慧引领型策略，如佛山灯具照明产业的行业龙头企业通过联合攻关，成功研发制造出新一代智能照明产品，有力促进了产业转型发展。四是合作联盟型策略，如建德低压电器行业，面对国际金融危机的冲击，在龙头企业意仕腾的牵头下，20 多家低压电器产业链上下游企业联合成立了建德市联合正标公司，不仅帮助企业渡过难关，还有效推动了建德低压电器产业的转型升级。五是平台支撑型策略，如宁波贝发集团致力于打造中国文具供应链运营服务平台，为大量中小企业提供发展平台和市场空间，有效提升了产业的整体发展能力。六是人才推动型策略，如宁波乐器产业，通过大力引进集聚“海外工程师”等海内外高端专业人才，形成了若干个具有一定国际影响力的行业知名品牌。

（五）慈溪家电产业发展面临新的挑战

一是产业整体发展前景和地位堪忧，许多慈溪家电企业已处于“无利可图”甚至亏损状态，长此以往，慈溪家电产业在慈溪和宁波产业经济中的地位都将受到很大的影响和冲击。二是研发动力能力不足，许多家电企业都以“守业”的理念经营企业，许多企业热衷于 OEM 模式，缺乏自主创新、自主研发的动力和意愿。三是企业规模和品牌不强，慈溪家电企业多以中小型民营企业为主，大多是亿元级左右的企业规模，百亿企业群体、千亿领军企业尚未形成突破，品牌远远不及格力、美的、海尔等家电品牌影响度高。四是产业结构不够优化，大多数慈溪家电企业主要还是以代工、做低端产品为主，采取低层次、低成本、低价格竞争策略。

二、打造慈溪家电产业升级版的主攻方向

转型是理念、产品、技术、管理、企业、产业等整个行业的全方位调整升级，创新是产业链、创新链、供应链、价值链、服务链等整个系统的全方位集成创新。打造慈溪家电产业升级版，创建全国家电产业创新中心，必须全面推进“五链”集

成创新，统筹推进技术创新、营销变革、品牌提升、管理完善、服务优化，实现慈溪家电产业跨越式、突破型、全面性发展。

（一）以家电经济理念为先导，推动产业链创新转型

家电行业包括多种产品、多个环节，不仅仅是一个产业，而是集“家电产业+家电服务+家电电商+流量经济”于一体的综合化大体量经济。打造慈溪家电产业升级版，必须树立家电经济理念，不仅要抓产业链，还要抓供应链、价值链、创新链、服务链；不仅要发展家电产业，还要发展家电产业相关的研发机构、公共服务机构等；不仅要搞家电生产，还要搞物流、销售、信息、金融、会展等；不仅要发展家电电商，还要充分利用家电物流、资金流、信息流等流量经济。

树立家电经济的理念对企业和政府都提出了新的要求。对企业来说，要更加注重上下游产业链的整合、协作，更加注重技术、管理、组织结构、商业模式等协同创新，更加注重对物流、资金流、信息流的综合开发利用等。对政府来说，要建立相关部门、区域联动组织协调机制，实现职能的衔接和资源的共享，形成整体的服务优势，做到重要规划一起制定、重大政策共同研究、重头工作统筹部署、重点措施配合推进。从而使家电老概念做出新篇章，老产业创出新经济，老基地造出新平台，老部门改出新职能。

（二）以智慧家电发展为重点，推动创新链创新转型

创新技术、创新人才、创新机构、创新商业化等构成了创新链。一是要充分发挥企业创新主体作用，实施家电企业研发能力提升工程，引导企业建设高水平的研究院、工程（技术）研究中心和重点（工程）实验室等研发载体，鼓励和支持有条件的家电企事业单位设立院士工作站和博士后科研流动（工作）站。二是要做大做强现有的研发机构，支持慈溪应用技术研究与产业化中心、市协同创新研究院、慈溪市智能家电设计服务中心、慈溪虚拟科学院等现有家电研发机构做大做强，鼓励家电行业外资企业、央企来甬设立研发中心，吸引国际知名家电研究科研院所落户宁波，鼓励和支持市内外高校在慈溪培育组建若干个省级以上协同创新中心。三是要引培更高层次的创新人才，依托各类工程（技术）中心、研发中心和专家工作室，加速集聚以“千人计划”、省特级专家、钱江学者等为代表的领军型家电创新人才。四是要着重发展智慧家电，支持企业大力实施智慧化战略，有条件的企业要成立专门机构，积极参与或制定国家智能家电标准，抢占智慧家电先机。

（三）以龙头企业培育为核心，推动价值链创新转型

在一个产业中，如能形成大中小企业、上下游企业、产供销企业等相互配套的分工协作体系，无疑是促进产业链对接、价值链增值，实现功能互补、合作共赢的有效路径。打造慈溪家电升级版，既要重点培育顶天立地的大企业，又要积极扶持

铺天盖地的中小企业，更要注重、发展造应创新要求的新企业，同时大力推进大企业与中小企业协作配套。

一是要扶持企业做大做强，支持现有行业龙头骨干企业积极拓展业务领域，丰富家电产品组合，形成综合性家电企业，实施“走出去”战略，拓展新的发展空间，参与兼并重组，组建家电“航母”。二是要加大创牌支持力度，以宁波争创“全国小家电知名品牌示范区”为契机，加快品牌培育，政府按照自主品牌年销售规模实施分类分级奖励扶持，创立慈溪市级品牌建设与宣传平台，对慈溪家电整体品牌进行定位、展示和传播。三是逐步建立中小企业与大型企业协作配套机制，建立大企业与中小企业代表参加的联席会议制度、联络员例会制度、定期调度制度、信息互动制度等沟通交流机制，鼓励和支持中小企业与大企业建立以市场配置资源为基础的、稳定的原材料供应、生产、销售、技术开发和技术改造等方面的协作关系。

（四）以加快电商发展为突破，推动供应链创新转型

电子商务对家电生产、供应、销售等整条供应链的冲击是史无前例的，一般来说电商的发展有三个阶段：一是企业利用电商开展营销，二是建立电商企业集聚区，三是构建电商综合性或专业化平台。对慈溪家电来说，要从三个方面全面推进电商发展。

一是鼓励支持企业开展电商营销，支持生产企业以自主品牌为支撑，通过第三方零售平台开设网络旗舰店、专卖店等网络零售终端；支持行业龙头企业建立独立电子商务平台，实现采购、生产、销售全流程电子商务；大力发展跨境贸易电子商务，积极推动慈溪家电企业依托“跨境购”和“世贸通”等平台直接将产品销往境外消费者或零售终端。二是建设家电电商集聚区，打造慈溪家电电商产业园，积极推进市场组织创新、管理创新、形象创新、功能创新和交易方式创新，建设销售辐射全国、全球的家电网络零售集聚地。三是整合升级电商平台，以“慈溪家电馆”为基础，加快完善硬件和软件系统，提升服务水平，增强知名度和影响力，努力打造全国乃至全球一流的家电电子商务平台。

（五）以引领战略性举措为抓手，推动服务链创新转型

慈溪家电的管理服务优化升级，总的要求是要从应对型政策向引领型政策、从策略性举措向战略性举措转变。

一是要加强战略性规划，编制慈溪家电产业转型升级行动计划和实施方案，引导重点优势企业制订行动计划，制订慈溪家电产业发展导向目录，明确家电产业总体布局、功能定位、发展愿景。二是要出台引领性政策举措，转变政策举措的方式、重点、着力点，注重实施前瞻性、宏观性政策举措，比如在吸引人才方面更要注重

完善城市功能、优化城市环境，在拓展市场方面要更注重加强政府采购、提升政府会展等，在融资方面不仅要帮助协调解决企业互保等应急性难题，更要注重推进金融产品和服务方式创新、拓宽家电企业融资渠道等。三是要加强家电行业服务管理，整合现有家电行业协会组织，组建全新的慈溪市家电行业协会，实行“总会＋专业委员会＋区域分会”的组织机构，并在行业标准制修订、解决融资难、研究国际国内市场动态、为企业提供预警分析、促进协作配套、规范市场秩序等方面发挥积极的作用。

三、打造慈溪家电产业升级版的突破重点

围绕打造慈溪家电产业升级版和创建全国家电产业创新中心的总目标，推动“五链”集成创新，需要有一些重大的战略性、突破性举措，作为撬动整个行业创新转型发展的支点。

（一）用好一个杠杆，设立慈溪家电转型升级专项资金

在促进产业转型升级专项资金中，每年安排一定数量资金用于支持家电产业发展，并充分发挥专项资金的杠杆作用。主要用于奖励和支持四个方面：一是支持企业技术改造和研发创新，对购买先进设备、实施“机器换人”技改、打造“机器换人”示范平台等给予补助；对企业研发费用加计扣除；对企业创建省级以上企业技术中心、工程技术（研究）中心及重点实验室给予奖励；对领衔或参与制定行业标准、取得发明专利、创建国家级知名品牌等进行奖励；对承担国家、省、市重大科技专项的企业给予一定比例配套资金支持；对企业人才培训及高端人才引进给予补贴等。二是支持企业拓展市场，对家电企业构建销售网点和服务网络进行补助；对家电企业在国外注册商标、兼并重组境外企业、出国（境）参展或培训、在境外市场宣传推广、设立境外营销机构、完善境外售后服务体系等进行补贴。三是支持企业信息化建设和电商发展，对企业建立网上销售平台等进行补贴，对龙头企业建立独立电子商务平台进行补助，对依托跨境电子商务平台销售的企业给予奖励等。四是支持公共服务平台建设，对政府委托从事公益性服务的创新服务平台给予资助，对委托其他商业性中介机构承担的相关服务项目，采取“政府购买服务”、建设补助和示范奖励等方式给予支持。

（二）打造一个枢纽，建设全球家电研发机构集聚区

规划建设全球家电研究基地，大力引进国内外知名家电综合性研发机构及材料、动力、节能、智能等专业性研发机构，吸引中国家用电器研究院、中国电器科学研究院等国内外知名家电研发机构在慈溪设立研发中心、设计中心、技术中心等，鼓励有条件的企业独立或联合高校、科研机构组建研究开发院，把慈溪打造成为宁波、

长三角乃至全国家电产业的科技研发中心、技术成果转化中心和产品标准检测认证中心。

创设中国家电学术交流港，每年邀请一批全球顶尖家电研发科学家前来进行学术交流，举行20至30次国际会议与高级培训班，使慈溪成为家电领域顶级学术交流中心之一。推进家电技术创新服务平台在家电研发机构集聚区内集聚，加快建设科技孵化中心、工业设计服务中心，创建国家级家电检测实验室、仿真测试工程中心等，探索建设智慧技术研发测试中心，积极争取成为国家绿色家电认证中心。

（三）创设一个载体，构建中国家电供应链运用服务平台

由慈溪家电服务中心有限公司牵头，建设“中国家电供应链运用服务平台”，吸引慈溪各类家电生产厂家、销售企业、物流企业等加盟。以家电创业设计中心、家电交易中心、家电分销物流中心、家电制造中心为依托，服务全球零售商、分销商、企事业单位及电子商务平台，有机结合创意设计、研发制造、市场推广、物流配送、供应链融资、信保支持等功能，高效整合各方面优质资源，为平台成员企业提供个性、快速、安全的一站式服务，打造全品类、全球化、全方位、全天候“永不谢幕的家电商品交易会”。

（四）架起一座桥梁，实施慈溪家电电商提升工程

以构建“家电电商园区+重大家电电商平台+重点家电电商企业”电商体系为目标，全力实施慈溪家电电商提升工程，为家电企业转型升级架起一座桥梁。规划建设慈溪家电电子商务产业园区和专业楼宇，重点做好国内外规模型家电电子商务企业、知名网络公司的招商工作。培育5家以上在国内有一定影响力的综合性家电电子商务龙头企业，发展50~100家具有一定行业特色和经营优势的专业性家电电子商务企业。规划建设“国际家电和消费电子采购博览中心”，推进“慈溪家电馆”提量升级，加大宣传和推介力度，增强知名度和影响力，加快完善硬件和软件系统，提升服务水平，扩大加盟企业数量，完善交易、认证、支付、配送于一体的全程家电电子商务服务。

（五）编织一条纽带，组建家电企业战略联盟

探索建设慈溪家电产业集群的“中心—卫星”体系，串起各类企业相互配套、相互合作、相互带动的纽带。加强中心企业之间专业化配套协作，组建原材料与零配件采购联盟、市场营销策略同盟等。推进中心企业通过联合、并购、控股、品牌经营和虚拟经营等方式与卫星型企业结盟。鼓励中小企业加强与重点优势企业在生产、质量、标准、管理等方面的协作和融合，进入其供应链。建立重点优势企业终端产品与零部件厂商的战略结盟，提高重点优势企业在区域内的配套率，完善产业

集群分工协作体系。组建慈溪家电区域创新联盟，鼓励慈溪家电龙头企业与高校、科研机构合作，成立绿色家电、智慧家电、数字家电等各具特色的技术创新战略联盟，促进关键技术、关键工艺上的技术改造和技术创新。建立慈溪家电研发科技成果转让交易市场，加快科技成果的转化和产业化。

课题组成员 阎 勤 童明荣 王明荣

宁波发展现代种业的问题与对策

◎ 农贵新 陈 浩

种业是农林牧渔业发展的根本，是保障我国粮食安全、农产品供给安全的战略性产业。发展现代种业是国家根本性战略，宁波发展现代种业，是农业转型升级的需要，也是提高农民增收和巩固农业基础的需要。根据国家、省发展现代种子产业要求，2013 年宁波出台了《关于加快推进现代种业发展的实施意见》（甬政发〔2013〕77 号），提出了建设种子强市的目标。为更好地推进种子强市建设，经过调查研究，我们提出以下几点建议。

一、宁波建设种业强市的基本现状

关于种业强市的内涵，学界和各地政界定义不尽相同，从宁波发展实际看，其内涵应包括以下四个方面：产业总量要上规模，影响力要上层次，科研团队要上档次，产业发展要体现自主性。

近年来，宁波现代种子产业从无到有、从小到大，发展势头良好。一是育种成效显著，目前已有省级以上认定（审定）的优质品种达 45 个，获省级以上科技进步奖 4 项。二是繁育能力提高，目前已有种类齐全的农作物种子基地、种畜禽场、水产种苗场、林业良种基地等，繁育基地建设规模迅速扩大。三是推广规模扩大，全市畜禽良种覆盖率达 95% 以上，甬优系列杂交水稻种子市内推广面积突破 40 万亩，市外覆盖浙、沪、苏、鄂、赣、闽、桂 7 省区，年推广面积达 341.6 万亩。四是科研实力提升，目前已经拥有若干个实力较强的科研团队，其中属于国内一流水准的团队是，以全国人大代表马荣荣为带头人的宁波农科院籼粳杂交稻研究团队，大黄鱼、三疣梭子蟹等水产育种团队等。

虽然宁波种业取得了很大发展，但发展中还存在许多困难，实现种业强市还任重道远，目前面临的主要问题是：

（一）产业规模小，重点企业少

种业产业规模小，龙头企业少且布局分散，没有形成聚集规模效应。据宁波市农业局、海洋渔业局、林业局三家涉农部门提供的34家重点种业龙头企业数据显示，2013年全年种业销售额不足6亿元，还比不上台湾农友种苗股份有限公司一家的销售额（约10亿元）。而全市种业影响最大、销售排名第二的企业，其注册资金3000万元，固定资产1500多万元，但这仍达不到国家规定的允许跨省经营杂交水稻种子的门槛。农作物种子市场是全国种业的重头戏，宁波与郑州、武汉、长沙、成都等国内其他城市相比，差距甚大。

（二）管理体制不顺，发展机制不活

管理体制不顺，主要表现在国有种子企业采取上年基数递增制，即下不包底，上要封顶，不适应种业波动式发展特点；种业行业监管能力薄弱，不能建立起对良种和优质种苗生产者的有效保护。科研机制不活，主要表现在全市尚未建立有效的科研激励与成果转化机制，经营手段单一，如宁波林特种苗繁育中心的科研团队，培育出“涌金”樟、“霞光”樟等彩色樟树，受限科研机制而不能有效繁育与推广。

（三）要素供给不足，发展瓶颈较多

一是专业人才不足，种业一线员工普遍存在知识面不广、技术水平不高的问题。种业科研人员面临出多进少、农林高校毕业生不愿意从事科研的后继乏人局面。二是土地供给短缺。如杂交稻育种基地一年一包向农户租用，流转期限短、稳定性差，用地紧缺突出。水产种业发展的海域、池塘、滩涂面积不断萎缩，苗种场不能取得土地证而影响了其投资和融资。三是资金支持不力。目前政府每年给予3000万元的财政支持，但对于整个行业发展而言，远满足不了要求。而银行、保险等金融机构对种业支持力度有限。四是基础设施落后。全市种子企业普遍缺少低温、恒温恒湿库等专业化种子保存设施设备，畜禽遗传资源保种场和水产种苗繁育场设施设备简陋老化等。

二、加快现代种业强市建设的对策建议

尽管实现《实施意见》提出的发展目标有很大难度，但只要各级各部门提高认识，抓住重点，落实政策，切实把产业规模做大、把科研团队做强、把运行机制做活、把政府服务做优，实现目标仍有很大希望。

（一）明确发展重点

宁波种业发展中面临最大问题是产业规模太小，因此，当务之急就是要通过做强做大一批骨干龙头企业，培育一批中小型龙头企业，做大产业规模。

壮大一批骨干龙头企业。以规模化、集团化、产业化的工业发展理念发展现代种业，借鉴大连獐子岛集团等经验，以打造“育繁推一体化”种业集团为目标，重点抓好宁波市种子公司、振宁牧业、明凤淡水养殖、枫康生物科技、微萌种业等一

批在各行业具有规模优势、专业优势和技术优势的种业骨干企业。通过政府引导，优化和调整种业企业布局，推动种子企业间的联合、兼并与重组，优化资源配置，鼓励大型种业企业上市。

培育一批中小型龙头企业。扶持培育一批如巨高兔业、金龙浦等在各领域具有发展潜力和特殊专长的种业企业成为行业内的中型龙头企业。借鉴西安杨凌等地区经验，加快种子产业集聚，建立种业龙头企业的产业园区和种业创业企业的孵化园区，园区集种业研究、开发、试验、加工、培训、品种权交易于一体，在财政扶持、企业税收、企业融资等方面提供一系列扶持政策，鼓励和吸引企业入园，扶持一批中小型种业龙头企业。

支持一批种业基地。着重抓好一批种业重点企业和甬优水稻、岱衢族大黄鱼、振宁黄鸡、彩叶樟树等本土优良品种的育种、繁种基地的规划和建设，对种业重点企业的育种基地实施重点保护，实行比基本农田、粮食功能区更为严格的支持和保护政策。完善种业基地的基础设施，建设现代化的种业加工中心和配送体系，有效提升优良种苗的生产能力。鉴于宁波土地面积有限的现状，着力完善市外良种繁育基地管理和补助机制，鼓励种业企业到市外建立良种繁育基地，通过项目扶持等形式，进一步改善本市在海南繁种基地的生产设施条件。

打造一批种业品牌。大力实施品牌战略，加大对甬优系列杂交水稻、岱衢族大黄鱼、振宁黄鸡、巨高长毛兔、彩叶樟树等拥有自主知识产权的本土知名品种的推广力度，加强行业内部的品牌规划和整合，不断提高宁波种业品牌的知名度、信誉度，树立“宁波种业”统一的对外品牌形象。建立覆盖多种媒介形式的宁波种业统一推广平台，鼓励种业企业充分利用卫星电视、网络等现代化传媒手段，在全国范围内宣传推广宁波种业。举办种业高峰论坛，开展种业展销会等会展活动，向世界推介宁波本土的优良品种。

构建一个种业电商平台。加快建设电子商务平台，尝试种子、种苗的网上交易。探索建设种子交易所、种子产权交易所等。建立种业企业、种业基地、种业科研院所、行业协会、政府管理机构之间的信息共享制度，做好种业信息的分类、整理、储存和公开，发布分品种、分时节的种苗供求数量、质量和价格信息，为种业企业和广大农户提供更为便捷直观的服务，提高种业信息化水平。

（二）创新体制机制

创新种业科研机制。鼓励科研人员、政府相关部门解放思想，允许政府部门、事业单位的种业经营管理人才、科研人员在保留原有身份的基础上创办、领办种业企业。切实落实好《实施意见》中的“支持科研单位的高层次人才进入种业企业开展商业化育种研发、推广，经本单位同意，报人事部门备案，其人事关系 5 年内可保留在原单位，经济上可参与企业收益分配”等政策，建立种业企业与科研单位之间的科研成果、科研人才的股份合作发展机制。允许科研成果以入股、转让、拍卖等形式进入市场，鼓励种业龙头企业设立商业化育种机构，充分利用公共研究成果，整合现有育种力量和资源。鼓励种业龙头企业牵头组织目标品种选育，推进联合育种攻关，建立分工合理、资源共享、运行高效的育种协作攻关机制。建立科研单位、企业与农户之间的“三合一”科研成果推广体系，加快科研成果从实验室到农田、养殖场的转化速度。

推动产学研合作。鼓励科研院校与种业企业在科研项目申报、科研人才共享、技术难题攻关等方面开展深入合作，实现科研院校和企业在科研设备、科研团队、科研技术等方面的优势互补、资源共享，有效提高新品种研发、新技术推广范围和科技成果产业化水平。推动高等院校和企业在学生联合培养、企业人才培训、实习基地建设等方面开展合作，鼓励院校为企业的经营管理人员、技术人员和基地农户开展理论知识辅导和技术培训，提高企业现有人才队伍的整体能力水平。

改革现行管理体制。针对种业公司发展实际，建立一套适合于种子企业资本积累、快速发展的激励体制，灵活调整利益分配，有效激发员工积极性，促进国有种子企业的保值增值。加强行业管理，考虑借鉴台湾地区种业发展的有效经验，建立覆盖农林牧渔等各部门的种业行业协会，进而发挥行业协会的协调、服务、维权、自律作用，规范企业行为，避免恶性竞争，加强行业服务，听取企业各类建议并及时向政府有关部门反馈，做好政府和企业之间沟通的桥梁。

加强种业监督管理。认真贯彻执行《中华人民共和国种子法》等有关法律法规，严格种子生产、经营行政许可管理，加大优势良种的示范推广和不适宜品种的退出力度，加强对种业生产基地和购销环节的管理。开展种业生产经营专项执法，严厉打击无证生产经营、生产经营假冒伪劣种子种苗、侵犯植物新品种权等各类违法行为，规范种子种苗市场秩序。健全抽检制度，拓展抽检范围，督促企业建立种子、种苗可追溯信息系统，完善全程可追溯管理，让广大农民、养殖户放心购买、安心使用。

（三）加大要素保障

培养种业专业人才。用好现有人才，切实落实现有优惠政策，把种业龙头企业的经营管理人才和中高级技术人才的培养纳入市人才总体目标，专项保证，确保学有专长的人放到最能发挥其作用的岗位上，充分调动人才的积极性、创造性。鼓励科研院所和种业龙头企业专职或兼职聘请国内外具有较高知名度的育种专家和高级经营管理人才，将中高端种业科研人才、科研团队和种业企业经营管理人才的引进，列入市人才政策的奖励范畴。鼓励高校毕业生进入种业行业发展，贯彻落实市政府办公厅《关于进一步完善大学生在农业生产领域就业创业扶持政策的通知》（甬政办发〔2012〕194 号）文件精神，对进入种业企业、种业生产基地从事育种工作或者种质资源保护工作的高校毕业生，予以资金补助和就业政策优惠。

落实资金保障。充分利用每年3000万的现代种业发展专项资金，集中财力用于种业产业聚集区或种业园区建设发展，用于重点龙头种业企业、种业电商企业、农业企业孵化器建设。充分发挥财政资金的杠杆作用，广泛吸纳、引导风险投资、股权投资等社会、金融资金进入种业。加强银行、保险公司等金融机构对种业企业的支持力度，对符合规定条件的种业龙头企业落实在信贷、融资等方面等同于科技创新型企业的优惠政策，鼓励种业企业参加保险，扩大种业企业参保率，降低种业企业生产经营风险。建立市级良种补贴制度，在现有林木良种补贴试点的基础上，扩大对农作物、水产、畜禽良种的补贴范围，重点补贴地方优质种质资源的发掘、收集和保护。落实三项科技经费，加大对种业科研团队的支持力度。

加大土地（水域）供给。做好先期规划，预留种业发展空间，为产业发展重点项目优先保障水域、土地、水电等要素，着力保护重要育种基地、良种生产基地生态环境，对连片、大规模的育种基地纳入土地利用总体规划，永久保护。落实种业企业固定资产和生产用地，优先将原有种业生产经营性资产依照有关政策通过多种形式注入种业企业，优先依法解决种子仓储、加工、检验用房建设用地指标等，帮助企业获得注册必需的固定资产。对高投入、高风险却无土地证的海洋生物种业用地，可参照工业用地政策，形成土地、房产权证。

（四）加强组织领导

统筹协调领导合力。充分发挥种业强市工作领导小组及其办公室作用，加强现代种业发展的组织领导和统筹协调，完善相关部门合力机制，研究解决宁波种业强市工作中面对的重大问题，制定并实施种业统筹发展规划，种业扶持政策的具体化实施细则。

开展目标管理考核。为达到《实施意见》提出的发展目标，制定种业强市行动计划，并针对2015年的近期目标和2020年的远期目标，向各部门分解落实每年度的工作计划和工作要求，并将任务完成情况列入各部门年终考核目标。

落实种业扶持政策。各县（市）区要重视现代种业发展，加快出台适合各地实际的种业发展扶持政策，加大对本地自主知识产权品种的推广力度，扶持一批种业龙头企业发展壮大，加强对种业生产基地的保障力度。

宁波加快小微企业创业园建设的建议

◎ 王明荣

小微企业在增加就业、促进经济增长、科技创新与社会和谐稳定等方面具有不可替代的作用，对国民经济和社会发展具有重要的战略意义。但受国内外复杂多变的经济形势影响，当前，小微企业经营压力大、成本上升、要素制约和税费偏重等问题仍很突出。近年来，党中央、国务院高度重视小微企业的发展，出台了一系列扶持政策，尤其是《国务院关于进一步支持小型微型企业健康发展的意见》出台后，各地积极创新小微企业发展扶持举措，其中，不少城市都选择了加快建设小微企业创业园，推动小微企业发展。

一、各地小微企业创业园建设经验

（一）打造小微企业创业园已经成为很多城市的共性选择

小微企业创业园是以解决小微企业发展空间为目的，充分利用产业集聚区新增的空间，引导社会各方参与，通过“企业集中、产业集群、要素集聚、土地集约”的方式，突出主导产业、高效利用土地，形成产业链相关联、服务链相支撑的产业园有机体。由于小微企业创业园所具有的独特优势，相关城市纷纷将打造小微企业创业园作为推动小微企业发展的有效举措。目前，全国明确提出并大力推进小微企业创业园建设的有上海、天津、广州、武汉、昆明、南昌、无锡、温州等城市。如昆明早在2009年就成立了小街小微企业创业园，武汉第一个小微科技企业创业园在2012年7月正式开园，温州已经建设了104个小微企业创业园。

（二）持续提升园区建设标准

小微企业创业园作为推动解决小微企业发展空间问题、保护产业链和现实生产力、从源头上治理环境污染等问题的重要平台载体，园区的建设标准决定了上述功能的发挥。因此，各地致力于提升小微企业创业园建设标准，使得小微企业创业园在推动区域小微企业转型升级过程中发挥更大的作用。如江西提出力争用5年的时间，在全省建设100个具有示范带动作用的省级小微企业创业园，明确省级小微企业创业园区建设标准为：相对集中在一个区域，园内企业一般不少于 50 家，符合当地产业延伸规划，能形成较完善的产业链，产业配套率达 80% 以上等。南昌在国家工业和信息化部中小企业发展促进中心、中国中小企业国际合作协会等部门单位的支持下打造全国首个国家级小微企业创业园。

（三）立足各地实际发展特色园区

服务和推动小微企业发展是建设小微企业创业园的出发点和立足点，先发城市一般都立足自身的资源禀赋和特色优势来打造引领性、特色型的小微企业创业园，这样的路径选择，既有利于形成体现区域特色，又可以差异化发展，避免重复建设和恶性竞争。如武汉科技小微企业创业园，将园区定位为科技型小微企业孵化器，主要针对应用技术开发、产品设计以及软件开发相关领域的初创企业进行孵化服务。昆明小街小微企业创业园则突出以汽车制造及零部件配套产业带动，装备制造、食品饮料、新型材料、信息产业为引导的“1 +4”产业格局，成为小街民营经济发展的强大支撑。

（四）多方参与小微企业创业园建设

小微企业创业园作为一个特别的功能园区，其建设需要多方的参与和支持。从设立过程来看，小微企业创业园的设立需要规划、国土、经信、环保、财政、金融等部门的协同合作。从开发模式来看，各级政府、各类投资公司、行业协会（商会）、龙头企业，以及抱团联合开发企业团体等都可能成为小微企业创业园的开发主体。因此，建设小微企业创业园需要各方积极参与投入。如温州单独成立了全市小微企业创业园管理办公室，明确牵头管理职责。同时，温州颁布实施《关于在全市加快小微企业创业园建设的实施意见》，明确了温州市经信委牵头，市发改委、国土局、住建局、规划局、环保局、公安消防部门以及审管办等职能部门共同参与的建设模式。

二、宁波市小微企业创业园建设情况

（一）合力推进局面逐步形成

宁波小微企业创业园建设从一开始就获得了多部门的支持，形成了市级相关职能部门和各县（市）区合力推进的良好局面。如宁波市财政局和经信委联合发文，提出从 2012 年起连续 3 年，每年市级财政安排 1 亿元用于小微企业融资担保、自主创新、创业园区建设等。市国土局根据宁波市委市政府的统筹安排，将新增建设用地计划指标总量中安排 5% 用于小微企业创业园区建设，2012 年和 2013 年共落实专项用地 2902 亩，有力保障了小微企业创业园的发展。当前，宁波共规划建设 27 个小微企业集聚区，涉及全市镇海、宁海、象山等 9 个县（市）区。截至 2014 年 6 月，宁海县、镇海区、北仑区等 5 个小微企业创业园已进场施工，全市小微企业创业园建设开工率达 18.5%，建设面积达到 18.6 万平方米。如北仑区小港顾家桥小微企业创业园一期建筑面积 2.3 万平方米，该项目总投资 6638.84 万元，由 6 幢标准厂房组成，预计 2014 年底竣工。

（二）园区导向定位清晰明确

宁波小微企业创业园坚持规划先导，强化整体管控，根据城镇总体规划和工业布局规划，合理规划建设创业园区，一般将节能环保、高端装备制造、新材料、新能源、新一代信息技术、文化产业、现代服务业等作为产业主要导向并纳入园区准入条件。部分县（市）区还以乡镇（街道）工业功能区为基础，以工业强乡镇（街道）试点单位为重点，优先保障当地特色优势产业小微企业发展。如镇海区将紧固件、轴承、液压马达、汽配等机械装备产业纳入优先保障范围。宁海县则以模具产业为特色，以建成国际一流模具产业基地和国家中小模具企业转型升级示范园区为目标，建设宁东新城小微企业创业园。

（三）政府主导下的多元开发机制

宁波小微企业创业园建设主要以政府主导开发为主，同时积极探索政府委托国有企业开发、政府与企业共同开发、引进专业地产商开发和政府统一规划下的企业自建等多元开发模式。政府主导开发模式主要以宁海西店镇、奉化经济开发区为代表；政府委托国有公司开发模式主要以宁海县宁东新城、江北（高新区）一期地块为代表；政府与企业共同开发模式主要以慈溪市小微企业创业园为代表；引进专业地产商开发模式主要以江北（高新区）二期地块为代表；政府统一规划管理、企业自行建设模式主要以镇海区九龙湖镇为代表。

（四）园区管理保障不断强化

宁波市重点保障小微企业用地专项指标的有效落实，在小微企业创业园的土地规划、批复、招拍挂、审批、招商等开发程序上优化保障条件和水平。同时通过对项目建设进度、投资强度、履约保证金、分阶段权证管理等作进一步明确规定等方式，强化小微企业创业园的建设管理。如宁海县对模具产业园区项目明确规定投资强度不低于 180 万元/亩，容积率不小于 0.8，建筑密度 35% ~55%，绿地率 20%，土地使用年限为 50 年。如余姚市建立了小微企业创业园建设督查机制，督查工作由市纪委牵头，经信、审管办配合，每月一次到有关乡镇街道就土地征用、模拟审批、土地招拍挂是否符合计划的时间节点要求进行督查，对推进进度滞后的单位提出整改意见。

三、宁波小微企业创业园建设存在的问题

（一）缺乏统一规划，影响园区的集聚作用发挥

从全市已批复建设的小微企业创业园来看，突出的问题就是创业园布局规划滞

后，园区建设与城镇体系规划缺乏一致性，部分小微企业创业园空间定位不明确，园区发展与依托城镇的关系不协调。从单个创业园区来看，存在批复拿地在先，创业园规划在后的问题，基础设施和服务配套没有事先统一设计、规划，而是采取边建边完善的策略，使创业园发展丧失了应有的集聚性和稳定性。

（二）建设进展缓慢，土地、资金和招商问题突出

截至2014年6月底，全市小微企业创业园建设开工率仅为18.5%。主要原因：一是土地征用难。被征地农民期望值越来越高，提出的要求大大超过了征用单位的承受能力，拆迁工作协调不下，导致前期工作停滞，影响进度。二是资金压力大。目前乡镇政府普遍资金紧张，加之创业园建设周期较长，多数乡镇（街道）难以承受一次性投入大、投资回收期长的建设模式。三是招商难。一方面，出让标准厂房，在土地证、产权证办理上实际操作难度大；另一方面，本市许多小微企业主更愿意自行拿地规划建设，企业有独立的土地证、产权证，而不是现有的出让标准厂房模式，导致了招商进度缓慢。

（三）规模布局小而散，产业准入多而杂

现有小微企业创业园普遍存在规模小、布局散、准入低、主导产业不突出的问题。如余姚市建设6个小微企业创业园，三七市镇的创业园只有20亩，朗霞街道的创业园为40亩。在小微企业创业园的产业准入上，没有让处于同一条产业链上的小微企业集聚一起，互为依存、资源共享、产业互补，从全市27个小微企业创业园产业准入条件看，基本上都是新材料、新能源、新装备、新一代信息技术等新兴产业和优势产业，不够突出产业特色、产业集聚、产业协作和产业配套，难以实现聚合效应。

（四）土地利用考核评价缺失，园区退出机制尚未建立

由于宁波小微企业创业园建设目前普遍处于初期阶段，大多数小微企业创业园尚未建立起土地利用的绩效考核和跟踪评价机制。园区企业退出机制也属空白，如企业退出的评判标准如何确定、对拟退出企业的约束机制、补偿机制等问题需要进一步明确。

四、加快建设宁波小微企业创业园的四点建议

（一）强化主体责任，加快建设进度

一是建立问题分类管理机制。对专项指标落实、征地拆迁、纠纷协调、资金筹集、招商宣传等建设过程中的突出问题采取“问题清单”管理模式，对问题进行分类，建立问题系统协调解决机制，如专项土地指标的落实问题，县（市）区层面解

决不了的，要提升到市级层面，由市级相关部门通过平衡、统筹的方式加以解决。

二是要落实问题解决计划。对于因建设中问题影响建设进度的，要由各县（市）区等牵头开发部门制定问题解决计划和时间表，进一步加大督查力度，定期开展建设推进情况交流，切实履行首要责任单位职责。

三是要创新推进机制。建立全市性的小微企业创业园建设协调小组办公室，设在市经信委，用以协调小微企业创业园区建设过程中涉及各职能部门的问题，落实小微企业创业园的组织服务功能，督促推进全市小微企业创业园的开发建设。

（二）强化规划引导，突出产业特色

一是发挥土地指标的引导作用。力争通过几年土地指标的积累，在各县（市）区内形成2～4个面积达到300亩以上的小微企业创业园。建立小微企业创业园专项用地指标动态调整制度，对于没有做出详细、合理规划方案的小微企业创业园，不予批复专项用地指标申请。对无法提供合适区域建设小微企业创业园的县（市）区，减少年度专项土地指标供应。

二是进一步优化空间布局。按照“统一规划、分期实施”的原则，小微企业创业园选址要“立足当下，着眼长远”，重点围绕工业强镇（街道）区域，以具备一定产业基础的乡镇（街道）功能区为依托建设开发，积极鼓励在各类产业园区内建设小微企业创业园，形成配套协作专业“园中园”。

三是进一步优化产业布局。小微企业创业园布局要符合产业发展规划，与各地主要集聚产业相结合，要进一步明确和突出各个创业园区的主导产业和特色，深化重点园区发展规划，实施差异化发展，打造特色化、专业化、品牌化的小微企业创业园，避免盲目和无序发展。

（三）强化节约集约，完善进出机制

一是要完善准入机制。明确园区产业定位，突出产业特色、产业集聚、产业协作和产业配套，每个创业园确定的主导产业要少于3个，入驻企业要与园区产业定位相吻合，园区主导产业企业数应占全部入园企业数量的70%以上。各县（市）区要制定各小微企业创业园产业准入条件并向社会公布，杜绝技术含量低、生产污染大、经济效益差的企业入园。

二是要完善退出转让机制。建立针对占用土地资源、严重破坏园区环境且效益产出低的劣质企业的退出机制，由各级政府土地管理部门强制收回土地使用权，采用成本减折旧的计算标准对土地的回购和建筑物进行补偿，回收后禁止改变园区内工业用地性质和建筑物功能，对清理出的土地，按照因地制宜地原则重新安排使用。对于确因生产调整等原因需要转让的，由政府部门委托有关企业按建设用地使用权原出让价格（不计利息）收回，实行循环利用。

（四）强化开发投入，保障发展空间

一是要加大土地投入。坚持小微企业专项用地指标向创业园区集中，优先安排创业园区用地计划指标。积极探索土地一级、二级开发联动方式，科学制定园区土地上市计划，秉承先易后难原则用好现有土地资源。用足用活土地政策，采取土地出让和出租等方式满足不同企业的需要，促使优质项目尽快“落地”，综合测算园区分期开发的土地成本，采用分摊共享的方式消化成本，多途径解决土地“高成本”问题。

二是加大资金投入。经信、财政等部门要提供相应的资金补助配套，用以园区内行业公共平台建设、共性技术开发等。对于成功申报成为市创业创新基地，产业特色明显、管理规范的小微企业示范创业园，给予园区管理单位 200 万元的资金补助。积极吸引民间资本等各类市场主体参与小微企业创业园建设，探索专业开发商、龙头企业独立开发、企业合作建设和行业协会开发等多种有效开发投入机制。

三是加大优惠政策扶持。推动实施一批财税、投融资等扶持政策，对小微企业创业园建设项目，予以免缴城市市政基础建设配套费；购置厂房所产生的交易税归属于地方部分，给予全额返还；对入驻的小微企业，在 3 年内按新增税收地方留存部分的 50% 的标准，由同级财政予以奖励；积极引导银行业金融机构给予园区企业足够的授信额度，并给予利率优惠；鼓励宁波市天使投资基金等政府性投资引导基金优先支持园区小微企业发展。

宁波与相关城市人才创新创业环境及政策比较研究

◎ 王明荣

近日，清华大学启迪创新研究院发布《2014 中国城市创新创业环境评估研究报告》，连续第三年对我国大陆地区 154 个 GDP 超过 1200 亿的地级以上城市（不含直辖市）的创新创业指标，包括政府支持、产业发展、人才环境、研发环境、金融支持、中介服务、市场环境、创新知名度等八方面进行系统评测，深圳、广州、杭州蝉联三甲，宁波第十，排名较去年下降三位（见表 1）。

表 1　相关城市创业创新环境综合排名

年份 \ 排名	1	2	3	4	5	6	7	8	9	10
2013	深圳	广州	杭州	苏州	南京	武汉	宁波	成都	无锡	西安
2014	深圳	广州	杭州	武汉	成都	苏州	西安	南京	大连	宁波

一、宁波与相关城市人才政策比较的优势与不足

（一）优势

一是重视高端创新创业团队的引进。宁波实施了针对高端创新创业团队引进的“3315”计划，从多方面给予政策支持。二是对高端创新创业团队的资助力度较大。对高端创新创业团队给予最高 2000 万元的资助，世界一流水平团队还可“一事一议”，资助力度仅次于深圳的“孔雀计划”。

（二）不足

一是缺少特色化的扶持措施。除了一次性货币资助外，深圳、广州、杭州等地还在风险投资、成果转化、产业化项目扶持等方面给予专项支持，上海则将创新创业企业产品纳入政府采购目录。二是人才生活服务配套方面存在不足。上海、深圳、苏州等地均给予人才 100 万 ~250 万的生活补助，并且在人才出入境、落户、居住、

子女入学等方面明确了专项优惠政策，宁波这方面的门槛较高（见表2）。

表2　　相关城市主要人才政策比较

	上海	深圳	广州	杭州	苏州	宁波
主要政策	千人计划	孔雀计划	领军人才百人计划	5050 计划	姑苏人才计划	3315 计划
实施对象	高层次创新和创业人才	海外高层次人才和人才团队	创新创业领军人才	海外高层次留学创业人才	科技创新创业领军人才	海外高层次人才和高端创新创业团队
创新创业资助	①每人 100 万创业资助 ②科技型中小企业科技创新基金给予优先支持	①个人最高 500 万元的创业资助 ②团队最高 8000 万元创业资助 ③最高 1000 万元成果转化资助	①最高 500 万元的启动资金 ②产业化项目给予 100 万元的贷款贴息	①最高 500 万元的启动资金 ②最高 500 万元贷款的全额贴息	①最高 400 万元的科研经费资助 ②最高 30 万元的科技保险费补贴和 50 万元贴息资助	①团队最高 2000 万元的创业资助 ②个人 100 万元的创新创业资助
生活服务	①100 万的一次性生活补助 ②2～5 年多次出入境签证 ③享受医疗照顾人员待遇	①150 万元奖励补贴 ②不受限购，购买商品房一套 ③2～5 年的就业居留许可和落户	①5 年内每年最高 30 万元的个税补贴 ②给予最高 100 万元的安家费	①三年 100 平方米房租补贴 ②优先购买人才特价房	①给予最高 250 万元的安家补助 ②海外留学回国人才享受苏州户籍待遇	①最长 3 年的生活补贴 ②纳入人才住房保障 ③帮助解决在甬工作期间的落户、签证、子女入学等问题
特色条款	创新创业企业产品纳入政府采购目录	深圳市创业投资引导基金出资 2 亿元设立引导基金子基金，鼓励投资人才创办企业	广州市属风险投资公司给予最高 500 万元的股权投资	项目启动后，可申报最高 100 万元的留学人员在杭创业基金	不少于风投首次投资额 10% 的资金配套	可向指定银行申请资助等额的信用贷款

二、宁波各县（市）区人才政策的特色和存在问题

（一）人才政策特色

一是引才机制有特色。各县（市）区均出台专项人才开发政策，如慈溪的“上林英才”计划、奉化的“凤麓英才”计划等，与市级引才政策形成良性互动。二是引才政策有力度。其中，宁海创业资助力度最大，给予最高 1000 万元的项目资助；江东引才政策最全面，不仅给予 500 万元创业启动配套资助，还提供创新科研资助、区政府特殊津贴等较完备的政策扶持。三是创业扶持有创新。如慈溪、江北、北仑等地规定知识产权可入股，占比最高可达注册资本的 70%。

（二）存在主要问题

一是重点引才领域雷同。如余姚、慈溪、镇海、北仑等地都将引才重点集中在新材料、新能源等战略性新兴产业和电子商务、文化创意等现代城市经济领域。二是政策扶持的时间轴较短。绝大部分县（市）区出台的政策只是针对创新创业的初期环节，对中后期发展环节的关注度不够，以及缺少动态评估机制和对引进创新创业人才和团队的相关人员的持续激励。三是政策手段的覆盖面较少。一方面，对于创新创业本身的支持多局在限提供启动资金、贴息等以现金性资助，缺乏其他综合环境改善的有力举措；另一方面，对于创新创业相关联的，诸如人才落户、签证、子女教育等配套政策规定不够完善细致（见表 3）。

表 3　各县（市）区人才政策比较

	主要政策	重点领域	创新创业主要扶持政策	生活服务
余姚	高层次人才创业扶持计划	新能源与节能、新材料、新装备等产业	①最高 500 万元的创业扶持资金和种子资金 ②给予最高 500 万元银行贷款额度的利息补贴	专业技术人才引进享受本市专业技术人员同等待遇
慈溪	上林英才计划	新材料、新能源、高端装备、生命健康产业	①最高 200 万元的创新创业资助和 300 万元的风险补偿 ②知识产权可在注册资本的 30% ~70% 范围内作价入股	①享受高层次人才相关优惠措施 ②A 类人才提供免费住房一套
奉化	凤麓英才计划	“三高三新”产业以及海洋经济产业	①最高 800 万元创业项目资助和等额贷款全额贴息 ②三年免费最多 1600 平方米创业场地或最高 20 万/年租金补贴	享受住房保障等优惠

续表

	主要政策	重点领域	创新创业主要扶持政策	生活服务
宁海	5111 工程	新能源、工业设计等战略性新兴产业	①最高 1000 万元创业项目资助和等额贷款全额贴息 ②最高 150 万元的一次性奖励。	给予政府补贴、住房补贴、家属安置、子女就学等优惠
象山	海洋新牧民人才工程	海洋高技术等海洋经济产业	①最高 500 万元的创业启动资金资助 ②500 万元贷款的免费担保和全额贴息	最高 60 万元的学术科研津贴，并提供生活补助和津贴
海曙	海内外高层次人才创业项目	现代金融、新材料创意设计等产业	①最高 500 万的创业启动资金 ②3 年免费使用 100 平办公用房和 50% 的物业费补助	提供 3 年免租金人才公寓
江东	江东英才 300 计划	战略性新兴产业和高端服务业	①最高 500 万元创业启动资金 ②最高 50 万元创新科研项目资助	优先享受区政府特殊津贴、住房保障、子女就学等待遇
江北	万千百十人才工程	高新产业和新兴产业	①最高 500 万元的创业启动资助 ②知识产权入股占比最高可达注册资本的 70%	①给予住房补贴 ②享受子女就学、家属就业等扶持
镇海	人才金港	新材料、新能源、文化创意产业	①最高 500 万元的创业启动资金 ②创业企业场租、贷款贴息等补助	重点引进的人才，可享受政府特殊津贴等各类补助
北仑	外专智汇港	新材料、新能源、文化产业等产业	①最高 500 万元创业资助 ②注册科技型企业给予 30 万的开办费补助 ③技术成果作价出资额最高可达 70%	给予政府津贴、工作补贴以及生活补助等
鄞州	创业鄞州精英引领	新材料、新能源、生物医药等产业	①最高 600 万元的创业项目资助和等额信用贷款 ②最高 100 万元的创新经费资助	①享受生活补贴、住房补助等优惠 ②300 万元内个人授信贷款

三、优化提升宁波人才创新创业环境的对策建议

第一，举全市之力打造“蔚蓝智谷”。进一步完善市级部门和各县（市）区之间的人才工作统筹协调机制，加快制定出台《宁波“蔚蓝智谷”建设行动纲要》，构筑全市人才工作合力。

第二，创新提升“3315”计划等人才工作的政策扶持力度。对“3315”计划等人才工作的阶段性成效进行深入评估，结合先进城市做法和区域特色进行创新提升。结合“十三五”及更长时期发展需要推出“泛3315”政策，成立“泛3315”创新创业投资引导子基金，加大对城市经济高端业态人才以及文化、教育、卫生等社会文化人才的引进力度，以及用较为宽松的条件和更为灵活的机制吸引社会资本共同参与。

第三，进一步完善人才创新创业服务体系。组建“高层次人才创新创业服务联盟”，建设市场化、网络化的人才创新创业服务中心，鼓励市级部门和各县（市）区以购买产品和服务的方式为创新创业企业提供支持。

宁波产业工人人才评定的问题与对策

◎ 农贵新 童明荣

一、宁波产业工人人才评定的主要问题

产业工人人才评定是人才评价中一个比较突出的现实难题。目前，虽有技工、专技评价体系，但尚没有专门针对在生产一线的产业专业人士的融合技工和专技为一体的评价体系。

（一）两类人才评价标准不同酬

目前，我国主要有两类人才评价体系，一类是专业技术人员职称评审体系，还有一类是技能人才考评体系。专业技术人员，是由县级以上人社部门综合管理，由相关主管部门为主负责评定或通过国家、省级统一职业资格考试合格人员，取得相应专业技术职称的人员。专业技术人员评价体系在不同领域有不同的专业技术资格名称，比如在教师系列中包括教授、副教授、讲师、助教；科学研究系列中包括研究员、副研究员、助理研究员、研究实习员等。技能人才是指在生产和服务等领域岗位一线，掌握专门知识和技术，具备一定的操作技能，并在工作实践中能够运用自己的技术和能力进行实际操作的人员，主要包括取得技工、技师及其他相应水平或拥有各种技能的人员。目前，这两类人才评价体系基本属于割裂状态，相互不贯通、不对接，这对人才的培养、激励、评价以及使用都带来了许多不便和问题。尤其是对于产业工人人才来说，两类人才评价体系都有所适用，但又都不完全匹配，有的产业工人人才适合申报专业技术人员，有的又适合参评技能人才。

（二）人才评价与使用存在“两张皮”

当前，在产业工人人才开发实践中，人才评价与使用的脱节问题十分突出，由于评价主体、评价指标和评价方法等各方面原因，部分符合专业技术人员职称评审以及技能人才考评的，其实际能力、职业道德和工作业绩并不突出，许多爱岗敬业、扎根基层、服务生产一线并且符合创业、创新导向的人才，却无法通过相关评审和

考评。这造成现行人才评价体系的有效性无法被用人单位广泛接受，反过来也影响了劳动者参与技能培训和获取职业资格认证的积极性，这在制造业技能型人才中尤为突出。

（三）人才评价科学性不足

人才决定竞争胜败，但人才评价必须为科学的人才观所指导，才能发挥真正的作用。不可否认，现行的职称评审以及技能人才考评制度在尊重知识、尊重人才，调动专业技术人才和技能人才积极性、创造性，提升人才能力素质等方面发挥了重要作用。然而，现行人才评价制度的深层次矛盾和问题越来越凸现出来，主要表现在：评价条件过于笼统，在评审时很难准确把握，难以提升评价质量和社会公信度；对学历、资历、论文强调过重，创新、创业、创优不够强化，人才评价业绩、贡献和能力导向作用不足；评价主体基本是政府大包大揽，社会组织、行业协会、企业等参与太少，影响了评价的科学性和实用性；对职业道德要求失之于软，对科学精神、诚信意识弘扬不够；评价后管理缺乏制度安排，没有建立能上能下的优胜劣汰机制，形成了“终身制”等。总之，现行产业工人人才评价的主体、指标体系、方式方法、体制机制等都需要创新完善。

二、创新宁波产业工人人才评定的对策建议

建议构建一套针对产业工人人才的融合技工和专技为一体的评价体系，即“产业工程师”评价体系，提升产业工人人才评价的科学性、灵活性和有效性，推动产业工人人才开发和产业经济创新转型发展。这里，产业工程师是指在工业生产和工程技术领域中一线岗位从事技术工艺或技能操作工作，拥有一定专业知识和技能，具有较高职业素养，具有良好的实际操作能力和技术创新力的产业技术人才，也可称为“灰领人才”。

（一）构建思路

构建宁波产业工程师评价体系要有一定的独立性，同时又融合了传统的技能人才和工程技术人才评价两大评价体系，突出四大特色：一是“突出社会认可”，以企业和业内认可为主导，突破学历、资历等限制，摒弃“学历”、“资历”论人才的评价模式；二是“突出业绩为王”。以“业绩”论英雄，以工作业绩、突出贡献作为评价人才的主要指标；三是“突出融通发展”，根据现代制造业对专业人才理论与实践高度结合的需要，将技能人才和工程技术人才的评价融为一体；四是“突出宁波特点”，紧扣宁波制造业发展需要和特色，对产业工程师进行评价。

（二）主要内容

根据产业工程师基本内涵和评价体系构建思路，产业工程师评价的内容主要包

括以下四个方面：一是职业能力，主要表现为职业基础能力、解决问题能力、创新能力等；二是工作业绩，主要表现为生产效益、创新成果、荣誉与影响等；三是理论与实践结合能力，主要表现为理论与实践基础、理论指导实践、实践上升理论等；四是职业道德，主要表现为工作纪律、敬业精神、团队合作等。

（三）评价标准

鉴于宁波制造业转型发展需要以及加快宁波产业工程师培育、引进和发展需要，产业工程师主要有三个评价标准：一是资格标准，包括申请人的学历、经历、理论考试、申请人所在工作单位的意见等；二是技能标准，可以通过节能考核比赛、业内专家认可等方式认定；三是知识标准，其衡量方法有多种：可以是学历、论文、发明专利，也可以是理论考试、专家评价等。

（四）评价主体与评价方式

产业工程师的评价主体，主要是企业、行业协会、中介机构、培训机构、教育机构等，形成政府指导、企业主导、机构和行业协会共同参与等的多元评价主体。产业工程师评价方式包括：社会化鉴定、行业企业考评、机构评价和政府评价等四种评价方式。社会化鉴定，即建设产业工程师鉴定指导中心，建立起一支以兼职为主的鉴定考评员队伍，按照产业工程师鉴定考评员资格认定办法进行考核和资格认定。行业企业考评，主要由行业协会或企业自行组织专家组对本行业或本企业生产一线的产业人员进行考评。机构评价，包括中介机构、教育机构、培训机构等的考评，组织开展专项实用技能考核，如按照国家职业标准划分的模块标准对应专项能力进行考评等。政府评价认定，政府直接评价认定产业工程师，由市人社局组织有关专家对他们进行考评，根据考评情况直接认定并核发产业工程师证书。

（五）参评对象和评价流程

产业工程师参评对象，主要是制造业从业人员，尤其是生产一线的劳动者。根据宁波目前制造业发展实际以及制造业未来发展需要，产业工程师参评人员，主要是“4+4+4”现代产业的从业人员。产业工程师评价流程：个人申报——业绩追踪——专家组考核——社会公示——确认发证等五个环节。其中，专家组，即各考评主体（单位）依照相关规定组织由若干个专家组成的考评小组。业绩追踪环节，设立考核指标，制定量化的、可操作性的、创造经济效益的指标体系。专家组成员分别对个体申报材料进行独立审查，在审查合格的基础上，专家组再深入企业现场进行考评。

三、工作建议

（一）加强组织领导

一是进一步统一思想。破解构建产业工程师体系“没必要”、“时机不成熟”、“难以实现”等误区，从建设现代化国际港口城市的高度以及宁波制造业转型升级的全局出发，提高加快产业工程师队伍建设重要性、必要性、紧迫性以及可操作性的认识。二是加强组织领导。建议在形成决策后，成立由人社、经信、发改等部门组成的产业工程师评价体系构建工作小组，统筹负责评价体系构建实施工作。工作小组办公室可设在市人社局，适时设立专门处室，充实加强专门工作力量，形成有序联动推进格局。

（二）有序试点推进

一是要制定有关规划。有关部门要把产业工程师队伍建设纳入重要日程安排，制定实施产业工程师队伍建设转型规划，以及各项目标任务的分解落实方案和实施办法，建立相应的监测、评估、考核机制。二是推进试点示范。分步实施试点示范是推进产业工程师评价体系构建的现实路径，选取部分县（市）区、行业及重点企业，实施产业工程师评价试点，试点成功后在全市范围、相关行业及企业推广。

（三）完善政策体系

产业工程师作为新的评价体系，必须完善政策体系，才能提高广大制造业从业人员参评产业工程师的积极性，主要包括评价衔接政策，鼓励已获得工程技术职称资格、技能职业证书的从业人员参评、转评产业工程师；劳动就业政策，完善产业工程师资格证书与就业准入政策，把产业工程师占职工总量的比重作为企业参加投标、评优、资质评估的必要条件；激励保障政策，建立符合产业工程师特点的知识产权保护、争议仲裁、公益性成果经济利益分享和社会效益奖励等制度，保护产业工程师合法权益；培训培养政策，实施产业工程师培训基地补贴政策，对建立产业工程师基地的中高等院校、培训机构、企业和社会鉴定机构，给予一定优惠政策；财政税收政策，完善产业工程师培养资助、专项引进、创新创业、公共服务平台、企业培养和认证中心建设等各项经费投入扶持政策；人才流动政策，突破技能人才与工程技术人才的内部与外部交流渠道，建立产业工程师交流工作站，创建产业工程师人才库，建立产业工程师人才信息库，鼓励产业工程师通过兼职服务、技术攻关、技艺传授、项目合作、理论研讨等形式实现合理流动。

（四）完善评价基础工作

定期修订和完善职业标准，建立动态、开放的职业分类与标准体系。加强专家队伍建设，创新评价技术和考评方法。完善考务管理系统，规范考务管理流程，建立证书查询系统，建立健全产业工程师评价信息化系统。

（五）营造舆论氛围

组织发动各类媒体加强对宁波产业工程师评价体系的报道，尤其是要向重点产业、重点企业的广大制造业人才大力宣传产业工程师评价体系的主要内容、参评方式、主要政策等，发动企业、人才为完善推广产业工程师评价体系献计献策，提高各区域、企业及广大人才参评的积极性，营造实施产业工程师评价体系的良好氛围。

深化海曙区人才强区战略的对策建议

◎王　巍

海曙区实施人才强区战略以来，从人才政策、公共服务、引才方式、环境优化和营造氛围等方面着手，推动人才工作取得新的成效。在区域经济逐步转入新常态的趋势下，创新驱动、转型发展的任务更加紧迫，城市经济的新模式、新业态不断涌现，迫切需要进一步深化人才强区战略，为区域发展提供更加强大的支持。

一、完善人才配套政策

（一）制定海曙区人才工作配套政策

出台《海曙区关于进一步加快引进和培养紧缺适用人才的实施方案》、《海曙区科学技术奖励办法》、《海曙区专利奖励和费用资助实施办法》、《海曙区博士津贴暂行规定》等，在技术职称评审、科技项目资助及奖励申报、投资创业注册登记等方面，提供优质服务。制定支持科技创新的人才政策，以高层次创新型科技人才为重点，加强以企业为主体的技术创新体系建设，促进辖区企业创新能力的持续提升。

（二）设立"海曙区高层次人才创业基金"

积极争取宁波市对海曙区高层次人才发展的资金和政策扶持，设立"海曙区高层次人才创业基金"，每年投入一定资金，资助高层次人才创业，重点支持其研发项目、申报专利、引进人才等。同时，要强化监管，切实保障资金使用公正合理、突出重点和运作透明，提高使用效率。

（三）研究制定《海曙区文化创意、高端物流、现代金融和电子商务产业人才引进暂行办法》

聚集一大批非物质文化遗产保护、广播影视制作技术、新闻传播、网络信息服务、文化企业管理、国际文化贸易、数字出版、游戏动漫国际贸易、电子商务和高端物流等行业领域的高层次人才。

（四）发展补充性养老保障，建立多层次的人才社会保障体系

主要包括以下四项内容：一是在推进事业单位养老保险制度改革的同时，建立

企业人才职业年金实施办法；二是通过税收优惠政策，鼓励企业为人才建立补充保险；三是扩大对非公有制经济组织、新社会组织人才的社会保障覆盖面；四是根据各类人才的特点和需要，采用多种形式，逐步建立重要人才政府投保制度。

二、创新人才公共服务

（一）强化人才服务的专业化和便捷化

适时成立“海曙区高层次人才服务中心暨海外留学人员服务中心”，负责协调解决高层次人才的引进、培养等相关工作，并为用人单位提供面试和高层次人才评价测评等服务，为“千人计划”、“海聚工程”等人选配备“服务专员”，在政策咨询、手续办理等方面实行“一站式”服务。同时，不断推进海曙人才公共服务的社会化，积极培育人才公共服务主体，促进人才发展服务形式的多样化，协调服务提供主体之间的合作，制订完善人才公共服务社会化的政策体系，强化政府有关部门对人才发展服务市场的监督监管，规范人才公共服务主体的行为，明确其进入的准入条件和行为规范，逐步实行社会服务主体的资质与从业人员执业资格制度。

（二）畅通信息发布渠道

加大对区域人才需求情况的调研分析力度，完善人才需求评估和预测制度，根据区域战略规划所确定的经济社会发展重点领域，对高层次人才的需求和现实需要情况，制定急需紧缺人才队伍建设规划，采取定期公布急需紧缺人才目录等方式，向外界传递人才需求信息。

（三）大力引进人才培训机构

以政府购买服务方式对符合产业政策的企业开展员工专业化培训进行奖励，充分发挥资金的杠杆效应，引导更多的企业重视人才培训和员工教育，进而提高组织竞争能力。

（四）打造具有区域特色的“一街道一品牌”的人才服务格局

服务品牌对引进人才而言具有重要的作用。海曙打造人才公共服务品牌就是要根据各个街道的产业特色和不同行业的人才需求，提出明确的人才建设目标和计划，并通过有效实施形成自己的人才服务品牌，形成具有区域特色的“一街道一品牌”的人才服务格局。如月湖街道可以打造“文化创意精英”服务品牌，望春街道可以打造“浙东电商人才”服务品牌等，鼓楼和江厦街道，可以打造商贸商业人才服务品牌；南门街道和段塘街道可以打造仓储物流人才服务品牌；白云和西门街道可以打造人才居住环境服务品牌。

三、完善引才方式方法

（一）抓紧筹建人才商务大厦

针对目前海曙人才引进平台不足，人力资源服务公司、猎头公司等人才中介机构较为分散，难以进行有效整合聚集的现状，结合当前我省正在大力推行的“三该一拆”工作，以及海曙大力发展楼宇经济和总部经济的有利时机，把海曙人才商务大厦建设尽快列入政府的工作计划。在建设规划上，人才大厦设施的起点要高，规划的功能要尽可能齐全，建设规模要有充分的前瞻性，还应该考虑交通的便利性，尽快彻底改变目前海曙高档次人才市场缺乏的窘境。

（二）实施海曙三年人才发展规划

根据国家“千人计划”、“国家特支计划”等重点人才项目，制订实施海曙区三年人才发展规划，明确三年人才发展规划实施的目标、方法和保障措施，明确以区域优势产业、产业园区、重大项目和产业链为依托集聚人才，以各种形式吸引创新创业型人才参与到相关项目中。

（三）积极搭建人才供需平台

一是定期举办各类行业人才招聘会，针对海曙经济发展的电子商务、文化创意、总部经济、商贸物流等重点行业，每一季度都设立不同层次需求的大型、专业的人才招聘洽谈会，开展常设型、普通型的招聘活动；二是加强无形人才市场建设，建立人才交流网站和专业技术人员公益网站，无偿为企业在网上登载人才需求信息，为企业招聘人才提供更多的帮助和方便；三是积极协助企业与高校建立联系，定向培养和招聘人才，支持企业与高校建立定向培养和挂钩关系，为企业招聘人才和培养人才提供广阔的天地和有效的途径。

（四）建立跟踪联系联络制度

对在海外留学的包括宁波籍在内的浙江籍高层次人才，探索实行多种形式的联络沟通方式，及时掌握他们的动态；强化与省外工作的包括宁波籍在内的浙江籍知名专家学者的沟通联系，发挥他们在引才等方面的资源优势，建立强大的人才引进信息网络和渠道。

四、优化人才生活环境

（一）建设海曙“人才安居楼”

虽然海曙已经启动实施了人才安居工程，但是该工程只能有助于解决少数人才的住房问题，对此需要进一步完善海曙人才安居工程，根据海曙建设用地缺乏的现状，做好土地利用规划，提高土地的容积率，建设小高层或高层的“人才安居楼”，为到海曙就业创业的人才提供临时周转房，作为海曙优化人才环境、吸引人才的有效措施。

（二）做好高层次人才子女的入学事宜

根据高层次人才子女不同的入学需求，区教育部门协助高层次人才办理子女进入民营优质幼儿园、小学和中学入学事宜，为高层次人才子女入学提供便利条件。

（三）完善城市基础设施建设

加大“三改一拆”和“五水共治”的工作力度，加快城中村改造步伐，持续地开展绿化、美化、亮化工作，提升生态环境水平，加快商业配套设施建设，提升社会服务水平，打造高品质的生活工作环境，为高层次人才提供良好的居住环境。

五、营造重才爱才的浓郁氛围

（一）设立“海曙区杰出人才奖”和“海曙区优秀人才创业奖”

定期评选表彰一批为海曙创新发展而作出突出贡献的各类人才，在励才机制上实现新突破。

（二）倡导“尊重劳动、尊重知识、尊重人才、尊重创造”的良好社会氛围

广泛宣传海曙区的人才政策，宣传人才在经济社会发展中的突出贡献和重要作用。加强人才流动中知识产权、商业秘密的保护，维护人才合法权益，营造良好的社会法制环境。

（三）设立“海曙区专家顾问团”和“海曙区博士服务团”

逐步提高高层次人才的政治待遇，邀请他们参加一些相关的重大活动和会议，参与一些重大决策咨询等等，提升他们的荣誉感和责任感，激发他们的积极性和创造性。

（四）优先考虑高层次人才的职称和优秀评定

对来海曙工作的高层次人才和重大科研成果知名专家学者，突破学历、资历和岗位职数限制，按人才实际技术水平，评聘相应的专业技术职务，并优先申报政府特殊津贴和各类拔尖人才。

宁波市中心城区城中村改造的问题与对策

◎ 课题组

宁波中心城区包括海曙、江东、江北（核心区），共有55个行政村和4个渔业队，在宁波城市化进程中，这些行政村和渔业队逐渐演变成为了城市村，并存在基础设施不完善、卫生环境差、治安状况堪忧等一系列问题，既破坏了城市整体形象，又阻碍了城市内部区块的快速联系。在这种背景中，宁波市委市政府开展了城中村改造工程，并取得了显著成效。为查找存在问题，更好地推动宁波城中村改造，经过深入调研，我们提出以下几点建议。

一、城中村改造的主要成效

宁波市本级中心城区的城中村改造工作于2005年全面启动，范围覆盖江东区、海曙区全部和江北区部分，共计55个行政村和4个渔业队纳入改造，需改造总面积61平方公里。经过8年有序推进，截至2013年12月，已完成改造32个村，正在改造的25个村，共征收集体土地18324亩，拆迁建筑面积865万平方米，建成安置房229万平方米，累计投入改造资金278亿元。计划于2015年末，全面完成剩余两个村的最后拆迁工作，中心城区城中村从空间形态上将彻底告别历史舞台。

通过城中村改造，主要取得了以下几点成效：一是居民生活大幅改善。新建安置小区按照城市住宅小区标准进行规划设计，布局更为合理，功能更为全面，较之过去破旧的居住环境有了显著改善，通过纳入城市就业和社会保障体系，村民医疗、养老得到有效保障。二是城市功能有效提升。多条“断头路”依托城中村改造得以打通，东部新城、火车南站、高教园区北区、长丰滨江休闲区、湾头休闲旅游区等功能区块得以落实用地空间。三是集体经济实现转型升级。城中村改造保留给各股份经济合作社原集体土地面积10%的村发展留用地，以保障集体经济的可持续发展和村民的长远生计。四是社区治理得到改善。城中村改造使社区基本完成了从村级组织体系向城市社区组织体系的转型并轨，建立了党组织、居委会、公共服务工作站、集体经济合作社“四位一体”的社区组织领导体系，社会治安明显好转，城中村中普遍存在的外嫁女、农嫁居、宅基地控批、村务不公开等历史遗留问题得到妥善解决。

二、当前城中村改造存在的主要问题

从城中村改造的实践看，现阶段主要存在以下几个问题。

（一）居民尚未完全融入城市

城中村改造从物质上改变了原来区域的脏、乱、差面貌，在城市形态上达到了跟周边地区的一致，但城中村居民自身无论是理念上还是生活方式上都未完全达到城市化的要求。由于宁波城中村拆迁安置以集中安置方式为主，同一城中村居民经过一段时间过渡之后统一安置在原拆迁地段的安置房小区，原有社会关系圈未被打破，村民交往对象仍以原同村村民为主，不利于村民扩大社会交际面，以个体身份快速融入城市，许多居民仍旧保持着原有的农村生活习惯，比如在小区绿地内养鸡养鸭、在河道内洗衣服等。同时，个别居民受教育程度不高，在得到大笔拆迁补偿收入之后，显得无所适从，没有通过合理的途径使用这笔收入，而是存在赌博、挥霍等不良行为，甚至参与各种违法活动。

（二）村集体留用地作用难发挥

由于相关政策的规定，不少股份经济合作社在使用村发展留用地时存在一定障碍。根据目前国家法律规定，村发展留用地需要在形式上进行摘牌转让，转让金额相当于公开市场转让价格，虽然市级财政在三个月后会将这笔资金返回给村集体，受限于宁波土地成本价格较高，该类村集体留用地的转让总价也在几亿元上下，对经济合作社造成很大的财务压力。同时，对村发展留用地进行开发也需要一大笔启动资金，一般股份经济合作社也难以独立负担。因此，对于很多经济实力不强的村来讲，只能选择将留用地一并出售。

（三）安置小区住房建设标准低

在安置小区的建设上，政府挑选优质地段用于安置城中村居民，并以严格标准把关安置小区的设计、建造、施工，但由于设计成本、投入资金等方面的限制，与开发商主导建设的、充分参与市场竞争的商品房小区存在一定差距，同时，因安置房小区地段较好，周边多为高档楼盘，与这些高档楼盘相比，安置小区在设计理念、套型面积、物业管理、绿化环境等方面均有所不足，导致其价格普遍低于周边商品房小区，成为长期性的“价格洼地”，小区住户也多由原城中村居民或低收入的外来务工人员聚集而成，极易在城市内形成新的“城中村”，进而产生一系列的社会问题。

（四）政策适用尺度存在差异

宁波的城中村改造由于延续时间较长，加上部分地区主导改造开发的主体单位不同，导致各阶段、各地区的补偿政策有所差异。例如在江北区，2005 年之前因为项目带动的原因，部分城中村已经启动改造或者局部改造，但当时每亩土地补偿标准较低。最近几年因整体改造而陆续启动剩余区域的城中村，其补偿标准相比之前显著提高，一定程度上引发邻近已改造完毕村庄村民的不满情绪。

（五）改造融资压力大

2010 年城中村改造工作体制调整之后，市级不再承担改造资金，全部由区级筹措解决，而随着拆迁改造范围的逐步扩大，需要拆迁安置的城中村数量也逐步增多，加之改造往往要持续 2 ~ 3 年，拆迁费用、安置过渡费用、安置小区建设费用等支出累积起来数额庞大，负责改造的各区承受了较大的资金压力。另一方面，国家宏观经济调控政策趋紧，银行贷款这一资金的主要来源受到极大影响，对改造工作的进一步推进造成很大制约，亟需开拓新的融资渠道破解资金难题。

三、进一步推进城中村改造的几点建议

（一）转变工作理念，推进以人为核心的城市化

首先是要转变工作理念，将实现“人的城市化”放在第一位，避免以往工作中只注重改变土地性质、外在形态、居住环境等物质层面的要素，避免指标性的、表面性的城市化，更加重视推进村民在精神面貌、生活方式、文明素质等方面的提升。加强宣传教育力度，充分借助社区管理服务网络、党组织网络、社民学校、宣传报栏等平台，引导居民改变原有的思想观念和生产生活方式，提升文明素养。加强社区文化建设，组织开展丰富多彩的群众文娱活动活动，建设社区文化活动中心和体育健身设施，丰富居民业余文化生活，消除赌博、奢靡浪费等不良生活方式生存的空间。大力营造“和谐睦邻文化”，帮助居民尽快适应、融入社区生活，增强居民对社区的认同感、归属感、责任感，使村民不仅在社会身份上，更在生活方式、社会意识、社会行为上，通过改造转变为真正意义上的市民。

（二）创新经营机制，用好村集体留用地

一是积极创新经营管理机制。在建立“股东（代表）大会—董事会—监事会”治理结构基础上，积极推进所有权和经营权分离。打破户籍关系和社区任职资历限制，创新人才引进、人才优先入股方式，聘请懂经营、懂管理、守诚信的人员，经营集体资产。探索建立经营者激励机制，激发股份经济合作社经营管理人员的积极性。

二是扶持合作社开发村集体留用地。对开发村发展留用地经济上有困难的合作社，可以考虑在合作社向银行借贷土地转让金时，由政府出面向银行担保，或者精简村留用地转让和使用过程中的相关程序，以削减不必要的费用支出，减轻合作社

的经济负担。

（三）加强立法工作，统一改造政策

一是制定关于城中村改造的地方性法规。可以考虑在现有政策文件基础上，制定适用于全市范围的地方性法规，对市区两级及村民的改造主体地位、改造的目标与政策、改造的实施途径与程序等做出原则规定，以增加改造工作的法律效力，并为将来城中村改造工作向其他区县推进做好立法准备。

二是对尚未有法律依据的具体工作进行补充性立法。比如对改造安置房进行立法，明确其房屋性质和上市交易政策，特别是要明确其上市交易的程序、计缴土地出让金的标准，以便于其进入市场流通，增加安置居民收入。再比如需要对“城中村”改造后的股份经济合作社进行单独立法，尽快明确其法律地位、职责权限、股东构成、股权流转方式，使其能全面参与城市经济分工。

三是弥补因政策不统一而造成的补偿标准差异。对先行参与改造、补偿标准较低的村集体给予适当补助，对于未享受发展留用地指标的，以村规模、人口和负担为依据，在一定区域范围进行调剂，或者给予一定量的物业补偿指标，以减少群众的思想顾虑和抵触情绪。

（四）优化软硬环境，提升安置小区整体质量

一是注重方案设计。在设计方案选择上引入市场机制，出资进行招投标，并采用专家评审和群众参与相结合的方式，择优录用，所有安置房建设方案均应公示，争取群众的广泛认同。控制小区规模，单个安置小区的建筑面积和地块面积应达到一定的规模，以达到规模管理效益，便于地块的综合配套建设和管理，并增加邻里中心、超市等公共配套设施。

二是继续严把建筑质量关。加强安置小区的建筑质量管理制度建设，对导致建筑质量事故的不法行为，必须坚决依法打击和追究。建设档次上应向同期同类非安置住宅小区的中上标准看齐，并结合拆迁安置小区的特点，建设用材上选择经久耐用、易于维护保养、技术上比较成熟的产品。

三是加强软环境建设。完善新建安置小区的管理体制，以村委会改造为居委会作为切入点，将其纳入城市基层社区的统一管理体系，完善组织建设、议事程序、管理范畴等方面的城市化基层行政组织结构，提高社区物业管理水平，创造安全舒适的社区环境，同时，加强对安置小区中流动人口的管理，对租房者登记入册，消除治安漏洞，严打吸毒、嫖娼等不法行为，避免安置小区成为新的治安问题多发区域。

（五）拓展融资渠道，多方位缓解资金压力

一是继续加大财政投入。城中村改造的土地出让收入由市财政在扣除必要的税

费后全额补助区财政，对难以实现资金平衡的区财政，市级财政提高实际资金缺口的补助比例。

二是开展金融创新，争取金融机构支持。除银行外，可尝试利用信托融资、保险资金等，可考虑发行支持城中村改造的房地产信托投资基金，支持保险公司以股权、基金、债权、资产支持计划等多种形式，为城中村改造提供长期资金支持。

三是探索发行市政债券用于城中村改造。政府在规划城中村改造项目时，可以以改造地块中的商业项目所收取的物业税作为发债凭证，发行市政债券，从而为城中村改造项目获得资金支持。

课题组成员◀ 陈利权 农贵新 陈 浩 周维琼

进一步提升宁海县招商引资工作的若干建议

◎ 宋宇宇

招商引资工作既是引进重大项目、培育优势产业、促进区域发展的重要抓手，也是有效破解人才集聚低、要素制约紧、资本市场弱等区域发展中存在的要素性、结构性问题的有效路径。“十三五”期间，宁海招商引资的定位将从投资驱动转向创新驱动，为此，应进一步提升并优化相关工作。

一、进一步优化招商引资结构

组织力量，深入研究分析宁海本地的产业基础和产业特点，以及今后发展趋势，排摸招商资源存量，充实、完善招商项目库，尤其要规划编制一批产业链条长、产业幅度宽、带动能力强的重点项目。根据现有乡镇（街道）、各级开发园区发展基础，找准本地的优势定位和产业定位，依托宁海特有的生态优势和山海优势，有目的、有重点、有选择地引进优质项目，发展配套企业，特别是要抓好技术密集型项目的引进，形成良好的产业集群和强大的配套能力，以吸引龙头企业投资兴业。坚持招商引资和招才引智相结合，引进资金和引进机构相结合，一二三产联动招商，传统优势产业和战略性新兴产业共同引进发展，在更大的发展空间加快开放，加速发展。在引进外资项目时要坚持三个原则：一是有利于当地优势资源开发和综合利用的项目优先引进；二是重污染的项目不引进；三是高能耗，低效率的项目不引进。

二、进一步强化招商考核办法

根据招商引资战略需求，与时俱进，改革招商考评指标，动态调整考核分权重。宁海为调动和发挥各方面招商引资的积极性，增强招商引资效果，制定了许多考评指标，但随着招商引资要求的不断变化，原有的指标体系过于注重眼前经济效益，忽视部门合作、长远规划和社会效益的弊端有所显现。因此应改革传统的仅按照招商引资的资金到位数、项目开工数等实绩指标进行考评的方法，结合县域经济特征和自身发展战略，因地制宜地增加一些可量化的考评指标，如地方资源利用率、税收增长数、就业增加人数、发展战略关联度和环保要求符合性等，以最大限度地实现县域经济可持续稳定地增长。

三、进一步拓展招商区域范围

有针对性、有计划地安排招商活动，突出对长三角、珠三角地区和央企等的招商活动，努力承接转移产业项目，重点抓住上海、广东等沿海地区产业向内地转移的机遇，跟踪相关产业和项目，搞好项目对接；拓宽信息渠道，加强招商项目的推介对接，与国内外客商建立广泛的联系，进一步发挥浙商的作用，加强信息交流与联络；加强各地宁海商会建设，建立异地商会县级领导联系制度，发挥异地商会联络窗口和招商办事处作用；盯住大型企业，加大招商密度，集中开展招商活动，真正形成高强度、大范围、宽领域的招商格局，开展以商招商，善于亲情招商，强化产业链招商，持之以恒、锲而不舍地做好招商工作。

四、进一步放开民资进入领域

积极落实十八大和十八届三中全会对民间资本进入社会领域的精神，高度重视宁海雄厚的民间资本的吸收和利用，加速探索取消一切对民间资本的歧视性政策规定，在产权改革中鼓励“民有”，在经营机制上支持“民营”，在投入机制上实现“民资”，在竞争性领域和一些基础性、公益性领域大力发展民间投资，并向民间资本开放国家鼓励投资的所有领域，鼓励民营企业参与国有集体企业的改革，鼓励民营企业以多种形式利用外资，鼓励有条件有实力的民营企业通过上市募集资金，并加大对私营个体经济的信贷支持力度，主动帮助协调和解决投融资过程中遇到的困难和问题，使民间资本成为县域经济重要的支柱和增长极。

五、进一步集聚招商优势资源

要进一步强化招商引资工作的领导班子建设和队伍建设，统筹各个招商引资部门的综合资源管理，确保在授权托管的区域范围内实现各部门招商信息共享，资源共享，实现在协调、规划、商洽、落地、融资等方面的“五个统一”。加强招商队伍能力建设，积极引进专业人才，激发团队创新力和活力，积极培养招商人员坚韧不拔、奉献和创新精神，努力提高业务能力、谈判攻坚能力。在坚持已有的、有效的各种招商引资的措施与办法的同时，更新观念，将招商引资从行政的思路切换到营销的思路上来，向真正市场导向的营销型招商队伍转变。

电商经济探索

创建宁波电商经济创新园区对策研究

◎ 课题组

近年来，全市上下认真贯彻落实习近平总书记系列重要讲话精神和中央、省的重大战略决策，深入组织实施市委市政府的重要决策部署，现代化国际港口城市建设和经济社会发展取得显著成就，宁波进入了一个新的发展时期。信息化、智慧化、城市化是当今时代不可阻挡的趋势潮流，电子商务发展也是方兴未艾、蓬勃发展。电子商务对企业组织形式、产业形态乃至整个经济发展模式都带来了革命性的影响，电商经济成为各地促进经济转型升级的重点突破口，以及抢占新型高端城市经济制高点的“主战场”。这为宁波创建电商经济创新园区、打造全国电商经济创新中心、推进国家电子商务试点示范城市建设带来了极好的历史机遇。根据宁波城市经济和都市发展总体格局以及江北区的基础优势，建议在江北设立宁波电商经济创新园区，作为宁波全国电商经济创新中心核心区和新型高端城市经济示范区。

一、宁波电商经济创新园区的设立背景与目的意义

（一）发展电商经济是全球性大浪潮，宁波必须把握创建全国电商经济创新中心的重要战略机遇

电子商务是一场威力空前的带有颠覆性的技术革命、产业革命和商业革命。电商经济已不仅仅是一种技术、一种模式、一个产业，而是集“电子商务+电商服务+流量经济+实体经济”于一体的网络化大体系和综合化大体量的新型经济，具有规模体量大、产业层次高、市场空间广、增长速度快、经济带动强等特点，是发展前景不可估量的“蓝海”。当前，电子商务正处爆发式增长期，发展电商经济已成为全球性的浪潮。具体见图1。

从全球来看，美国、欧洲、日本等发达国家以及印度、巴西等新兴国家电商经济发展都如火如荼。先发国家都高度重视电子商务发展，把发展电商经济作为决胜未来的战略举措，并呈现出几个明显的趋势特点：电子商务服务平台将成为电子商

务服务业的核心，引发新的产业模式创新；电子商务服务业成为商业服务、商业基础设施和现代服务业的重要支撑；云计算、物联网、移动等技术创新，不断促进电子商务服务模式和商业模式创新；电子商务向智能化方向发展，引发数据服务业的兴起；电子商务技术、模式和业态还在不断创新；电子商务与实体经济融合，推动传统优势产业转型升级；等等。由此可见，电商经济作为大产业、大经济将成为全球未来增长的前沿和中心。

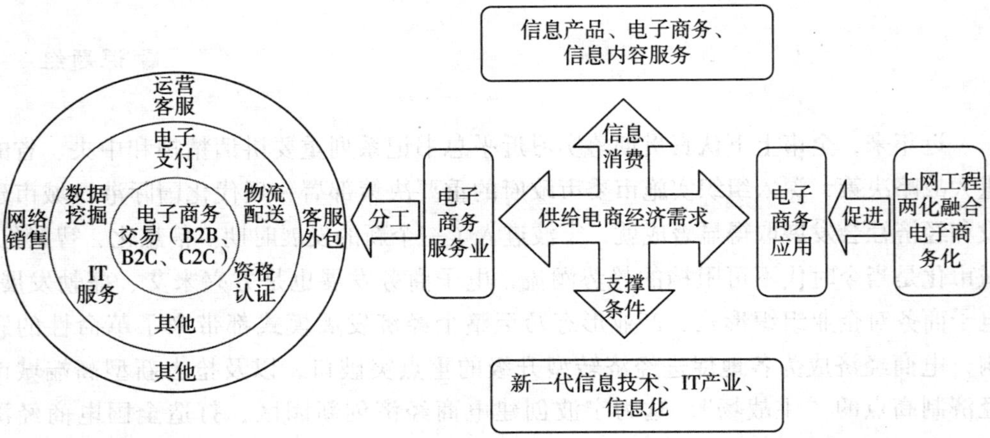

图1　电子商务经济系统示意图

从全国来看，当前电商经济发展竞争态势强劲，环渤海、长三角、珠三角、成渝地区的电子商务先发优势明显，相关城市发展电商经济也有不同的侧重点。上海、成都等把打造特色电子商务产业集聚区作为重点；杭州、深圳等依托阿里巴巴、腾讯等企业，电商平台建设独占鳌头；北京、南京等依托京东、苏宁等企业，类金融发展走在前列；等等。根据国内外研究，快速发展的电子商务必将催生大量的新技术、新产业、新模式、新业态等新兴经济。以新技术、新产业、新模式、新业态等为代表的电商创新经济，以及电商服务经济、流量经济等发展空间和潜力非常巨大，这些是电商经济的高端、核心环节，目前国内几乎很少有城市提出和建成大规模集聚电商相关人才、科研院所、资本等高端创新要素的电商经济创新集聚区。

从浙江省来看，省委、省政府明确提出要推动县域经济向城市经济转型，并把发展电子商务和电商经济作为促进城市经济发展和经济转型升级的重要举措。近年来，浙江省电子商务市场规模快速扩大，应用程度不断普及，经营业态日益丰富，配套支撑逐步完善，产业化程度持续提高，尤其是电商平台、电商产业园区、电商支撑体系等电商经济发展水平走在全国前列。宁波充分发挥港口、物流、外贸、产业、市场等优势，争先打造全国电商经济创新中心、创建电商经济创新园区，对于助推浙江省建设“国际电子商务中心”以及引领经济转型升级具有重要意义。

从宁波来看，作为国家首批电子商务试点示范城市和跨境贸易电子商务试点城市，发展电商经济已有很好的基础优势，制定了专门的规划和政策，实施了一批重点示范工程，引进了一批重点项目和骨干企业，构建了较为完善的电子商务产业体系。同时，宁波在信息化、物流、金融等电商经济支撑服务方面也具有较明显的优势。尽管近年来宁波电子商务发展迅速，但是从电子商务经济的角度看，无论是产业规模、层次、领域还是企业主体、功能平台、发展水平等，宁波在全国城市排名还相对落后，在省内低于杭州、金华、温州等市，这与宁波的城市地位很不相称。宁波打造全国电商经济创新中心、创建电商经济创新园区，是建设国家电子商务试点示范城市、加快发展电商经济的创新之举，也是充分发挥优势、扎实推进城市经济发展和经济转型升级的创新之举，更是积极实施国家“创新驱动”、构筑“一带一路”等重大战略和省建设国际电子商务中心等重大决策部署的创新之举。对“电商经济”与“创新”，理论上研究逐步成熟，国务院发展研究中心等已有专题研究成果，而且实践上国内各类电商产业园（中心）都是按照发展电商经济在做，因此宁波创设“电商经济创新园区”，既有理论依据和实践案例，又有现实发展需要和独创性，有利于打响牌子、打造精品，有利于争创省级和国家级示范园区。具体见图2。

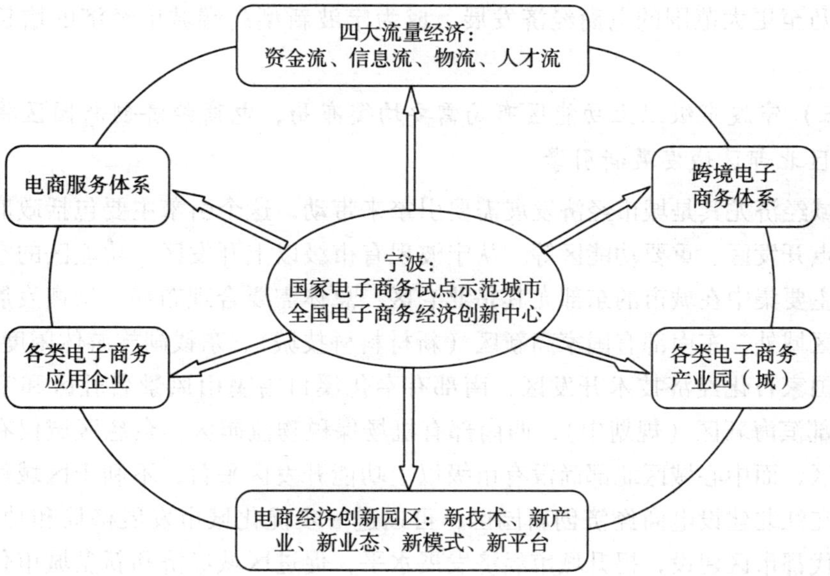

图2 宁波电商经济体系示意图

电商经济发展具有先入为主的特性，要充分认识到宁波打造全国电商经济创新中心、创建电商经济创新园区对于发展城市经济、促进经济转型升级和推进新型城市化的重要战略意义，更要深刻认识到这种发展机遇对宁波来说是极为有利、十分难得的，必须有时不我待、绝不放过的意识和决心，有先人一步、高人一筹的谋略和举措。

（二）宁波城市经济发展需要新平台，电商经济创新园区将成为新型高端城市经济增长极和示范区

在新的形势下，市委市政府把发展城市经济作为推进经济社会转型发展的主攻方向和新型城市化的重点任务，既符合经济发展规律，也契合宁波城市发展需要。我国工业化、信息化、城镇化、农业现代化“四化”同步和融合发展，集中体现在经济上，必将大规模地产生和形成新型城市经济。从北京、上海、广州、深圳等城市发展经验看，发展城市经济需要构建一批高水平、有特色并且有较强承载力和带动力的“高平台”。从宁波现有市级以上开发区、功能区的主导功能看，主要包括开放型经济、高新技术产业、临港大工业、战略性新兴产业、休闲旅游经济等，尚没有集中发展和承载电子商务、类金融、智慧产业、文化创意产业和总部经济等新型高端城市经济的市级功能区。电商经济对城市经济具有很强的引领性、带动性和支撑性，电商经济创新园区作为电商经济创新发展的高平台，必将大规模吸引和集聚新兴产业、高端人才、优质资本及各类创新要素，带动、辐射、服务全市乃至更大范围的电商经济发展，成为宁波新型高端城市经济的增长极和示范区。

（三）宁波市级以上功能区布局需要均衡布局，电商经济创新园区将成为宁波都市区北部区域发展新引擎

区域经济尤其是城市经济发展需要引擎来带动，这个引擎主要包括政府行政中心及重点开发区、重要功能区等。从宁波现有市级以上开发区、功能区的空间布局来看，主要集中在城市的东部尤其是北仑区，总体需要合理布局、均衡发展。目前除北仑区域外，东南部有国家高新区（新材料科技城）、东钱湖旅游休闲度假区等，镇海有国家石化经济技术开发区，南部有奉化溪口雪窦山风景名胜区和宁波（宁海）南部滨海新区（规划中），西南部有机场保税物流园区，余慈区域仅有宁波杭州湾新区，而中心城区北部尚没有市级以上功能开发区平台，不利于区域经济协调发展。在江北建设电商经济创新园区，可以进一步优化城市发展格局和功能布局，加快现代都市区建设，提升城市经济发展水平，促进区域经济和新型城市化协调发展。具体见图3。

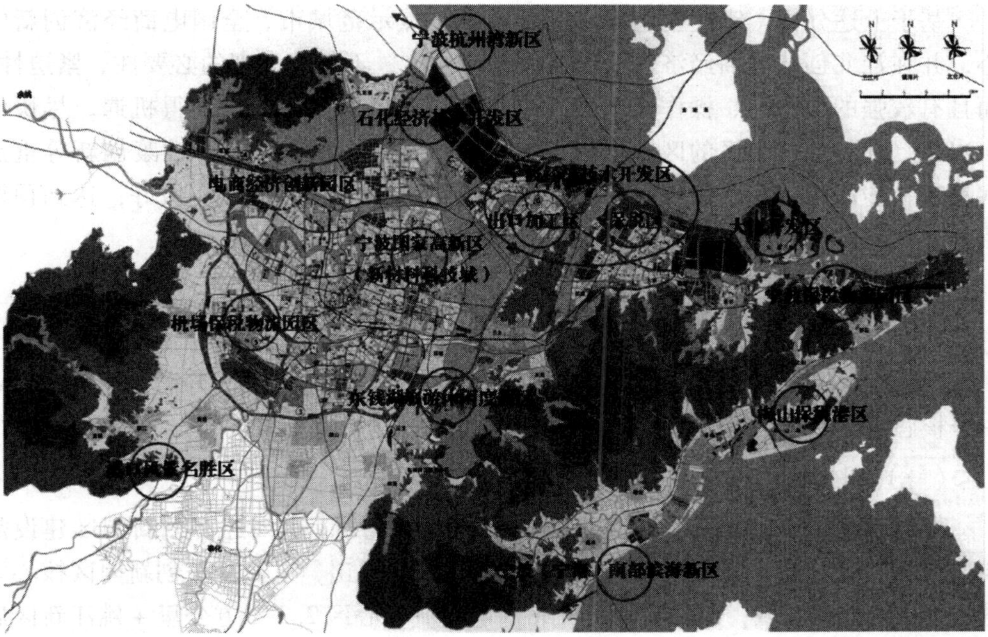

图3　宁波市级以上开发区、功能区分布

（四）江北创建电商经济创新园区有一定基础优势，将为江北区增强城市功能和跨越发展提供新的契机和动力

近年来，江北区经济社会总体发展较快，深入开展城乡一体化综合配套改革试点，两江北岸及重点功能区块开发建设加快推进，都市工业和现代农业颇具特色，尤其是杭州湾大桥建成、江北铁路枢纽外移和庄桥机场搬迁计划推进等，都将为江北发展带来极为有利条件和历史性机遇。但从总体来看，与其他中心城区相比，江北区的城市建设、都市功能、新兴产业和经济总量等都还相对落后。江北区由于缺乏市级以上重大功能区平台的支撑带动，整个区域开发尚处于小规模、分散化、低水平状态。从发展电商经济角度看，江北的区位交通、生态环境、土地空间以及电商产业、电商经济配套服务等资源优势突出。比如，电子商务园区和电子商务物流中心投入使用，电商智慧新城项目开工建设，临近栎社国际机场与铁路物流优势明显等。在江北建设电商经济创新园区，可以带动全市电商经济和新型高端城市经济的快速发展，还能有力推进江北经济转型升级，争取经过十多年的努力，电商经济创新园区经济总量将跃上新台阶。近年来，市委、市政府主要领导多次到江北调研，对江北发展提出了明确方向和要求，并寄予厚望。江北区干部群众都有抢抓机遇发展电商经济和新型高端城市经济的强烈意识和热切期盼，愿意担负起建设电商经济创新园区的历史重任。

基于上述分析，宁波创建国家电子商务试点示范城市、全国电商经济创新中心，并在江北创建电商经济创新园区作为核心区，不仅有高度的必要性、紧迫性，而且有较强的可行性、操作性。关键是要统一思想认识，认清难得机遇，尽快作出决策，并对创新园区的区域空间范围、功能定位、体制改革、政策创新等重点问题进一步研究明确，积极争取国家和省支持，把创建工作做实做好，达到预期目的。

二、宁波电商经济创新园区的选址及范围

为适应电商经济创新园区发展及争创省级、国家级功能园区等需要，考虑设立一个核心区、两个拓展区和一个联动区。

（一）园区核心区选址范围

根据宁波电子商务城"两区一中心"的整体规划、电商经济创新园区建设需要、江北区的发展空间及姚江北岸建设情况，我们提出，电商经济创新园区核心区选址在姚江北岸区域，即：宁波（江北）电商城核心区 2.2 平方公里 + 姚江新区启动区 5 号区块 0.8 平方公里，总面积 3 平方公里。近期重点推进核心区域开发建设。具体见图 4。

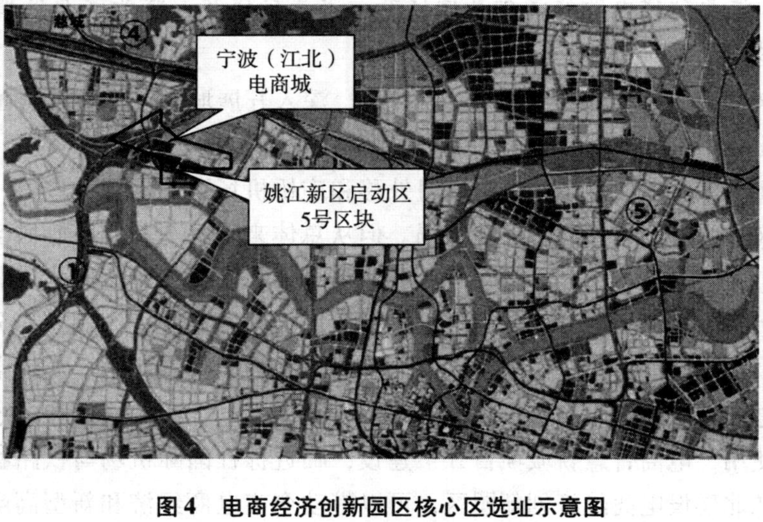

图 4　电商经济创新园区核心区选址示意图

具体范围：东至广元路、宏图路——南至北环西路、规划道路——西至金山路、绕城高速——北抵长阳路、长兴路的围合区域。

（二）园区核心区基础条件

核心区 3 平方公里范围内，新一轮城市规划已全部覆盖，建设用地规划已覆盖

2.73 平方公里，在建可利用的商务办公楼宇建筑面积约 77 万平方米，目前具备条件可用于出让的规划商服用地面积650亩。其具体分布：

①宁波电商城江北园区核心区规划面积 2.2 平方公里，城市规划已覆盖，土地指标覆盖面积 1.93 平方公里，在建 14 个商务办公楼宇项目占地 398 亩、建筑面积约77万平方米，近期可用于出让的规划商服用地650亩左右。

②姚江新区启动区 5 号区块规划面积 0.8 平方公里，现为农田及村庄，目前城市规划及建设用地规划均已覆盖，城市规划功能为未来江北区的行政中心及商务办公区块。

（三）园区拓展区及联动区

创新园区的两个拓展区：一是宁波电商城物流中心，二是姚江新区启动区 6、7 号区块。具体见图 5。

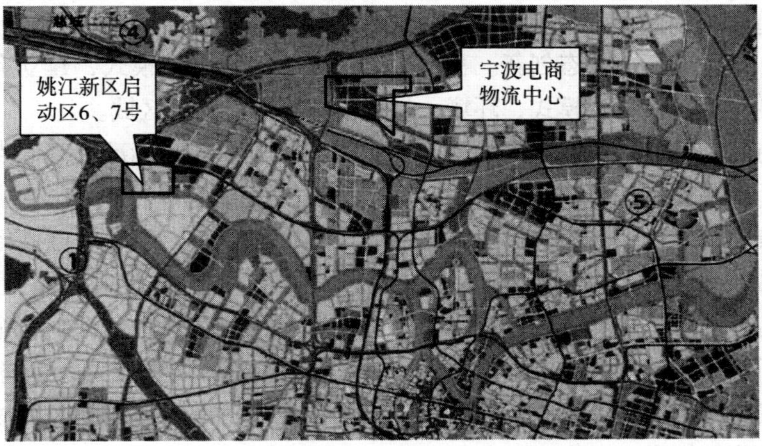

图5　宁波电商经济创新园区拓展区示意图

①宁波电商城物流中心。规划总面积 5 平方公里，新一轮城市规划覆盖约 3.3 平方公里，建设用地规划大部分尚未覆盖，现性质为一般农田。规划依托便捷的交通区位条件，打造现代化的电商物流配套服务集聚区。

②姚江新区启动区 6、7 号区块。总规划面积 1.67 平方公里，新一轮城市规划已经覆盖，建设用地规划已覆盖约一半面积，剩余一半面积尚为基本农田。现规划功能为居住及配套建设，下步应根据宁波电商经济创新园区发展的需要，对区块功能作必要的调整。

创新园区的联动区为宁波电商城“两区一中心”中的海曙园区，其核心区规划面积 3.9 平方公里。

三、宁波电商经济创新园区的发展定位与产业方向

（一）发展定位

围绕宁波创建国家电子商务试点示范城市和全国电商经济创新中心的总体目标，突出电商经济创新，以电商产业、智慧产业、类金融、文化创意、总部经济等为重点，以完善基础设施、高效体制机制、健全公共服务、优美生态环境等为支撑，建成经济规模大、创新活力强、开放程度高、要素配置优、综合环境佳并在国内外具有一定影响力的电商经济创新园区。

园区目标功能定位为：全国电商经济创新中心核心区，长三角电商经济集聚区，宁波新型高端城市经济新增长极，现代化生态智慧新都市区。

（二）指导原则

①坚持改革创新驱动。把创新放在首要位置，加快推动技术创新、产业创新、模式创新、平台创新、业态创新。积极探索区域开发建设新模式，建立有利于园区开发建设的政策、机制、模式、环境，打造创新活力最强的区域。

②坚持新型高端带动。立足战略高度、世界眼光和国际标准，高起点规划，高标准建设，高品质管理，构筑高平台，以电商经济高端环节、新兴产业、新型业态为方向，集聚高端人才、优质资本、总部机构等创新要素，发展以电商经济为核心的新型高端城市经济，服务、辐射、带动全市乃至更大范围的电商经济发展。

③坚持开放合作推动。充分利用国际国内两个市场、两种资源，在全国、全球范围内吸引汇聚各类人才、资本、技术、信息等高端资源要素，大力引进名企强商，形成资源集聚效应、联动效应、放大效应和乘数效应，增强创新园区的核心竞争力和对外影响力。

④坚持产城融合互动。以产城融合、集约高效、环境友好为方向，以电商经济创新发展为核心，推动电子商务与新型工业化、农业现代化和新型城市化融合发展、良性互动，统筹谋划创新园区与周边的空间布局、功能培育、产业发展、基础设施、公共服务、生态环境等。

⑤坚持市区合力联动。坚持通盘设计、统一领导、统筹组织，积极争取各方支持，充分调动市、区两级积极性和主动性，建立健全运转协调、精干高效、富有活力的管理体制和运行机制，确保上下联动、内外结合、相互协调、共同发力，形成全方位统筹、宽领域整合、深层次联动的开发建设格局。

（三）产业方向

宁波电商经济创新园区的功能定位是：全国电商经济创新中心核心区，长三角电商经济集聚区，宁波新型高端城市经济新增长极，创业创新人才梦创高地。园区

着重发展“1＋4”五大产业，突出电商经济的产业链、供应链、价值链、创新链、服务链等要素集成和企业集聚，突出新产业、新业态、新模式、新技术、新平台等的企业（机构）引进和培育，努力构建电商经济创新体系。

①集聚发展电子商务产业。重点集聚发展平台型环节型电子商务企业和功能平台；集聚电子商务的新模式、新技术和新平台，积极打造跨境贸易、航运物流、大宗商品等细分领域电子商务平台和定制生产网络平台、对接全球B2B和B2C平台的网络平台等；集聚电商贸易、跨境电商、电商信息服务和电商数据分析服务等新型企业和机构，着力打造集电商平台、网络贸易、电商服务和数据信息开发等电商产业集聚区。

②集聚发展类金融产业。大力引进和培育支持电商创新发展的各类新型金融机构，集聚发展第三方支付、量化交易、股权众筹、商业保理、票据经纪、理财管理和互联网金融、投资基金等机构和企业，着力打造区域性金融服务中心和财富管理中心。

③集聚发展智慧产业。大力引进国内外高端软件企业和现代中介服务企业，重点发展服务外包、软件、云计算、大数据、物联网、智能家居、智慧交通等智慧和信息产业，以及法律、会计、咨询、人力资源管理等中介服务业；引进集聚涉电商经济的科研院所、企业研发中心等机构和人才团队，强化电商人才培养，电商新技术、新模式研发推广等服务功能，着力打造依托电商经济的信息化与高端制造业、现代服务业融合创新发展的智慧产业集聚区。

④集聚发展总部经济。大力引进集聚各类电商经济区域性总部和项目总部，引进集聚依托电商经济的各类产业、科技、教育培训、人才开发服务等总部机构；集聚建设市级大数据中心、产权（股权）交易中心、公共资源（要素）招投标中心等功能平台，着力打造以电商经济总部机构为特色的总部经济基地。

⑤集聚发展文创产业。以宁波奥体中心建设为契机，集聚产品设计、建筑设计、电子游戏设计等文化创意产业；集聚电商产品体验、未来生活消费数字体验，以及3D互动、人脸识别、虚拟成像等体验式时尚平台，着力打造依托电商经济的文化创意产业集聚区。

（四）发展目标

按照“高起点规划、分阶段推进”的思路，宁波电商经济创新园区要实现三个阶段的建设目标：

第一阶段，2015～2017年，制定实施园区长期发展规划和三年行动计划，明确开发建设时序，园区核心区基本成型，拓展区功能和配套设施建设全面启动，重大基础设施加快建设，引入一批电商产业、类金融、服务外包、文化创意、总部经济等支撑带动性企业（机构）、平台和项目，创业创新人才大批集聚。三年内园区固定资产投资达到 40 亿元，招引规模企业（机构）300 家以上，2017 年电子商务交易额力争达到 1000 亿以上，经济总量三年翻一番以上，积极争创省级和国家级功能园区。

第二阶段，2018 ~ 2020 年，制定实施园区新三年行动计划，电商经济体系拓展完善，重大基础设施基本建成，核心区、拓展区开发显见成效，引进和集聚电商经济创新要素和战略合作者取得新成果，园区固定资产投资年均增长 20%，2020 年电子商务交易额力争达到 2000 亿元，经济总量三年再翻一番。

第三阶段，2021 ~ 2030 年，制定实施园区十年发展规划和分阶段行动计划，产业层次更加提高，电商经济体系更加健全，辐聚带动作用更加增强，各类基础设施更加完善，宜居宜业发展环境更加优美，园区经济总量十年年均增长 15% 以上，并迈向更高的发展目标。

四、加快创建宁波电商经济创新园区的政策体制建议

（一）明确园区开发管理体制

设立宁波电商经济创新园区管委会（以下简称管委会），作为市政府派出机构，行使相关的市级经济管理权限，负责创新园区的开发建设、服务和运营管理。园区行政区划保持不变，管委会保持相对独立运行。江北区统筹园区核心区、拓展区的规划建设、社会行政事务管理、党的建设等工作。园区核心区、拓展区产生的经济数据，纳入江北区的统计口径。园区的联动区按照“统一规划、属地建设、属地管理”模式开发建设及运行管理。

（二）明确规划管理体制

在服从城市总体规划和分区详细规划的前提下，园区内建设项目规划审批由市规划局江北分局行使。对姚江新区启动区 5 号区块涉及规划调整，应按程序做好控规的论证调整和报批工作。

（三）明确财政政策体制

基于园区发展需要，对园区核心区参照宁波电商城相关财政政策体制，实行全行业口径和增量分成办法。园区上解江北区财政部分全额用于扶持园区发展。园区核心区范围内的土地出让金净收益市、区两级管理收缴部分，从 2015 年起，十年内全额用于园区开发建设。园区财政挂在江北区财政，单独立账结算，市、区财政通过符合规定方式予以结算支付。市电子商务产业发展专项基金、宁波电商城专项发展资金予以园区重点支持。

（四）理顺投资开发体制

为利于园区开发建设和管委会统筹协调，由园区管委会出资整合宁波（江北）

电商城开发投资公司，组建新的园区开发投资公司，承担园区基础设施建设、产业发展和投融资等职能。具体整合方案和办法，由园区管委会会同相关部门和单位研究提出，报宁波电子商务城统筹推进委员会讨论确定。

姚江新区启动区5号区块，原则上继续按市城投公司和江北区的合作协议进行开发建设，其基础设施应按园区发展需要提前建设时序，产业招商由管委会负责。园区拓展区的姚江新区启动区6、7号区块，其功能规划、开发建设模式保持不变，仍由两江公司负责实施。

（五）集力推进招商引资（智）工作

积极创新招商引资（智）体制机制，大力引进国内外强企名商，将电商产业、智慧产业、类金融、总部经济等领域优质资源、人才、项目，倾向园区布局。组织举办国内外有影响的专业展会、创业大赛，加强电商经济各类人才和创新要素的集聚。优先将市级大数据中心、产权（股权）交易中心、公共资源（要素）招投标中心等涉及电商经济创新的平台项目和工作机构布局到园区内。

（六）加强要素资源保障

加大对园区建设用地规划、耕地占补平衡指标等支持力度，优先安排用地指标。加快姚江新区的市奥体中心、西洪大桥及连接道路、邵家渡大桥及连接道路等重大市级公共服务设施和基础设施建设进度。积极支持在甬高校通过各种形式加强电商经济人才培养，为园区建设和电商经济发展提供人才支撑。

（七）实施园区综合配套改革试验

借鉴先进园区发展模式、机制、政策，按照行政效能最高、服务环境最优的目标，坚持问题导向、需求导向、项目导向、创新导向，推进综合配套改革，构建电商经济协同创新体系，推行“人才管理改革试验区”政策，探索招商引智和高端成长型产业发展新机制，打造创新活力最强、开放程度最高、要素配置最优、综合环境最佳的开发区域。

课题组成员 ◀ 阎　勤 童明荣 钟海州

宁波加快跨境电子商务发展的对策举措

◎ 课题组

近年来，跨境电子商务蓬勃发展，已经成为国际贸易最为强劲的增长点。一方面，跨境电子商务因其减少贸易环节、有利于企业获得更多利润、消费者享受更多实惠而被企业和消费者广泛接受；另一方面，跨境电子商务为出口企业特别是中小企业拓展市场提供了便捷途径，也可以更好地满足国内多元化的消费需求。联合国贸发会议预计，2015 年跨境电子商务将占到世界贸易总额的 30% ~40%，并逐年增高。其中，中国跨境电子商务的发展最引人注目，2013 年，我国跨境电子商务交易额达 3 万亿元人民币，同比增长 50%。

随着跨境电子商务的快速发展，深圳、上海、杭州、义乌等地纷纷将跨境电子商务作为当前新经济、新模式发展的重点领域。宁波是外贸大市，又是全国第一批跨境电子商务试点城市，有基础、有优势，有需求、有潜力，但也有不足、有差距，必须紧抓机遇、深挖潜力，加快推进宁波市跨境电子商务发展，并以此提升外贸竞争力、带动经济社会转型发展。

一、积极创建跨境电子商务综合试验区

2012 年以来，我国大力推进跨境电子商务规范发展，先后出台了《关于实施支持跨境电子商务零售出口有关政策的意见》等政策文件。宁波是全国最早开展跨境电子商务的城市之一，具有经济基础雄厚、外贸产业发达、毗邻国际港口、政策先行等得天独厚的优势，跨境电子商务发展十分迅速。但随着 2014 年国务院批准杭州设立跨境电子商务综合试验区，宁波在掌握跨境电子商务发展先机方面有所落后。当前，必须进一步增强机遇意识，积极申报创建跨境电子商务综合试验区，加快推进跨境电子商务可持续发展。

宁波具有申报跨境电子商务综合试验区的良好基础条件。一是跨境电商产业链基本健全。从电商企业来看，宁波 90% 以上的生产企业、进出口企业都开展了电子商务。从电商平台来看，不仅阿里巴巴、环球资源网等在宁波设立了分支机构或建立外贸电子商务基地，还自行开发建设了跨境购等公共服务平台，并涌现出世贸通、

保税通等一批为跨境电商企业提供报关报检、仓配物流、电商代运营等一揽子服务的专业平台。从物流、支付等配套来看，DHL 等四大国际快递企业均在宁波设立了分公司，顺丰、圆通等国内主要网络型快递企业也在宁波设立了独立的分拨中心；通过与银联在线、支付宝等企业合作，跨境购等平台可以提供多种便捷、安全的支付方式。二是外贸网商数量和密度居全国前列。根据阿里研究院《2013 年中国城市电子商务发展指数报告》，宁波外贸网商数量占全国总量的近 10%，超过杭州、北京等城市，位居全国前列；外贸网商密度，即外贸网商数量/人口数量，位居全国第 3 名，仅次于深圳和金华。三是跨境电商零售进口试点业务领跑全国。自 2013 年 11 月 27 日启动试点以来，至 2014 年底，累计业务量达 144 万票，货值达 3.7 亿元，业务量居全国首位（见附表），消费者覆盖大陆所有省份及香港特别行政区，达 82 万人。

宁波跨境电子商务发展中面临着一些突出问题和困难，亟待通过创建跨境电子商务综合试验区来破解。一是要素支撑不够。主要是：跨境电商专业人才缺乏，电商平台运营、技术开发、美工等人才均属“极度紧缺”或“非常紧缺”；物流体系不完善，目前只有 EMS 和顺丰拥有开展国际邮包业务的资质；物流企业规模小，没有能力建立海外仓，物流成本和物流效率明显制约跨境电商的发展，等等。二是缺乏有影响力的本地电商平台。目前，宁波企业主要依托速卖通、天猫等第三方平台开展跨境电子商务，在自建平台以及与国外主要电商平台对接方面比较落后。三是运营模式比较单一。主要集中在零售进口方面，B2C 出口试点业务仍在筹备，B2B、C2C、O2O 等业务只有零星开展。四是业务规模与深圳、义乌等城市有较大差距。国际快件业务量可以从一个侧面反映这种差距，2013 年，义乌国际快递超过 9000 万件，而宁波只有 430 万件。要破解上述跨境电子商务发展中存在的问题和不足，就要通过制度创新、管理创新、服务创新来解决深层次矛盾和体制性难题，积极探索形成符合本市外贸发展要求的跨境电子商务模式。

当前，要把谋划申报跨境电子商务综合试验区作为推动全市跨境电子商务跨越发展、创新发展的重大举措来抓，抓紧部署推进申报工作。要综合考虑保税区、梅山等区块申报综合试验区的优势和可行性，研究提出申报方案；要明确政策创新和体制机制创新的主要方向和重点，研究提出特色鲜明、重点突出的试点内容；要抓紧建立推进工作机制，明确责任部门、工作要求和工作步骤，加快推进重点项目建设。

在积极谋划申报的同时，也要立足自身，进一步完善跨境电子商务的产业发展促进体制机制，重点健全完善创新发展机制、市场主体培育机制、公共服务平台建设机制、监管服务优化机制、要素保障支撑机制等五大机制，打造跨境电子商务完整的产业链和生态链。

附表　首批5个试点城市跨境电子商务开展情况

	试点启动时间		主要平台	交易类型	贸易额	贸易单量	电商企业数量	商品种类
上海	2013.12.28	进口	跨境通	直购进口、网购保税进口	1700万人民币（一年）	5.6万票（一年）	55（一年）	母婴、保健食品、箱包、服装服饰、化妆品等
上海	/	出口	尚未开展					
杭州	2014.5.7	进口	跨境一步达	网购保税进口	8149万元（半年）	35万票（半年）	84（半年）	/
杭州	2013.7.8	出口	跨境一步达	一般出口	513万美元（一年）	28万票（一年）	18（一年）	/
宁波	2013.11.27	进口	跨境购	网购保税进口	3.7亿元（一年）	144万票（一年）	117（一年）	母婴用品、家用医疗器械、食品饮料、厨卫用品及小家电等
宁波	/	出口	尚未开展					
重庆	2014.6.17	进口	重庆跨境贸易电子商务公共服务平台	网购保税进口	4456.6万元（半年）	15.8万票（半年）	36（半年）	食品、纺织品及其制成品、厨房用具、奶粉
重庆	2014.6.17	出口	重庆跨境贸易电子商务公共服务平台	一般出口	4456.6万元（半年）	15.8万票（半年）	36（半年）	围巾、竹炭眼罩、自行车警告灯、拖鞋等
郑州	2013.7	进口、出口	万国优品	网购保税进口、一般出口	2138.5万元（一年）	/	175（一年）	/

二、建立健全宁波跨境电子商务创新发展机制

创新是实现跨境电子商务大发展的关键动力，重点要完善跨境电商多元化、集团化、品牌化和差异化等创新发展机制。

一要推进多元化发展。鼓励和支持企业进行模式创新、产品创新、技术创新和制度创新，推动进口和出口跨境电子商务并进发展，保税集货、直购集货、保税备货等模式并进发展，B2C、B2B、C2C、O2O 等方式并进发展，自建跨境直销平台与利用第三方平台并进发展，互联网跨境电商和移动互联网跨境电商并进发展，增强跨境电子商务多元化发展。

二要大力推进跨境电商集团化发展。建立跨境电商行业协会和战略联盟，加强行业组织管理和资源整合，实现集团化发展。例如，通过物流集拼、物流协作等方式组织集中采购，通过共建或者共同外包方式设立集中售后服务中心等，有效降低成本；通过行业协会促进企业规范经营、避免恶性竞争，并代表企业参与国际交流合作和国际规则标准制订，增强国际影响力和话语权，提高市场占有率和份额。

三要大力推进跨境电商品牌化发展。高质量的产品和更好的服务是竞争的核心。要积极引导企业创立自有品牌，顺应跨境电子商务订单小额化、个性化、多元化特点，实行精准化、个性化、多元化生产，走品牌化发展道路。

四要大力推进跨境电商差异化发展。结合宁波产业特色，大力发展工业品、大宗商品等 B2B 领域的跨境电子商务，打造具有宁波竞争优势和特色的跨境电商项目和平台。鼓励企业放眼全球买家，将更多的注意力放在建设拥有多个小语种的电商平台，深度开拓国际市场。

三、建立健全宁波跨境电子商务市场主体培育机制

主体培育是推进跨境电子商务发展的核心，要推动形成电商企业与平台企业融合、电子商务与特色产业融合的发展格局。

一要创新扶持政策。对自建平台和利用第三方平台开展跨境贸易的电商企业以及平台企业等跨境电商主体，分类给予一定的税收、财政补助；推进跨境电子商务示范工程建设，支持企业创建省级示范电子商务企业、平台、产业基地；通过政府购买服务的方式，促进符合条件的中小微企业利用第三方平台开展跨境电子商务；建立国际交流与合作机制，切实解决跨境电子商务发展中存在的制约。

二要建设跨境电商产业园。推进海曙跨境贸易电子商务产业园建设，尽快启动跨境电子商务零售出口试点业务；积极推进宁波保税区、栎社保税物流中心跨境电商零售进口试点业务；鼓励各县（市）区依托产业集群，规划建设一批特色产业

（跨境）电子商务基地（园区），实现电子商务与特色产业融合发展。

三要培育发展本地跨境电商企业。引导纺织服装、家电、文具、塑机等宁波传统外贸出口优势产业积极进入跨境贸易电子商务平台的供应链体系，依托跨境电子商务创新营销模式、开拓国际市场，支持其设立境外贸易机构、海外分销中心、展示中心、海外仓等境外营销网络和物流服务网络，转变“走出去”模式。

四要引进培育第三方平台企业。扶持成长性创新性特征显著、发展势头迅猛的专业化平台和面向产业集群的行业平台发展，支持浙江塑料城网上交易市场、中塑在线等在国内具有较高知名度的电商网站进一步拓展跨境电子商务交易，支持中国液体化工在线、世界废料网、中国文具供应链电子商务服务平台等在行业内具有较高知名度的资讯服务网站进一步拓展在线交易功能，向跨境电子商务交易平台转型。同时，积极引进国内外知名电商平台企业在宁波设立总部、区域总部或采购中心、分销中心、结算中心等，积极推动外贸企业与平台企业业务对接，促进电商企业和平台企业融合发展。

四、建立健全宁波跨境电子商务公共服务平台建设机制

完善跨境电子商务公共服务平台功能，尽快实现在线通关、结汇、退税申报等，进一步简化手续和提高效率，改善用户体验。

一要加快制定跨境电子商务平台的技术标准体系。推进跨境电子商务平台的标准化建设，规范电子商务数据标准，方便各类电商企业、物流企业、支付企业以及各职能管理部门接入公共服务平台，实现跨境电子商务交易数据的交换、采集、比对和统计。

二要明确电子文件法律效力。深入推进无纸通关、网络（电子）发票应用，积极推动各职能管理部门就线上通关、缴退税、结汇等业务办理达成协议，实现电子凭证代替传统纸质单证。

三要完善公共服务平台功能。加快跨境购等公共服务平台建设，完善平台功能，为企业开展跨境电子业务提供在线备案、审批、通关、结汇、退税申报等“一站式”服务，研究建立交易争议解决机制。研究解决跨境购等平台与亚马逊等国际电商平台的对接合作问题。借鉴“义乌购”模式，搭建区域跨境出口公共平台。

五、建立健全宁波跨境电子商务监管服务优化机制

跨境电子商务具有不同于传统外贸的特点，必须建立与之相适应的政府公共服务与行业监管新机制。

一要制定发展规划和地方性法规。编制出台宁波跨境电商发展战略规划，明确

发展目标、思路、重点领域。研究制订一批行业标准或服务规范，明确跨境电子商务交易规则、信用管理、安全认证、在线支付、市场准入、售后服务、纠纷处理等方面的基本制度，引导跨境电子商务健康有序发展。

二要理顺管理体制机制。尽快理顺促进（跨境）电子商务发展和市场监管的体制机制，科学划分市商务委、市口岸打私办、市服务业办公室等各部门的管理职责，减少职能交叉、管理盲点、政策不协调等问题，形成发展合力。建立联席会议，定期研究解决跨境电商试点中存在的问题，推动相关部门建立适应跨境电子商务发展需要的监管和服务机制，理顺各部门各环节的衔接和协同。

三要建立健全风险防范机制和信用评价体系。加快本地区跨境电商企业信用记录征集和信用数据库建设，推动建立跨部门涉信执法信息开放共享机制，扶持第三方信用评估业发展，防止利用跨境电子商务进行的欺诈、赌博、贿赂、洗钱、信用卡套现、逃套汇、逃漏税、泄露个人和商家信息以及销售假冒伪劣商品和侵犯知识产权商品等违法犯罪行为。

四要建立有效的统计监测体系。完善跨境电子商务统计监测体系，定期发布统计数据，及时准确地反映全市跨境电子商务发展的总体规模、结构变化、发展水平和发展趋势，为科学评估专项扶持资金绩效和政府决策提供准确依据。加强跨境电子商务发展研究，关注发展中存在的突出问题和新矛盾，如小额跨境电子商务快速发展与现行国际贸易规则的冲突以及引发目标市场国采取反制措施的风险，设立海外仓开展国际化经营面临的政策风险，物流和支付服务过度依赖国外企业的隐藏风险，等等。

六、建立健全宁波跨境电子商务要素保障支撑机制

人才、物流、支付等配套要素不足是制约跨境电商快速发展的主要问题，必须着力解决。

一要完善跨境电商人才培养体系。大力引进跨境电商高级人才、领军人才，依托高校和电商协会，组织开展多层次、多渠道专业人才培训，特别是要加大复合型、应用型、技能型人才培养。研究建立跨境电子商务人才实践基地，加大人才培训和储备。

二要完善跨境电商物流体系。加快宁波机场货运物流业务发展，开拓国际航线，同时，与周边上海、杭州、南京等大型机场协作对接，提供更加多元的物流服务。鼓励快递企业与跨境电商深度融合，组建战略合作联盟，支持快递企业建设海外仓储服务机构和平台，为跨境电商提供商品仓储、打单、打包、配送和售后等专业化、一体化服务。加快推进宁波国际邮件互换局、交换站建设，支持快递企业申报国际快递业务牌照和构建境外物流网络，提升国际物流的市场份额。

三要完善跨境电商支付体系。加强与境内外支付企业合作，提供多元支付方式；积极探索包括移动支付在内的多种支付解决方案，积极防范和管控支付中的风险。

四要完善跨境电商综合服务体系。支持世贸通、大道商诚网、全球贸易通等本土外贸综合服务平台建设，为中小企业开展跨境电子商务提供一揽子综合配套服务。鼓励跨境电商服务企业大力发展对外贸易撮合、认证征信、贸易融资等电子商务增值服务。支持大掌柜国际物流云平台、宁波航运交易所等专业服务平台建设。

课题组成员 ◀ 卢　跃 吴红艳 刘　平

宁波电子商务物流协同创新体系构建

◎ 课题组

宁波电子商务物流发展已经取得了一定的成绩。但随着电子商务这种新型商业模式业务规模的不断扩大，与其配套的物流体系软肋开始显现。对于宁波而言，电子商务协同度较低、服务新商业模式的管理技术创新能力较差等问题已经影响和制约宁波电子商务企业的可持续发展。因此，研究电子商务物流协同创新体系构建变得必要且重要。

一、电子商务物流的内涵和作用机理

（一）电子商务物流的内涵

电子商务物流是指与电子商务这一新型经济模式相配套的物流体系。电子商务物流模式主要指以市场为导向、以满足顾客要求为宗旨、利用信息技术和现代物流技术对传统物流进行改造，充分整合信息流和物流，以获取系统总效益最优化的适应现代社会经济发展的模式。电子商务推动了现代物流的发展，现代物流也促进电子商务的发展，两者相互依存，共同发展。

（二）电子商务与物流协同创新发展的优势

电子商务与物流协同发展是电子商务发展到一定阶段的必要要求与结果，不仅可以减少电子商务物流的速度和提高效率，合理安排企业资源，降低交易成本，也可以加强电子商务过程中各个厂商之间的合作创新，提高企业核心竞争力，分享协同集群经济，完善资金分配，从而为电子商务的发展提供更广阔的空间，也为电子商务企业的发展提供了更多机会，使利益最大化。

（三）电子商务物流协同创新作用机理分析

目前，电子商务的发展有赖于物流的支撑，而电商的快速发展促进了物流的发展，使其规范化和效率化。电子商务系统和物流系统协同创新的关键在于合理协调两者所包含的核心要素，发挥协同作用。以技术协同、服务协同、管理协同为内容的协同要素，以创新资源投入与创新成果产出为过程的创新投入与产出要素。

技术协同方面。在提高传统物流核心技术的同时，对电商物流提出了更高要求。电子商务与物流相互配合创新发展，重视新理念、新模式、新技术是电商物流发展的必备要素。电子商务物流的发展要朝着信息化、智能化、网络化、自动化的发展方向发展。

服务协同方面。增值物流服务包括增加便利性服务，简化可以简化的手续、操作等；加快快速反应服务，在客户对速度的要求越来越高的情况下，快速反应已经成为物流发展的动力之一；延伸服务，延伸至市场调研与预测、采购及订单处理，或者延伸至配送、物流咨询、物流方案的选择与规划等；此外，物流服务范围可以延伸至全球。物流企业可以集中精力提高物流服务需求，做好物流服务。

管理协同方面。电子商务企业与物流企业本属不同行业，两者之间缺乏真正顺畅的沟通平台。目前的管理机制真正使得双方达到协同合作的有效性，仅仅停留在表面。电子商务的发展必须要有相应的物流体系经营和管理，物流服务必须跟随电商企业的发展，相应的物流基础设施、设备和经营运作团队也必须配备齐全。但庞大的物流队伍对电商企业的管理水平提出了一定要求。

二、宁波电子商务物流的发展现状

艾瑞统计数据显示，2014 年中国电子商务市场交易规模 12.3 万亿元，增长 21.3%。2013 年全市基本理顺了电商工程机制，积极创新电商工作载体，实施了电子商务拓市场工程、开展跨境电子商务试点、制定电商人才培训和评价方案、推进电子商务立法等工作，电商换市初见成效。目前电商发展呈现“终端型”、“输出型”、“园区型”三种形态，发展具有各自特征，并不均衡。

(一) “终端型”电子商务物流发展现状

这是指面向消费者的电子商务物流，当前突出问题有“最后一公里”问题等。随着电子商务继续高速发展，包括网络销售进入规模化、网络消费日益主流化、电子商务业务模式日趋深化、电子商务的品类不断扩大化，随之而来的就是电子商务物流发展瓶颈。目前看来，电商自建物流优势凸显，竞相角逐“物流战”。电商企业发展自营物流在一定程度上能够提升服务水平，提高客户忠诚度，但发展自营物流需要大量的前期投入，而且达到一定的规模才能实现效益，这是大多数电商企业所不具备的。

(二) “输出型”电子商务物流发展现状

这是指辐射区域外部的电子商务物流，特别是跨境电子商务物流。宁波作为五个跨境电子商务服务试点之一，交易额每年约以 30% 的速度快速发展。截至 2015 年 1 月，在宁波保税区的跨境贸易电子商务进口共完成订单 167.3 万票，销售额 4.3

亿元人民币。对宁波港口物流调研结果显示，港口物流产业集群发展态势良好，但物流服务创新水平偏低。宁波现有港口物流产业集群内的物流企业相对规模偏小，而且服务创新能力偏低，大部分只能提供单一的服务，多数仍然停留在货物代理、仓储、库存管理、搬运和干线运输等方面，能够提供综合性、全过程和集成化的现代物流企业还占少数。其次，目前保税区的仓储物流企业中，多数企业仅限于提供保税仓储等基础服务，对现有物流服务的创新能力不足，能开展集物流、贸易、金融、供应链服务于一体的高端物流服务集成商甚少。

（三）“园区型”电子商务物流发展现状

这是指在电子商务集聚区内的电子商务物流。电商的快速发展引起了政府关注并得到大力支持。在政府的牵头下，近些年兴建了宁波网商园、e点电子商务产业园、宁波电子商务服务业产业园、慈溪电子商务产业园等一批电子商务产业园区。作为电子商务服务业的现代化组织形态，通过引入电子商务产业链上下游的企业，以形成产业的有效聚集，带动了以电商企业为主体的新型产业链的发展，促进了传统产业转型升级。

但是园区在大力发展的同时，问题也不断显现，除去政府财政、税收、补贴的支持之外，园区对企业吸引力有限。因此，需加强资源整合能力，提高处理仓储、库存、订单、物流配送的效率，提升服务质量；一体化、集成式服务有待进一步完善；电商物流信息技术平台影响力需要持续提升。

三、宁波电子商务物流协同创新存在的问题

宁波电商物流不仅有全国性的普遍问题，还存在一些地区性问题，以及在率先发展方面可能会遇到的一些新型困难，主要包括以下方面。

（一）电子商务物流基础设施尚不完善

物流系统功能不强，仓储功能和运输功能缺乏协调，长途运输和短途配送缺乏有效衔接，各种运输方式之间配合不力，不同物流服务很少结合，尚未形成一个完整的物流系统。在物流信息系统方面还处于起步状态。

（二）电子商务企业对物流的重要性认识不足

一些生产企业更多关注的是产品的开发和销售方面，但很少关注物流方式的合理性，物流信息管理尚未实现自动化，信息资源的利用尚未实现跨部门、跨行业整合；政府缺乏规划引导和扶持，诸如物流领域信息技术应用较少，管理信息系统不健全；电子数据交换系统的应用范围有限，企业之间的物流共享机制尚未形成。

（三）电商物流政策法规尚不健全

宁波在扶持电商与物流行业在政策支持上滞后快速发展的电商物流行业。如当

前电商物流法律法规建设相对滞后，市场准入服务监管体系、信用体系、统计监测体系、产业投融资机制亟待建立；物流供应链协同融资服务等环节缺少相应的法规规范标准；在维护电子商务交易秩序，防范电子支付风险和网络与信息安全方面未形成有效的企业与个人信用监督约束机制。

（四）物流装备标准化程度低

各种运输方式之间装备标准不统一、物流器具标准不配套、物流包装标准和设施标准之间缺乏有效的衔接，物流设施和装备标准化滞后。全国大部分的物流企业处于小、多、散、弱的状况，难以形成有效的社会服务网络，大多数物流企业还只是被动地按照用户的指令和要求，从事单一功能的运输、仓储和配送，很少能提供物流策划、组织及深入到企业生产领域进行供应链全过程的管理，物流速度慢成本高，影响效率。

（五）电子商务物流管理人才短缺

宁波发布的 2014 人才紧缺指数表明，电子商务人才为极度紧缺。在大型电子商务平台、产业园建设，以及产业龙头企业电商业务快速发展的带动下，宁波电子商务企业进入高速发展时期，平台架构、软件开发、店长、运营、微营销、美工等岗位人才均高度紧缺。人才的短缺主要是相应的培养体系不够成熟和不够健全，宁波高校电子商务人才的培养经过近十年的发展已经从电商技术人才培养转变为电商营销人才的培养，物流管理人才培养普遍面向港口服务企业、第三方物流企业和传统供应链管理。既懂电商又懂物流运作的复合人才培养体系并未建立，所以电商物流人才十分缺乏。

四、宁波电子商务物流协同创新体系

（一）宁波电子商务物流协同创新模块设计

根据宁波电子商务协同创新发展现状，结合电子商务物流协同创新作用机理，以宁波电子商务物流为对象，设计宁波电子商务物流协同创新模块：以电子商务企业和物流企业为主体，科研创新机构、创新人才和创新政策咨询为辅助的组织要素模块；技术、管理、服务三协同创新模块；创新资源投入模块；创新资源产出模块。

（二）宁波电子商务物流协同创新体系构建

以宁波电子商务物流协同创新模块设计为基础，根据各模块之间的作用关系，架构集成宁波电子商务物流协同组织要素，并同创新资源投入要素、三协同创新要素、创新成果产出要素，共同作用电子商务物流协同创新处理单元，整合形成电子商务物流集群的协同创新力量。

五、宁波加快电子商务物流协同创新的对策建议

根据上述电子商务物流协同创新体系，从宁波电子商务城建设、协同创新模式选择与优化、创新资源经费投入、服务协同创新模式整合、创新管理技术协同手段、电商专业人才培养等六个方面提出如下对策建议。

（一）做好电子商务物流产业集聚规划指导，大力建设电子商务城

一是提高电子商务物流协同创新重要性的认识，加快电商物流联动集聚。宁波政府、电商物流企业、电商集聚园区相关部门要提高对电子商务物流协同创新的重要性认识：电子商务是商业领域内的一次革命，高速发展的电商平台、高效运转的物流体系和高度灵敏的产业供给协同共进将成为未来经济发展的新模式。宁波应顺势而动，把握“电商换市”的制高点，谋划和推进电子商务产业的集聚和培育，实现产城联动集群式创新发展。

二是科学制定电子商务物流集聚规划，着力建设宁波电子商务城。根据宁波电子商务发展态势，整体布局电子商务运营商、供应商与第三方物流服务商等产业链各环节，由宁波发改局服务业科协同宁波经济与信息化委员会等部门，会同电商物流企业专家、行业专家，科学制定宁波电子商务物流集聚规划，以电子商务产业园区、电子商务城等模式促进宁波电商物流集群式协同创新发展。

三是加快电商物流集聚服务配套设施建设，加快宁波企业“电商换市”步伐。以宁波电子商务城为核心，加强基础设施建设，为电子商务企业提供完善的办公环境、基础网络、数据中心、仓储物流等多层面的公共基础设施保障和专业服务平台；搭建第三方支付、安全认证、信用评价等完备的电商发展支撑服务体系。为宁波企业“电商换市”提供有力的服务支持。

（二）借电子商务城建设契机优化协同创新的模式，加强产业链间的配套协调

一是借助宁波建设电子商务城契机，选择合适的电商协同创新模式。紧紧围绕宁波电子商务城建设配套政策，以及宁波物流及相关配套产业发展水平，科学定位，合理评价，结合电商物流协同创新模式的理论指导，同时借鉴其他同类城市的电子商务园区协同创新模式，邀请国内外电商物流专家把脉问诊，选择适合宁波自身特点的电子商务物流协同创新模式。

二是加快电商物流与宁波其他产业的协同创新，促进经济转型升级和增强带动效应。从宁波现有优势产业为着眼点和出发点，加强这些产业与电子商务物流产业在合作模式等方面的协同创新，提升宁波电子商务城与宁波产业的协同创新度，加快宁波传统产业的“电商换市”转型升级建设步伐，增强宁波电商物流与其他优势

产业间的协同带动效应。

三是利用宁波港口外贸优势，探索“跨境电商”的电商物流协同创新模式。宁波完善的“三位一体”集疏运体系，扎实的外贸产业基础，运作成熟的“宁波保税区、宁波保税港区、宁波保税物流园区”等特殊跨境区域，为宁波试水“跨境电商”提供了非常有利的条件。“跨境电商”物流模式是电商物流协同创新的一个重要方向，宁波可借助“上海自贸区”的辐射政策条件，组织开展“跨境电商”的可行性论证、政策论证、电商企业需求、电商市场需求等方面调研，探索适合宁波的“跨境电商”的电商物流协同创新模式。

（三）加大对电商物流的创新经费等投入，促进电子商务物流创新水平提高

一是着力建设电子商务产业专业研究院，提升电商研究创新水平。由市贸易局牵头，依托在甬高校在电商领域的专长特点，共同组建产学研一体化的宁波市电子商务研究院。宁波市电子商务研究院的管理形式可以通过“理事会”、“研究院”与“研究所”三个层面进行管理，形成“一院四所”的研究架构，“四所”分别为电子商务战略研究所、电子商务时尚产业研究所、电子商务科技创新研究所、电子商务数据服务分析研究所。通过专业研究院的建设加强电商产业的研究力度与深度，通过研究“发现问题，找出问题，解决问题”，进而提升宁波的电商研究创新水平。

二是加大电商物流行业的创新研究经费投入，降低企业创新风险。针对电子商务物流新型行业风险大、市场不稳定等特点，政府部门可出台相应的补贴政策或提供研发融资平台降低企业创新风险，特别是加大对电商物流企业的创新经费投入，与宁波创业基金等建立渠道，以“共担风险，共享收益”的形式，促进电商物流模式的开发创新，加强电子商务物流协同创新模式的研究开发。

三是加大电商物流方面的专利申请，提升电商物流创新水平。鼓励电子商务物流的创新产出与成果申报，组织专业机构加大对电子商务物流企业的专业申请培训，促进更多的电商物流方面的创新成果得到知识产权保护，完善电子商务物流创新的产学研转化机制，建立电商研究院与电商企业间的产学研平台与制度，通过电商物流间创新成果的流通共享，提升电商物流整体创新水平。

（四）整合电商物流业务流程和创新综合服务模式，提供优质及个性化服务

一是加快电商物流流程创新，整体服务模式更新。由政府搭桥，邀请国内外电子商务物流方面的专家对宁波电子商务与物流企业的高层管理人员进行培训与授课，提供先进企业的电商物流流程设计思路和方法，以及其以电子商务为服务对象的物流服务模式的更新和改进，通过学习与交流，加快宁波电子商务物流的流程更新和再造，适应电子商务的快速发展和完善物流的配套服务功能。

二是以网络客户为导向，提供优质及个性化的电商物流服务。企业要准确定位

电商物流的服务客户对象，清晰区别其与传统客户的差异，以及明确网络客户对物流的高标准。政府应鼓励宁波电商物流企业提升服务意识，可以通过每年设置宁波电商物流企业服务质量奖的方式，奖励高服务质量的电商物流企业，促进企业不断改进服务手段，提升服务质量。

三是创新跨境电商的业务流程和结算模式，创新跨境电商物流活动。跨境电子商务在快速增长的同时，对平台物流、支付、结算、海关、商检等环节提出新的要求。相关部门要制定促进跨境贸易电商通关服务的管理制度和标准规范，以及相关的邮件检验、检疫监管模式，以促进跨境电商的健康发展。

（五）创新管理技术手段，提高协同管理水平

一是以供应链为视角进行协同管理，加强管理的协同性。将电子商务物流业务运作的各个环节纳入企业供应链管理体系，将其视为企业供应链的重要组成部分，加强电子商务企业、物流服务企业、实体生产供应商、网络客户间的供应链协同管理与协同创新，加速供应链各主体间的信息流通和创新成果流通，提升电子商务物流企业供应链整体运作效率。

二是重视技术方法的应用，提升电商物流企业信息化、标准化协同度。电商物流企业的信息化与标准化直接影响电商物流的运作效率。作为政府部门，要加大在物流集疏运体系、信息网络等方面投入大量资金，以保证交通流和信息流的通畅，形成一个覆盖全社会的交通网络和信息网络，为电商物流企业的信息化和标准化应用提供良好的基础环境。作为电商物流企业，要加强 ERP、RFID、GPS 等先进供应链物流管理技术的应用，通过技术创新，提升电商物流企业间的协同运作效率。

三是重视 IT 技术与物流技术的协同性，促进同步发展。以 IT 技术为主的电商企业更注重电商客户端网站的建设、网站对客户的吸引度，但对客户的维护与服务更多地要依靠物流技术的应用，企业的 ERP 系统与电商网站一致衔接，同步反映货物库存，减少违约情况的发生。通过 IT 技术与物流技术的协同，共建电商物流协同系统，形成销售、客服、正逆物流的整体协同，促进电商物流业务良性循环发展。

（六）加快电子商务物流创新人才的培养，夯实协同创新的人才基础

一是出台电商物流人才引进专项政策，引进中高端电商物流协同创新管理技术人才。定期开展电商物流专场人才招聘会，利用“海洽会、高洽会”等宁波高端人才引进洽谈会契机，开设电商物流类人才专区，与国内大型人才招聘网站合作发布电商物流人才需求信息，并出台专项人才引进政策，例如人才补贴、安家补贴等吸引国内外电商物流管理创新等高层次人才来甬工作。

二是利用在甬高校和知名电商物流企业，合作开展电子商务物流协同创新人才培养。利用宁波大学、万里学院、浙江纺织服装职业技术学院等宁波高校的专业资

源，搭建其与国内外知名电商物流企业（淘宝、顺丰、太平鸟、GXG、1号店、京东商城等）校企合作的平台，通过校企间的人才契合、师资流动、培训交流，加快宁波电子商务物流整合型协同创新人才的培养。

三是组织电商人才培训活动，提升现有员工的电商技能水平。由宁波人事培训中心牵头，定期组织电商物流专家来甬开设讲座，对宁波电商物流从业人员进行培训，加强培训效果，以培训总结、考试、培训后上岗表现等多方面，建立培训效果评价机制，强化培训效果。

课题组成员 ◀ 任月红 唐 铮 张芝萍 黄 潇

宁波应关注“视频电商”和“情景网购”带来的电商新业态

◎ 钟海州　张小兰

视频电商是视频与电商融合发展的新模式，视频与电商之间有着巨大的融合空间，预示着“美好时尚消费”将成为新的购物风潮。同时，实体商场正在向创新购物中心 TiMall 转型，力争实现让网购一族也喜欢的情景式网络购物，实现线上线下的完美组合。视频电商 + 情景网购，是网络购物的未来创新方向。

宁波应把握这一网络购物发展新趋势，谋划打造将“视频电商 + 情景网购”组合在一起的新型城市购物广场，使得电商经济成为城市经济的灵魂。

一、视频电商：电商与视频创新合作新领域

阿里巴巴的电商与优酷土豆的视频缔结姻缘，视频与电商的搭配则实现了超越传统的“新创想”，“即视 + 购买”的组合让整个视频行业进入爆发前的平静，此种强势联合会如潮水般席卷网民的生活，“美好时尚消费”将成最新风潮。

视频之于电商产品的独特，在于可以全方位、立体化呈现出商品和使用场景，第一时间提供商品信息、购买渠道等，让用户在网购的过程中很好地感知商品的功能和用途。特别是对于美妆技巧、家居装饰 DIY 等具有较强操作性和行动力的视频来说，视频电商让用户现有的网购体验更加形象。

以土豆自频道推出的“视频互动创收之商品售卖”功能为例，在视频中某一时间段添加与视频内容相关的商品，设置之后会在视频的特定时段呈现，点击链接即可转至如淘宝等购买页面直接完成购买。一方面提升了用户在观看视频过程中的互动性和趣味性，另一方面可让商家有效地捕捉消费者的购买欲。

二、情景网购：商场与电商合建创新购物中心 TiMall

“情景网购”就是通过体验式商业氛围的营造，引入独有的电商系统，把情景式购物与时下最热的 O2O 电子商务购物联手，让消费者获得更加美好的消费体验。

如中山太古国际广场，它是广东中山市在其繁华商业区打造的一个大型商业MALL，设计上按照香港太古广场的原汁原味，力争在中山也有一个尖沙咀。为了把商场造就成中山商业的旗舰，引入独有的电商系统，把情景式购物与O2O电子商务购物联手。

中山太古国际广场打造属于“阿里巴巴+太古模式”独有的创新购物中心TiMall，足以让习惯网购的年轻人蜂拥而至，即使足不出户，也能让中山太古国际广场融入日常生活中。

三、宁波发展视频电商+情景购物新模式的对策建议

视频电商+情景购物作为电商经济新业态，目前才刚刚起步阶段，宁波若能率先创新，改造城市购物形态，将能打开电商经济发展新空间。

1. 制定发展规划和扶持政策。对于“视频电商”和“情景网购”带来的电商新业态，应该提早谋划，为其制定可操作性发展规划。电商与视频网站二者应全面打通从同一用户跨屏识别、到升级视频营销模式、再到重塑视频广告价值的整条视频电商销售渠道。

2. 鼓励现有大型商业广场引入新型电商系统，打造Timall。实体商业广场正在受到电子商务的冲击，经营普遍受到影响。但实体商业广场仍有其独特的优势，情景体验交流等是其主要特点。大型商业广场如果仅仅引入一般的阿里模式，效果仍不会好，视频—情景式网络购物新模式是需要重视的创新方向，可以将实体商业广场打造成线上线下均有独特体验感的购物天地。鼓励宁波的天一广场、鄞州和江北的万达广场等大型购物中心等，积极打造属于创新购物中心TiMall。

3. 组合优势力量打造视频—情景式网络购物新模式。鼓励视频、电视、大型商场、手游公司和电商平台等力量，组合起来共同打造视频—情景式网络购物新模式。在宁波城市新的商业综合体建设上，积极引入视频—情景式网络购物新模式，将购物广场打造成与电商经济深度融合的城市经济新平台。

创建基于互联网金融的宁波财富管理中心

◎阎　勤 钟海州

互联网金融的技术和理念，突如其来地震撼着传统金融体系的财富管理模式，并且带来巨大发展机遇。国务院批准青岛以财富管理为主题的金融综合改革试验区，标志着互联网金融和财富管理已成为国家改革发展的重要环节。宁波利用民间资本优势，创建基于互联网金融的财富管理中心，成为实施“双驱动四治理”和经济社会转型发展三年行动计划重大项目投融资新平台，促进电子商务城建设，是现实之需、可行之举和改革之重。

一、互联网金融创新势头强劲，青岛、深圳、杭州大步先行

（一）互联网金融呈现多样化模式

互联网金融是基于互联网条件的新兴金融活动，按参与主体可分为四类：一是传统的金融机构以互联网为渠道开展金融业务，如网银、网上金融超市等；二是握有一定客户和数据的互联网企业向金融领域扩展，如余额宝、理财通；三是第三方利用互联网平台介入金融服务业，如“网贷”、P2P等；四是互联网企业和金融机构的跨界合作，如微信+国金证券；小米+北京银行等。互联网金融取得的重大突破是互联网创新发展和民营金融改革推进两者合力共推的结果，互联网金融创新之路才刚刚起步，未来发展空间巨大。同时，我们也要客观看待阿里和微信等在互联网金融的创新探索，依托强大的电商平台和社交平台，信用+便利+获利是其关键要素。

（二）互联网金融带给财富管理多元化变革

目前，互联网金融的创新突破从根本上完善了传统金融体系的功能，并对财富管理的体系、模式、环境产生深刻影响，有助于一个贴近需求、灵活多样的财富管理时代的到来。具体来说，互联网金融带给财富管理五方面的变革：一是激发财富管理模式的创新，使得大众化财富管理需求得到更大满足；二是通过技术与财富管理的有效结合，赋予财富管理工具全新的吸引力；三是促使财富管理工具的平台化

融合成为可能，将推进金融的混业经营；四是降低特定融资风险，并使新型的融资与财富管理模式不断出现；五是通过大数据时代的信息发掘与整合，形成更准确的客户定位。

（三）青岛、深圳、杭州等城市互联网金融和财富管理发展态势迅猛

目前，青岛申报的以财富管理为主题的金融综合改革试验区已经获得国务院批准；杭州明确提出要建设财富管理中心，特别强调要发展私募金融业态；深圳提出要建设国际财富管理中心，发挥前海优势发展高端理财业务，同时指出要谋划互联网金融产业园和孵化基地。广州、温州等城市的民间金融发展较快，如广州有民间金融街、温州有民间借贷中心。相对这些城市，宁波发展相对慢一些，但也有一定基础，拥有一批财富管理机构和股权投资机构等，但实力都还比较小，能够依托互联网进行金融产品设计的还很少。随着宁波电子商务发展的不断推进，相关企业将会不断壮大。

二、宁波创建基于互联网金融的财富管理中心意义重大，形成优势特色和创新模式最为关键

（一）目的意义和发展导向

创建基于互联网金融的财富管理中心，其目的意义和发展导向应当是以下四点。

①构建成为宁波民间财富管理集聚区，加快宁波财富管理机构的集聚发展，提高宁波财富管理的金融产品设计能力和水平，并培育成为城市经济的新业态、新增长点。

②构建成为民间资本对接经济社会转型发展的金融平台，使民间资本顺畅地与经济社会转型三年行动计划的重点项目对接。

③构建成为互联网金融的生态示范区，构建起监管有效、创新有力的互联网金融集聚区，统筹规划互联网金融孵化基地和产业园，促进宁波电子商务城的建设。

④致力于离岸金融的突破发展，结合跨境电子商务平台和互联网金融探索离岸金融运作，为宁波离岸金融发展开辟新的创新通道。

（二）创新路径和发展模式

①推动民间金融机构集聚。集聚从事民间金融相关业务的机构，逐步建设成为集资金借贷、财富管理、支付结算、信息发布为一体的民间金融特色示范区。建设模式可参考广州民间金融街、青岛财富管理中心和温州民间借贷登记中心等做法。

②培育引进互联网金融机构。培育引进与电子商务配套的金融机构，如 P2P 网上金融平台、第三方支付机构、网络小贷公司等。探索建立宁波网上股权交易中心，

大力引进网络证券、网络基金等在线金融机构，重点借鉴上海自贸区的网络证券发展模式，积极探索网上离岸金融的实务运作。

③培育引进金融机构的新兴电子金融分支机构。针对金融机构积极参与互联网这一趋势，积极引导金融机构的新兴电子金融分支机构进入集聚区发展，如银行、证券、保险、信托和基金等的互联网运作机构。同时引导金融机构与互联网企业的深度合作，构建互联网金融产业链联盟，加快形成传统金融与创新金融互补发展的良性格局。

④培育发展私募金融服务业态。私募金融的业态要更多地发展私募基金、私募理财、私募证券以及为这些私募金融服务的场外交易市场。把私募金融发展作为政府性融资平台和中小民营企业对接民间资本的重要手段。

三、宁波加快财富管理中心建设促进互联网金融发展的对策举措

（一）谋划创建国家财富管理创新示范城市

创建基于互联网金融的财富管理中心，既是探索金融和投资创新，也是城市经济发展的新趋势新业态。重点要促进金融投资理念从传统简单的投资理财向综合性和专业性的财富管理理念转变，推动金融理念、业态、产品和工具创新，更好地引导各类社会资金进入实体经济，融入经济社会转型发展的重大项目间建设。积极创建基于互联网金融的财富管理中心，探索优势特色和创新模式，并谋划向国家申报财富管理创新示范城市，进而争取离岸金融等试行。

（二）将财富管理中心与电子商务城同步规划建设

在电子商务城中选址建设财富管理中心核心区。积极发挥市级职能部门作用，做好财富管理集聚发展规划，主要依托海曙、江北两区的力量，同时发挥梅山、保税区等区域的协同作用，采取政府引导、市场力量主导运作的模式开展，快速整合政府政策优势和推进机构实力优势。将新型财富管理中心核心区在电子商务城中同步建设，既可以组合电子商务的发展优势，又可以优化宁波市区整体的金融产业布局，使财富管理集聚区与东部新城、高新区、鄞州区的金融业态相互促进、协同发展。

（三）对财富管理中心建设进行政策支持

一是为互联网金融机构集聚和财富管理机构引进提供政策支持。可以考虑将民营金融的放开和集聚统筹起来，鼓励新发放的金融牌照优先注册在财富管理集聚区中；对一些重量级的新兴金融机构的引进实行特别政策。二是将市里新的金融资源适度集聚在财富管理中心。鼓励民间资本管理公司、民间借贷登记服务中心和金融信息指数发布平台等创新试点优先设置在集聚区。

（四）建立互联网金融服务实体经济和重大项目建设的导入机制

建设基于互联网金融的财富管理中心，就是要充分利用互联网的便捷效率，使民间资本与实体经济和重大项目建设更多地直接对接，因此关键点在于建立导入机制。无论是P2P、众筹还是互联网基金，都要突出将资金与宁波的企业和项目对接，使中小企业、实体经济、重大项目的建设资金需求转化为便于在网上交易的金融产品，形成有效融通和对接。比如“众筹”，宁波可以利用这一机制，建立宁波的股权网络交易平台，让民间资本能够通过互联网平台快捷方便地与投资项目对接，政府则做好相关的监管服务。

（五）健全防控互联网金融风险和监管体系

把互联网金融和财富管理中心纳入全市金融生态建设的重要内容，着力于建立金融风险防控和监管机制，对于各类平台要事先梳理其风险点，在制度和机制上建立起风险防控监管体系，从平台参与者、平台自身、监管者三层设立风险防控监管措施。明确宁波互联网金融发展的监管责任，对于借贷类平台主要由银监局负责，对于股权类平台主要由证监会负责，市金融办要加强统筹协调和政策指导。

依托大数据金融解决电商企业融资难问题

◎ 钟海州

宁波电商经济的大发展离不开电商企业的创业创新。电商企业具有初创的多、轻资产的多、资金扶持需求多、抵押担保物少等特点，这些特点使得电商企业的融资问题非常突出。解决电商企业融资难是促进电商企业发展的有效手段，仅依靠传统金融机构是很难有效解决的，寄希望于支付宝之类的互联网金融平台可能受制于成本太高，因此建立宁波本地的大数据金融是必要且可行的有效方式，要切实做到这一点，需要数据信息服务公司和传统金融的有效合作。

一、传统金融机构难以解决电商企业融资难问题

宁波发展电商经济必然要聚集大批初创型电商企业，而对于初创型企业发展来说，资金是重要的一环，没有合适的资金安排，电商企业很难抓住电商时代转瞬即逝的发展机遇。而对于这些初创型电商企业来说，由于大部分属于轻资产企业，缺乏有效抵押和担保，较难通过传统金融机构取得银行信贷融资，只能利用自有资金发展。有些电商企业会使用支付宝等平台的贷款，但发现支付宝的贷款实际上成本很高，导致电商企业资金运营难度更大。

二、大数据金融是解决电商企业融资难的有效方式

大数据金融是解决电商企业天然之道。大数据金融主要依托数据进行企业信贷需求预测和风险评估，不同于传统金融机构主要依托抵质押物开展服务，电商企业由于大部分业务数据都能在网络平台上收集到，是大数据金融发挥作用的最佳标的。大数据金融可通过挖掘现有企业经营数据、各类综合平台积累的数据以及海关税务电力工商数据等来实现数据收集，通过一定的数据分析方法处理，得到企业信贷的需求情况及进行风险评估。大数据金融是解决信息不对称的重要方式，也是提高金融与企业对接效率的工具。大数据金融利用云计算技术对电商企业的行为数据进行模型分析，大量信用数据和行为数据的使用有效克服了单一依靠财务数据进行信用

评级的局限。

三、宁波大数据金融尚处起步探索阶段

宁波针对金融运用的数据挖掘工作尚处于起步阶段，还没有实用的大数据金融模式。各类平台数据挖掘还有较多障碍，主要原因是基础设施及技术人才的匮乏、客户企业不肯让渡自身数据、政府部门数据难以整合等，大数据公共平台建设还未进入决策视野。最根本的原因是大数据金融创新度较高，很多平台或掌握数据的企业或部门还不懂得数据价值和运用方法。

四、依托大数据解决电商企业融资难的对策建议

①促进传统金融与数据平台合作。传统金融正在加快互联网化进程，加强与数据平台合作开展大数据金融服务是加快转型的有效途径。如宁波保税区跨境电商试点过程中，宁波第四方物流作为数据服务平台，掌握了企业的交易数据，可以依托此类资源与金融企业合作，打造类似“一达通”的报关、金融、物流等一体化服务的电商服务公司。

②加大平台数据整合，建立大数据公共服务平台。整合海关、税务、工商、电力、人民银行等政府部门的数据，同时与各类综合交易平台的数据建立大数据公共服务平台，为需要数据开展信息服务的公司提供免费数据服务，也为创新企业信用评价提供基础性支撑。

③引进大数据信息服务公司。大数据金融的发展需要专业的金融信息服务公司来支撑，宁波目前的基础比较薄弱，若能大力引进此类公司将大大加强宁波大数据金融的竞争力。可以采取宁波本地金融总部与外地金融信息服务公司合作的方式，尽快形成宁波的大数据金融服务模式。

④创新电商企业信用评价新方式。加大对大数据信用评级平台建设投入，建设电商企业信用档案和信用评级体系，使电商企业的信用数据和行为数据发挥增信作用，逐渐改变过去依靠抵押或者担保为主的电商企业信贷模式，有效解决电商企业融资难问题。

大数据：宁波智慧城市的新引擎

◎ 童明荣

近年来，大数据（big data）一词越来越多地被提及，人们用它来描述和定义信息爆炸时代产生的海量数据。伴随着纽约时报宣布大数据时代已经降临，全世界都在为大数据这个概念沸腾，各行各业都在探讨大数据时代的机遇与挑战。大数据作为云计算、物联网之后 IT 行业又一大颠覆性的技术革命，与信息化、智能化、数字化以及智慧城市建设息息相关，把握大数据的背景、特点、趋势，对于更好的推进智慧城市建设具有重要的意义。

一、大数据及大数据时代

（一）大数据的内涵与特征

大数据又被称为巨量数据、海量数据、大资料等，指的是所涉及的数据量规模巨大，以至于无法在合理时间内通过人工截取、管理、处理并整理成为人类所能解读的信息。这些数据来自方方面面，比如传感器采集的气候信息、网站上的帖子、数字照片和视频、购物交易记录、手机 GPS 信号等。尽管尚无统一定义，但这些无比庞大的数据被称为“大数据”。

大数据具有四个特征：一是数据量大，大数据的起始计量单位至少是 P（1000 个 T）、E（100 万个 T）或 Z（10 亿个 T）；二是数据类型繁多，包括网络日志、音频、视频、图片、地理位置信息等等，因而对数据的处理能力提出了更高的要求；三是价值密度相对较低，信息海量，但是要完成数据的价值“提纯”难度较大；四是巨大的数据价值，包括商业价值、社会价值、科研价值等。

（二）大数据的价值与应用

“大数据”带来的巨大应用价值正渐渐被认可与接受，它通过技术的创新与发展，以及数据的全面感知、收集、分析、共享，对科学研究、经济建设、社会发展和文化生活等各个领域正在产生革命性的影响。美国已经明确将大数据提升为国家战略，中国的很多部门、机构都已经在研究大数据、运用大数据。

目前大数据在互联网、电子商务以及咨询管理等方面已经有了一定的探索应用。在互联网领域，百度已经致力于开发自己的大数据处理和存储系统，腾讯依靠大数据技术实现了广告精准投放、大数据精准移动推送、助力手游精细化运营等功能；在电子商务领域，阿里巴巴和淘宝网等电子商务企业都把大数据作为自己核心的竞争力，利用大数据来分析人们购物的需求，制定定点广告和营销策略；在咨询管理领域，发达国家和许多知名企业都已开始利用大数据进行市场预测、计划制定、销售管理等。

（三）大数据时代的机遇与变革

大数据时代的来临，对经济社会发展的方方面面都将带来巨大的冲击，对人们的生产生活方式都将带来深刻的变化。

一是对相关产业发展的机遇，根据国际数据公司（IDC）的预测，到 2015 年全球大数据及相关的硬件、软件和服务市场将达到 200 亿美元，平均增长速度每年超过 50%，2013 年奥巴马政府宣布投资 2 亿美元拉动大数据相关产业发展，Oracle 对 Sun、惠普对 Autonomy 两个以大数据为主题的并购案总金额高达 176 亿美元，大数据的产业价值由此可见一斑。

二是对相关企业的机遇，大数据的应用对企业管理水平提升意义重大，“大数据”并不能生产出新的物质产品，也不能创造出新的市场需求，但能够让生产力大幅提升。麦肯锡在一份名为《大数据，是下一轮创新、竞争和生产力的前沿》的专题研究报告中提出：“对于企业来说，海量数据的运用将成为未来竞争和增长的基础”。

三是对政府的机遇，联合国在 2012 年发布的大数据政务白皮书指出，大数据对于联合国和各国政府来说是帮助政府实时响应经济社会运行的历史性机遇，奥巴马政府甚至将大数据定义为“未来的新石油”，并表示一个国家或区域拥有数据的规模、活性及解释运用的能力将成为综合实力的重要组成部分。

二、大数据与智慧城市建设

近年来，国际国内掀起了智慧城市建设的热潮，仅我国截至目前明确提出创建智慧城市行动计划及发展战略的城市已有 200 多个。大数据为智慧城市建设提供了新的技术、新的路径、新的要求、新的机遇。

（一）大数据是智慧城市建设的关键技术

智慧城市相对于之前数字城市概念，最大的区别在于要对感知层获取的数据进行大数据处理，从而获得支撑和保障智慧城市顺利运营的多元信息。一座真正的智慧城市，要体现出人类社会对现代城市和运营管理的智慧化目标，必然需要对各种数据进行充分分析和利用。

要实现对数字信息的智慧处理，前提是引入大数据处理技术，从而来整合分析跨地域、跨行业、跨部门的海量数据的处理，将特定的信息应用于特定的行业和特定的解决方案中。可以说，智慧城市的应用过程实际上就是对数据采集、分析、存储和利用过程，大数据是智慧城市各个领域都能够实现“智慧化”的关键性支撑技术。

（二）大数据在智慧城市中有广泛的应用领域

大数据在智慧城市中的落脚点就是为智慧城市的各个领域提供强大的决策支持，大数据就像血液一样遍布智慧交通、智慧医疗、智慧生活等智慧城市各个应用系统，使城市管理从“经验治理”转向“科学治理”。

有关专家指出，“如果智慧城市是人，大数据就是大脑”，大数据的应用可以遍布智慧城市的方方面面。在智慧交通系统中，通过对道路、车辆、天气、行人等大量交通信息的实时挖掘，能有效缓解交通拥堵，并快速响应突发状况，为城市交通的良性运转提供科学的决策依据。在智慧安防系统中，通过平安城市、智能交通管理、环境保护、危化品运输监控、食品安全监控等大数据的挖掘，可以及时发现人为或自然灾害、恐怖事件，提高应急处理能力和安全防范能力等。在智慧城管系统中，通过对不同时间段、不同区域、不同部门获得的大量监测数据进行实时采集、实时处理及深度挖掘，实现对城市管理实时监控与长期管理优化。

（三）大数据时代对智慧城市建设提出了新的要求

大数据为智慧城市建设提供了新的技术和手段，同时也为智慧城市建设提出了新的要求。

一是要更加注重信息共享。我国智慧城市建设的一个瓶颈在于“信息孤岛”效应，各政府部门间不愿公开、分享数据，这就造成数据之间的割裂，无法产生数据的深度价值和综合价值。在大数据时代，智慧城市建设应大力推进大数据基础平台和基础网络建设，积极推进信息资源数据交换和共享体系建设，使大数据真正产生“大智慧”。

二是要更加注重信息安全。大数据时代，数据资产化成为趋势，企业内部运行数据和客户资料成为宝贵的数据资产，而且很多智慧城市应用系统涉及公民财产安全甚至国家安全，数据价值很高，因此信息安全问题成为大数据时代智慧城市建设重要难题。

三是要更加注重大数据产业的发展。智慧城市必然催生大数据运营行业的快速发展，包括大数据的采集、储存、分析、挖掘等相关技术、设备与服务，并且市场潜力十分巨大，专家预计，未来三年中国智慧城市大数据应用市场年均增长将超过

100%。因此，在智慧城市建设过程中，要高度重视、积极培育围绕大数据运营管理的相关产业和龙头企业。

三、大数据时代下推进宁波智慧城市建设的几点建议

宁波作为我国智慧城市建设的首倡者和践行者，在国内率先提出建设智慧城市的战略决策、出台智慧城市专项规划，并且在网络基础设施、信息整合利用、重点智慧应用、智慧产业发展等方面取得了积极进展，先后荣获“全国智慧城市领军城市”、“中国智慧城市推进十强城市”等荣誉称号。在大数据时代，宁波要充分认识大数据的意义和价值，把握大数据发展的趋势特点，加快大数据发展及在智慧城市建设中的应用。

（一）强化对大数据的研究

加大大数据相关课题的立项和资助力度，引导在甬科研院所和相关企业成立大数据技术创新联盟，进一步加强对大数据发展前沿技术和信息的持续跟踪研究。引进中科院计算所等知名科研院所在宁波设立研究机构，适时组建宁波大数据科学研究院，积极开展以社会需求为导向的大数据科学研究，建立大数据分析平台，努力推出具有自主知识产权的大数据分析设备、软件和服务，加速大数据理论、技术和应用的创新。

（二）优化大数据形成机制

加强政府部门在管理和服务过程中对数据的主动采集，在构建人口、法人、自然资源与空间地理、宏观经济等基础数据库，经济社会重点领域的信息资源综合数据库和专业数据库的基础上，建立政府大数据库。鼓励制造业企业和商业机构加强对生产经营活动中的数据采集，形成覆盖生产过程和商业各环节各流程的数据库。推进无线识别技术、传感器、无线网络、传感网络等新技术的广泛应用，提高数据采集的智能化水平。强化对大数据建设工作的组织协调，打破地区和部门数据壁垒，实现数据资源联合共建、广泛共享。

（三）加快大数据产业发展

出台大数据产业发展与应用规划纲要，规划建设大数据产业基地，出台专项政策，成立产业发展基金，搭建研发创新平台，吸引三大电信运营商、知名大数据企业以及互联网领军企业落户。积极培育本地大数据企业，进一步培养和引进大数据专业人才、领军人才、应用型人才，重点发展数据获取、存储、集成、挖掘、管理、融合、安全、可视化、建模等技术以及大数据一体机、新型架构计算机、大数据获取工具、大数据管理产品、大数据分析软件等硬件装备和软件产品，逐步打造形成国家级数据存储与备份中心和全国数据资源聚集服务区。

（四）推进大数据普及应用

从推进大数据商业化应用、推动政务大数据应用两方面入手，大力促进大数据普及应用。在政务方面，重点选取医疗卫生、食品安全、港口物流、智慧交通、公共安全、科技服务等具有大数据基础的领域，建设大数据公共服务平台，强化大数据在智慧城市建设应用系统中的应用。在商业化方面，实施典型应用示范工程，支持和鼓励行业协会、中介组织开发深度加工的行业应用数据库，建立行业应用和商业服务大数据公共服务平台，提供数据挖掘分析和商业智能等大数据应用服务。推动大数据在生产过程中的应用，鼓励有条件的企业运用大数据开展个性化制造，创新生产管理模式，提高企业竞争力。

（五）加强大数据规范管理

研究大数据产业相关的政策法规，提出数据资源权益、隐私保护等方面的法规细则建议，制定大数据相关标准，并提出技术解决手段，在保护数据资源的同时，促进数据资源合理有序地开发利用。在人才、财税、科技金融等方面出台有利于数据人才和数据产业发展的政策，逐步建立有利于大数据研究与发展的制度法规体系。重视大数据及其信息安全体系建设，加大对大数据信息安全形势的宣传力度，明确大数据的重点保障对象，加强对敏感和要害数据的监管，加快面向大数据的信息安全技术的研究，培养大数据安全的专业人才，建立并完善大数据信息安全体系。

发展形势研判

宁波未来发展面临的重大影响因素分析及战略选择

◎ 课题组

宁波将在“十三五”前期，基本实现现代化国际港口城市这一既定的战略目标。为此，需要尽早谋划设定新的“十三五”及到2030年的区域发展战略目标，以引导区域发展主动适应新的发展常态，努力培育新的发展优势。本报告分析未来宁波区域发展可能面临的内外部重大影响因素，并结合各个重大影响因素提出战略性的路径选择。

一、培育区域经济增长极：国家区域政策的演进趋势与宁波的路径选择

国家区域政策是调控经济活动、参与国际竞争、塑造经济版图的重要手段。从空间性、体制性、规划性三个方面深刻影响区域发展进程与发展特质，是影响区域发展战略谋划的最重要的现实影响因素。

改革开放以来，我国区域政策的演进大致分三个阶段：第一阶段是以1980年创办经济特区为起点、东部沿海地区崛起为标志的区域不均衡发展阶段；第二阶段是以1999年“西部大开发”为起点、以区域总体战略实施为标志的区域协调发展阶段；第三阶段是以“十一五”为起点，一系列国家级新区、综合试验区、规划区的密集出台为特征的区域协调发展新阶段。截至目前，共设立8个国家级新区、20多个各类试验区、近40部经国务院批准的国家级区域规划。

当前以协调区域发展为主要取向的我国区域政策，主要呈现四大主要特征：一是空间尺度细化；二是更加偏重体制创新与内生驱动；三是更加兼顾地方特点；四是更加注重区域发展的可持续性。而其问题主要表现在两个方面：一是区域政策的“泛化”与落实难问题，导致区域间过度竞争、互相排斥、落实困难。二是区域政策重政策优惠而轻发展定位，导致区域政策落实的片面性等。我国区域政策的未来演变，主要将可能呈现三大趋势：一是空间体系的系统化与战略支点的培育；二是

政策机制的多元化；三是区域协调的长效化。

从更加宏观的背景看，未来我国区域政策的演变，将主要体现两大政策意图：一是以“一带一路”为战略蓝图，积极参与国际分工、塑造新的国际经济版图。二是以长江经济带规划为龙头，以最大限度推进区域市场一体化为主导，打造中国经济发展内生性的新引擎。

小结：国家区域政策的演变趋势为宁波积极主动地争取新的国家区域政策，提供了新的契机。我们认为，宁波未来进入国家区域战略视野的重点应该放在发挥区域空间性作用这个方面，即依托宁波在“一带一路”和“长江经济带”交汇的空间区位，培育战略性增长极，形成对国家区域政策落实的战略性支撑，以提升区域战略地位。具体而言，即以现有港口功能为基础，加快培育强大的重要资源配置功能和市场开发带动功能，并积极融入上海都市经济圈的发展，参与和支撑国家“一带一路”、“长江经济带”开发战略的实施，并使之成为新阶段宁波区域发展战略目标的重要内涵。

二、在改革中形成区域经济增长新常态：中国经济转入中高速增长阶段

国家经济增长速度和发展模式，是影响区域经济增长速度和发展模式的宏观背景，是决定区域发展战略目标的基础性重大因素。

我国经济进入中高速增长阶段后其主要特点：一是经济增长速度区间转换，从平均10%左右的高速转向7%左右的中高速（见图1、表1）；二是经济结构发生转

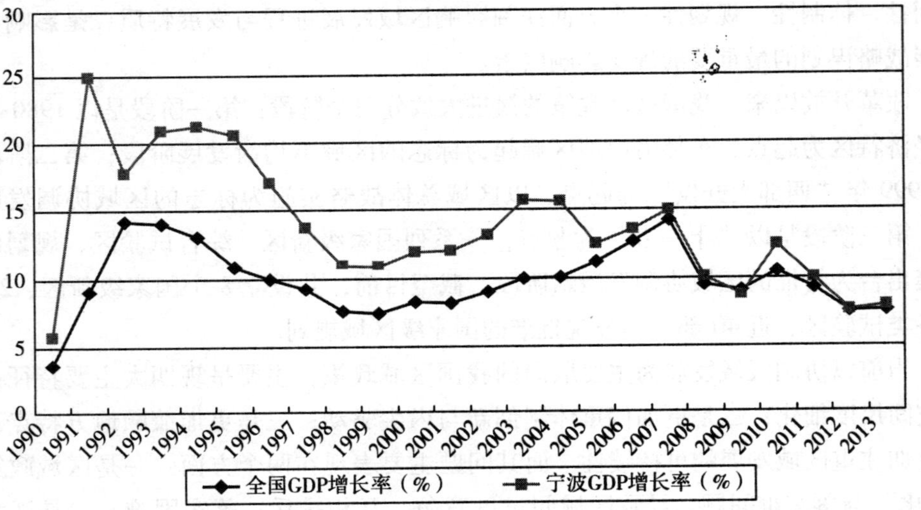

图1 改革开放以来我国经济与宁波经济年增长速度

资料来源：国家统计局网站。

表1　　潜在增长能力测算结果（%）

	地区生产总值增长速度					地区生产总值占比				
	2012	2013	2014	2015～2018*	2019～2023*	2012	2013	2014	2015～2018*	2019～2023*
北京	7.7	7.7	7.8	7.0	5.3	3.10	3.04	2.99	2.69	2.53
天津	13.8	12.8	12.6	11.2	6.3	2.24	2.30	2.36	2.58	2.54
河北	9.6	8.6	8.7	8.4	6.8	4.61	4.56	4.52	4.34	4.38
山西	10.1	9.1	9.2	9.5	6.7	2.10	2.09	2.08	2.10	2.11
内蒙古	11.5	9.0	9.1	8.8	6.6	2.75	2.74	2.72	2.66	2.66
辽宁	9.5	8.8	8.7	8.4	6.6	4.31	4.27	4.23	4.07	4.06
吉林	12.0	8.8	8.8	9.0	6.4	2.07	2.05	2.04	2.01	1.99
黑龙江	10.0	9.0	9.1	8.4	6.4	2.37	2.36	2.35	2.25	2.23
上海	7.5	7.7	7.6	7.0	5.7	3.50	3.44	3.37	3.03	2.90
江苏	10.1	9.7	9.6	9.0	6.8	9.38	9.38	9.36	9.25	9.32
浙江	8.0	8.4	8.6	8.6	6.5	6.01	5.94	5.88	5.70	5.67
安徽	12.1	11.1	11.3	10.9	7.5	2.99	3.02	3.07	3.30	3.44
福建	11.4	11.5	11.4	10.8	6.7	3.42	3.47	3.52	3.78	3.79
江西	11.0	10.4	10.5	10.0	7.2	2.25	2.26	2.28	2.35	2.42
山东	9.8	9.7	9.6	8.2	6.4	8.67	8.67	8.66	8.25	8.16
河南	10.1	9.0	9.2	9.9	6.8	5.13	1.10	5.07	5.23	5.27
湖北	11.3	10.5	10.6	10.1	6.8	3.86	3.89	3.92	4.07	4.10
湖南	11.3	10.5	10.7	10.6	6.9	3.84	3.87	3.90	4.15	4.20
广东	8.2	8.6	8.7	7.6	6.5	9.90	9.80	9.70	8.99	8.93
广西	11.3	10.5	10.6	10.8	7.2	2.26	2.28	2.29	2.46	2.53
海南	9.1	10.2	10.4	9.0	7.3	0.50	0.50	0.50	0.49	0.51
重庆	13.6	12.5	12.4	11.8	6.8	1.98	2.03	2.08	2.33	2.35
四川	12.6	10.3	10.2	9.8	6.1	4.14	4.16	4.18	4.28	4.18
贵州	13.6	12.9	12.8	12.0	6.8	1.19	1.22	1.26	1.42	1.43
云南	13.0	12.6	12.7	10.7	6.6	1.79	1.84	1.88	2.01	2.01
西藏	11.8	12.0	11.8	10.0	6.0	0.12	0.12	0.13	0.13	0.13
陕西	12.9	11.5	11.4	11.0	7.2	2.51	2.55	2.59	2.80	2.87
甘肃	12.6	11.2	11.3	10.9	6.9	0.98	0.99	1.01	1.09	1.10
青海	12.3	10.7	10.8	10.0	6.2	0.33	0.33	0.33	0.35	0.34
宁夏	11.5	9.6	9.7	10.0	7.1	0.41	0.41	0.41	0.42	0.43
新疆	12.0	10.9	11.0	10.3	7.2	1.30	1.32	1.33	1.40	1.43

资料来源：《中国经济增长十年展望》。*表示预期。

折性变化，主要标志是二、三产业的比值发生逆转（2009～2014 年上半年我国二、三产业比值见图 2）；三是增长动力发生转换（2009～2014 年上半年消费/投资对 GDP 贡献率见图 3），经济增长逐步转向以消费、服务业为主。

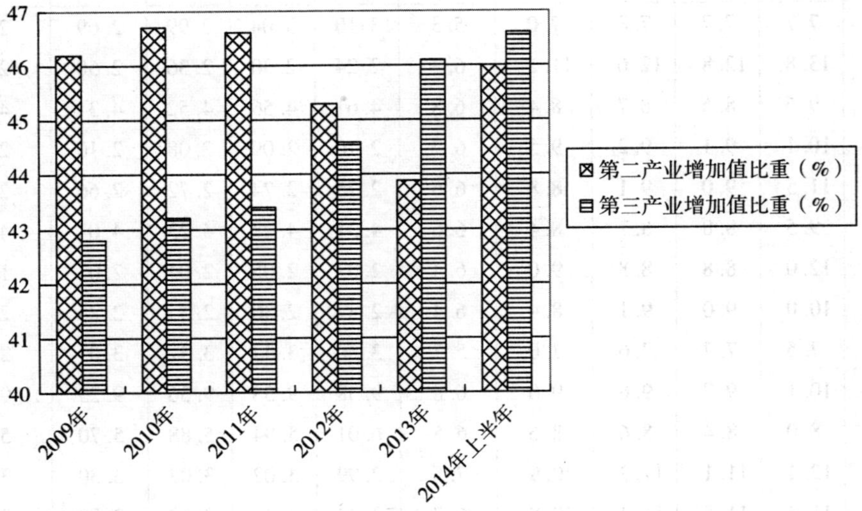

图 2　2009～2014 年上半年我国二、三产业比值

资料来源：国家统计局网站。

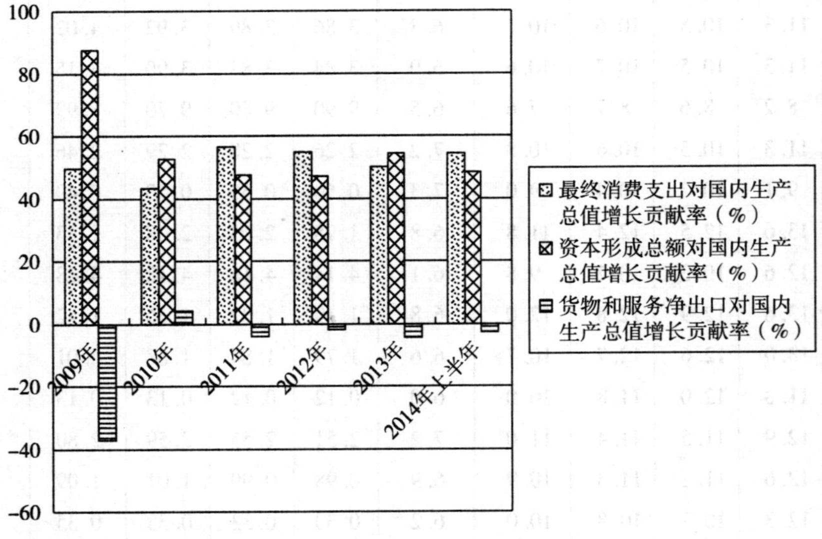

图 3　2009～2014 年上半年消费/投资对 GDP 贡献率

资料来源：国家统计局网站。

从更长的增长周期看，以2013年为基数，在汇率和人口总量基本不变的情况下，假设我国GDP以3.1%的复合增长率增长，到2050年，人均GDP即可达到2万美元，达到中等发达国家水平，在经济上实现十八大提出的第二个百年目标。

小结：在国家经济增长进入中高速新阶段的背景下，“十三五”及到2030年，宁波区域经济发展的主线是围绕提升增长效益、提高发展质量，在改革中形成区域经济增长新常态。在区域发展战略目标设定上，要适度淡化规模总量和综合竞争的意识，更加突出比较优势的营造、突出可持续的功能优势的培育；在战略取向上，应当更加关注经济结构和增长动力系统的优化，突出城市化导向和现代服务业主导，强化综合创新能力和体制改革驱动；在实施路径上，逐步探索以空间为轴线的规划体系的创新，淡化以时间为轴线的速度型规划体系，即以相对固定的空间为规划背景，在相对稳定的各类资源的总投入下，追求经济增长的效益。

三、全面进入中心城市主导区域发展的新阶段：工业化高级阶段与后工业社会的复合特征

从区域发展的阶段特征看，宁波已经进入工业化高级阶段并兼具明显的后工业化社会的复合特征，区域发展的主动力是“工业化与城市化交替推进，乃至城市化引领工业化发展，智能化网络化深刻影响”的判断。进入“十三五”时期，宁波区域发展将全面进入中心城市主导发展的新阶段。

（一）宁波已经进入发达经济阶段，但仍兼具工业化高级阶段与后工业社会的复合特征，中心城市主导区域发展的作用日益凸显

参考钱纳里工业化阶段理论中收入增长引起需求结构变化促使产业结构演进的理论思想及其增长模型，宁波已经进入发达经济阶段（见表2）。

表2　宁波经济发展水平与经济发展阶段

年份	经济发展水平		经济发展阶段	
	人均GDP（元）	人均GDP（美元）		
1985	1455	175	初级产品生产阶段	
1993	6104	735		
1994	8889	1071	初级阶段	工业化阶段
2001	22177	2672		
2002	24627	2967	中级阶段	
2007	45348	5963		

续表

年份	经济发展水平		经济发展阶段	
	人均 GDP（元）	人均 GDP（美元）		
2008	50413	7259	高级阶段	工业化阶段
2010	55874	8157		
2011	77983	12074		
2012	85475	13541		
2013	93176	15046		
2014	—	—		
2015	83458	12184		

注：①人均 GDP 均按常住人口，并按即期年均汇率换算成美元。

②不同时期的阶段判断根据不同年份的标准进行划分。

资料来源：宁波市“十二五”规划前期研究课题汇编。

（二）突出中心城市在这一阶段的主导作用，符合区域发展战略基本取向阶段性升级的内在要求

其依据主要是：一是如前段所述，中心城市在推进区域产业结构升级、优化区域资源利用与生态环境、提升区域软实力等发展的方方面面处于关联环节、中心地位。二是从港口与城市关系演进规律看，宁波经历了“以港口为功能中心带动城市”的发展阶段，已经进入“城市自增长”发展阶段，应当以培育城市多功能中心、形成“城市自增长”的综合功能系统为主要任务，完成“宁波首先是港口城市”向“宁波首先是综合性都市”的城市形象转变。三是从战略取向的演进轨迹看，市十二届党代会提出的“经济强市”、“现代都市”、“亚太开放门户”、“幸福之城、文化名城”“四位一体”的愿景目标，已经清晰地凸显了城市在本阶段区域发展中的本体地位。

（三）世界城市发展的新趋势与宁波的机遇

全球经济危机以来，世界城市正形成创新驱动和智慧引领的新一轮发展态势，将为宁波中心城市的加快发展和都市经济圈的构建提供新的发展机遇。

一是世界城市网络等级体系的结构性变化与“中产阶层化”。据英国拉夫堡大学研究组（GaWC）调查结果，以金融资本为核心驱动力的世界顶级城市的传统发展模式正在受到以创新驱动的城市的挑战，世界顶级城市的成员数量增加（见表 3）。

表 3　　GaWC 世界城市排名变化（2000～2008 年）

2008 年界城市全球排名	城市	较 2000 年名次变化	2008 年界城市全球排名	城市	较 2000 年名次变化
7	悉尼	上升 4 位	14	首尔	上升 16 位
8	上海	上升 19 位	15	多伦多	不变
9	米兰	不变	16	布宜诺斯艾利斯	上升 6 位
10	北京	上升 19 位	17	孟买	上升 6 位
11	马德里	不变	18	科伦坡	上升 10 位
12	莫斯科	不变	19	芝加哥	不变
13	布鲁塞尔	不变	20	台北	下降 1 位

资料来源：《国际城市发展报告（2012）》。

二是复合型世界城市地位上升。全球金融危机以来，一些过度依赖高端服务业的顶级城市，受到外部冲击较大（如伦敦）；而一些产业结构较为均衡的复合型世界城市地位不断提升。据“LaSalle”投资管理公司发布的“2009 年欧洲区域经济发展指数”，复合型城市排位明显上升（见表 4）。

表 4　　2009 年度欧洲区域经济发展指数（E－REGI）排名

排名	城市	变化（与 2008 年相比）	排名	城市	变化（与 2008 年相比）
1	慕尼黑	+2	11	乌特列支	+8
2	巴黎	0	12	苏黎世	+10
3	斯德哥尔摩	+1	13	维也纳	+5
4	奥斯陆	+5	14	波恩	+24
5	卢森堡	+2	15	曼海姆—卡尔斯鲁厄	-4
6	莫斯科	0	16	哥本哈根	-1
7	赫尔辛基	+1	17	华沙	-7
8	伦敦	-7	18	阿姆斯特丹	+11
9	斯图加特	-3	19	布鲁塞尔	+17
10	哥德堡	+4	20	法兰克福	-8

资料来源：《国际城市发展报告（2012）》，LaSalle Investment Management. The European Regional Economic Growth Index（E－删）2009。

三是世界城市创新驱动与智慧引领的潮流，正向着多样化的方向发展。战略层面生态经济城市的创新、经济层面跨越资本驱动的融合发展创新、社会层面城市幸福定义的创新、文化层面发挥创意引领作用的创新、生态层面释放低碳成果的创新、空间层面全体系保障的空间创新等等，热点层出不穷，为宁波提供了新的更多的路径性机遇。

四是“消费城市”可能成为大城市发展新的战略方向。随着后工业时代的到来，传统的以生产集聚能力为标志的城市空间优势正在发生变化，大城市的城市功能形态开始从生产导向型向消费导向型转变。美国哈佛大学城市经济学家 Edward Glaeser 和芝加哥大学城市社会学家 Terry Clark 提出城市“场景理论”中，消费能力成为城市发展的新核心，城市的消费场域功能和水平是决定城市发展质量的中心，高素质人力资本的吸引能力成为衡量消费城市优势的标志。升级软实力，整合城市综合娱乐消费功能，重视人力资本结构，应当成为新阶段宁波现代都市建设的重要的前置性的课题。

小结：宁波已经进入中心城市全面主导区域发展的阶段；新阶段宁波应当确立“都市为先导”的基本战略取向，把城市功能的升级作为本阶段衡量发展成果的基准点；必须重视以综合消费能力为导向的城市功能培育，努力实现服务能力、生产能力、创新能力的相对均衡发展，以及对外要素控制能力与对内保障能力的协调发展。

四、产业升级与区域功能的新制高点：互联网与新技术革命的发展趋势

以信息技术和新材料技术为龙头的新技术革命，多年来一直被认为是改变产业发展和全球化进程的重要动力。但在区域发展预测中却往往是不可确定的“X”因素，因为大多数区域经济往往难以有效地独立把控技术发展的进程。但是，在“十三五”及更长的新阶段内，互联网和新技术革命，对区域经济社会发展进程的影响将更加的直接有力，可能成为影响区域之间产业分工和城市功能等级关系的最直接的重要因素，是我们谋划区域发展战略必须紧紧把握的重要机遇。

（一）互联网正在深刻改变经济社会发展方式和进程

主要表现在三个方面：首先，互联网的发展推进了信息化与城市化的深度融合，加速了智慧城市的进程，必将深刻地改变城市的空间结构和功能体系。其次，互联网经济已经成为城市经济战略性的增长极，并将深刻改变城市经济的发展模式。在互联网技术的广泛应用下，金融特别是非银行金融机构为主资本行业，已经从城市经济的核心竞争力，退居为城市经济的基础产业；信息处理过程取代了生产和服务过程，成为城市经济的核心环节，信息平台、大数据整合及处理能力将成为城市经济核心竞争力；高层次人力资本群体，将成为城市经济发展最重要的禀赋资源。再次，互联网通过改变生产模式、消费模式、商业模式、创新模式、金融模式、物流模式等，正在深刻地改变着经济发展方式，在未来，信息流与资金流的融合，将进一步延伸到物资流，实现“三流融合”，这将大规模地提升金融扩张能力。

（二）新技术革命带来的产业升级正展示出热点纷呈的发展趋势

国际金融危机以来，世界各国加快了科技创新的步伐，把抢占新的科技制高点作为摆脱危机的重要手段，其重点领域大致可以分为三类：一是能源和环境领域，热点是新能源汽车、新能源设备、绿色环保产业等；二是新材料领域，热点是纳米材料、传统材料的深度创新应用、装备升级等；三是信息网络产业，热点是传感网、物联网等。

小结："十三五"及到2030年，宁波积极培育新的战略性增长极，支撑区域发展战略目标的实施和实现，重点需要把握好三个重大课题：一是战略层面，如何把握互联网向物联网发展、信息流资金流向物资流覆盖融合的趋势，做大港口流量经济的配置功能，做优对大宗物资的综合性增值服务，提高区域性资源配置中心的地位，在此基础上，引进、培育在物联网发展方面具有前瞻性综合运营服务商，使区域禀赋优势与互联网发展优势相叠加，形成宁波在新阶段国家开放战略和区域战略中新的区位功能优势。二是在产业层面，如何大力推动互联网深度融入城市经济的提升发展，在相关城市已经在互联网平台总部、人力资本及功能布局方面形成竞争优势的情况下，如何依托宁波的实体经济基础，通过"科技链招商"，形成行业化、专业化特色明显，智能化、多功能板块组合的宁波互联网经济大平台，成为宁波城市经济发展新的亮点和战略性支撑。三是在国际化层面，如何顺应国家开放格局向"走出去"转型的趋势，推动市场主体把握国际产业转移的趋势特点，为新技术革命成果嫁接宁波产业转型升级开辟新的路径。

五、结构与体系：能源与生态问题的倒逼

能源与生态问题，正从三个方面深刻影响区域发展的进程。作为区域发展的硬约束条件，能源和生态问题的优化，将拓展区域综合承载力，决定区域增长的生态空间；作为全球性技术创新密集的领域，能源与生态问题的技术性解决，正在催生着一大批新兴的技术密集产业，并延伸至能源生态综合性服务产业的发展，是区域新兴经济的重要增长领域；作为体制机制创新的难点领域，重大制度突破和实践创新范例，将带来巨大的区域进步的红利。如何从区域实际出发，找到上述三个方面的关联环节，将约束条件转化为增长领域，将增长领域提升为创新范例，实现三个方面的共同突破，这是"十三五"及到2030年区域发展战略谋划必须关切的重大问题。

小结：有效解决能源与生态突出问题是"十三五"区域发展必须高度关切的重大课题，从到2030年的远景战略目标考量，宁波应当及早地提出在战略层面彻底扭转能源与生态领域被动发展的总体战略思路，并且形成真正根治问题而非仅仅停留

在指标考核的战略实施路径，努力探索把能源与生态治理转化为区域新兴产业发展契机的可行路径，形成新能源产业、排放交易、生态技术产业、生态转移补偿、能源与生态治理综合服务运营经济等一系列区域经济增长新的亮点。

六、联接内外开放的基地功能："一带一路"及长江经济带发展规划的推进与国家对外开放格局的转变

国家对外开放战略的实施，是宁波现当代区域快速崛起的发轫，也是贯穿宁波建设现代化国际港口城市发展战略目标推进实施的重大外部因素。

（一）"一带一路"战略的实施将加快我国对外开放格局的转变

"一带一路"的战略构想，既包含了推动我国对外开放向全方位国际合作交流及加快"走出去"的格局转变的意图，又是推动周边外交的重要策略。未来，随着"一带一路"战略规划的成型与推进，有可能在基础设施配套建设、带动局部区域发展、加快建设"走出去"的平台（各类自由贸易区）等方面形成新的开放亮点，但其推进的具体进程，则因为所包含的大国外交意图，可能受到国际形势、国别风险等外部因素的较大影响。

（二）长江经济带战略规划加速推进直接影响"十三五"及更长时期的区域经济发展

长江经济带战略是支撑我国推进"一带一路"战略，实现东中西区域融合、内外开放互动格局的重大战略谋划，对于形成一体化、联动性、特色化的区域发展新格局具有直接的影响，将在培育具有全球竞争力的城市群、强化龙头城市核心示范带动作用方面发挥直接的重要作用，长江经济带建设将重塑中国区域经济新版图、推动中国区域市场一体化进程，在"十三五"时期对区域经济的实质影响将先于"一带一路"战略，在综合交通、产业转型、新型城镇化、对外开放市场、生态走廊、区域协调机制等六大方面对区域经济产生实质性的影响。

小结：宁波要紧紧抓住国家战略的新契机，利用"21 世纪海上丝绸之路"与长江经济带的交汇部区位优势，依托并提升现有的区位、航运网络、海陆联运、经贸合作、开放平台等综合优势，积极发挥在新的区域战略格局中，连接内外开放的基地性功能作用，增强港口经济圈与都市经济圈的功能优势，培育形成区域经济新增长点。

七、比较优势先于竞争优势：非对称的区域竞合关系

区域竞合关系，是影响区域基础设施规模水平、产业发展层次水平、要素配置

的效率水平等区域功能优势水平的重要外部因素，是谋划区域发展战略重要的外部影响因素。

（一）当前我国区域竞合关系正向非对称竞合关系转型

主要表现在三个方面：一是我国区域战略的转型。区域协调战略及其“泛化”，使得各个区域的战略空间极大拓展，区域竞合关系也从以综合实力为主，向培育更加多样的特色优势转变。二是区域发展同构向区域层次分化转型。区域特别是相邻区域之间的区域层次分工正逐步清晰化，并形成了各自特色化发展的新趋势。三是在“一带一路”及长江经济带建设的推动下，各自区域发展的外部空间极大拓展，未来区域非对称的竞争合作空间，将大于要素争夺等同质化竞争合作的空间。

（二）区域非对称竞合关系将集中表现在区域中心城市的功能培育

在信息化技术的推动下，区域产业分工合作的空间距离约束已经基本被彻底打破；知识经济驱动下，总部经济、网络经济、创意经济所依赖的要素资源，越来越取决于区域综合环境和人口结构等软实力发展前景，这使得区域性中心城市的本体——包括中心功能、设施水平、生态环境、人文条件等——的综合发展水平，在决定区域竞合关系、产生城际分工中的作用越来越趋向主导地位。

（三）在长三角一体化进程中更加重视对接融入上海

随着《国务院关于依托黄金水道推动长江经济带发展的指导意见》出台，安徽省将全面参与长三角一体化进程，一方面，长三角扩容为三省一市，陆地区域占3.7%，经济总量占1/4，国内最强经济区域的作用更加突出；另一方面，长三角发展的整体战略及功能作用进一步拓展升级，其主要方向表现在拓展带动中上游经济腹地、推动沿江协作互动形成优势互补的功能，打通海陆双向互通的国际化合作走廊的作用，引领长江流域性生态文明建设的要求等。在这一指导意见中，宁波的功能定位主要表现在三方面：一是杭绍甬舟城市群成为国际性城市群的重要一环；二是宁波—舟山港是推进江海运输中转联动的主要口岸；三是宁波机场列入长江经济带机场群的航空干线机场网络。在新的区域空间战略格局中，宁波承接上海四个中心及自贸区功能向南辐射的中心城市作用依然突出，而向西对接长江经济带的作用将极大地受到杭州节点作用大大提升的抑制，宁波主动对接融入上海都市圈功能的紧迫性更加突出。

（四）同类城市战略升级的借鉴

在新的发展阶段，相类似区域与同类城市的发展战略升级，值得我们研究关注和借鉴（见表5）。我们应当适时地提升区域发展战略目标，为区域发展提供拓展战略空间。

小结：在区域非对称竞合关系下，我们的发展战略谋划，应当更加优先地考虑比较优势的培育，更加优先地考虑城市本体功能的壮大，在新的国家区域战略中谋求新的发展定位与发展空间。

表 5 15 个副省级城市"十二五"战略一览表

城市	战略目标
广州	全面建设国家中心城市
成都	围绕建设西部经济发展高地的全省战略定位和建设城乡一体化、全面现代化、充分国际化的世界生态田园城市
武汉	围绕建设国家创新中心、国家先进制造业中心和国家商贸物流中心，不断增强中心城市的功能和作用，努力提高城市综合竞争力，将武汉建设成为立足中部、面向全国、走向世界的国家中心城市，实现大武汉新的伟大复兴
杭州	打造东方品质之城，建设幸福和谐杭州
南京	努力把南京建设成为充满经济活力、富有文化特色、人居环境优良的现代化中心城市
沈阳	建设国家中心城市、先进装备制造业基地、生态宜居之都
济南	发挥省会优势，建设美丽泉城，大力实施新型城市化、新型工业化、创新驱动、富民惠民战略，打造实力济南、活力济南、魅力济南
哈尔滨	四大形象标志、四大民生指标
长春	全面建设繁荣长春、和谐长春、开放长春、美丽长春、幸福长春，加快完成老工业基地振兴历史性任务，率先实现全面建设小康社会的目标
西安	建设人文西安、活力西安、和谐西安
深圳	加快建设现代化国际化先进城市
青岛	率先基本实现现代化，国家蓝色经济领军城市基本形成，初步建成宜居幸福的现代化国际城市
大连	建设富庶美丽文明的现代化国际城市
宁波	基本建成现代化国际港口城市
厦门	国际性港口风景城市和海峡西岸重要中心城市

资料来源：15 个副省级城市党代会报告。

课题组成员 陈利权 张 华 钟海州 鲍盛基 张小兰

2015年国际国内宏观经济环境及对宁波经济的影响

◎ 课题组

一、2015年国际经济环境的新特点

（一）全球经济仍处于温和复苏阶段，但增长内劲不足且分化显著

2015年，全球经济总体将延续缓慢复苏、分化显著的格局，并呈现出“低增长、低通胀、低利率”特征。国际货币基金组织（IMF）最新预测今明两年全球经济增长分别为3.3%和3.8%，花旗银行（Citi）最新预测为2.7%和3.2%，均比此前预测有所下调，但普遍预测2015年全球经济增长仍将好于2014年，全球经济仍处于温和复苏阶段。

发达经济中，美国经济对全球经济的带动力将进一步增强，2014年3季度以来多项经济指标继续显示出积极信号，其增长内生动力得到增强，虽然美联储宣布退出持续六年的量化宽松（QE）政策，但低利率仍将维持相当长的时期，2015年美国经济将呈现良好复苏态势。与之形成鲜明对比的是欧洲和日本，两者都将延续微弱增长态势，IMF预测2015年欧元区经济和日本经济分别增长1.3%和0.8%。

新兴经济体和发展中经济体经济增长总体好于发达经济体，但共同面临着经济增长乏力和就业机会不足的挑战，且增长差异性较大。其中，中国和印度仍将处于领先发展，IMF预测2015年两国经济增长将分别达到7.1%和6.4%；韩国、东盟和非洲等经济体增速将有所回升，而俄罗斯、独联体、巴西等国将保持增长疲软态势，2015年增速将继续放缓。

（二）区域合作不断深化，推动全球贸易投资便利化加速

当前，全球区域经济一体化进入新一轮快速发展时期，美国、欧盟等发达经济体和包括中国在内的发展中国家更加重视区域经济一体化的发展，在全球贸易规则、传统WTO的多边机制停滞不前的同时，各成员国更多转向区域投资贸易协定的谈判，一个以区域自由协定为主体的国际投资贸易新格局正加速形成。这些经贸合作

协定快速推动成员国间的投资贸易便利化，也使非成员国进一步“边缘化”。2015年美国等国家将加快推动《跨大西洋贸易与投资伙伴关系协定（TTIP）》、《跨太平洋战略经济伙伴协定（TPP）》的谈判，而中国和东盟等16国的《区域全面经济伙伴关系协定（RCEP）》、中日韩自贸区、中欧自贸区等谈判2015年有望得到新的突破，尤其是中国提出的“一带一路”战略将实质性推动相关国家间扩大投资贸易。

在区域经济一体化加速和全球经济持续缓慢复苏的大背景下，2015年全球贸易投资环境将有所改善，但一些国家和地区局势持续动荡，地缘政治风险明显上升，将直接影响贸易投资增长。WTO报告预测，2015年全球贸易将达到过去20年的5.3%平均增长水平，会明显好于2014年，其中，发达经济体和发展中经济体的出口额将分别增长4.3%和6.8%，进口额分别增长3.9%和7.1%。全球直接投资（FDI）将延续缓慢增长态势，其中发展中国家对外直接投资仍将保持快速增长势头，但世界银行预测FDI模式回归到“传统模式”趋势将得到强化，即流入发达国家的比重上升，而流入发展中国家及转型经济国家所占比重下降。

（三）全球金融市场面临新转折，大宗商品价格难有起色

美国复苏进程和货币政策取向对全球金融市场走向起到关键性作用。2014年，美联储退出QE，欧洲、日本则实施更大规模的扩张性货币政策，使全球金融市场、大宗商品市场震荡加剧。市场普遍预测，随着经济复苏势头持续，美国在2015年中期将实施加息政策并将正式进入加息周期，这将使全球金融市场发生新转折。因此，2015年货币政策分化、金融市场动荡的格局仍将延续。这种格局下，全球货币货币政策总体宽松，美元汇率继续上升，许多国家货币贬值压力和宏观调控难度加大，全球资金无序流动和金融波动的风险加大。

大宗商品市场受市场需求低迷和美元升值影响，2015年难有起色，商品价格继续维持低位震荡格局。虽然在地缘政治的冲击之下，大宗商品会间歇性反弹，但价格也难有趋势性上行。值得指出的是，大宗商品价格下跌将使得收入从大宗商品生产国转移到大宗商品进口国，大宗商品生产国之间也将发生相对的财富转移，从而影响各国的贸易条件。大宗商品价格走低有利于全球经济复苏，缓解新兴经济体的通货膨胀压力，同时也给大宗商品出口国造成严重挑战，加剧部分经济体面临的通货紧缩压力（例如欧元区）。

（四）全球产业分工新趋势愈加明显，新科技加速突破

随着国际经济格局的演变，近年来全球产业分工出现的新趋势、新特点进一步得到强化。一是产业链深度合作。以跨国公司为主导，在制造全球化、专业化的基础上，进一步加大服务外包力度，提高对研发、营销和资源核心环节的控制力，不断优化全球价值链布局。二是产业双向转移加速。发达国家向新兴发展国家转移的

同时，新兴经济体之间、新兴经济体向发展中国家的产业转移加快，劳动力和资源等价格低廉的发展中国家更具有成本优势。三是产业高端资源、高端环节的竞争更加激烈。美国、欧洲继续大力度推动“再工业化”战略，掌控价值链高端的能力得到加强，对中国等新兴经济体发展新兴产业和高端制造业带来新的挑战。

随着智能制造、工业机器人、3D 打印、新能源等现代技术不断突破，市场逐步成熟，新技术加速孕育新产业、新企业和新模式，推动全球产业变革和升级。以美国、德国、日本为代表的发达国家持续加大对新技术战略的投入，并形成了某些领域新的竞争优势，对新兴经济体集聚创新资源和形成技术后发优势带来较大压力。

二、2015 年国内经济环境的新态势

（一）仍处于战略机遇期，明年经济将保持平稳增长态势

目前，我国仍处于发展的战略机遇期，经济具有巨大韧性、巨大潜力和巨大回旋余地。一是全面深化改革不断释放制度红利。全面改革的推进将极大激发经济社会发展的动力和活力。二是推进新型城镇化将会释放新的增长动力。新型城镇化对促进消费、扩大投资具有强劲推动作用，已经成为我国经济最大的潜在增长点。三是区域差距使得我国经济回旋余地较大。生产要素加快在区域间合理流动，产业梯度转移和推进效应会产生新的生产力。四是经济发展基础更加扎实。物质技术、产业体系、社会资本等基础更加雄厚，人力资本和科技创新对经济增长的贡献逐步提高，具有资金、劳动、科技等生产要素组合的综合优势。五是宏观调控水平不断提高。我国的宏观调控体系不断健全，调控能力和应对复杂局面的能力明显提高。面对复杂严峻的外部环境变化，我国仍有条件和有能力在较长一个时期内保持中高速的经济增长。

2015 年，我国经济总体将呈现“中高速、优结构、新动力、多挑战”的“新常态”特征。国内外众多机构预测 2015 年经济增速普遍在 7.2% 左右，略低于 2014 年，将保持中高速增长态势。具体来看，消费稳定增长，对经济增长贡献进一步提高，预计社会消费品零售总额名义增长 12% 以上；投资增长呈放缓态势，服务业投资加快，制造业将稳中趋缓，而房地产投资仍将有明显减速，预计固定资产投资名义增长 14% 左右，低于 2014 年；进出口增速基本平稳，但国内需求减弱态势使得进口增速难以加快，预计出口将增长 8% 左右，进口将增长 5% 左右。

（二）稳定宏观调控政策，加强定向调控、预调微调

2015 年，我国仍将实施稳健的货币政策和积极的财政政策，强调区间调控和底线思维，确保经济运行在合理区间，就业和收入不突破下限，物价涨幅不超过上限。

财政金融方面，将进一步加强定向调控和预调微调，实施定向降息，扩大资本

市场对外开放，推进利率市场化，推行普遍性降费，深化预算管理和消费税、资源税改革等，更好地支持“三农”、实体经济、小微企业、新产业发展特别是以互联网为基础的新业态成长。

投资方面，将重点抓好有效投资，在水利、环保、信息网络等领域再开工一批重大项目，推行项目融资、特许经营等模式；进一步推动国企混合所有制改革，推动油气勘查、公用事业、铁路、水利、机场等领域扩大向社会资本开放。

产业方面，将着眼提质增效，走创新驱动发展之路，又致力于传统产业“挖潜开荒”，推动高端化、低碳化、智能化改造。对房地产业发展，调控政策将趋向灵活，重点围绕“去库存”、化解房地产市场风险等问题发力，鼓励积极探索激活房地产市场、促进房地产健康发展的政策措施。

（三）全面推进改革，推动市场发挥资源配置决定性作用

2015 年将是全面改革“推进年”，重在进一步释放经济发展的动力、活力，尤其一些重点领域的改革将加快突破。一是加快国有企业改革步伐，发展混合所有制。二是推动新型城镇化改革，进一步推动农村领域改革、城镇化要素资源改革、人口管理制度改革和生态环境保护制度优化等。三是有序推进金融改革和金融创新，打破部分理财、信托产品刚性兑付，通过建立银行、信托、保险联动机制，设立最低补偿额度等方法尝试适当控制风险，加快推进存款保险制度建设。四是加快落实《深化财税体制改革总体方案》，适度扩大省政府发债规模。五是利用通胀水平偏低的有利时机，加快推进水、电、油、气、运等资源和基础产品价格改革。六是推广复制上海自贸区经验，选择若干具备条件的地方发展自由贸易园（港）区，为在全国范围内深化改革和扩大开放探索了新途径，积累了新经验。

（四）推进“一带一路”建设，实施更加积极主动的开放战略

2015 年我国将以加快推进“一带一路”建设为突破口，加大区域合作力度，进一步扩大更高层次对外开放，丰富对外合作内容和形式。将实施“一带一路”规划，推动与沿线国家的互联互通，促进区域间投资贸易发展和人文交流合作。加强多边双边合作，推动与相关国家和地区的自贸区谈判进程。继续扩大市场准入，推进金融保险、贸易、物流、信息服务、商务服务等生产性服务业对外开放。建立服务外包产业园区，积极承接国际服务外包业务。支持企业走出去拓展国际市场，扩大境外项目合作，带动发电、轨道交通、钢铁、化工、有色等装备和产品出口。

三、国际国内宏观经济环境对宁波经济发展的影响分析

（一）宁波经济发展面临着许多有利的新机遇

一是推动全面深化改革的新机遇。当前，我国改革力度不断加大，改革环境更

趋优化，这为宁波 2015 年推动全面深化改革提供十分难得的机遇，尤其是有利于宁波加快在重点领域重点环节实现改革新突破。比如，深入实施国家新型城镇化改革试点，推进新型城镇化改革；深入推进行政审批改革和简政放权，推进激发企业主体活力的改革；深入开展重点功能区整合提升，积极探索区域管理体制改革；深化投资领域和金融领域改革，加快投融资和资金保障机制改革等。

二是拓展国际国内和本地市场的新机遇。国际市场方面，美国、东盟、印度、非洲等国家和地区的市场需求进一步扩大，而中日韩自贸区、中欧自贸区、亚太自贸区等区域合作和“一带一路”建设加快推进，这都有利于宁波产品拓展相关地区的市场。国内市场方面，信息消费、农村消费、旅游消费等领域市场需求将会加快升级和扩大，而国家重点支持的棚户区改造，水利、交通和铁路等基础设施建设，以及重点扶持发展的产业发展领域都孕育着巨大的市场需求，宁波要瞄准这些市场采取更有针对性的开拓市场举措。本地市场方面，国家扩大消费政策将激发宁波电商经济、月光经济、信息经济和旅游经济等领域的本地需求，促进房地产市场的政策也有助于宁波创新政策，激活市场需求，推动房地产市场平稳健康发展。

三是加快宁波经济调结构促转型的新机遇。首先是有助于投资结构优化，民间投资、现代服务业投资、先进制造业投资等领域受政策推动将进一步扩大，对宁波产业转型升级具有重要推动作用。其次是有助于产业结构优化，国际产业转移新趋势、国家产业调控政策将促进宁波加快淘汰落后过剩产能，培育战略性新兴产业和新型高端城市经济，提升装备制造、海洋经济等传统优势领域的竞争力。第三是有助于创新驱动能力的提升。国际上新技术加速突破、新产业加快发展，国内深入实施创新驱动战略，宁波加快发展“新技术、新产业、新模式、新业态”，深化“四换三名三创”工程面临良好机遇。

四是加快推进城市国际化的新机遇。首先是世界各国区域一体化进程加速，我国实施以“一带一路”为载体的更加积极主动的开放战略，都将推动宁波与相关国家和城市扩大国际经济合作和人文社会交流合作。其次是为宁波推广复制上海自贸区，加快设立综合保税区，加快发展跨境电子商务，扩大国际贸易便利化试点工作创造有利条件，将进一步推动宁波区域性国际贸易中心城市建设。第三是宁波加快实施“走出去”战略，培育本土跨国公司面临新机遇。目前，国际上特别是欧洲国家有许多优质企业资产价格较低、技术装备先进、重组意愿强烈，有助于宁波优势企业开展全球战略布局，成为具有行业主导地位和国际竞争力的跨国公司。

（二）宁波经济发展面临的一些挑战和压力

一是外贸增长仍存较大不确定性，尤其是扩大进口面临更大压力。2015 年，欧洲和俄罗斯、巴西等新兴经济体的市场需求仍将低迷，相关市场贸易壁垒将进一步增多，给宁波开拓相关国际市场带来一定难度，而美元升值也带动人民币相对其他国家货币的升值会降低宁波出口相关国际市场的竞争力。特别是进口，由于受大宗商品需求不旺、价格走弱的影响，宁波进口增长的难度进一步增大。

二是扩大投资面临较大要素保障压力，尤其是投资资金面临缺口。由于国家对地方债务和财政、融资平台调控力度加大，政府性投资行为将受更大制约，特别是政府主导的基础设施重点项目将面临投资资金保障难的问题。同时，由于金融领域防风险力度进一步加大，宁波银行存贷比一直高企，不良贷款率有所上升，宁波银行主渠道的资金供给将受更大限制，增大投资资金的供给压力。此外，国家对地方的用地用海、环境容量等约束机制越来越强，也对重点项目的土地和环境要素保障带来较大压力。

三是区域竞争加剧，尤其是给集聚优质高端资源带来更多困难。国际国内区域间、城市间的竞争更加激烈，国际上发达国家的“再工业化”战略深入推进，大力度吸引高端创新资源，国内更多地区纳入国家级新区、自贸区等国家战略，同时中国向成本更具优势地区，东部地区向中西部地区的产业转移加快，都使宁波面临着更为严峻的竞争环境，将增大宁波在更大范围内配置资源、引进集聚更多优质高端资源的难度，特别对宁波引进高端人才、先进技术、新兴产业和优质资本带来更多困难。

国际国内宏观经济环境的深刻变化对宁波经济发展将产生重大影响，既带来新机遇，也带来新挑战，总体来看，机遇大于挑战。面对新形势，宁波经济能否适应“新常态”对未来发展至关重要，2015年经济工作必须增强信心、明确思路、把握重点、积极应对，统筹强改革、稳增长、调结构、促转型、惠民生，确保经济社会平稳健康持续发展。

课题组成员◀卢　跃　吴红艳　张树法

当前宁波经济运行情况分析及对策建议

◎ 课题组

2014年以来，在国内外形势环境错综复杂、经济下行压力较大的背景下，宁波认真贯彻中央和省的决策部署，全力推进“双驱动四治理”，全力实施经济社会转型发展三年行动计划，全力落实“决战三季度、冲刺四季度”工作举措，使宁波经济保持了平稳缓升、调整加快、改革深化、民生改善的良好态势，主要经济指标达到或超过全省平均水平。下阶段经济工作必须咬定目标、全力冲刺，抓好各项工作举措落实见效，推动经济扩总量、促增量、提质量，确保实现全年预期目标。

一、近期国家宏观调控政策新取向

（一）宁波市坚持区间调控和底线思维

随着我国经济进入中高速增长、中高端水平的新常态，中央明确强调区间调控和底线思维，确保经济运行在合理区间，就业和收入不突破下限，物价涨幅不超过上限。2014年以来，全国经济增长达到7.4%，物价涨幅保持低位并略降，新增就业规模和水平提高，正处在合理区间，下阶段国家将继续坚持宏观调控总基调。

（二）采取稳增长促发展的强改革策略

中央先后出台了商事制度、户籍、高考、养老、医疗、金融、国企、预算管理等一系列改革，取消和下放了一批“含金量”高的行政审批项目，扎实推进重点领域和关键环节的改革，改革效应不断释放，新的增长动力快速生成。下阶段将继续深化行政审批、国企等领域改革，有序推进非基本公共服务、资源、环保等价格改革。

（三）利用财金手段加强定向调控、预调微调

择机推出了扩大服务业营改增试点、减少和规范涉企收费、改革股票发行注册制、推进民营银行试点、加强地方政府债务和预算管理等财税金融措施，精准发力，定向施策，有针对性地解决经济运行中的突出矛盾和问题。下阶段，将进一步加强定向调控和预调微调，实施定向降息，扩大资本市场对外开放，推进利率市场化，

推行普遍性降费，深化预算管理和消费税、资源税改革等，更好地支持“三农”、实体经济、小微企业、新产业发展特别是以互联网为基础的新业态成长。

（四）投资领域进一步放开主体限制和投资审批

先后出台了鼓励社会资本投资基础设施、缩减和下放政府核准的投资项目等政策，并首批推出 80 个示范项目面向社会公开招标，鼓励和吸引社会资本以合资、独资、特许经营等方式参与建设棚户区、中西部铁路、城市基础设施、节水供水重大水利工程等。下阶段将重点抓好有效投资，在水利、环保、信息网络等领域再开工一批重大项目，推行项目融资、特许经营等模式，进一步推动油气勘查、公用事业、水利、机场等领域扩大向社会资本开放。

（五）促进房地产健康发展政策灵活调整

目前从全国来看，“限购”政策实质调整，央行、住建部、财政部等部门发文调整“限贷”、降低公积金贷款门槛，进一步释放出政策宽松的信号。下阶段房地产调控政策将趋向灵活，重点围绕“去库存”、化解房地产市场风险等问题发力，鼓励积极探索激活房地产市场、促进房地产健康发展的政策措施。

（六）开放创新更加积极主动

国家先后出台稳定外贸增长和扩大进口，推动金融业、快递业和资本市场进一步开放等政策举措，并积极推动“一带一路”战略、上海自贸区经验推广复制、长江经济带建设等。同时，国家领导人频繁出访，有力推动投资、人才、技术等领域的国际合作交流，尤其在创新领域开放合作和互联互通的基础设施投资建设等方面将会有更大的政策和推进工作力度。

二、2014 年以来宁波经济运行新特点

（一）经济增长平稳缓升，而快增动能尚不明显

前三季度，特别是通过“决战三季度”，加大在行政审批、商事制度、新型城市化等领域改革力度，出台鼓励新经济新业态发展、扩大有效投资、推进工业强市建设、改善民生等系列政策措施，加强“双底线”目标管理及督查、服务力度，“决战”取得显著成效，全市经济平稳缓升，并且稳的基础在巩固，升的态势在强化。

一是经济总量增长逐季回升。1~9 月，全市 GDP 同比增长 7.2%，比一季度和上半年分别提高 1.2 和 0.5 个百分点。二是工业缓中有升。全市规上工业增加值增长 6.6%，比一季度和上半年分别提高 3.5 和 0.9 个百分点，达到全省规上工业平均水平，规上工业总产值、销售产值和出口交货值也同步呈现缓升态势。三是外贸出

口快速回升。全市外贸自营出口增长达到12.6%，比上年同期和上半年分别提高7.2和5.1个百分点，连续8个月增长回升。四是投资和消费保持较快增长。全市固定资产投资增长16.1%，商品销售总额和限上社会消费品零售总额分别增长15.2%和12.3%。五是财政收入平稳增长。全市公共财政预算收入增长8.7%，增幅高于全省0.5个百分点。尤其是汽车、通用设备、电气机械和器材等制造业税收增长分别达到27.1%、10.9%、14.4%。

在经济增长的同时，企业效益有所改善，改革成效逐步显现，民生品质进一步提升。1~8月，规上工业利润、服务业营业利润分别增长-0.5%和6.9%，分别比上半年提高0.3和4.4个百分点。市级部门权力事项精简幅度达60%，工商登记制度改革使前三季度新设内资企业数、注册资本额分别增长32.1%和79.3%，内资企业注册资金规模累计超过1万亿元。1~9月，城镇居民人均可支配收入和农村居民人均收入分别增长9.7%和10.9%，继续高于同期GDP增幅。

从增长态势与综合因素分析，现阶段经济快增动能尚不强。一是服务业增速不快。1~9月，第三产业增加值增长7.1%，比上年同期下滑1.7个百分点。二是工业增长面临市场需求不足、企业经营压力增大等较多制约。PPI指数保持低位运行，工业生产者购进价格指数和出厂价格指数连续33个月低于100%。1~9月，规上工业主营业务收入同比仅增长3.3%，而销售费用、管理费用、财务费用、应付职工薪酬却分别增长7.7%、6.8%、9.9%和11.3%。三是投资后劲不足。1~9月，投资增速分别比2013年同期和上半年下滑2.5和1个百分点，新开工项目数仅增长4.4%，重、特大产业项目接续不足，部分项目资金保障难度大。企业投资意愿不高，调查显示，未来6个月有投资意向的仅占29.3%。四是外贸形势不确定性较大。出口受国外部分地区局势动荡和汇率风险影响不确定性加大，进口持续负增长。

（二）调整转型持续推进，而“质变”现象尚不明显

结构调整、创新转型加快推进，是2014年以来全市经济运行的一个显著特点，突出表现在以下几个方面。

一是电商经济、平台经济、服务外包等新经济业态快速发展。1~9月，全市实现商品网络零售额341.4亿元，同比增长89.2%，居民网络消费额357.6亿元，同比增长47.9%。中国塑料城网上交易额和交易量均突破300亿元，甬商所大宗商品合计成交量、交易额分别增长113.2%和196.4%。服务外包执行额、离岸外包执行额分别增长27.2%和45.2%。

二是工业结构加快调整。1~9月，全市规上装备制造业和高新技术产业增加值分别同比增长10.5%和7.2%，占全市规上工业增加值比重分别达到41.0%和35.0%，比2013年同期分别提高1.2和0.1个百分点。软件产业同比增长28.7%。

三是投资结构明显改善。1~9月，全市工业投资同比增长18.5%，占固定资产

投资的30.7%，比2013年同期提高0.6个百分点；资金、技术密集型产业投资快速增长，仪器仪表制造、专用设备制造业、计算机电子设备制造业投资分别增长55.4%、54.3%和28.7%。引进外资态势良好，新批外商投资项目323个，总投资92.2亿美元，合同利用外资47.5亿美元，实际利用外资27.7亿美元，分别增长21%、11%、14%。其中，联合利华、丰田汽车、路易达孚、摩通大通和宝洁等5家世界500强企业2014年均在宁波首次设立项目投资。

四是创新转型势头强劲。1～9月，全市规上工业企业新产品产值同比增长20.7%，增幅超过同期规上工业总产值增速15.1个百分点，新产品产值率24.7%，比2013年同期提高3.1个百分点。累计有效发明专利、授权发明专利分别增长19.9%和14.0%。“机器换人”等取得新成效，规上工业企业全员劳动生产率达到17万元/人，同比提高8.8%。规上工业企业完成科技活动经费支出增长10.4%，高出同期主营业务收入7.4个百分点。工业技改投资增长20.5%，高于全市投资增速4.4个百分点，技改投资占工业投资比重达到71.3%，比2013年同期提高1.2个百分点。

五是节能环保成效显著。1～9月，全市单位GDP能耗同比下降快于年度目标；规上工业单位增加值能耗同比下降9.1%，好于全年目标4.8个百分点。

从全面结构性分析，经济结构调整和创新转型的速度还不够快，“质变”性现象尚不明显。一是服务业比重仍然偏低，金融业明显降速。服务业增加值占GDP比重维持在44%左右，近年来未见大幅提高。9月末全市银行业金融机构实现利润同比负增长30%，约1/3的银行出现亏损。二是战略性新兴产业发展不快。1～9月，全市战略性新兴产业同比增长5.8%，增速低于全市规上工业平均增速0.8个百分点。三是节能降耗指标的改善，主要是由于高能耗产能的减速，随着临港工业产能释放，节能降耗仍面临较大压力。

（三）风险问题有所遏制，而根本化解尚不明显

前三季度，宁波市及时出台针对性政策措施，经济运行中的房地产市场风险、金融风险、产能过剩风险等问题得到初步遏制。

一是房地产风险有所缓解。通过调整住房限购、土地出让、金融支持等政策，进一步加强监管和维护市场稳定，房地产市场有所回暖，购房需求出现复苏迹象，商品房成交逐步活跃。1～9月，市区商品住房累计成交套数和成交面积同比分别增长23.3%和15.8%。其中，8月商品住房成交套数和成交面积同比分别增长143%和139%，环比增长59%和65%。

二是金融风险防控得当。通过金融生态示范区建设、帮扶困难企业、加大财政和金融支持、引导破产重组、打击逃废债、建立健全工作协调防控机制等综合手段运用，积极有效化解和防控风险，资金链、担保链新发风险呈收窄态势，目前金融

运行总体平稳、风险总体可控。

三是产能过剩风险有所遏制。通过深入推进“腾笼换鸟”、促进企业转型升级、引导企业拓展市场等工作，淘汰了一批落后设备和落后产能，玻璃、化纤、炼钢、轧钢等一批重点行业产能过剩有所缓解。

从目前来看，经济领域的重点风险仍未有根本性化解。一是房地产库存仍处于高位。市区商品住房平均消化周期仍高达24个月，商业办公用房消化期则更长。二是金融风险仍在累积。9月末银行不良贷款率达到2%，部分地区则更高。部分企业资金链、担保链风险防控和化解难度较大。三是部分产能过剩依然突出。市场需求持续低迷对宁波制造业消化已有产能带来较大压力，尤其是部分能源原材料、终端消费品等传统行业产能过剩压力将进一步增大，对企业、就业稳定等带来一定风险。

（四）重点区域带动增强，而发展均衡性尚不明显

从经济运行监测主要经济指标情况来看，全市总体持续改善，部分重点区域发展态势良好，带动作用明显，但区域间的发展不平衡性现象依然突出。一是在县（市）区中，江东、江北完成目标情况较好，两个区绿灯数最多，均为9个。与上半年相比，江东、江北、北仑、慈溪、奉化的红灯数有所减少，镇海、余姚、象山的红灯数有所增加。二是在开发区中，石化区无红灯，保税区红灯数最多。与上半年相比，杭州湾新区和梅山保税港区的红灯数有所增加，高新区的红灯数有所减少。

三、当前宁波经济发展面临新问题

（一）企业发展信心预期不高

目前企业层面普遍存在信心不足和预期不乐观的现象，有些企业主动收缩产能、投资意愿下滑明显。据市有关部门对357家重点工业企业监测，三季度认为本行业发展变好的企业占比为18%，比上季减少2.3个百分点，反映产品订单环比增长的企业占比为27.5%，比上季减少8.2个百分点；对170家小微工业企业监测显示，三季度反映所处行业发展状况趋好的仅占4.8%，比上季减少3.5个百分点，反映产品订单环比增长的占比为19.6%，比上季减少13.3个百分点。

（二）资金结构性短缺

具体表现在：一是银行主渠道供给受限。目前，国家货币政策和全国资金面都相对宽松，但宁波受银行存贷比一直高企、政府性债务融资控制等影响，区域信贷主渠道供给受到较大限制，导致银行机构贷款增长潜力有限，且资金成本持续攀升。

二是项目资金缺口增大。国家对地方债务融资实行更为严格的管理制度，银行机构把政府债务作为新增政府项目贷款的重要考核内容，这使全市重点项目的资金来源受约束，部分项目资金缺口增大，将直接影响项目建设进度。

三是企业资金需求减弱。目前，银行普遍存在“可贷的却贷不出”现象，许多企业对银行资金需求不强。1～9月，全市本外币贷款余额增长8.8%，比2013年同期和上半年分别下滑2.7和0.9个百分点；小微企业贷款余额增速为4.5%，明显低于全部贷款平均增速。

（三）现有产能尚未有效发挥

受市场需求不足、产品价格下滑等因素影响，本市部分工业尤其是临港工业的产能利用不理想，直接影响了工业生产的加速。1～9月，全市规上工业产能利用率为74.6%，比上半年回落0.7个百分点；石油加工、化工、化纤、黑色金属、电力五大行业产值分别增长0.2%、4.4%、－1.8%、0.2%和－4.1%。尤其是一些新建成项目的投产情况不如预期。逸盛石化、海越新材料的产值增量低于预期约100亿元，大众汽车、江宁化工、浙铁大风等一批大项目均有不同程度推迟投产现象，预期四季度台塑EBA和AA/AE项目、台化苯酚/丙酮、道达尔聚苯乙烯等一批项目产能也将难以充分发挥。

（四）政府调控余地受约束

具体表现在：一是政府投资行为受约束。目前全市政府总债务率较高，给政府投资类项目融资带来难度。银行信贷方面，各家银行总行均将政府负债率作为新增政府贷款授信的重要考核内容；直接融资方面，交易商协会规定本级政府债务率超过100%，将限制所辖平台公司发债。同时，政府负债率过高也影响各类评级机构对宁波整体信用风险评级，对保险资金、信托资金的引入和成本定价产生负面影响。这些因素使政府投资能力，特别是对基础设施类项目的投资受到较大制约。

二是财政收支平衡难度加大。财政增收，税收征管加强和非税收入比重提高等是重要因素。从趋势来看，今后一个时期财政收入呈个位数增长将成为常态，但财政支出刚性没减。1～9月，全市公共预算支出同比增长11.1%，高于收入2.4个百分点。近5年，财政支出年均增长16.7%，高于同期财政收入增幅3.8个百分点。

三是政府掌握的调控资源受约束。除财政资源外，目前国家对地方的用地用海、环境容量等约束机制越来越强，对地方政府的调控能力和调控余地产生较大影响。

四、全力冲刺第四季度的工作建议

下一步经济工作要按照市委市政府的总体部署，进一步明确冲刺什么、怎么冲刺，统筹稳增长、促改革、调结构、惠民生，狠抓落实，确保达到经济发展预期目标，力争实现“全年红”。

（一）咬定目标稳增长

一要强化“双底线”目标管理。树立精准理念，对照目标找准差距、找准问题，尤其对差距较大的GDP、工业增加值、存贷款余额等指标，以及红灯较多的区域，要采取更有力措施，逐月抓好完成目标任务和减少红灯的督查考核。同时，加强舆论引导和典型宣传，积极谋划好2015年工作思路和“十三五”发展规划，提振各级干部和企业的发展信心，加大“冲刺”合力。

二要推动项目建设达产。突出抓好三年行动计划重大项目建设，坚持问题导向，组织所有责任单位对项目实施中已遇到或可能遇到的难题进行自查、汇总和分类，尽快研究解决方案，形成全覆盖的项目解难“路线图”和“时间表”。加强重大项目全过程精细监控，强化问题类别管理，按照征迁、资金、环保、审批和关系协调等难题，建立“快办快处快反馈”问题处理机制，分类分级，由责任单位统筹协调解决。全力促进新项目开工建设，推进一批重点项目按期开工建设，确保年内开工项目总数不少、总量不减。推动重大项目加速投产，加快产能释放。加强与石化、电力等临港工业重点企业的对接工作，引导拓展市场、着眼长远，推动海越新材料、大榭万华特种聚氨酯等一批大项目、好项目尽快达产。着力抓好工业技改项目的建设和达产，推动投资结构优化和工业创新能力提升。

三要抓好政策落实提升杠杆效能。全面落实好国家、省各项企业减负政策，落实好市里出台的工业稳增长、电商经济、月光经济、金融改革创新等政策举措，进一步完善房地产、生产性服务等领域的发展政策，优化落实要素调节保障机制。

（二）围绕优势调结构

一要发挥重点区域的带动优势。鄞州区、江东区、江北区和化工区、杭州湾新区、高新区等总体发展好的重点区域要推动增长进一步提速，慈溪市的工业增长优势，余姚市的战略性新兴产业增长优势，海曙区、宁海县的投资增长优势，北仑区、象山县的出口增长优势等，要进一步挖掘潜力，力求对全市做出更大贡献。

二要发挥新型高端业态的带动优势。通过完善政策体系、市场体系和服务体系，重点支持装备制造业、高新技术、新材料等高端产业加速发展，支持电商经济、港航服务、月光经济、信息经济、平台经济等新型业态加速发展。

三要发挥民间投资的带动优势。挖掘宁波民间资本优势潜力，进一步落实和创新扩大民间投资的政策，积极探索降低准入门槛、简化投资审批程序、创新政府性投资项目合作方式等服务民间投资的创新举措，引导支持民间资本进入城市基础设施建设、市政公用设施建设和社会事业发展等领域。

四要发挥市场体系的带动优势。进一步完善宁波内外对接的市场体系，全面拓展国际、国内和本地市场。加大国际市场“抢订单”力度，研究制定本地生产的重点出口商品奖励目录，进一步提升宁波产品的国际市场竞争力；做大跨境电子商务，加快完善进口商品内销市场体系，鼓励本地外商企业扩大进口，推动进口平稳增长。支持企业抢占国内市场，继续完善国内市场销售网络，推动宁波产品和服务切入国家重点支持的水利、农业、城镇化、交通建设、新兴产业等领域。大力推动月光经济发展，丰富市内节庆假日活动，提升专业市场、商贸综合体的服务功能，促进市内购物、旅游和餐饮等消费；研究更有针对性的对接举措，如上下游产业链对接、本地产品的市场促销会、电子商务对接平台等等，推动本地产品与本地企业、市内市场的广泛对接。

（三）突出问题强改革

一要推进新型城市化改革。落实《关于深入推进新型城市化提升城乡治理水平的决定》，尽快出台实施新型城市化发展规划，积极推进行政区划优化调整工作。深入实施国家新型城镇化改革试点，深化农业人口转移、投融资机制、城乡一体化和规划体制等领域改革。

二要推进贸易便利化改革。加快制定区域性国际贸易中心城市建设方案，积极推动综合保税区申报和自贸区经济推广复制工作。深化进口贸易便利化试点工作，逐步扩大试点范围，培育本市重要原材料、关键零部件、中高端日用消费品等进口商品交易市场，大力发展跨境电子商务，支持保税区国家进口贸易促进创新示范区建设，加快梅山保税港区汽车整车、罗汉松等进口口岸建设。

三要推进投融资和资金保障机制改革。深化投资审批制度改革，进一步精简和下放投资审批事项，推动投资项目联合办理子系统建设运行，落实好进一步下放企业投资项目备案管理权限的规定。深入推进金融生态示范区建设，稳妥处置企业资金链、担保链风险，防范金融风险。进一步拓展和创新直接融资渠道，积极支持企业上市，挖掘债券市场和交易所市场融资潜力，推进“区域集优”中小企业集合票据发行、小贷公司贷款资产证券化试点等工作。

四要推进激发企业主体活力的改革。深入推进行政审批简政放权，取消市政府规章以下设定的非行政许可审批事项、条件和环节，做好市和县（市）区权力清单清理“二回”和“三回”工作，探索基本建设项目审批链和行业准入审批链的整体放权。深入推进行政审批标准化、便利化建设，推进部分审批事项试行“零等待”承诺审批制，推行特定区域和特定项目联合审批，推进变“先证后照”为“先照后证”改革。

五要推进激活房地产市场的改革。落实首套首贷优惠利率、高校毕业生购房补贴等政策，创新紧缺高端人才和高技能人才的购房补贴政策，研究出台加大公积金贷款扶持力度、减免交易税费等政策。落实城市棚户区改造工作实施意见，启动成片危旧住宅区试点改造项目，鼓励拆迁安置采取以自选货币安置为主的补偿方式。继续做好房地产风险防控，合理控制区域土地出让总量和结构，加大市场维稳力度。

（四）强化创新促转型

一要加快战略创新。积极参与“一带一路”和长江经济带建设，加紧制定宁波参与“一带一路”建设的实施方案。突出以国际强港为核心、中心城市为依托、开放创新为路径，打造港口联盟，完善交通等基础设施体系，拓展经济腹地，扩大城市合作，加快构筑港口经济圈，进一步提升城市地位。

二要加快科技创新。提高科技成果转化和产业化的比率，引导企业加强同高等院校和科研机构在科技成果转化、技术难题公关和联合创新等方面交流合作，探索建立专业化的技术转让促进公司。制定以“新技术、新产业、新模式、新业态”为导向的企业梯度培育计划，引导企业加大对提升创新能力的投入。加大对信息化与工业化融合项目的支持力度，做好两化融合试点示范，加快服装云、家电云等工业云建设和试点示范，推进智能装备、工业软件的示范应用。建立一批综合性或行业性“机器换人”技术推广服务中心，鼓励科研院所和装备制造企业通过服务中心为企业提供技术和装备支撑。完善企业新产品开发推广机制，建立“首台套”和“首购首用”激励机制和保险补助机制，鼓励企事业单位采购本市新兴产业的新产品。

三要加快产业创新。突出以新型高端城市经济为主攻方向，大力培育和引进“四新企业”，加快新兴服务业态发展，完善落实电子商务、月光经济、总部经济、海洋经济等政策，研究制定信息经济、平台经济和创新经济等新政策。研究制定城市配送物流等生产性服务业发展政策，推进生产性服务业集聚区建设。推动临港工业创新发展，加大结构调整和落实产能淘汰力度，有序推进产业梯度转移，培育临港工业总部经济和生态经济，进一步完善和优化临港产业链布局。

四要加快人才创新。大力推动创业创新人才集聚，以高端增量扩大高智总量，以高新平台促进高质发展，以高效服务打造高优环境，加快“蔚蓝智谷”建设。深入实施领军拔尖人才培养和专业技术人才知识更新工程，大力推进海外高层次人才“3315 计划”，推进“千名专家服务基层三年行动计划”，实施高校毕业生“百千万”工程，推进高技能人才公共实训基地、市级技能工作室和重点企业职工培训基地三大平台建设。

五要加快开放创新。深入实施城市国际化九大行动计划，以融入“一带一路”和长江经济带建设为契机，扩大与国内外城市的合作，提升更大范围高度集聚和高效配置人才、资本、产业和市场等资源的能力。拓展开放新领域，探索开放新模式，着力加大融资租赁、航运金融保险、互联网金融等法人机构和国内外研究院、高端人才团队以及优质产业资本等的引进力度。

课题组成员 ◀ 阎　勤　沈小贤　卢　跃　吴红艳　张树法

一季度宁波经济运行情况及下一步工作重点

◎ 课题组

2014 年以来，宁波认真贯彻中央和省重大战略决策，加快实施“双驱动四治理”决策部署和经济社会转型发展三年行动计划，经济运行总体平稳，稳中促调、转中向好、改中放活的态势明显，但不确定性、复杂性、严峻性更加凸显，经济发展面临一些突出问题，经济工作需要加大力度抓落实、改革创新促发展。

一、2014 年以来宁波经济运行态势判断

（一）一个基本面：总体平稳

一季度，宁波经济延续上年以来运行态势，有所下行，总体平稳，全市 GDP 同比增长 6.0%。

反映经济运行总体状况，GDP 增长与就业、CPI、财政收入和城乡居民收入等指标增长组合相对合理。一季度，全市城镇新增就业岗位 4.06 万人，失业人员再就业 1.52 万人，城镇登记失业率保持在 1.97% 的低位；全市居民消费价格指数 102.4%，同比上涨 2.4%，比全省平均水平低 0.3 个百分点，八大类价格均处低位；全市公共财政预算收入增长 7.6%，其中地方财政收入增长 6.9%；全市城镇居民和农村居民人均可支配收入预计分别增长 10% 左右和 11% 左右。

反映经济增长动力，投资、消费、国内商品销售和外贸等主要指标“三增一减”。一季度，全市完成固定资产投资同比增长 16.1%，其中工业、基础设施和房地产投资分别增长 20.0%、8.9% 和 17.0%；全市限额以上社会消费品零售总额和商品销售总额分别增长 12.1% 和 12.6%，比上年同期分别增长 3.6 和 7.8 个百分点；全市规上工业国内商品销售值同比增长 3.0%；全市外贸进出口总额下降 2.9%，其中出口下降 2.5%，进口下降 3.6%。

反映经济运行要素支持，电力、资金、土地和物流等指标基本正常。一季度，全市全社会用电量同比增长 7.4%，其中工业用电量和制造业用电量分别增长 8.5%

和8.3%；全市银行业金融机构本外币存款余额和贷款余额分别增长7.0%和11.3%；全市建设用地供应总量为561公顷，按计划正常供应，其中新增建设用地供应量和存量建设用地供应量分别为259.1公顷和301.9公顷；宁波港完成集装箱吞吐量和货物吞吐量分别增长8.4%和9.0%。

同时，部分临港大工业企业主动性限产减产和市场价格变化等因素，导致工业和外贸即期增速有所回落，对全市经济运行基本面带来一定影响。

（二）三个态势：持续增强

一是稳中促调的态势增强，具体表现在产业结构、区域结构、投资结构和市场结构的优化调整。从产业结构看，一季度，第三产业增加值增速高于第二产业1.8个百分点，占GDP比重稳步提高；1~2月，高新技术产业增加值占规模以上工业增加值比重达34.8%，同比提高1.4个百分点，战略性新兴产业增加值增速高于工业平均水平。从重点区域看，一季度，杭州湾新区完成工业总产值、固定资产投资和公共财政预算收入分别增长33.8%、40.0%和28.2%；梅山保税港区完成公共财政预算收入、限上服务业营业收入和外贸进出口总额分别增长79.4%、76.5%和32.1%；高新区规上工业增加值增长21.5%，其中高新技术产业增加值增长21.7%，占规上工业增加值比重达到79.3%。从投资结构看，民间投资增长20.5%，占全市投资比重为53.5%，比上年同期提高2个百分点；工业投资增幅高于全市投资增幅3.9个百分点，制造业投资占工业投资比重达89.3%，同比增长20.2%，增幅高于全市投资4.1个百分点。从市场结构看，消费内需增长提速，批发业、零售业和餐饮业零售额分别增长34.6%、10.3%和13.7%，汽车类和家居装潢类商品销售额分别增长11.7%和34.4%，农村消费品零售额增长17.5%，快于城镇5.3个百分点。

二是转中向好的态势增强，具体表现在经济质量、创新能力和社会民生水平的持续提升。从经济质量看，1~2月，“机器换人”使全员劳动生产率进一步提高，“空间换地”累计完成旧厂区改造17个，累计完成建筑面积18.23万平方米；一季度，规上工业新产品产值增长16.1%，高于规上工业总产值14.4个百分点，新产品产值率达到22.1%，比上年同期提高2.8个百分点。创新驱动能力持续提升。一季度，工业技改投资增长33.4%，增速提高14.6个百分点，占工业投资比重达70.4%；发明专利授权量增长19.2%。社会民生持续改善。城乡居民收入增速分别高于GDP增速4个百分点和5个百分点左右，五大社会保险参保人数均保持增长，基本医保实现城乡一体化管理；财政支出继续向民生倾斜，用于民生支出的占公共财政预算支出比重达68.1%。

三是改中放活的态势增强，具体表现在注册企业增多、小微企业活跃、投资环境改善等。一季度，全市新注册内资企业数和注册资本总额分别同比增长42.9%和

172.1%，均创历史新高，单季度登记量首次突破7000户，其中，私营企业占新设企业总量的97%，增速提高61个百分点。小微企业发展更加活跃，占规上工业企业总数84.6%的规上工业小微型企业实现工业增加值占规上工业的36.8%，增加值同比增长9.7%，分别比大、中型企业高出14.5和3.7个百分点。引进市外投资实现新突破，一季度全市新批外商投资项目数、合同利用外资额、实际利用外资额分别同比增长55.1%、46.4%和28.4%，其中实际利用外资已完成全年1/3招商任务；全市浙商回归引进项目177个，实际到位资金119.99亿元，同比增长67.58%，超过全年目标的1/3。

（三）四个亮点：突出显现

一是加快落实决策部署推动经济转型发展。全市上下认真落实"双驱动四治理"决策部署，加快实施经济社会转型发展三年行动计划，大力推进"五水共治"等重大工程，取得实质进展和明显成效，为经济转型发展增添强劲动力。各领域加快"三年行动计划"的细化和落实工作，新出台《城市管理重大项目三年行动计划》、《宁波市特殊教育三年行动计划》等。"五水共治"加快突破，制定出台《最严格水资源管理制度考核办法》，在全市范围内全面推行"河长制"，开展涉水拆违"重拳行动"，开工建设一批建制镇污水处理设施，形成了齐抓共治的新局面。

二是加强重大项目建设推动经济结构调整。重大项目加快推进。一季度，全市重点工程完成投资246亿元，占年度计划的20.5%；"三年行动计划"中市本级资金投入项目一季度计划投资59.5亿元，实际完成投资62.9亿元，完成季度目标的105.7%，占年度目标的14.7%。加大重大项目要素保障。研究制定《关于金融支持经济社会转型发展三年行动计划重大项目的实施意见》，优化金融保障服务。着力引进市外大项目。一季度全市新批总投资3千万美元以上外资项目33个，投资总额25.5亿元，其中总投资1亿美元以上项目6个；全市实际到位资金亿元以上的浙商回归引进项目28个，到位资金86.72亿元。各地重大项目加快推进。一季度，杭州湾新区有10多个重大项目在新区开工，另有20个项目实现投产；鄞州区130项重点工程完成投资39.6亿元，完成年度进度比上年同期提高3个百分点；海曙区11个文化产业重大项目开工建设；北仑区新开工重大项目20个。

三是增强创新能力推动经济质量提升。全面实施"四换三名三创"、"三新两化"，深入实施"科技领航计划"和科技服务专项行动，加快"两化深度融合"试点示范。新材料科技城建设取得实质进展，推进了英国诺丁汉大学新材料研究所、国家磁性材料质量检测中心、中国兵器集团新材料技术创新中心等一批项目。全市建立"机器换人"专家库，依托科研院所筹建宁波市"机器换人"工程推广服务中心。面向全市14个特色块状经济，启动2014年自动化（智能化）改造试点申报工作。市政府与全球最大ERP软件企业德国SAP企业共建的“中小企业信息化云服务云平台”成功上线，研究制定《宁波市工业企业电商换市三年行动计划》，“保税通”、中烟新商盟非烟商品电子商务平台等一批电子商务平台设立。开展第四届“和丰奖”评选，促进设计成果产业化，33个对接示范项目产业化后将新增年销售收入34.8亿元。

四是深化体制改革推动企业活力激发。深入贯彻《关于全面深化改革再创体制机制优势的决定》，并陆续制定了各项改革具体实施方案，行政审批制度、注册资本登记制度、外贸便利化、金融和投融资体制机制等改革取得实质性进展，进一步激发了企业和社会力量创业创新的动力活力。

二、当前宁波经济发展面临的突出问题

当前宁波经济运行中也存在一些突出的问题和矛盾，影响着经济平稳健康发展，需要引起高度重视。

（一）经济下行压力明显增大

2013年宁波经济运行保持整体平稳，也呈现由高向低趋势，2014年一季度回落较大，GDP增速比上年第四季度下滑1.9个百分点。从生产结构来看，主要是工业生产的减速。一季度，全市规上工业总产值和销售产值同比增长均为1.7%，比上年同期分别下降3.9个和5.4个百分点。工业产品出厂价格连续24个月负增长拉低工业产值增速，也导致本市部分能源原材料工业企业采取限产减产措施，产值下降幅度较大。从动力结构来看，主要是出口负增长拉低经济增速明显。

（二）企业经济效益严重下滑

当前，企业普遍存在融资难、用工难、盈利难的现象。1~2月，规上工业企业利润、利税分别下降9.7%和1.1%，36个工业行业中23个行业出现亏损，亏损额上升25.0%，亏损面达32.9%，比2013年同期和全年分别扩大1.2和15.2个百分点。从工业企业看，规模以上大、中、小型企业利润均出现下滑，同比分别下降9.2%、5.3%和17.6%。服务业重点企业调查数据表明，反映盈利水平有所改善的企业占19.1%，比上个季度下降18个百分点。这也导致财政增收难度增加，一季度，全市公共财政预算收入和地方财政收入增幅均小于全省平均水平，且非税收入增幅大于税收收入增幅12.8个百分点。

导致企业效益下滑的因素较多，主要是受市场需求不足和产品出厂价格下降等影响，使部分工业企业减产减效或保产减效；受生产经营、用工、融资等成本持续攀升的影响，使部分企业减效；同时，也有部分企业因加大技改投资增加即期成本而减效。

（三）外贸出现负增长

一季度，全市自营进出口总额和出口总额分别同比下降 2.9% 和 2.5%，增速分别比 2013 年同期下滑 5.3 和 9.6 个百分点，增速创新近五年来新低，外贸出口对外向度高的宁波经济拉动力减弱。

近年来，宁波外贸增长与欧美等发达国家的经济复苏态势形成明显反差，主要原因：一是外需订单转移明显。宁波等国内沿海地区出口成本优势减弱，外需订单向中西部地区和国外低成本国家转移趋势明显。二是新兴经济体增长放缓。宁波着力开拓的新兴市场需求受到冲击，一季度，出口非洲和拉丁美洲的金额同比分别下降 8.6% 和 8.5%。三是出口产品结构与外需市场变化不相适应。外贸出口产品结构调整和竞争力提升不快，机电产品和高新技术产品出口分别下降 4.3% 和 7.8%，其中机电产品的增速同比下滑 11 个百分点。

（四）投资增长后劲不足

工业投资、房地产投资和基础设施投资受重点因素约束，保持快速增长的难度增大。一是工业投资主要受到企业预期不高、信心不足等约束。一季度，工业投资增幅较 2013 年同期和全年分别回落 23.3 和 10.3 个百分点。工业新开工项目 363 个，同比下降 5.7%，比 2013 年同期下滑 6 个百分点。企业信心不足、预期不高整体影响后续投资增长。一季度，认为国内宏观经济环境变差的工业企业和服务企业分别比上季增加了 3.9 和 2.3 个百分点，认为本行业发展变差的工业企业比上季增加了 4.6 个百分点；只有 33.8% 的工业企业、21.0% 的服务企业和 29.4% 的小微企业在未来六个月有投资意向，环比均有不同程度下降。据大榭开发区、石化经济技术开发区等反映，重大项目建设还受到土地、水资源、环境等要素的制约。二是房地产投资主要受房地产市场销售低迷的约束。一季度，房地产投资同比增长 17%，较 2013 年同期和全年分别下降 16.2 和 10 个百分点。房地产项目新开工面积 259.6 万平方米，同比下降 34.7%，比 2013 年同期下滑 60.3 个百分点。一季度宁波商品房销售面积下降 39.1%，市场销售状况制约后续房地产投资。三是基础设施投资主要受资金等要素制约。受政府性债务规模和融资平台政策限制等因素影响，政府主导的基础设施投资面临较大资金压力。

（五）发展不平衡性突出

这主要表现在区域、产业和企业发展的不平衡。从区域来看，有些区域发展困难加大，部分指标落后于全市平均水平，如镇海区和北仑区受临港工业影响较大，规上工业总产值分别同比下降 3.4% 和 0.3%，江东区、慈溪市的规上工业产值也出现负增长。从产业来看，工业经济总体发展低于预期，1～2 月，全市 35 个行业中，有 14 个行业出现产值负增长，尤其是化工、钢铁、电力等行业均出现负增长。从企业来看，大企业特别是大型临港工业企业发展指标不理想，镇海炼化、宁波钢铁产值分别下降6.9%和15.6%。这种不平衡性将给宁波经济全面协调持续增长带来较大影响。

（六）局部性风险仍在累积

当前最为突出的是房地产、金融不良资产、企业担保链等局部性、个体性风险增大，并将对全局发展稳定带来冲击和影响。目前，宁波房地产存量居高不下，市场销售低迷，商住房消化周期进一步延长，市区平均消化周期需要21个月，部分县（市）区消化周期更长，并且房地产业与实体经济交织在一起，相关房地产和实体企业的资金链风险增大。截至3月末，全市银行业金融机构存贷比提高到101.7%，不良贷款余额同比增长51.2%，不良贷款率达1.75%，比年初上升0.17个百分点。少数企业资金链、担保链断裂风险增大，调查显示有31.5%的企业存在不同程度的互保行为，部分地方出现个别企业逃废债现象。

三、下一步经济工作建议

综合分析研判，下阶段及全年宁波经济将呈现平稳缓升的趋势，稳中促调、转中向好、改中放活的态势将持续增强。对经济运行的态势要有科学预期，保持定力、增强信心、提振精神，同时要正视存在的问题，采取有针对性、实效性的解决措施和办法，确保经济持续增长和社会稳定。下一步全市经济工作，要认真贯彻落实市委市政府重大决策部署，坚持以提质量为重心、促增量为关键、扩总量为方向，突出稳增长促升势、调结构促提质、推改革促活力、保重点促后劲，着力抓好以下七方面工作。

（一）着力推动经济社会转型发展三年行动计划落实

实施经济社会转型发展三年行动计划，事关宁波全局发展、长远发展。当前最重要的工作是加快推进“三年行动计划”实施。一要强化责任的细化和落实。进一步细化重点领域的项目任务和年度计划，制定项目落实“路线图”，明确时限要求，做到项目层层落实。健全年度联合督查方案，确保推进计划执行到位。二要强化要素保障。拓展融资渠道，有针对性开展招商工作。加大“三改一拆”、“空间换地”力度，加大土地围垦和储备力度。深入实施落后产能淘汰计划，腾出的环境容量优先保障“三年行动计划”项目。三要优化服务机制。完善项目审批服务机制，深入实施领导干部联系重大项目、中青年干部挂职锻炼、全程服务代办经理人等重大项目服务机制，强化分级协调服务机制。

（二）着力扩大有效投资

一要抓重大项目投资，注重重大项目建设的协调配合，发改、财政、审管、国土等部门要加强服务，解决好前期谋划、项目落地、推进建设中的难题。二要抓市外投资，大力实施招大引强选优的招商选商工作，加强优质外资引进和浙商回归工作。三要抓民间投资，创新投融资政策，进一步扩大引进在垄断行业和社会事业领域的民间投资。四要抓创新投资，鼓励企业加大研发、技术改造、智能化、信息化、人才培养、市场模式创新和推进科技成果产业化等方面的投资。五要抓政府性投资，提升政府融资平台功能，扩大在保障房建设、棚户区改造和生态建设等国家支持领域的投资。

（三）着力加快高新技术和新兴产业发展

一要在城市经济发展中突出高新技术和战略性新兴产业发展，加快新材料科技城市和新兴产业基地建设。二要突出成果转化和产业化。制定出台《关于加快推进科技成果转化的若干意见》，加快科技成果转化服务体系建设、推进科技成果规范化管理、发挥科技成果转化资金引导作用，努力提高科技成果转化和产业化的比率。三要深入实施“四换三名三创”、“三新两化”，研究制定相应实施意见，增强企业核心竞争力。四要完善产业链布局，加强“810 实力工程”企业和高成长企业培育，通过建链、补链、拓链和提链等方式，加大产业链建设力度，形成产业核心竞争力。五要充分发挥政府性创新投资引导基金作用，完善宁波创业投资引导基金和天使投资引导基金决策、管理、运营的模式和机制，促进初创期企业和高新技术企业发展。六要推动创业创新人才优先发展，以高端增量扩大高智总量，以高新平台促进高质发展，以高效服务打造高优环境，加快“蔚蓝智谷”建设。

（四）着力开拓国内外市场

进一步扩大内外需求，增强扩市场对经济增长的拉动力，尤其要开拓国际市场，着力扭转对外贸易下滑局面。一要加快城市国际化，以国际化推动开放型经济转型提升，深入实施《宁波市加快推进城市国际化行动纲要》确定的九大行动计划。二要创新拓展市场方式，发挥外贸主体优势，加快发展跨境电子商务，建设中国宁波跨境电子商务产业园和保税区跨境电子商务服务平台，形成跨境电子商务全国领先地位；加快国家进口贸易促进创新示范区建设，打造进口商品交易中心。三要优化外贸产品结构，利用欧美等良好复苏态势扩大市场占有率，深入研究市场新需求，积极调整宁波外贸产品的结构；加大高新技术产品出口力度，提高外贸产品技术含量和附加值。四要发挥龙头企业带动作用，深化实施“外贸实力效益工程”和“外贸育苗工程”。

（五）着力推进重点领域和关键环节改革

一要加快政府职能转变。更好推进简政放权，建设“有限政府”；更好履行政府职能，建设“有为政府”；更好提高政府效能，建设“有效政府”。深化行政审批制度改革，推行权力清单制度，加快政府机构改革，推进“两个不再”改革和行政执法体制改革。二要加快完善市场体系。建立健全城乡建设用地、农村产权流转交易、环保权益交易、公共资源交易等市场体系，完善各类市场的平台载体功能及价格机制、运行机制、监管机制等。三要加大投融资体制改革。制定完善国资国企“减肥强体”、融资平台创新、城市基础设施特许经营办法和民资外资进入养老、医疗、教育等社会事业领域的体制机制。四要扩大政府购买公共服务。探索政府向社会组织购买公共服务的细则和财务制度，建立健全政府转移事项、政府职能部门购买服务等目录。同时，在城市国际化、新型城镇化、社会事业发展、科技创新等领域都要加快制定具有可操作性、能见实效的改革举措。

（六）着力优化发展环境和民生改善

一要防控局部性重点风险。加强对各类重点企业资金运转和市场经营的风险监控，开展企业资金链、担保链排查，加强对房地产行业、民间借贷的跟踪监管，严厉打击非法集资、逃废债等犯罪行为，努力控制和降低金融不良贷款率。探索建立政府性债务管控机制，探索创新控制总量、盘活存量、优化增量的有效途径，提升地方融资平台的服务功能。二要持续推进社会事业发展。不断完善政府办大事、办实事、办好事的工作机制，继续加大文化教育、医疗卫生、社会保障、养老服务、住房保障等社会事业发展力度。三要持续改善民生。加大财政支持力度，确保财政支出继续向民生倾斜，确保“八大工程”等民生实事工程顺利实施。加大就业创业扶持力度，确保城乡居民收入实现平稳较快增长。

课题组成员 阎　勤 沈小贤 卢　跃 吴红艳 张树法

全力打好“组合拳” 确保实现经济发展预期目标

◎ 课题组

2014年以来，宁波认真贯彻中央和省重大战略决策，加快落实“双驱动四治理”决策部署，全面实施经济社会转型发展三年行动计划，经济运行总体平稳，回升向好，“稳中有升、转中促调、改中放活”的发展态势持续增强。上半年宁波经济运行各项指标保持上升势头，一季度 GDP 同比增长 6.0%，上半年增长 6.7%，与全国、全省的差距缩小，投资增速和社零增速等指标均高于全省平均水平。但当前经济增速还不尽理想，提速难度很大，主要指标与全国全省和全年发展目标仍有一定差距，局部性风险仍在累积。因此，下半年经济工作要按照市委市政府的总体决策部署和“双底线”要求，统筹稳增长、促改革、调结构、惠民生，特别是要找准突破口，全力打好“组合拳”，确保本市全年经济发展实现预期目标。

一、打好五招“组合拳”，增强经济“回升向好”态势

下半年，要大力推进拓市场、扩投资、调结构、促创新、推改革，市场、投资、结构、创新、改革都是经济增长的动力和手段，必须打好这五招“组合拳”，增强“回升向好”势头，力争第三、第四季度分别实现 9% 和 10% 以上的增长速度，确保全年目标如期完成。

（一）拓市场，发挥产能潜力

拓市场是短期见效最快的增长手段，要作为经济发展提速增效的“牛鼻子”来抓。目前全市制造业总体产能利用在 2/3 左右，只要市场竞争力和市场份额有所提高，就能释放空置产能，带来较大幅度的经济增长。从市场结构来看，全市工业产品 30% 左右直接出口或间接为本地企业出口配套，70% 左右直接销售国内市场，服务业 95% 以上服务于国内和本地市场，因此，拓市场的空间和潜力非常巨大，要国际、国内和本地三大市场同时开拓，实现三大市场需求持续增长。

一要大力开拓国际市场。加强外贸企业分类服务，落实外贸实力效益企业常态

化服务机制，培育外贸综合服务企业，开展外商投资企业服务月活动，做大做强产业带动力强、优势突出的龙头型、平台型重点外贸企业，提振外贸发展信心。扩大进出口信保覆盖面，搭建出口融资平台，降低外贸企业投保和融资成本。加快建设一批实效性平台载体，提升跨境电子商务平台功能，办好贝宁展、墨西哥等重点境外展会，推动企业建立境外直销窗口、分拨中心、保税仓储和商业网点，推进甬企境外投资创业三大基地建设。加快进口贸易发展，加快进口贸易促进创新示范区、梅山汽车整车口岸等建设，培育挖掘进口增长点，扩大进口市场交易规模，完善进口商品全国营销网络，进一步提升进口内贸市场体系功能。

二要大力开拓国内商品和服务市场。支持企业拓展国内销售网络平台，积极配套央企、总装类大企业集团，围绕国家重点支持的新能源汽车、环保装备、国防军工、海洋装备等重点产业和交通设施、水利设施、信息设施、农业现代化和社会事业发展等领域投资，加大宁波产品的对接和配套力度。加强与国内相关城市的市场合作，办好国内城市“宁波周”。推动企业加大市场合作，发挥行业龙头企业营销体系优势，推广营销联盟、渠道共享、订单合作等模式，完善宁波企业市场体系。

三要大力开拓本地消费市场。鼓励宁波产品开展进商贸百货企业、进专业市场、进消费品展会、配套行业龙头企业等促销对接活动。加快市镇商贸中心工程建设，提升城市商贸综合体功能和消费吸引力，着力打造城市“三级商圈”。做大节庆消费，全力办好“2014 宁波购物节”，办好食博会、美食节和年货展销会等。拓展消费增长点，大力发展夜市消费、旅游消费、时尚消费、健康养老消费、信息消费、教育培训消费等，推进商、旅、文、体等消费方式的融合发展。加快民生商贸发展，新建一批菜篮子商品供应点，完善社区商业服务，推动农贸、水产等专业市场改造提升。

四要大力开拓房地产市场。进一步消减限购政策对市场的影响，从宽执行限贷政策，支持合理住房需求。对企业引进人才、在甬就业大中专毕业生购房和优质投资项目购房需求，给予银行贷款等方面的优惠。探索创新补偿安置办法，推进城中村、非成套房和危旧住宅改造与消化商品房存量相结合。

五要大力创新拓市场的有效路径。加快发展电子商务和跨境电子商务，抢抓下半年电商旺季的机遇。加快落实工业企业“电商换市”三年行动计划，积极推动工业企业、产业集聚区、专业市场等与电商平台企业、服务商的对接，加快“一城两区一中心”、“多园多点”的电商园区建设。针对调研中工业企业普遍反映的物流成本高、电商人才紧缺等问题，要鼓励电子商务咨询培训服务业发展，实施电商人才引进培育工程，支持快递业分拨、仓储和配送基地建设，切实降低电子商务综合服务成本，推动形成“千军万马”做电商的氛围。

鼓励新产品引领市场开拓。调研显示新产品具有强劲的市场竞争力和爆发力，是企业的主要销售增长点，要进一步完善新产品开发推进和奖励制度，鼓励企业加大新产品的研发、生产力度，做好市级工业新产品试产计划项目的认定，鼓励本地企事业单位购置使用本地新产品并给予奖励或补助。

建立完善市场平台载体。引进培育一批有影响力的电子商务平台企业，支持世贸通、宁波电子口岸、甬易支付平台、进口贸易中心等本土平台做大做强。

（二）扩投资，增强发展实力

下半年要继续保持投资快速发展的良好态势，争取全年固定资产投资总量突破4000 亿元，投资增速要确保 18%，力争 20% 以上。从投资增长有效性角度，大力推进产业投资是重点。

一要强化产业投资的分类管理。首先，加强项目进度类别管理。加强对建成已达产、建成刚投产、尚未建成三类项目的进度督查工作，特别对建成刚投产的要促达产，对尚未建成的要加速建成投产，如期释放产能。其次，加强项目规模类别管理。两大省级产业集聚区要力促百亿元大项目的建设，各县（市）区也要加快大项目建设，对中小项目要实施分级管理。第三，加强项目问题类别管理。项目联系部门要加快问题排摸，建立项目投资问题管理系统，相关责任部门要加强协调解决，启动投资项目限期“问题清零”工作，加强土地、资金、人才和能源要素等方面对项目投资的保障。

二要扩大重大平台、重点区域产业项目投资。充分发挥重大平台和重点区域的招商引资优势，推动产业链招商、人才经济引资、第三方引资等引资方式。鼓励重点功能区加快建设带动性强的专业性“园中园”，如杭州湾新区的国际汽车产业园、高端装备制造产业园、新材料产业园，象山的象保合作区，余姚的新型纤维材料产业园，梅山的“国际化蓝海休闲岛”，等等。

三要推动产业链配套投资。发挥龙头企业、主导产业、特殊监管区域等的主体、产业、政策优势，以产业链配套投资推动“810 实力工程”企业和高成长企业培育，招引和生成一批产业链相配套的投资项目，使本地产业链向上下游延伸，提升价值链，增强产业核心竞争力。

（三）调结构，拓展增长动力

优化调整区域结构、产业结构和企业结构，进一步发挥重点区域、重点产业和重点企业的贡献，是促增量的重要抓手。

一要促进重点区域发展作更大贡献。近期，杭州湾新区、梅山产业集聚区、国家高新区等重点功能区和鄞州、余姚、慈溪等县（市）区，仍保持着较好的发展势头，主要经济指标领先全市。下半年要通过完善区域发展考核评价机制、加强区域要素保障、加大区域合作发展力度等方式，进一步强化良好发展势头，充分释放重点区域的增长潜力。

二要促进重点产业发展作更大贡献。当前重点是抓工业和高端新兴产业。抓工业，要加快出台强有力的工业稳增长调结构促发展政策，进一步突出发展重点，加大开拓市场扶持力度，减轻企业负担，提振工业企业发展信心。深入推进工业“四换三名”工程，强化企业梯队建设，培育一批主业突出、带动效应显著的龙头企业，加强高成长企业梯队培育计划库建设，推进小微企业集聚区建设，推动小微企业上规升级。加快工业转型升级，加大工业技改力度，鼓励企业对标行业先进水平，通过引进先进技术和设备、加大自主创新、推进“两化”融合等方式，推动传统产业的改造提升和高新技术产业的提质扩能。

抓高端新兴产业。对目前高增长、高附加值、市场潜力大的高新技术和战略性新兴产业，要加强发展情况监测分析，做好相应的产业政策制定、项目推进、专业园建设和考核评估工作。特别是要规划建设好石墨烯、碳纤维、永磁电机、新能源汽车、光伏发电等一批新兴产业链。同时，对总部经济、信息经济、电商经济、平台经济、夜市经济等新兴业态，要发挥带动产业、融合产业的作用，在相应产业化领域实现突破。

三要促进重点企业发展作更大贡献。对于上半年增长不理想的重点企业，如电力、石化、烟草等，要加大与央企、省级总部的对接，扩大产能和订单，为推动下半年增长多作贡献。对上半年增长快的，产业链、区域经济增长带动力强的龙头企业，以及拉动力强的新兴产业代表性企业，要加大人才、资金、土地等要素保障力度，切实减轻企业的成本负担，推动发挥更大的带动效应。加快落实《关于加快工业行业龙头企业发展的实施意见》，研究制定支持服务业龙头企业发展的政策意见。

（四）促创新，提升驱动能力

创新是经济发展的最有效动力，创新投入的产出是一般投入的四倍以上，当前企业调研也表明，以“新技术、新产业、新业态、新模式”为代表的创新经济表现出更强的市场爆发力和经济增长推动力。促创新，要着力解决企业创新意识不强、动力不足、创新服务环节有短板和断点等突出问题，实现创新产出的新突破。

一要加大创新投入。引导企业加大技术创新、业态创新、商业模式创新以及品牌、专利、标准、新兴市场开拓、人才队伍引进培养等方面的投入，提高企业内涵发展水平。加大对工业新产品试产的支持力度，引导企业积极开发新产品。加大对信息化与工业化融合项目的支持力度，做好两化融合试点示范。用好“电商换市”专项资金，推进工业企业电子商务应用。加强“机器换人”技术推广服务中心建设，为企业机器换人提供人才、技术、项目和资金支持，引导企业加大对“机器换人”的投入。

二要强化创新要素集聚。推动创业创新人才集聚，以高端增量扩大高智总量，以高新平台促进高质发展，以高效服务打造高优环境，加快“蔚蓝智谷”建设。加强资本集聚，提升金融服务功能，拓展宁波国际金融服务中心功能，加大融资租赁、航运金融保险、互联网金融等法人机构引进力度，积极吸引风投、创投和产业投资基金投资宁波，支持梅山类金融产业发展。加快创新载体平台建设和集聚，加强研发园、新材料科技城等创新基地建设；支持企业技术中心和技术创新示范企业等申报，推进省级重点企业研究院建设，抓好省级企业技术中心培育、管理和提升。拓展多样化的产学研合作渠道，加强行业开放和资源共享，积极推进各方建立长期、有效、稳定的合作关系。

三要加快发展“四新”企业。制定以“新技术、新产业、新模式、新业态”为导向企业梯度培育计划，加快发掘和培育一批在新型市场服务平台、新兴智慧产业、新兴金融服务、能效管理和节能环保服务等领域的成长快、带动强、效益好的“四新”龙头企业。

四要促进创新成果转化和产业化。加快落实促进科技成果转化各项政策，引导企业加强同高等院校和科研机构在科技成果转化、技术难题公关和联合创新等方面交流合作，探索建立专业化的技术转让促进公司，加大新产品市场推广力度，努力提高科技成果转化和产业化的比率。

（五）推改革，激发主体活力

当前要通过深化改革，进一步激发企业主体、区域主体和政府主体的活力，强化主体责任，实现经济主体能动性的突破，为经济增长提供新动力。

一要围绕企业主体抓改革创新。继续推进行政审批制度改革，深化商事登记制度改革，推广负面清单管理模式，规范行政审批中介服务等，吸引更多的市内外优质资本和人才创业创新。切实减轻企业负担，研究制定一些普惠性的减税降负政策。落实好《关于鼓励和引导民间资本投资社会事业的意见》，根据不同社会事业特点，及时出台操作性强的分类细化政策。

二要围绕区域主体抓改革创新。完善县（市）区、乡镇和重点功能区考核机制，构建科学、高效和准确的绩效考核评价制度，加强重大政策落实情况的督查，进一步调动区域积极性。优化整合重点功能区的管理体制机制，推动重点功能区的管理整合、空间整合和功能整合，健全“一区多园”、“一园一业”建设模式。

三要围绕政府主体抓改革创新。进一步明确各级部门下半年稳增长的职能、职责和目标任务，明确抓行业发展的部门工作职责。结合政府职能转变，强化政府主体责任，推行“三清单一张网”，推进行政管理体制改革。针对当前需要突破的重点领域，研究制定一批拓市场、扩投资、调结构和促创新的针对性政策。创新全市招商工作机制，加大全市统筹，完善合作招商、利益共享机制。

二、推动三年行动计划落实，促进经济社会转型发展

（一）推动实施三年行动计划

一要加强项目的建设和管理。制定项目落实“路线图”和“时间表”，健全年度联合督查方案，确保推进计划执行到位。对于未按计划完成的项目，要加快项目建设进度。二要加强项目生成和储备。围绕国家政策导向、重大平台建设、重点产业链完善和新型业态发展，新生成和储备一批项目。三要强化要素保障，完善推进工作机制创新。拓展融资渠道，有针对性开展招商工作。加大“三改一拆”、“空间换地”、土地围垦和储备等土地资源开发利用和优化工作。加快实施落后产能淘汰计划，腾出的土地资源和环境容量优先保障重大项目建设。

（二）加快新型高端城市经济发展

新型高端城市经济是宁波未来经济转型突破的方向，梳理三年行动计划中带动力强、见效快的新型城市经济项目，要优先保障、加快推进。重点要加快现代服务经济、电商经济、总部经济、信息经济、创新经济、都市工业、都市农业和高品质民生经济等领域发展。要突出高新技术和战略性新兴产业发展，加快新材料科技城和战略性新兴产业基地建设，推动新材料、新能源、文化创意、金融、港航服务、现代物流等产业发展。

（三）加快城市国际化步伐和海洋经济发展

抢抓国家“一带一路”建设战略机遇，努力打造城市国际化和海洋经济发展大平台，拓展宁波发展新空间。一要围绕“一带一路”战略，谋划布局一批打通内网、连接外线的重要项目，打造“一带一路”的重要枢纽和支点城市，利用跨境电子商务优势，构筑“网上丝绸之路”的先行门户区。二要深化实施城市国际化，积极推进城市国际化行动计划。三要培育海洋经济发展新增长极，高起点规划、高品质开发、高效率建设一批临海的产城融合型滨海新区。四要谋划推进港口经济圈建设。深化“三位一体”港航服务体系建设，探索宁波海铁联运综合试验区建设，加快港口联盟建设。

三、优化发展环境，形成合力抓经济新格局

（一）把经济工作放到更加重要的位置

当前宁波经济发展面临的内外部环境形势依然严峻复杂，全面完成目标任务需要付出更加艰辛的努力。从宏观形势看，欧美等国家复苏态势仍不稳固，新兴经济体增长仍存在下行压力，国际市场需求尚难有快速根本改善；国内宏观经济将呈现

出稳中趋升态势，而区域竞争更趋激烈。从宁波经济来看，回升向好的基础仍不稳固，局部性风险仍在累积，经济增长加速仍存在许多薄弱环节和瓶颈制约。从预期目标来看，差距也较为明显。更应看到，宁波经济发展面临的有利机遇也很多，市场、产业、投资、创新等空间和潜力巨大，局部突破带动整体发展完全有条件、有可能，关键取决于我们自身工作。为此，各级各部门更要把经济工作放在更加重要的位置，要增强忧患意识和底线思维，要提振精神、坚定信心、保持定力，形成合力抓经济的热氛围和新格局。

（二）全面落实各项重大决策部署和政策措施

对中央、省、市重大决策部署，要做好督查落实工作。近期重点对“双驱动四治理”、“三年行动计划”和城市经济发展以及稳增长、调结构、促转型、惠民生的决策部署和政策措施，要加大督查力度，确保重大决策部署的合力推动。对出台的重点领域政策，要加大落实力度，并根据现有情况适度调整，对资金使用进度滞后或者有困难的，进行适当统筹调整使用。

（三）有效防范房地产风险和金融风险

当前要重点防范房地产与实体经济关联风险、中小房地产企业资金链风险和房地产市场引发的社会矛盾等局部性风险。要加强对房地产企业经营情况监控和规范管理，做好风险排查，引导企业合理促销、规范经营和加强风险控制。防范化解金融风险，重点要防范企业资金链、担保链风险，严厉打击非法集资和逃废债等犯罪行为，优化政府性债务结构等。要加强企业资金链、担保链排查和预警，完善政府应急转贷基金制度，健全困难企业分类帮扶化解“名单制”。尽快制定出台政府债务管理办法，完善政府性债务偿债准备金制度，整合政府性投资公司的经营性资产，提高融资平台偿债能力。同时，也要着力防范化解淘汰落后产能和重大项目建设过程中引发的社会矛盾等风险。

（四）提高领导经济工作水平

加大改革力度，加快体制机制创新，提高经济工作水平，形成共同发力、你追我赶、争先恐后的经济工作氛围。创新经济工作领导方法，要坚持“双底线”管理，善于运用“工作十法”破难题促发展。落实经济工作领导责任，要强化考核督查，以责任落实推动工作落实。完善经济工作领导机制，对具有突破性的重点经济领域，尤其是新技术、新产业、新业态、新模式要创新管理服务机制，培育短期爆发点和中长期增长点。

课题组成员 ◀ 阎　勤 沈小贤 卢　跃 吴红艳 张树法

拓市场、扩投资、调结构、促创新、推改革：宁波各地近期抓经济发展的工作举措

◎冯　路 张树法

2014年上半年，宁波各地围绕拓市场、扩投资、调结构、促创新、推改革，采取了一系列工作举措，有力推动了经济转型升级和平稳持续发展，成效十分明显。

一、拓市场

一是全面推进“电商换市”。搭建新平台，保税区开通进口商品市场线上线下直销平台；慈溪在第三方平台建设慈溪家电馆；梅山保税港区依托正在打造的汽车、橡胶、冷链等交易平台，发挥保税功能和口岸优势，以海运产品的跨境贸易电子商务为重点，构建贸易物流平台，积极打造“网上丝绸之路”试点区。拓展新模式，鄞州全面实施风投基金、专业公司和政府部门“三方共建”提升策略；江东利用闲置楼宇、厂房等存量资源打造电子商务楼宇（园区）；江北全力打造集电子商务、服务外包、孵化研发、物流配送于一体的“全电商生态圈”。强化新服务，海曙发布“宁波电商人才网”，开展首个“网上招聘月”；余姚整合多家平台电商精英以及本地优秀电商企业资源，组建电商咨询团队；北仑在产业政策、平台搭建、商业模式三方面加大引导和支持力度。

二是丰富营销模式。杭州湾新区通过鼓励当地企业帮助贴牌生产的方式，成功开拓国家电网、江苏电网等新市场；江东加大对世贸通等外贸中介企业的支持，鼓励其向外贸金融领域拓展；鄞州、北仑、江北等地积极组织企业参加各类展会抢抓订单。

三是培育外贸强企。鄞州实施“外贸实力效益工程”，重点培育10家综合实力强、产业带动力强、产业优势突出的流通型外贸实力效益工程企业，支持企业做大做强；杭州湾新区在充分发挥政府出口信用保险统保平台作用的基础上，搭建信保融资平台为企业提供融资服务。

四是创造区域消费热点。镇海精心组织“消费促进月”活动；江东深化各类节庆、会展对消费的拉动作用，开拓文化旅游消费，以及做热“轨道站点”经济；宁

海拓展和创新旅游产品，丰富旅游主题活动，加强商旅合作。

二、扩投资

一是确保重大项目建设。北仑实施重大项目和招商项目“问题清零”，同时深化“联动辅导”，对街道进行投资辅导；宁海深入开展“项目建设提升年”、“招商引资突破年”活动，做到基层、企业和项目的“零距离”服务。

二是产业链引资。杭州湾新区深入拓展汽车产业链，着力在新能源汽车及动力总成等汽车产业链上做功夫；梅山保税港区加紧优化汽车生产、进出口、检测、会展、交易、服务、改装、体验等一体化产业链。

三是人才经济引资。宁海在紫园生物医药研发有限公司影响和带动下，吸引中科院上海药物所、宁波生物产业创新中心等9个生物医药项目落户宁波生物医药产业园；江北在长阳科技有限公司带动下，形成膜材料产业基地。

四是借外力引资。江东大力引进中介服务企业，织就一张覆盖会计、审计、法律、土地、房产、科技、人才等领域的“中介招商网”；杭州湾新区先后与59家国内外知名专业协会、咨询机构及外国驻华使领馆等第三方机构建立合作关系，共同招商引资。

三、调结构

一是淘汰落后产能。鄞州完成全省最大电镀城的整治工作；杭州湾新区完成五金园区和化纤行业的整治提升；北仑出台《淘汰落后电机及推广节能伺服电机实施方案》；镇海启动化工、铸造、印染等十大行业的整治提升工程。

二是发展新兴产业。江东大力发展楼宇经济、总部经济，促进人才服务、法律服务、工业设计等生产性服务业发展；镇海促进工业设计、工程设计和产品研发为主的KPO（知识流程外包）；慈溪、高新区大力发展工业机器人产业；杭州湾新区加快打造国家级通用航空产业园；余姚以新装备、新材料、新能源与节能、电子信息四大新兴产业为发展重点。

三是培育特色产业。鄞州被认定为国家级动漫产业基地；梅山保税港区围绕打造“国际化蓝海休闲岛”的目标，布局直升机服务等通用航空服务业；高新区形成垂直门户网站平台、云服务平台、电商平台、供应链平台、影视新媒体平台多个专业化的商业平台。

四是建设高品质产业园区。余姚加快推进滨海新城国家新型纤维材料产业园、装备制造产业园、新材料产业园、新兴产业园等特色“园中园”建设；杭州湾新区加快高端装备制造产业园、高性能新材料高新技术产业园、通用航空产业园、生命健康产业园、国际汽车产业园建设，促进一批重点项目建成投产。

四、促创新

一是人才促创新。北仑设立全国首家“人才金融中心”，推广“一园一联盟一中心”模式服务；杭州湾新区完善和落实“五个一”人才配套政策，上半年引进海内外高层次创业创新项目5个；江北出台一系列“引智”新政，建立海外人才江北创业园；余姚加快推进“千人计划”产业园建设。

二是平台促创新。镇海先后建成中科院宁波材料所初创产业园等“六大平台”，落实“妈妈式”服务和“鼓励创新、宽容失败”理念；鄞州积极扶持企业建设工程技术中心、研发中心和重点实验室，对本土企业设立研究院的，给予省级最高200万元、市级最高100万元的资助。

三是金融促创新。各县（市）区严格执行财政科技投入配套政策，其中象山上半年财政对科技投入同比增长202.2%。梅山保税港区围绕打造“千亿级财富管理岛”，加快集聚类金融产业，上半年引进股权投资、债权投资、融资租赁等类金融企业245家，注册资本425.8亿元，新设投资管理类企业80多家，形成以信达系、兴业系、五矿系和软银系为代表的25个股权投资集群，成立全国首家对冲基金研究院，突破QFII、外资基金及商业保理的前期工作等。

四是服务促创新。各县（市）区积极创新项目管理，分类跟踪服务，全市全年完成工业技改投资940.7亿元，同比增长23.9%，技改投资占工业投资比重74.5%，同比提高2.9个百分点；通过技术市场引进高新技术项目449项，交易额16.7亿元。目前，全市90%以上的R&D经费投入源自企业，80%以上的国家科技计划项目承担主体为企业，70%的授权专利来自企业。此外，科技、金融部门还通力合作培育发展科技银行，在科技型中小企业的初创期、成长期和成熟期提供不同的金融产品搭配。

五、推改革

一是试点机构改革。象保合作区实行大部制，精简人员机构、完整职能、优化结构、提高效率，建立单一窗口办理机制，探索“无费区”、“零审批”管理模式和综合执法改革，职能部门和专业服务机构为投资者提供系统化、专业化、精细化的全过程、全方位、全免费服务。

二是行政审批改革。梅山保税港区开展“行政审批清零”行动，建立企业投资项目负面清单、服务清单和鼓励清单，对符合产业导向的企业投资项目“零审批、零跑腿、零收费”；同时，开展“优化口岸环境”攻坚行动，借鉴上海自贸区模式，积极试点上海海关通关便利“十四条”举措，推进“一次申报、一次查验、一次放行”试点工作，制定出台整车进口和天然橡胶贸易发展扶持政策。

三是完善经济发展服务体系。海曙进一步完善企业信用征信体系，推进网上市场诚信交易；江东推出招商选资责任帮办和跟踪服务机制；宁海在全市首创“纯公益服务平台+市场化专业服务”企业综合服务模式，为中小微企业提供全面服务。

四是要素资源市场化改革。北仑加速推进排污权有偿使用工作，截至10月已全面完成111家A类企业排污许可证发放工作，并启动B类排污许可证的申领和发放工作；慈溪等地深入推进农村土地流转，构建新型农业经营体系。

关于设立和完善中小微企业转贷引导资金的建议

◎冯　路

“转贷难、转贷贵”是中小微企业面临的突出难题。为此，各级党委和政府都提出要整合各方资源提高转贷服务能力，在各地政府财政出资外，吸纳部分民间资本参与转贷资金运作；要扩大转贷资金受益面，降低转贷资金的准入门槛，把服务范围扩大到当地财务会计制度健全、依法纳税、符合产业政策导向、成长型较好的小微企业。宁波市在2014年5月全市金融生态示范区建设工作动员会议上作出了“完善政府应急转贷资金制度”专项部署。

一、宁波市应急转贷资金的运行特点及面临问题

截至2014年底，宁波所有县（市）区都已设立专项转贷基金，运行成效总体良好，但也面临一些突出问题。

（一）运行特点

一是资本结构多样化。现有政府性转贷基金中有政府独立出资的，如奉化、象山；有政府和企业共同出资的，如镇海、鄞州、余姚，其中余姚市企业联合会转贷互助基金还获得了3亿元国家开发银行的贷款；也有政府引导，完全由企业出资的，如江北。

二是管理模式多元化。有政府直接管理的，如象山设立了企业应急转贷资金运作平台；有政府为主管理的，通常为政府机构如金融办和企业联合会合作，成立转贷互助基金评审委员会和转贷互助基金管理办公室，分别负责重大事项决策和具体业务操作；也有委托管理的，如鄞州区公益转贷基金由三江融通公司负责具体操作。

三是公益特征显著化。一方面严控社会资本的投资收益，如余姚对认购企业按照同期银行一年期贷款基准利率的1.5倍给予回报。另一方面不断降低企业转贷成本，收费标准因地制宜。如余姚市企业联合会转贷互助基金将企业分为认缴出资的企业、未认缴出资的市企业联合会会员企业和其他企业三类，分别按银行一年期贷

款基准利率的1.7倍、2.5倍和3倍计息；鄞州区公益转贷基金则只需支付1万元手续费。

（二）存在问题

一是资金规模需要进一步扩大。2014年1~6月，全市注册登记的应急转贷资金共为企业提供520.2亿元的转贷服务，成效较好，但与市场巨大的转贷需求相比（期中仅小微企业贷款余额就达到4014.8亿元），仍需扩大规模。

二是服务面需要进一步拓展，尤其是服务中小微企业方面。不少县（市）区的政府应急转贷资金将重点行业和龙头企业作为重点帮扶对象，部分还设立了专项基金，"救大不救小、救强不救弱"现象明显。在政策引导下，有一些县（市）区开始关注并服务中小微企业，但受制于风险控制等客观要求，审核非常严格，对于整体破解中小微企业"转贷难、转贷贵"问题的作用还非常有限。

三是管理机制需要进一步完善。政府引导、企业为主、市场化运作的转贷资金运作格局尚未形成。调研发现，一些银行和机构虽然推出了低收费的转贷服务，而且高层都比较重视，极力配合推动，但下属支行和具体经办人员从经营效益出发，尚不能很好地理解和支持这一做法，在实施过程中保持不支持也不反对的态度，一定程度上制约了政策的覆盖面。

二、杭州市中小企业转贷引导基金的做法与成效

杭州市中小企业转贷引导基金（以下简称"杭州基金"）实行政府引导、企业为主的运作方式，旨在为该市正常经营的中小企业、"个转企、小升规"企业及个人经营性贷款客户在合作银行范围内提供转贷服务的专项资金。

（一）主要做法

运营管理方面，杭州基金管理上设立转贷引导基金联席会，由市经信委、市金融办、人民银行杭州中心支行等部门组成，主要负责杭州基金重大事项决策和协调，办公室设在市经信委。日常管理和运作委托杭州市中小企业服务有限公司（国有全资）负责。

资金筹集方面，杭州市政府首期出资3190万元，包括工业专项资金2000万元和三电办公室资金1190万元（借用）。引导社会资本按1：3比例出资，已引入中新力合股份有限公司、浙江中安担保集团、浙江亿联担保有限公司、浙江宝程投资发展有限公司等商业企业和社会机构资金9000万元，总规模约1.2亿元。

转贷收费方面，严格按照"服务企业、微利经营、规范运作、严控风险"的原则。转贷服务按照每天0.1%收费，政府出资部分收益参照银行同期贷款利息，其余部分作为合作机构收益。合作机构年收益高于18%时，次年降低收费标准。

（二）实施成效

一是大大降低中小微企业转贷融资成本。目前，杭州基金日费用0.1%，且2～3个工作日即可完成周转，综合成本约为民间借贷的1/15～1/5。

二是净化区域金融生态环境。既有效抑制了不规范的高息民间借贷行为，也在一定程度上降低了银行贷款逾期率，有效缓解了部分金融机构不良率过高的问题。这一做法正吸引越来越多的银行和金融机构加入其中，杭州基金目前有10多家银行机构加入，合作转贷单位达到7家。

三是开辟政府服务企业新渠道。据测算，杭州政府每投入1000万元，每年可以帮助企业节省支出2000万～2500万元，并实现了财政资金的保值和增值。

四是提升杭州城市综合影响力。杭州基金作为该市金融服务创新尝试项目，运作以来受广大企业好评，中国经济时报、中国日报网、新华网等多家国家级媒体先后对此深度报道。

三、关于设立宁波市级中小企业转贷引导资金的建议

宁波要高度重视并积极推动解决中小微企业的“转贷难、转贷贵”问题，可借鉴杭州等相关城市的做法，设立市级中小企业转贷引导资金。

第一，明确转贷引导资金的组织形式。建议市经信委牵头，发改委、金融办、人行宁波中心支行等共同参与，设立联席会，负责转贷引导资金的重大事项决策与协调。在深入调研基础上选择合适的日常管理和运作机构。

第二，加强资金筹措。探索从现有天使投资和创业投资引导基金中各划拨一部分，再加上部分新增财政资金，完成不低于3000万元的首期政府资金投入，按照1∶3的比例吸引社会资金进入。明确社会资金和政府资金的合理回报方案，落实政府资金的后续筹措渠道。

第三，完善资金运营。明确“服务企业、微利经营、规范运作、严控风险”的经营原则，学习借鉴基金运作方法，广泛吸引符合条件的银行合作者和社会投资者加入，对大额资金的使用实施备案管理。条件允许的情况下，推动一批“隐性”转贷资金，特别是商会型转贷资金的阳光化、合理化和规范化。

第四，优化资金投向。优化功能设计，强化日常监控，确保资金更多投向中小微企业。特别是要充分调动各县（市）区积极性，由各地经信局组织一批运转健康但转贷存在困难的中小微企业率先参与；广泛学习借鉴各地有益创新，如借鉴江苏经验创新担保服务，允许符合条件的小微企业在结清当期所有贷款利息，并归还部分当期贷款本金的前提下实行转贷。

新常态下宁波经济“三驾马车”的新特点和新举措

◎冯　路

新常态下宁波区域经济“三驾马车”发展呈现出一些新特点和新问题，对此，宁波市委市政府做出了针对性部署，围绕固定资产投资、社会消费品零售、外贸自营进出口总额等具体工作目标，采取了一系列有效措施，取得了扎实成效。

一、新常态下的新特点与新问题

（一）投资领域

一是“基础设施投资持续回暖”，但“民间投资增长乏力”。前者，全市2014年完成固定资产3989.5亿元，增长16.6%，其中重点工程完成投资1362.4亿元，水利和清洁能源成为主要增长领域，带动基础设施完成投资额占固定资产投资增长的比重逐步提高。后者，全市民间投资（包括房地产）占全社会投资的比重已不足50%，制造业、房地产开发增速较往年下滑比较明显，传统民间投资占比较大的住宿和餐饮等服务业投资也快速萎缩。部分企业反映民资介入基建领域仍存在一系列困难。

二是“新开工项目数量多、投资大”，但“投资增速放缓，重点行业回落明显”。前者，2014年全市新开工项目平均投资规模超过1亿元，提高26%。后者，受国际外部环境和经济预期影响，工业投资的积极性下挫，技术改造投资增长速度也比以往有所降低。与全市经济紧密相关的化学原料及化学制品制造业和汽车制造业等投资较大的行业，增速均有所回落。

三是“房地产销售有所改观”，但“房地产投资压力继续加大”。前者，随着各种限制政策松动和激励政策陆续出台，改善型需求入市增加，全市商品房销售面积降幅逐季收窄，商品住房全年销售面积出现了2.3%的增幅，二手房成交面积逐月回升，商品住房价格降中趋稳。后者，房地产市场供求不平衡格局依然存在，库存去化压力较大。截至2014年底，全市可售商品房仍超过2300万平方米。受销售情况影响，银行对房地产开发企业的资金放贷仍未改观，房地产开发企业尤其是中、小房地产企业自筹资金难度加大，部分存在资金链断裂的风险，房地产开发企业新一轮“洗牌”几率持续加大。

（二）消费领域

一是“整体平稳增长”，但“重点不亮”。前者，2014 年全市商贸经济整体平稳，限上社零保持平稳增长态势，全年累计增长 13.9%，提高 2.6 个百分点，限上商品销售额增长 16.5%。后者，汽车、石油及制品、家居装潢等主要领域增速下降且未来形势仍不容乐观。其中，限上汽车类增长 7.6%，增幅下降 3 个百分点；限上石油及制品类增长 14.9%，再降 2.4 个百分点；家居装潢类企业发展信心预期低于其他行业。

二是“电子商务发展迅猛”，但“传统业态表现不佳”。前者，以 2014 年“双十一”为例，全市居民当日在天猫平台累计消费 8.4 亿元，列全国第 11，其中慈溪、余姚分列网购百强县第 3 和第 6；保税区跨境贸易电子商务平台共完成交易订单 70 万单，实现成交额 1.6 亿元，为跨境购试点以来订单总和的 1.4 倍。后者，全市 24 家重点百货商场零售额下降 3.8%，14 家负增长；12 家大卖场零售额增长 1.9%，6 家负增长；4 家连锁便利店零售额下降 1.6%，2 家负增长；297 家专业店零售额增长 3.9%，127 家负增长。

三是“新增长点不断拉动”，但“服务业调结构任重道远”。前者，随着服务外包、月光经济、跨境电商和“三位一体”港航物流服务体系等新增长点的持续大力度培育，全市传统产业转型增效和新型业态创新发展将实现良性循环，对经济的支撑作用将进一步显现。后者，信息传输、软件科技、研发设计等新兴产业的增量尚不足以抵消以金融业和房地产业的增势减量，而且行业内部同质竞争、无序竞争等问题有所加重，服务业调结构的压力依然较大。

（三）出口（开放经济）领域

一是“对外贸易持续增长”，但“进出口表现各异”。前者，2014 年全市在境外新设营销网点 141 个，累计 1519 个；完成口岸进出口 13429 亿元，增长 3.2%。其中，民营企业继续领跑口岸外贸，欧美贸易表现良好。与欧盟口岸进出口总值 2509.5 亿元，增长 12.9%；美国 1661.1 亿元，增长 5.8%。后者，出口 8905.1 亿元，增长 7.1%；进口 4523.9 亿元，下降 6.6%；贸易顺差 4381.2 亿元，扩大 26.2%。

二是“内外交流合作不断加强”，但“国有企业热情不高”。前者，全年新批外商投资项目 468 个，合同利用外资 70.2 亿美元，实际利用外资 40.3 亿美元，增长 22.9%；全市企业境外投资创业三大基地建设加速，累计新批境外企业和机构 208

家，核准中方投资18.4亿美元，增长16.9%。后者，特别是境外投资，仍以民营企业为主体，大型企业、国有企业走出去热情不高，一亿美元以上项目屈指可数，十亿以上还没有实现突破，境外投资瓶颈逐渐显现。

三是“与‘一带一路’国家的交流合作成为新增长点”，但“经贸合作中矛盾凸显”。前者，东南亚、中东欧国家成为全市境外投资贸易新热点，全年与“一带一路”国家的口岸进出口5160.2亿元，增长3.2%；新批“一带一路”国家境外投资项目28个，累计3.2亿美元，增长72.5%。申洲、百隆、狮丹努等一批知名纺织企业已经在柬埔寨、越南、泰国等地设立生产基地；宁波南车产业基地联合进出口有限公司在匈牙利设立了匈牙利（宁波）工业集团有限公司。后者，要关注新国际新秩序下，我国特别是宁波与“一带一路”国家的经贸合作过程中出现的一系列新问题。例如，民族企业在海外的安全风险（2014年5月发生越南打砸中资企业事件）；部分领域法律法规相对滞后（宁波市一家外贸企业与埃及企业交易时遭受“黑客”入侵但无法立案）；进境旅邮检渠道非传统（如新物种、新病毒）安全风险加大；国外技术法规升级步伐加快，隐性壁垒持续升级；出口商品退运、反倾销等贸易摩擦频发，特别是与东南亚国家的贸易。如菲律宾违反中国—东盟自由贸易区协议（AFTA）协定，对我国出口的液晶电视机征集和数字电视机顶盒分别征收15%和10%的关税；马来西亚对原产我国的热轧钢板和混凝土钢筋进行反倾销调查；印尼多次无理由对我国企业进行退证（主要是FORME）查询等。

二、2015年新举措

（一）投资领域：以“港口经济圈”建设和“三年行动计划”为引领，强化政府有效投资

一是积极融入和服务国家“一带一路”、长江经济带战略。推进江海联运服务中心建设，打造全国多式联运枢纽。建设宁波—华东地区集装箱海铁联运示范通道，构建“甬新欧”贸易物流线。完善港口基础设施和集疏运网络，推进国际空港物流园区、梅山港区集装箱码头等项目建设。

二是突出重大基础设施建设、城市经济、重大产业、工业技改、生态环保等领域，落地生成一批带动力强、质量效益好的重大项目，谋划储备一批“十三五”重大项目。2015年计划实施“三年行动计划”重大项目521个，完成投资1600亿元以上，全面推进电动汽车总部基地、中船宁波装备产业园、上海大众宁波基地扩建、南车宁波产业基地、宁波模具产业园、奥体中心、城市主干道整治提升等具体项目。

三是推进新型城市化，加快城乡统筹发展。重点完善中心城市集聚辐射功能，实施三江口核心区、东部新城等核心区域十大提升工程，优化“一核两翼、两带三

湾”多节点网络空间布局，强化区域联动。继续推进城市轨道交通、城际铁路建设，完善城市快速路网和跨江交通体系，深化“公交都市”建设和打通“断头路”专项行动。完善镇村布局规划，促进城市基础设施、公共服务和社会事业向农村延伸，并在深化美丽乡村建设的同时，推进历史文化名城、名镇和名村保护发展。

（二）消费领域：以提升发展服务经济、建设智慧城市、优化社会环境为要点，持续刺激社会消费

一是深化服务业综合改革试点，发展壮大“月光经济”等特色经济。培育发展总部经济、科技研发、文化创意、服务外包、中介服务、汽车服务后市场等业态，建设一批特色夜市街区，加快建设电子商务“一城两区一中心”，加快天一阁·月湖5A景区和东钱湖国家级旅游度假区创建，以及雪窦山佛教名山和鄞江风情小镇打造。

二是发展信息经济，争创信息经济发展先行区。以智能制造为突破口，推进“两化”深度融合，实施“机联网”、“厂联网”示范工程，推动制造模式向数字化、网络化、智能化、服务化转变。完善通信基础设施，启动智慧城市运营中心、城区“E邮站”建设，拓展市民卡应用范围，让城市管理更高效、居民生活更方便。

三是提供更丰富的文化产品、更高水平的医疗服务、更可靠的社会保障和更舒适的生态环境。在办好一系列重大文化体育活动的基础上，推动文化与科技、金融、旅游、商贸深度融合，争创文化金融合作试验区，组建文化产业投资基金，鼓励民间资本参与国有文化单位改革。推进“云医院”建设。建立商品房土地供应与存量消化挂钩机制，创新保障性住房房源供应模式。引导民办养老机构发展，完善养老服务配套产业链。全面推进“五水共治”、“四边三化”、“三治理一提高”等行动，满足人民群众对清新空气、清澈水质、清洁环境的美好期待。

（三）开放经济领域：以深化改革开放、强化创新转型为核心，全面增强区域发展动力和开放水平

一是加大改革力度，激活市场活力。全面深化行政审批制度改革、贸易便利化改革、要素市场化改革、商事登记制度改革、国家新型城镇化综合试点等，加快建设进出口商品采购贸易改革示范区、梅山口岸贸易便利化示范区。开展海铁联运综合改革，理顺宁波港与无水港之间的通关协作机制，建立灵活的价格调节和生成机制。实施涉企收费服务目录清单制等，更大程度激发市场主体活力。

二是优化区域合作，强化开放门户。复制推广上海自贸区实践经验，跟踪推进金融、航运、商贸等领域扩大开放。持续推进宁波—舟山港一体化、长江经济带海关特殊监管区域通关一体化等区域合作机制。完善扩大出口综合政策，深入实施

“外贸实力效益工程”，加强境外直销体系建设，扶持“世贸通”、“小树外贸通”等外贸综合服务平台建设。推进进口升级行动，推进跨境贸易电子商务试点，完善进口商品内销体系。统筹招商资源，构建互动共促的招商体系。培育境外生产制造、贸易营销和资源开发基地。整合提升重点开发区域，加快中意宁波生态园、象保合作区等建设，推动产业高端化、特色化、集约化发展。

三是着力创新驱动，打造工业强市。推进新材料科技城“一城多园”发展，加快宁波新材料（国际）创新中心建设。深入实施重大科技产业化专项，强化发明专利实际应用，加快新能源汽车应用示范试点。推进“质优宁波”建设，深化“四换三名三创”工程，围绕新材料、新能源、新装备、节能环保、海洋高科技等重点领域，培育壮大战略性新兴产业。增强产业链竞争新优势，实施一批补链、强链型优质项目，如“千人计划”余姚产业园、康龙化成生命科技产业园、中国移动宁波信息通讯产业园等。

社会与民生建设

宁波创新社会治理体系的突破重点与对策思路

◎ 课题组

创新社会治理体系是全面深化改革的一个新课题，具有重要的理论价值和现实意义。在新常态的大背景下，宁波创新社会治理体系必须把握社会治理发展的新趋势，立足宁波社会治理的现实基础，明确社会治理体系构建的突破重点，提出相应的创新思路和对策建议。

一、创新社会治理体系的重要意义和发展趋势

（一）创新社会治理体系的重要意义

1. 构建社会治理体系是深化全面改革的内在要求

深化全面改革创新是中国特色社会主义事业充满生机和活力的重要保证。我国已进入改革的攻坚期、深水区，发展的关键期和矛盾的凸显期。改革是全面深化改革，如果仅仅推进经济体制改革，而不及时跟进上层建筑领域的改革，势必造成“单兵突击”的局面。目前市场经济体制已经确立，新建立的社会主义市场经济日益呼唤与之相适应的新型社会治理体系的尽快建立，从而实现经济体制改革与其他方面的改革和创新协调发展。当前和今后一个时期，改革创新的中心由经济体制转到社会治理体系进而深化全面改革。构建社会治理体系，就是根据先进生产力发展的要求，克服旧体制的弊端和影响，建立起充满生机和活力的新型社会治理体系，从而有效协调社会方方面面的矛盾，切实增强改革的协调性，推动全面改革不断深入。

2. 构建社会治理体系是促进社会和谐的制度条件

社会和谐是中国特色社会主义的本质属性。安定有序离不开制度的合理安排，而人与自然和谐相处乃至人与人、人与社会的和谐是一种制度的追求。也就是说，构建和谐社会，就是要用先进的制度体系来促进社会的健康均衡发展。社会公正特别是利益关系的协调是和谐社会的内核。为了实现自身利益，在合理的制度安排下社会的创造力就能够得到激发。社会秩序趋于安定，而在不合理的制度框架下利益

关系容易发生扭曲，进而带来严重的社会不公。可见，促进社会公平在构建社会治理体系中显得尤为重要。在协调社会利益和维护社会公平中，相当一部分属于社会治理的领域。社会治理的一个重要手段是加强社会政策的调节，社会治理的一项重要任务是统筹多样化的社会思想热点，以促进理性平和，推进社会整合，诉求表达机制、矛盾调处机制和舆论疏导机制。

3. 构建社会治理体系是推进法治宁波的必然选择

当前和今后一个时期是宁波构建社会治理体系的关键时期。深化改革、推进资源配置市场化，必须依靠健全的法治，形成公平竞争的市场环境；社会主义和谐社会是社会各个方面有机结合、相互协调、相互促进的社会，实现这样的目标，最根本的必须依靠法治。善于运用法治手段来调节各种社会关系，严格依法办事，才能从根本上化解各种利益矛盾。对于就业保障、分配差距等社会公正问题，必须通过完善法律法规，逐步建立保障公平的机制和规则；对于社会治安问题，同样必须运用法治模式，构建整体防控的长效机制，才能真正维护社会的和谐稳定。法治能够有效保证各项政策措施的严肃性、稳定性和连续性，只有依靠法治，才能保障经济社会持续健康的发展，为宁波构建社会治理体系营造良好的法治环境。

（二）创新社会治理体系的发展趋势

1. 发达国家社会治理发展趋势

美国公民自治型的社区治理模式。美国的社区治理一直被认为是一种公民自治的典型形态，社区并不是作为政府的一个基层管理单元（行政区划）而存在。联邦各州乃至各个市、镇，都有其独特的社区治理方式，但在社区发展和管理上，基本都采取了“政府负责规划指导和资金扶持，社区组织负责具体实施”的运作方式。他们将具体事务交给社区组织和民间团体，政府只负责宏观调控。社区居民的广泛和积极参与为社区治理注入了民主的活力，公共服务企业的运作促进了社区治理的市场化，公共服务组织的加入引起了社区治理的组织化，社区权力的分散最终构成了社区治理的多元化特征。

新加坡行政主导式的社区治理模式。新加坡社区治理的显著特征是政府和执政党的党政强介入，具有浓厚的行政色彩。新加坡自上而下有一套完整的社区管理组织系统，包括国家层面的社区发展、青年和体育部以及人民协会，地区层面的社区发展理事会，社区层面的公民咨询委员会、居民联络所以及居民委员会或邻里委员会等，各级组织形成直接或间接的上下隶属关系。有关社区建设发展的事务，由政府部门规划、组织、实施和协调，社区建设和治理的经费也主要来自政府的财政拨款。虽然新加坡城市社区治理中集权色彩较浓，但在执政党和政府的倡导和推动下，新加坡的民间组织乃至企业等其他社会组织及社会义务工作者等都积极参与社区治理，共同构成新加坡的社区治理体系。

2. 国内相关城市社会治理发展趋势

深圳盐田“社区治理体制改革”。深圳市盐田区的“社区治理体制改革”始于1999年，其最大的特点是妥善地处理了行政权与自治权的关系。一方面创建了标志政社分离的“一会两站”的社区治理新模式，即社区居委会、社区工作站和社区服务站组成的社区组织体系，另一方面直接选举了回归基层群众性自治组织的社区居民委员会，使社区建设逐渐由政府主导变为社会主导，达到并推动社区居委会自治。这样基层政府部门摆脱了部分管理事务，增强自身的执政能力和行政能力；社区居委会回归了基层群众自治组织的法律地位，强化了自治功能，淡化了政府管理色彩。在明确各自的角色和职责的基础上，政府部门、居民和居民组织、社区服务机构都积极地参与到社区治理之中，新的社区治理体制和机制也相应建立起来。

杭州“社会复合主体”治理创新。杭州在面临工业化、城市化和信息化社会的转型过程中，提出“社会复合主体”崭新发展思路，将提升城市生活品质，进而推动政府自身的改革和创新作为城市发展目标。在“社会复合主体”系统中，政府主导力、企业主体力、社会运作和市场配置资源能力“三力合一”，政府在宏观控制和战略决策层面发挥主导作用，而企业、社会组织则着力于微观资源配置和生产。

二、宁波社会治理体系建设现状分析

（一）主要成效评估

1. 以改善民生保障为重点，社会公共服务均等化不断推进

宁波将城市公共服务作为一种公共产品，逐年增加市区居民的人均可支配收入，进一步加大城市基础设施的投资力度，优化城市卫生服务体系，完善城市社会保障体系和基础教育体系。同时提升农村居民的人均纯收入，促进新农村建设，推进农民培训转型，加大对农村水利事务的财政投入，加快农村医疗卫生事业的发展，实现免费义务教育、社会保险的政策性全覆盖，提高乡村社区卫生服务的高覆盖率。通过公平、合理地配置公共服务，实现社会公平公正，提高整体福利水平，从而提升居民的整体幸福度。

2. 以夯实基层建设为基础，基层社区治理能力不断提升

优化基层社区建设发展环境，构建基层社区复合治理体制，全面推行“一委一居一中心”的新型社区治理体制，形成社区党务、政务、居务既相对独立又相互配合的工作局面。增强基层社区服务功能，加强基层社区基础服务设施建设，扩大社区服务供给，基本实现了“十分钟社区服务圈”；创新基层社区服务方式，推进社区服务中心集中办事窗口和服务大厅建设，全面实行居民申请“一门”受理和“一站”服务；积极推进基层社区社会工作，对有需求的居民群众提供个性化、专业化

帮扶。提升基层社区治理水平，深化基层社区居民自治，全面推行基层社区居委会直接选举；探索建立基层社区居委会专职委员与兼职委员相结合的“选聘结合”制度，扩大居委会的群众参与面；深入推进基层社区民主治理实践。

3. 以创新社会治理方式为突破口，社会组织活力不断激发

宁波把创新社会治理方式、激发社会组织参与社会治理的活力作为突破口，培育完善社会组织，降低准入门槛，改进登记管理方法，对社区社会组织实行直接登记制度，对暂不符合登记条件的实行备案制。同时，成立市、县、街道三级枢纽型社会组织服务平台，积极培育服务性、公益性、互助性的社区社会组织。在外来务工人员居住百人以上的社区或村全部建立了融合性社会组织。通过创新政府购买服务、公益创投等机制，为社会组织建设提供肥沃土壤，拓展成长空间。

4. 以有效化解社会矛盾为抓手，社会和谐稳定机制不断强化

探索建立社会矛盾联合解决机制，逐步健全工作网络。纵向看，在县（市）区建立社会矛盾联合解决联席会议制度和联调中心工作平台；在乡镇逐步建立联席会议制度和联调办公室；在村级推行专职调解员办法，在社区建立“社区纠纷调解中心”。横向看，牵头单位和各责任单位加强联动，形成合力，医疗纠纷、交通事故纠纷、劳动争议纠纷等专业性行业调委会建设不断推进。在医疗纠纷、邻里矛盾的调处上引入了第三方处理的“老娘舅”模式，取得较好成效。通过健全工作网络，宁波形成各部门各司其职、紧密配合，人民调解、行政调解、司法调解相互衔接的组织体系和工作体系，绝大部分矛盾纠纷都化解在基层，大批群体性事件隐患被及时消除。

5. 以构建社会治安防控体系为载体，社会风险防控能力不断增强

宁波以构建社会治安防控体系为载体，实现了从最初“动态专业巡控机制”，到后来“四级巡控体系”，再到“立体化社会治安防控体系”，在治安防控建设上成效显著。2013 年全市将四级巡控体系纳入“立体化社会治安防控体系”，通过对街（路）面巡逻防控网、城乡社区（村庄）防控网、单位行业场所防控网、技术视频监控网等七张“网”的建设，整合各警种资源，打防工作进一步分工细化，有效挤压了各类犯罪活动的生存空间。

（二）存在的突出问题及原因分析

1. “维稳”诉求大于“维权”诉求，导致社会治理的价值目标缺失

社会治理的价值目标是善治。善治是国家与社会两者关系的最佳状态，其实质是以维护群众权利为目标，通过赋予和实现群众表达利益、维护利益、实现利益的权利，推动个人发展和社会有序和谐发展。从宁波的情况看，仍然还有一些政府把“维稳”作为社会治理的核心价值目标诉求，过度强调政府在“维稳”中的社会风险控制责任，推行“社会稳定一票否决制”，使得各级政府工作人员把社会治理中

的主要精力和资源都用于征地拆迁、劳动争议、环境污染、安全生产、信用失范等领域的群体性冲突事件的管、控、防，对群众的各种维权行为高度敏感，严防死守，导致社会治理的价值目标缺失。

2. 党政包揽替代多元参与，导致社会治理的协同格局难以形成

随着社会治理由单一中心向多中心的转变，社会治理的主体从党和政府扩大到各类社会力量。然而，由于现实中“全能型政府”思维惯性的存在，使目前一些地方政府仍然习惯于对社会组织和社会成员采取自上而下的任务下达与政治动员的刚性工作方式，对社会事务大包大揽，忽视各种社会组织和公众在社会治理中的主体地位，甚至把社会治理片面理解为“对社会的管制”或“管理社会组织”，主张对社会组织的防控要横向到边纵向到底，将社会组织和社会成员视为社会治理的对象而不是合作的伙伴，漠视社会公众对社会治理体制创新的公共需求，导致社会治理的协同格局难以形成。

3. 风险控制重于民生改善，导致社会治理的路径依赖本末倒置

民生建设是社会治理体制创新的基本。只有通过完善公共服务体系，构筑保障国民生存和发展的基线，才能形成全民共建共享的利益分享机制，从源头上化解社会矛盾，实现社会治理的目标。但全市目前一些基层政府没有认识到，诱发社会风险的深层次原因是社会建设严重滞后和公共服务供给不足引发收入分配结构不合理、贫富分化严重，依然把社会治理的主要精力放在社会冲突与纠纷化解，流动人口和特殊人群管理等方面，没有突破社会治安综合治理的狭隘范畴，导致社会治理的路径依赖本末倒置。

4. “即兴式”举措多于制度规范，导致社会治理的法治保障弱化

法治是衡量社会治理体系和治理能力现代化的重要标准之一。社会关系的调整与社会利益的表达，都必须严格遵循法定依据、法定职权和法定程序。然而在“稳定压倒一切”的高压态势下，一方面，部分社会人员当出现权利受损和利益表达受挫时，不是寻求制度化的行政救济或司法救济实现维权，而是通过违法上访、聚众闹事等非理性方式扩大社会影响，倒逼政府满足其要求；另一方面，部分人员运行法治思维和法治方式化解社会矛盾、应对社会冲突的能力不够，在协调社会关系、分配社会资源、化解社会矛盾时存在有法不依、有法难依、执法不严、违法不究的现象，使公民的合法权利受到侵害，导致社会治理的法治保障弱化。

三、宁波社会治理体系建设的总体思路与突破重点

（一）总体思路

认真落实中央和省委关于推进社会治理体系和治理能力现代化的战略部署，以

创新社会治理政策体系、社会组织培育体系、基层社区治理体系和社会风险预警应对体系为突破重点，着力改进社会治理体系的治理方式，创新社会治理体系的制度安排，提升社会治理体系的执行能力，健全社会治理体系的工作机制，努力形成党委领导、政府负责、社会协同、公众参与的社会治理新格局，全面提高宁波社会治理能力和治理体系的现代化水平。

（二）突破重点

一是创新社会治理政策体系，建立社会政策的公共需求调查机制、社会政策的信息公开与沟通机制和社会政策的绩效评估机制。二是创新社会组织培育体系，优化社会组织发展的制度环境，构建社会组织的联动监管机制，创新社会组织发展的激励机制。三是创新基层社区治理体系，以社区公共需求为基本导向创新社区公共服务，构建社区协同治理机制，创新社区网格化治理机制。四是创新社会风险预警与应对体系，构建多样化的社会矛盾化解调处机制，健全社会风险的预警与评估机制，建立网络舆情和社会心态监测系统。

四、宁波创新社会治理体系的对策措施

（一）创新社会治理体系的治理方式

1. 实行系统治理，善用合作共治方式协调社会关系

建立政府主导的社会治理多元主体合作共治模式，健全党委领导、政府负责、社会协同、公众参与、法治保障的社会治理体制。坚持党委在宪法和法律框架内领导社会治理，把握社会治理的正确方向。建立社会治理综合协调机构，发挥政府统筹指导社会治理全局性事项的主导作用。健全人民团体和社会组织联系政府与群众的互动机制，发挥人民团体和社会组织协调关系、化解矛盾、维护稳定、促进和谐的作用。

2. 实行依法治理，善用法治思维和法治方式调处社会矛盾

法治是善治的基本方式，法治的可预期性、可操作性、可救济性等特征具有其他社会治理手段所不具备的优势。法治思维是社会治理现代化的思想基础，法治方式是社会治理现代化的根本保障。破除社会管控理念，破除特权思维，提升社会治理主体法治思维能力，善用法治思维分析社会矛盾成因及化解路径，善用法治方式解决社会问题，做到依法执政、严格执法、公正司法、全民守法、依法监督，确保权力在阳光下运行，维护社会的公平正义。

3. 实行综合治理，善用法律、行政、经济、道德、科技等手段规范社会行为

运用行政手段管理和服务社会，不得违背法定权限及程序，尽可能采取对话协商的方式，坚持人性化管理，避免简单地使用强制性、命令式等粗暴的管理手段。

加大政府购买公共服务力度，建立健全政府购买服务机制，凡属事务性管理服务，原则上都要引入竞争机制，都应当通过合同、委托等方式向社会购买。强化道德约束，加强社会行为规范自律，预防和减少社会矛盾。强化宣传教育，引导群众有序表达诉求、依法维权，及时化解社会矛盾。完善现代信息技术为基础的社会治理体系，提升运用信息技术加强社会治理的能力。

4. 实行源头治理，善用事前处置机制化解社会矛盾

建立源头治理机制，将治理关口前移，以网格化管理、社会化服务为方向，健全基层综合服务管理平台，及时反映和协调人民群众各方面各层次利益诉求，力争在基层化解社会矛盾，促进社会和谐。

（二）创新社会治理体系的制度安排

1. 完善立法机制，依法推进社会治理体系建设

坚持法治统一与地方制度创新相结合，坚持立法决策与改革决策相结合，把党委的决策部署、人大的立法计划和政府的规章制定有机结合起来，使地方立法与全面深化社会领域改革的新要求相适应，充分发挥立法在引领、推动和保障改革方面的重要作用。坚持科学民主立法，提高立法的透明度和公众参与度，建立健全公开向社会征集立法项目的机制，加强立法调研论证，拓宽法规规章起草途径。实行立法公示制，除依法需要保密外，立法草案一律向社会公开征求意见，凡涉及公民、法人和其他组织切身利益的重要法规规章草案必须采取立法听证、媒体公布、专家论证等形式，广泛征求社会各界意见，扩大公民了解立法、参与立法、监督立法的途径。改进审议程序，完善重要法规草案三审制度，提高法规规章质量。

2. 突出立法重点，聚焦社会领域全面深化改革

对推进社会治理过程中出现的创新需求，坚持急需为先、以人为本、特色为重、质量为上，积极探索从立法上研究解决问题的办法，及时制定相应的法规和规章。着力深化社会领域改革，以社会治理体制创新为突破口，聚焦社会民生改善、社会治理创新等重点领域和关键环节，改进社会治理方式，激发社会组织活力，健全公共安全体系，推进文化体制机制创新，健全社会事业发展体制机制，完善社会治理制度体系，推进社会治理体系和治理能力现代化。通过加快形成社会发展和改革重点领域和关键环节的地方性法规与政府规章制度体系，调整和规范各种社会关系与利益关系，再创宁波体制机制新优势，为全面深化社会领域改革提供有力的法治保障。

3. 鼓励先行先试，用好创新试点城市政策优势

推进社会治理创新，应当充分运用现行法律制度和国家政策资源，法律、法规、规章和国家政策未明确禁止或者限制的事项，鼓励公民、法人和其他组织大胆开展和参与改革创新。法律、法规、规章和国家政策未规定的事项，政府及其部门应当

积极主动地在其职权范围内作出规定，同时应当积极履行法定职责，争取参与国家、省的改革创新试点。改革创新涉及国家、省级事权，但根据本市社会发展实际，需要先行先试的，应当积极与国家、省级有关部门沟通；需要跨部门协调的，由市人民政府统筹协调后向国家、省级有关部门提出申请。改革创新涉及本市事权，需要制定、修改、废止、解释地方性法规或者规章予以支持和保障的，应当及时启动制定、修改、废止、解释地方性法规或者规章的程序。改革创新工作确需在本市地方性法规和规章修改、废止之前先行先试的，应当提请市人大常委会或者市人民政府批准。先行先试效果经评估肯定的，应当适时提请市人大常委会或市人民政府修改、废止相关地方性法规或者规章。

（三）提升社会治理体系的执行能力

1. 推进政府依法行政，建设服务型法治政府

进一步厘清地方政府权责边界，开展政府职责清理，全面履行公共服务、市场监管、社会管理、环境保护等职责，加强发展战略、规划、政策、标准等制定和实施。充分发挥市场对资源配置的决定性作用，更好地发挥政府的作用，让市场这只“看不见的手”放得更开，让政府这只“看得见的手”用得更好。深化公共财政体制改革，按照权责一致的原则，建立事权与支出责任相适应的财政制度，建设法治财政、民生财政、稳固财政、阳光财政、效率财政，建立现代财政制度。开展新一轮政府机构改革，优化政府机构设置、职能设置和工作流程，加大机构和职责整合力度，积极稳妥推进大部门体制改革，加快形成科学高效的政府组织体系，不断提高依法行政水平，努力打造服务型法治政府。

2. 完善政府治理机制，发挥政府治理主导作用

充分发挥政府治理主导作用。鼓励和支持社会各方面参与，从传统的社会管理转向时代发展要求的社会治理，努力在实现政府治理和社会自我调节、居民自治良性互动上取得成效。强化政府研判社会发展趋势、编制社会发展专项规划、制订社会政策法规和统筹社会治理方面的制度性设计、全局性事项管理等职能，发挥好政府在社会治理中的主导作用。政府应完善社会治理考核机制和指标体系，确保责任到位、工作到位、举措到位，履行已明确的社会治理职责，落实已出台的社会治理政策措施，完成已提出的社会治理目标任务。

加大政府购买公共服务力度。建立健全政府购买服务机制，及时向社会公布政府购买服务项目、内容以及对承接主体要求和绩效评价标准等信息。非基本公共服务领域，要更多更好地发挥社会组织的作用，凡适合社会组织承担的，都可以通过竞争性选择方式交给社会组织承担。基本公共服务领域的教育、就业、社保、医疗卫生、住房保障、文化体育、残疾人服务等，也要逐步加大政府购买服务的力度。承接政府购买服务的主体，包括依法在民政部门登记成立的社会组织，以及依法登

记成立的企业和机构。制定政府购买服务的指导性目录，明确政府购买的服务种类、性质和内容，并及时进行动态调整。建立健全由购买主体、服务对象及第三方组成的综合性评审机制，对购买服务项目数量、质量和资金使用绩效等进行考核评价，并将评价结果向社会公布。

改革社会组织管理制度。坚持培育发展和管理监督并重，推动社会组织健康有序发展，进一步放宽社会组织的准入条件，建立健全统一登记、各司其职、协调配合、分级负责、依法监管的社会组织管理体制。实行四类社会组织直接登记，成立行业协会商会类、科技类、公益慈善类、城乡社区服务类社会组织，除依据法律法规需要前置审批外，可直接向民政部门依法申请登记。在这四类社会组织监督管理上，民政部门依法履行登记、备案、年检、监督、执法和组织第三方评估等职能，行业主管部门负责业务指导和行业监管，相关部门负责财务税收、信贷融资、社会保障、查处违法违规活动、审计等管理。加强对社会组织监管，规范其行为，增强其行业自律，使其科学运转，不断提高其服务社会的能力和水平。

3. 完善社会协同治理机制，实现政府治理与社会自治良性互动

推进政社分开。加快推进行政机关与行业协会商会脱钩工作，厘清行政机关和行业协会商会的职能边界，行政机关将适合行业协会商会行使的职能转移给行业协会商会，行业协会商会要除去行政色彩，真正回归民间。行业协会商会必须设立独立账号，资产不明晰的要限期完成划分。放开市场准入，凡社会能办好的尽量交给社会力量承担，充分发挥社会力量在社会治理中的作用。

增强社会自我调节功能。加强全民思想道德建设，加强社会公德、职业道德、家庭美德、个人品德教育，培育自尊自信、理性平和、积极向上的社会心态，引导人们自觉履行法定义务、社会责任、家庭责任，自觉维护社会秩序。依托工会、共青团组织、妇联、基层群众自治组织和社会组织，开展形式多样、方法灵活的平等对话、相互协商、彼此谈判、规劝疏导，化解不同利益主体之间的利益冲突。推进以行业规范、社会组织章程、村规民约、社区公约为基本内容的社会规范建设，充分发挥社会规范在协调社会关系、约束社会行为、保障群众利益等方面的作用，通过自律、他律、互律使公民、法人和其他组织的行为符合社会共同行为准则。

深化居民自治。深入贯彻居委会组织法、村委会组织法，深入开展以居民会议、议事协商、民主听证为主要形式的民主决策实践，以自我管理、自我教育、自我服务为主要目的的民主治理实践，以村务公开、居务公开、民主评议为主要内容的民主监督实践，全面推进居民自治制度化、规范化、程序化。引导居民参加社会组织活动，动员居民积极参与社会治安综合治理、开展群防群治、调解民间纠纷，鼓励和支持居民协助基层人民政府及其派出机关做好与居民利益有关的劳动就业、社会保险、社会救助、社会福利、优待抚恤、医疗卫生、文化教育、体育健身、消费维

权等工作，依法保证居民对基层社会治理的知情权、参与权、决策权、监督权。

（四）健全社会治理体系的工作机制

1. 畅通诉求表达机制

完善诉讼、仲裁、行政复议等法定诉求表达机制，发挥人大、政协、人民团体、社会组织、基层群众自治组织以及新闻传媒等的社会利益表达功能，畅通和拓宽群众诉求表达渠道，依法按照政策及时妥善处理群众的合理诉求，并及时反馈处理结果。改革信访工作制度，实行网上受理信访制度，健全及时就地解决群众合理诉求机制。把涉法涉诉信访纳入法制轨道解决，建立涉法涉诉信访依法终结制度。

2. 建立心理干预机制

广泛宣传普及个人心理健康知识，建立心理危机干预预警机制，防范和降低社会风险。健全个人心理医疗服务体系，规范发展个人心理服务专业机构，开展个人心理咨询、疏导、调节、治疗等服务。对因生活和工作等受到挫折而缺乏信仰、对生活失去希望的个人给予更多关注，有针对性开展疏导、帮助、教育，使其重振生活信心、避免走向极端。加强专业社会工作人才队伍和志愿者队伍建设，开展专项社会关爱行动，对流浪儿童、精神病人、艾滋病机会性感染者、吸毒人员、刑满释放人员等特殊人群进行专业心理疏导和矫治，帮助他们修复社会功能、回归社会。

3. 完善矛盾调处机制

健全区（县）、街道（乡镇）、社区（村）、楼门院（小组）四级纵向人民调解网络，建立由政府负总责、政府法制部门牵头、各职能部门为主体的行政调解工作机制，完善司法调解格局、把调解优先的原则贯穿到执法办案工作中去，发挥人民调解、行政调解、司法调解联动工作体系的作用，形成调处化解矛盾纠纷的综合机制，及时有效地把矛盾化解在基层，努力实现案结、事了、人和。

4. 健全群众权益保障机制

完善公共决策社会公示、公众听证、专家咨询论证制度，健全民主决策程序，凡是与群众切身利益密切相关、影响面广或容易引发社会不稳定的重大决策事项，都要充分听取群众意见，对大多数群众不理解、不支持的事项缓出台或不出台，防止因决策不当而损害群众利益。改革行政复议体制，健全行政复议案件审理机制，纠正违法或不当行政行为。解决土地征用、房屋拆迁、企业改制、劳动关系、教育医疗、社会保障、环境保护、安全生产、食品药品安全、城市管理等方面群众反映强烈的问题，维护好群众的切身利益。

课题组成员◀陈利权 邓小河 王 巍 唐平原 周威锋

建设法治宁波：为全面深化改革提供法治保障

◎ 课题组

一、宁波深化改革加强法治保障的实践探索

近年来，法治宁波建设不断深化，依法治市各项工作扎实推进，社会管理法治化水平不断提高，为宁波改革开放和现代化建设提供了有力的法治保障。

（一）现代法治理念逐步增强

法治意识进一步强化，全市开展了领导干部和公务员学法用法工作，强化了政府法制人员和行政执法人员的专题培训，把法律知识作为领导干部和公务员培训的必修课程，提高了依法决策、依法行政、依法管理的能力和水平。组织了规范性文件管理、政府法制信息、行政机关合同管理等专题培训，行政执法人员的法律素质和执法水平不断提高。法治文化培育力度加大，通过开展普法教育，提高全民法律素质，努力在全社会形成崇尚法律、遵守法律、维护法律的良好氛围。法治文化建设成效显著，创作完成了一大批与传统文化相融合的法治文化艺术作品。法治精神得到大力弘扬，在全社会大力弘扬法治精神，社会主义法治理念深入人心，“宁波精神”的内涵不断丰富，为建设法治宁波提供了强大的精神动力。

（二）民主政治制度逐步完善

党委的核心领导作用不断加强，出台了《中共宁波市委关于建设法治宁波的决定》，明确了法治宁波的指导思想、基本原则和总体目标。成立了由市委书记担任组长的建设法治宁波领导小组，研究解决法治建设中的重大问题，领导小组下设办公室，具体负责指导和协调法治宁波建设各项工作。人民代表大会制度逐渐完善，支持保证人大代表依法行使职权，充分发挥了代表在表达人民群众意愿和体察民情、反映民意、集中民智中的作用。政协民主监督职能不断改进，以民主评议职能部门、市政协主席会议成员领导及督导、督办重点提案的形式，拓展民主监督渠道，履行民主监督职能，开展民主监督工作，同时逐步建立健全政协民主监督机制，建立健全党委政府支持的保障机制、政协民主监督的组织领导机制、政协民主监督的制度

规范机制和政协特邀监督员机制。基层自治组织和民主管理制度不断健全，充分发挥了城乡基层自治组织、人民团体、社会团体、行业组织、中介组织等在保障公民和法人合法权益中的作用，保证了基层群众依法直接行使民主权利，扩大了公民有序的政治参与，不断推进民主的制度化、规范化、程序化进程。

（三）地方法规规章体系逐步完善

坚持把地方立法与宁波改革发展稳定的重大决策结合起来，科学制定立法计划，注重立法的针对性、创制性、实效性。市人大制定了《宁波市信息化管理条例》、《宁波市工会劳动保障法律监督条例》、《宁波市环境污染防治若干规定》、《宁波市文物保护点保护条例》、《宁波市节约能源条例》、《宁波市企业工资集体协商条例》等地方性法规。市政府制订了《宁波市医疗纠纷预防和处置暂行办法》、《宁波市政府服务外包暂行办法》、《宁波市政府信息资源共享管理办法》等一批全国领先的政府规章。到 2013 年底，市人大常委会制定地方性法规 103 件，市政府制定规章 210 件。这些法规规章覆盖了宁波市经济社会发展和改革开放的各个方面，构筑起了既适合宁波市实际又和国家、省法律法规相配套的地方性法规规章体系，为宁波市深化改革、加快发展提供了有力的法治保障。

（四）依法行政体制机制逐步建立

政府职能转变不断加快，强化了政府的社会管理和公共服务职能，加快非政府职能向社会和市场转移，力求建成与市场经济相适应的高效精干、公开透明的服务型政府。行政体制改革不断深化，行政审批制度改革稳步推进，实行政务公开。行政执法工作加强，健全了行政执法责任制、评议考核制和责任追究制，推进了行政综合执法试点，规范了行政执法行为，基本解决了行政不作为和乱作为的问题。完善了行政监督机制，加强规范性文件备案审查工作和行政复议工作，积极推行行政机关负责人出庭应诉行政诉讼案件，严格执行国家赔偿和行政补偿制度，维护了行政相对人的合法权益，依法行政有序推进。

（五）公正司法体制机制逐步确立

认真执行中央的司法改革方案，有序推进了司法改革，从体制、机制、制度上保证公正司法的实现。探索法官职业化道路，加强司法队伍职业道德教育和业务培训，不断提高队伍整体素质，提高办案的质量和效率。规范执法行为，健全了司法纠错机制，落实错案责任追究制度。加大了生效裁判的执行工作力度，采取有力措施，建立有效工作机制，切实解决了执行难问题。实施司法便民措施，做到了办案法律效果与社会效果的有机统一。加强权力机关对司法机关监督的力度，同时把权力机关的监督与司法机关的内部监督有机结合起来，充分发挥了检察机关的法律监督作用。

二、宁波深化改革加强法治保障存在的突出问题

（一）制度体系与全面深化改革的法治化要求还不适应

立法项目的确定还不够科学，立项过程中的大局观念以及与改革、发展、稳定的重大决策相结合的意识还需要进一步提高。行业协会、研究机构、社会公众提出立法建议项目的来源比较缺乏。民主立法、科学立法的工作机制有待完善，法规规章草案起草方式还比较单一，部门单独起草的草案仍占绝大多数，存在较为明显的“部门利益”色彩。法规草案审议工作机制有待进一步完善，立法质量评估、执法调研和法规清理工作需要加强。

（二）依法行政与社会治理能力的现代化要求还不适应

法治思维和法治方式还没有完全成为办事情的基本思维和方法，有些领导干部法律工具主义观念还比较突出。政府科学依法履行职能还不够全面，政企、政资、政事、政社关系仍未完全理顺，审批制度改革有待进一步深化，受部门利益影响，个别部门乱罚款、乱收费的现象还时有存在。整体统筹和监督、问责力度不够，由于部门职责交叉，容易发生推脱、扯皮，不作为现象在一些部门还时有发生，地方政府的整体统筹和协调能力还有限，对行政权力的监督制约和行政问责力度不够，有错不纠、有过不惩的问题在一定程度上仍然存在。

（三）法治环境与全面深化改革的系统化要求还不适应

现代法治理念还有待强化，普法的针对性还不够强，重点不够突出，而且普法的形式比较单一，实际效果不够理想。司法干部队伍的素质与经济社会的发展还有一定距离，司法干部队伍的职业化道路和职业道德建设还不尽如人意。外部环境对公正司法的干扰较为突出，对司法权的监督还有待进一步加强，基层社会矛盾的调处机制还不够完善。

三、宁波为全面深化改革加强法治保障的总体思路、基本原则和突破重点

（一）总体思路

坚持以邓小平理论、“三个代表”重要思想、科学发展观为指导，认真贯彻党的十八大、十八届三中全会和习近平总书记系列重要讲话精神，全面深化“法治宁波”建设，围绕宁波市全面深化改革的重点领域和关键环节，以深化经济体制改革为保障重点，发展民主政治，坚持立法先行、依法行政、公正司法和统筹推进，加快服务型法治政府建设，努力提高依法治理能力，确保在法治轨道上推进改革，为

实施“双驱动四治理”决策部署、实现“两个基本”目标、建设“四好示范区”、全面深化改革提供有力的法治保障。

（二）基本原则

1. 坚持依法保障原则

注重运用法治思维和法治方式推进改革创新，巩固和发展改革创新成果。

2. 坚持系统保障原则

形成“党委领导、政府负责、社会协同、公众参与、法治保障”的社会治理新格局，保障各个主体依法参与全面深化改革的各项事业。

3. 坚持统筹保障原则

充分考虑改革创新的力度、发展的速度和社会的可承受度，注重改革的关联性，尤其要处理好改革发展与稳定的关系。

4. 坚持综合保障原则

综合运用法律、行政、道德、宣传教育、科技等手段，有力保障全面深化改革的有序推进。

（三）突破重点

1. 以市场经济体制创新为突破口

以深化经济体制改革为保障重点，围绕民营经济创新发展、资源要素配置、经济转型发展、开放型经济发展、海洋经济发展等重点领域和关键环节，激发市场主体活力，深化资源要素配置市场化改革，完善创新驱动体制机制，完善开放型经济体制机制，创新海洋经济发展体制机制，加快完善促进科学发展的地方性法规和政府规章制度体系，着力破解制约经济发展的体制机制障碍，再创宁波体制机制新优势，为深化经济体制改革提供有力的法治保障。

2. 以社会治理体制创新为突破口

围绕社会民生改善、社会治理创新等重点领域和关键环节，改进社会治理方式，激发社会组织活力，健全公共安全体系，推进文化体制机制创新，健全社会事业发展体制机制，完善社会治理制度体系，推进社会治理体系和治理能力现代化，为深化社会领域改革提供有力的法治保障。

3. 以城乡统筹发展体制创新为突破口

围绕新型城市化发展重点领域和关键环节，构建城乡一体化发展体制机制，建立全市统筹发展规划体制，创新现代农业经营体制，深化农村产权制度改革，建立城乡要素平等交换和公共资源均衡配置体制机制，为推进城乡统筹发展提供有力的法治保障。

4. 以生态文明体制机制创新为突破口

围绕生态环境保护建设重点领域和关键环节，完善市域生态保护红线和城市绿线法规，健全资源有偿使用和生态补偿制度，优化生态环境治理和保护机制，为建设美丽宁波提供有力的法治保障。

5. 以行政体制机制创新为突破口

围绕建设服务型法治政府，以加强依法行政为重点，全面正确履行政府职能，深化行政审批制度改革，深化行政执法体制改革，深化公共财政体制改革，推进政府工作的制度化、规范化、程序化，提高政府推进改革的执行力和公信力。

四、宁波促进全面深化改革的法治保障措施

（一）发展民主政治，确保在法治轨道上推进改革

1. 提升推进全面深化改革的领导能力

充分发挥党的领导核心作用，完善党委领导体制，规范党委与人大、政府、政协以及人民团体的关系，支持人大依法履行国家权力机关的职能，支持政府履行法定职能、依法行政，支持政协围绕团结和民主两大主题履行职能，支持人民团体按照各自章程独立自主开展工作，从制度上保证市委推进全面深化改革战略部署的贯彻实施。完善党委决策机制，健全党委常委会、全委会议事规则和决策程序，建立健全决策咨询、问责和纠错制度。推进党代表任期制，全面落实党代表活动制度，加强党代表工作室建设。探索建立党内规范性文件联合审查机制、实施评估机制、督查问责机制，加强对全面深化改革重大事项的统筹协调，不断提高驾驭改革全局的领导水平。

2. 提升促进全面深化改革的保障能力

一是完善人民代表大会制度，研究制定市委关于加强和改进人大工作的意见，支持和保证市人大及其常委会行使立法权，支持和保证各级人大及其常委会依法行使监督权、重大事项决定权和选举任免权。健全“一府两院”由人大产生、对人大负责、受人大监督的制度，加强对政府、法院、检察院工作的监督，确保行政权、审判权、检察权正确行使。完善执法监督检查工作机制，把全面深化改革的重大问题作为监督重点，增强监督的针对性和实效性。加强人大常委会制度建设，优化组成人员结构，规范专门委员会工作，健全人大代表“双联系”制度。二是完善民主协商制度，研究制定市委关于进一步推进人民政协民主协商工作的意见，推进共产党领导的多党合作和政治协商的制度化、规范化、程序化，实现政治协商有方、民主监督有力、参政议政有为。明确和完善政治协商的内容、形式和程序，把政治协商纳入决策程序，重点对重大政策措施、重大建设项目、重大体制改革方案等决策

部署开展政治协商，在决策前和决策执行中进行协商。加强统战工作制度建设，制定贯彻《中国共产党统一战线工作条例》的具体实施办法，健全民主党派、无党派人士和工商联参政议政机制。三是加强对权力的监督制约，建立科学规范的权力运行机制。认真执行中央和省、市委关于改进工作作风的各项规定。贯彻党内监督条例，落实党风廉政建设责任制，实施新一轮《建立健全惩治和预防腐败体系工作规划》，确保人民赋予的权力真正用来为人民谋利益，改革的成果由人民群众共享。

3. 夯实全面深化改革的社会基础

推进基层民主法治建设，保证人民群众依法实行民主选举、民主决策、民主管理和民主监督。深入开展“民主法治示范村”创建活动，加强农村党组织与村民委员会、村经济合作社的制度建设，健全村民自治机制，推行“村民说事”、“村务会商”、“民事村办”、“村事民评”等项制度。广泛开展“民主法治示范社区”创建活动，完善“一委一居一中心”新型社区服务管理体制和工作机制，加强社区居民委员会、社区成员代表会议、社区协商议事会等制度建设。加快企业民主法治建设，落实《宁波市企业工资集体协商条例》，扎实推进“和谐企业”创建活动，促进劳动关系和谐稳定，把企业的经营管理纳入法治化轨道。

（二）坚持立法先行，完善全面深化改革的制度体系

1. 健全立法机制

坚持法治统一与地方制度创新相结合，坚持立法决策与改革决策相结合，把党委的决策部署、人大的立法计划和政府的规章制定项目有机结合起来，使地方立法与全面深化改革的新要求相适应，充分发挥立法在引领、推动和保障改革方面的重要作用。坚持科学民主立法，提高立法的透明度和公众参与度，建立健全公开向社会征集立法项目的机制，加强立法调研论证，拓宽法规规章起草途径。实行立法公示制，除依法需要保密外，立法草案一律向社会公开征求意见，凡涉及公民、法人和其他组织切身利益的重要法规规章草案必须采取立法听证、媒体公布、专家论证等形式，广泛征求社会各界意见，扩大公民了解立法、参与立法、监督立法的途径。改进审议程序，完善重要法规草案三审制度，提高法规规章质量。

2. 突出立法重点

对宁波市改革过程中出现的创新需求，坚持急需为先、以人为本、特色为重、质量为上，积极探索从立法上研究解决问题的办法，及时制定相应的法规和规章。首先，以深化经济体制改革为重点，以破解制约经济发展的体制机制障碍为突破口，聚焦民营经济创新发展、资源要素配置、经济转型发展、开放型经济发展、海洋经济发展等重点领域和关键环节，激发市场主体活力，深化资源要素配置市场化改革，完善创新驱动体制机制，完善开放型经济体制机制，创新海洋经济发展体制机制。其次，着力深化社会领域改革，以社会治理体制创新为突破口，聚焦社会民生改善、

社会治理创新等重点领域和关键环节，改进社会治理方式，激发社会组织活力，健全公共安全体系，推进文化体制机制创新，健全社会事业发展体制机制，完善社会治理制度体系，推进社会治理体系和治理能力现代化。第三，着力推进城乡统筹发展，以城乡发展一体化体制机制创新为突破口，聚焦新型城市化发展重点领域和关键环节，建立全市统筹发展规划体制，创新现代农业经营体制，深化农村产权制度改革，建立城乡要素平等交换和公共资源均衡配置体制机制。第四，着力推进美丽宁波建设，以生态文明体制机制创新为突破口，聚焦生态环境保护建设重点领域和关键环节，完善市域生态保护红线和城市绿线法规，健全资源有偿使用和生态补偿制度，优化生态环境治理和保护机制。通过加快形成重点领域和关键环节的地方性法规与政府规章制度体系，调整和规范各种社会关系与利益关系，再创宁波体制机制新优势，为全面深化改革提供有力的法治保障。

3. 鼓励先行先试

推进改革创新应当充分运用现行法律制度和国家政策资源，法律、法规、规章和国家政策未明确禁止或者限制的事项，鼓励公民、法人和其他组织大胆开展和参与改革创新。法律、法规、规章和国家政策未规定的事项，政府及其部门应当积极主动地在其职权范围内作出规定，同时应当积极履行法定职责，争取参与国家、省的改革创新试点。改革创新涉及国家、省级事权，但根据本市经济社会发展实际，需要先行先试的，应当积极与国家、省级有关部门沟通；需要跨部门协调的，由市人民政府统筹协调后向国家、省级有关部门提出申请。改革创新涉及本市事权，需要制定、修改、废止、解释地方性法规或者规章予以支持和保障的，应当及时启动制定、修改、废止、解释地方性法规或者规章的程序。改革创新工作确需在本市地方性法规和规章修改、废止之前先行先试的，应当提请市人大常委会或者市人民政府批准。先行先试效果经评估肯定的，应当适时提请市人大常委会或市人民政府修改、废止相关地方性法规或者规章。

4. 加强立法评估

探索建立地方立法质量和绩效评估机制，对不适应全面深化改革要求的法规规章，对与上位法相抵触、不一致或者相互之间不协调的法规规章及时修改或废止。市人大及其常委会制定的地方性法规，由市人大常委会组织，每年选择若干件法规开展效果评估活动，并加强法规跟踪监督。市、县两级政府及其部门制定的规章和规范性文件，由相应的法制机构牵头进行评估，并及时作出清理。政府规章一般每隔五年清理一次，对行政规范性文件一般每隔两年清理一次。同时，结合有关法律法规的出台和深化改革重大决策的贯彻落实，开展专项清理工作，清理结果向社会公布。坚持法治统一，严格按照法定权限和程序建章立制，防止地方性法规规章与宪法、法律相抵触，防止法规、规章、规范性文件之间相互矛盾，防止立法中的部门利益倾向。

（三）坚持依法行政，提升政府推进改革的执行力

1. 加快政府职能转变

进一步厘清地方政府权责边界，开展政府职责清理，全面履行公共服务、市场监管、社会管理、环境保护等职责，加强发展战略、规划、政策、标准等制定和实施。充分发挥市场对资源配置的决定性作用，更好地发挥政府的作用，让市场这只“看不见的手”放得更开，让政府这只“看得见的手”用得更好。深化公共财政体制改革，按照权责一致的原则，建立事权与支出责任相适应的财政制度，建设法治财政、民生财政、稳固财政、阳光财政、效率财政，建立现代财政制度。开展新一轮政府机构改革，优化政府机构设置、职能设置和工作流程，加大机构和职责整合力度，积极稳妥推进大部门体制改革，加快形成科学高效的政府组织体系，不断提高依法行政水平，努力打造服务型法治政府。

2. 深化行政审批制度改革

进一步简政放权，最大限度减少和下放行政审批事项，推行行政权力清单制度，对行政审批实行清单管理，清单之内的事项要建立规范、透明的程序，提供高效、优质的服务；清单之外的事项都由市场、社会主体依法自主决策，使企业“法无禁止即可为”，使政府“法无授权不可为”。探索建立市、县两级审批同权的扁平化管理制度，加强行政审批标准化体系建设，优化行业联合审批流程，建立健全“一窗受理”、“联合审图”、“信息共享”等制度，探索建立覆盖全流程的一体化审批模式。建立产业集聚区、开发区等特定区域审批标准和运作机制，变“单体把关”为“区域总体把关”，推行特定区域和特定项目联合审批。深化审批中介机构市场化改革，创新工商企业和社会组织注册登记等领域的行政审批方式，推进中介机构与行政机关、挂靠事业单位脱钩，建立公开公平的中介市场竞争机制。深化行政审批职能归并改革，完善批管分离体制，实行行政审批全过程实时监督、行政问责、责任追究制度，真正把管理的重心转移到批后执法监管上来。

3. 推进行政执法体制改革

整合行政执法主体，深化完善相对集中行政执法，推进综合执法和执法力量下沉。抓好重点区域执法改革，切实解决权责交叉、多头执法问题，建立起权责统一、权威高效的执法体制。减少行政执法层级，加强食品药品、安全生产、环境保护、劳动保护等重点领域基层执法力量。理顺城管执法体制，提高执法和服务水平。推进行政执法规范化、标准化、信息化建设，完善行政执法责任制信息系统。规范行政处罚裁量权，健全行政复议案件审理机制，完善行政执法与刑事司法衔接机制。

4. 全面落实重大行政决策程序规定

严格执行《宁波市人民政府重大行政决策程序规定》，落实重大行政决策事项

的公众参与、专家论证、风险评估、合法性审查、集体讨论程序。重大行政决策事项除依法不得公开的以外，应当广泛向社会公开征求意见。全面及时公开政府信息，建立健全政府信息公开制度。重大决策事项未经法制机构合法性审查和风险评估，不得提交审议。对重大行政决策事项实施情况进行评估和跟踪反馈，把评估结果作为调整或者停止执行决策的重要依据，严格按照法定权限和程序实施行政管理。

（四）坚持公正司法，维护社会公平正义

1. 深化司法体制改革

改进党对司法工作的领导，落实中央推进司法体制改革的各项举措，健全权责明确、相互配合、相互制约、高效运行的司法体制，从制度上保证审判机关与检察机关依法独立公正地行使审判权和检察权。坚持审判公开，健全人民陪审员制度，保证案件审理程序和实体的公正。加强和完善诉讼调解制度，改革完善人民法庭工作机制，方便人民群众诉讼。深化执行体制改革，改进执行方式，实行统一执行。推进检察改革，完善检察委员会制度和人民监督员制度。健全司法权力运行机制，坚持司法为民，正确适用法律，严格遵守法定程序，切实尊重和保障人权，维护公民、法人和其他组织的合法权益。完善司法为民和群众评判司法工作制度，提高公正司法水平。建立健全违反法定程序干预司法的登记备案制度和责任追究制度，完善权责明晰的司法权力运行机制。健全错案防止、纠正、责任追究机制，严格实行非法证据排除规则。

2. 加强司法规范化、专业化、信息化建设

着力规范司法行为，严格规范审判行为，坚持立案与审判、审判与监督、审判与执行三个分立，完善合议庭和独任法官审判责任制以及法官违法审判责任认定与追究制度。严格规范检察行为，加强对刑事侦查行为和民事行政案件的监督，健全主办、主诉检察官办案责任制。改革司法机关人财物管理体制，逐步实现司法审判和检察与司法行政事务相分离。深化司法人事制度改革，建立法官、检察官遴选制度和评价体系，健全司法人员管理制度和法官、检察官、人民警察职业保障制度，加快建设一支政治坚定、业务精通、作风优良、执法公正的司法队伍。推进执法信息共享机制建设，健全公开听证、公开审查、公开投诉、定期考核、督促检查工作机制，全面落实警务、检务、审务、狱（所）务公开，强化对司法活动的法律监督、社会监督。

3. 加强法律服务援助

坚持面向群众、着眼维权，增强法律服务和法律援助在维护公民合法权益中的作用。完善律师、公证、基层法律服务、司法鉴定等法律服务体系，不断提高法律服务业的专业化水平。健全司法救助制度和法律援助制度，完善律师执业权利保障机制和违法违规执业惩戒制度，优化律师执业和公证服务环境，规范服务行为，提

高服务质量和效率。普遍建立法律顾问制度，构建覆盖城乡的公共法律服务体系。理顺社区矫正管理体制，健全社区矫正管理工作制度和保障体系。拓展法律服务的领域、方式和功能，积极参与化解疏导各类社会矛盾。以建立法律援助质量监督和经费保障机制为重点，健全法律援助制度，建立司法救助基金，扩大法律援助范围，做到应援尽援。

（五）坚持统筹推进，优化全面深化改革的法治环境

1. 健全组织领导机制

市委成立全面深化改革工作领导小组，负责全市改革的总体设计、统筹协调、整体推进、督促落实。建立市领导牵头负责机制，有效落实重大改革事项。建立工作落实责任制和绩效考核评价机制，定期对重大改革事项的进展情况进行考核评价。深化干部人事制度改革，构建有效管用、简便易行的选人用人机制，优化领导班子配备和干部队伍结构，把改革发展主战场作为培养选拔干部的主阵地，改进领导班子和领导干部政绩考核办法，完善发展成果考核评价体系。深化公务员管理体制改革，实施公务员“岗位对责、绩效对账”考核办法。

2. 抓好重点项目落实

对于已经列入国家和省改革试点的重点项目，加大工作力度，务求取得实效。对于市委提出的全面深化改革目标任务，要逐一细化分解，提出具体行动计划和工作举措，在重点领域和关键环节上率先取得突破。同时，积极谋划事关宁波经济社会长远发展的重大改革试点，争取在扩大国际贸易便利化综合改革、自由贸易园区建设、推进新型城镇化、发展生态文明等方面的试点政策，争取国家和省赋予宁波市更多更大的先行先试权。

3. 营造良好社会氛围

发挥人民群众改革主体作用，弘扬“三思三创”精神，始终保持勇于实践、勇于变革、勇于创新的良好精神状态。充分发挥工会、共青团、妇联等人民团体作用，鼓励基层和群众大胆探索创新。弘扬创新文化，宣传改革实践中涌现出来的先进典型和成果经验。建立鼓励创新、宽容失误、允许试错、责任豁免的机制，不断增强改革创新的自觉性、主动性。

课题组成员 陈利权 邓小河 王 巍 唐平原 周威锋

宁波推进生态文明建设的成效与经验

◎ 农贵新 陈 浩

近几年来，宁波致力于生态文明城市创建工作，投入了大量的人力、物力和财力，在全体市民的共同努力下，生态文明建设取得了阶段性成果，也积累了一些宝贵经验，我们对未来生态文明建设充满信心。

一、宁波生态文明建设取得的主要成效

经过二十多年的经济快速增长，进入21世纪之后，宁波面临着越来越大的生态压力，为了解决些问题，市委市政府从长远和全局高度，在全市范围内开展生态治理工作，经过十多年的不懈努力，生态文明建设取得了显著成效。

（一）成功创建国家环保模范城市及各类生态示范区

2001年宁波首获国家环保模范城市称号，2006年、2012年又先后通过国家环保模范城市两轮复核。2010年成功创建国家森林城市。截至2013年底，在各县（市）区一级，共成功创建国家级生态示范区4个、省级生态县（市）8个，并有2个县区通过国家级生态县（区）验收，1个县通过国家级生态县技术评估。在镇村一级，累计获命名国家级生态乡镇25个、国家级生态村2个、省级生态乡镇（街道）78个，建成“森林城镇”20个，命名“森林村庄”351个。

（二）成功整治村庄生态环境

2003年以来，按照浙江省委省政府的统一部署，宁波在农村广泛开展以村庄规划建设和环境整治为主要内容的“百村示范、千村整治”工程（简称“百千工程”）。2011年根据全省建设美丽乡村的要求，提高开展建设幸福美丽新家园建设，推动“百千工程”转型升级。截至2012年底，完成村级河道整治2000余公里，农村饮用水安全覆盖率达到94%；完成电气化改造2400多个村，成为全国首个通过新农村电气化验收的副省级城市；开展生活垃圾太阳能减量化处理设施建设，农村生活垃圾集中处理率达到97%以上；禽畜粪便无害化处理率达到96%。

（三）成功扭转水环境恶化趋势

经过几年的治污和减排，宁波水环境恶化趋势得到成功扭转，水体质量稳中有升。饮用水源地方面，目前全市102个水源地已全部建成合格、规范的饮用水源保护区，覆盖面达100%；县级以上集中式生活饮用水源地水质达标率100%；35个乡镇以上集中式饮用水源地水质达标率达到了100%。地表水方面，据全市80个地表水监测站的数据显示，2012年优于Ⅲ类比例以上水质的优良水质率为35%，Ⅴ类和劣Ⅴ类水比例明显下降，功能达标率为56.3%，水质状况总体上稳中有升。

（四）成功改善局部大气环境质量

大气环境质量直接关系到广大人民群众的身体健康，也是群众呼声比较强烈的方面，但治理难度很大，尽管如此，近年来宁波下大力气进行整治，也取得一些可喜成效，主要反映在全市降水pH年均值与酸雨率上。其中，降水pH年均值由2006年的4.3上升到2012年的4.55，正向好的方向转变；酸雨率从2008年的97.2%下降到2012年的89.5%，下降幅度明显，酸雨等级从重酸雨区降到了中酸雨区。

（五）成功营造宁波特色生态文化

为营造全社会建设生态文明的良好氛围，宁波经常组织开展生态文明宣传教育活动，包括“甬台温生态文明建设行”、“宁波作家生态行”、“生态市建设十周年回顾”、“我心目中最美生态乡镇”等一系列生态环保主题宣传活动，以及开展绿色企业、绿色学校、绿色社区、绿色医院等绿色系列创建活动，增强了公众对生态文明建设的广泛参与性、责任感和荣誉感，形成了绿色、低碳、环保的宁波特色生态文化。

二、当前宁波生态文明建设存在的主要问题

虽然宁波的生态建设工作取得了明显成效，但仍存在一些深层次的矛盾和问题需要解决。

（一）产业发展与环境矛盾突出

根据国家和浙江省对宁波经济社会发展的定位，宁波在今后较长一段时间内仍将处于工业化和城市化快速发展阶段，除了要解决历史欠账问题，还要解决经济社会快速发展带来的新问题，经济发展规模扩大与生态环境质量改善难的矛盾将越来越突出。

（二）突发性生态事件偶有发生

尽管经过几年的治理，宁波的生态环境质量有所改善，但受各种外界因素影响，突发性的生态环境问题仍偶有发生。如2013年秋冬之际，在机动车尾气排放增加、

城市基建带来扬尘污染及北方沙尘南移等多重因素影响下，宁波爆发了有史以来最严重的雾霾天气，人民群众的身体健康和日常工作生活都受到极大影响。

（三）生态投入资金缺口比较大

生态环境治理和基础设施建设，需要大量资金投入来支撑，宁波仅2012年一年全市用于生态建设资金就占地方财政收入的14%，但生态环境项目带来的经济收益却相当有限，同时一大批能创造利税却可能影响地方生态环境的企业被挡在门外，地方财政资金投入生态文明建设遇到相当大的压力。

（四）体制机制的约束还比较突出

随着生态文明建设的不断深入，体制机制约束日益突出。例如各行政区域之间尚未建立区域协调机制，不能很好应对海洋石油泄漏、跨流域治理等跨区域生态环境问题；重大项目生态补偿和利益共享机制也不完善，项目周边居民获益不多，却要承担项目建设带来的诸多不良后果，容易激化矛盾等。

三、宁波生态文明建设的主要经验

回顾生态文明建设历史，总结宁波生态文明建设经验，主要有以下五条经验。

（一）建章立制，完善规划与政策

从2003年开始，宁波市委市政府就陆续推出《宁波生态市建设规划》、《加快建设生态文明行动纲要（2011～2015）》等规划，以及《关于加快发展生态文明努力建设美丽宁波的决定》、《宁波市生态环境综合整治三年行动计划》等指导意见，出台了《宁波市饮用水源保护和污染防治办法》、《宁波市排污费征收使用管理办法》、《宁波市环境污染防治规定》、《宁波市机动车排气污染防治管理办法》等政策，涵盖生态文明建设的各个方面，在这些规划和政策的引导之下，各项生态文明建设得以顺利推进。

（二）领导重视，成立专职领导小组

为加强对生态环境治理和重点领域污染防治工作的领导，宁波先后成立由市主要领导任组长、各有关部门负责人为成员的生态整治领导小组，建立健全了生态环境治理的组织领导体系。例如，2003年成立了水环境治理领导小组，2005年成立宁波市环境污染整治工作领导小组，2013年成立市生态环境综合整治工作领导小组。与此同时，完善了生态考核体系，将“生态建设与资源节约”作为县（市）区党政领导班子实绩分析评价的约束性指标，列入县（市）区年度目标管理考核的否决指标，实施各地各部门建设工作量化考核评价。

（三）注重创新，探索市场化治理机制

在生态文明建设过程中，宁波不断探索用市场化治理机制来破解生态治理难题。

一是政府购买污染治理服务，提升城市内河水质。以公开招投标形式，在城区 38 条内河引入三家水质治理企业，治理效果考核合格后再行支付水质维护提升费用，效果十分明显。二是引入合同能源管理，淘汰高耗能设备。市级有关部门联合节能服务公司，推广合同能源管理和分期偿还投资模式，至 2013 年底，累计使用 S11 及以上低损耗变压器更新淘汰 S7 及以下型号变压器 2996 台，合计约 50 万千伏安容量，相当于年节电 1500 万千瓦时，节约标准煤 4695 吨。三是推行排污权有偿使用和交易，控制污染物排放总量。2013 年 1 月起开始正式施行《宁波市排污权有偿使用和交易工作暂行办法》，一年来，已交易完成排污权 5000 万元，基本建立起以市场调控为手段激发企业自我减排的制度。

（四）节能减排，倒逼产业转型升级

以推动节能减排工作为契机，通过项目准入门槛和排放总量控制，全面推进产业结构和能源结构转型升级。一是严格把好项目准入关，倒逼产业结构优化调整。控制"两高一资"行业规模，仅 2011、2012 两年时间，否决不符合环保要求的项目近一千个，整治、关停电镀、印染、化工、造纸等重污染行业企业八百多家，有效地促进全市产业转型升级。二是开展城区禁燃区建设和电力行业"大热源替代小热电"工作，倒逼能源结构优化调整。中心城市从 2011 年开始推行"禁燃区"建设，使用天然气、电、集中供热等清洁能源替代燃煤锅炉等高污染燃料设施，三年来共累计淘汰改造燃煤锅炉 1139 台。全市先后关停多家热电联产企业，拆除燃煤机组 14 台，年节约用煤 92 万吨，减少二氧化硫排放量 4000 吨。

（五）抓住重点，健全三张生态监控网

生态文明建设是一项复杂的系统工程，抓住重点是解决问题的关键。从宁波生态文明建设实践看，生态监控网络是关键节点，也是重中之重。因此，宁波重点打造了水环境监测网、大气环境监测网、机动车尾气排放检测网等三大生态监控网络，为生态环境治理提供及时、有效的信息支撑。其中，水环境监测网络方面，累计建成地表水监测点位 80 个、自动监控点位 3 个，建成乡镇以上饮用水水源地监测点位 35 个、自动监控点位 4 个，有效监控了地表水质和集中式饮用水源地生态状况。大气环境监测网络方面，建有大气自动监测站 28 个，各县（市）区大气自动监测系统建成率达 100%。机动车排气检测方面，市区四个机动车排气检测站开始正式运行。

四、宁波生态文明建设的未来设想

未来几年宁波生态文明建设指导思想是：认真贯彻党的十八大精神，以保障人民群众环境权益、提高生活品质为根本，以转变发展方式、提升发展质量为主线，

以强化污染治理、改善生态环境为核心，以完善体制机制、培育生态文化为支撑，着力推进清洁空气、清洁水源、清洁土壤、清洁海洋、美丽人居建设和生态修复保护行动，加快形成集约高效的生产空间、宜居适度的生活空间、山清水秀的生态空间，共同建设发展优质、生态优良、环境优美、人与自然和谐相处的美丽宁波。

到 2015 年，宁波生态文明建设的具体目标是：

在生态经济方面，第三产业占 GDP 比重达到45%，战略性新兴产业产值占工业总产值比重达到30%，单位 GDP 水耗控制在36 立方米/万元，单位工业增加值用水量控制在 15 立方米/万元，农业灌溉水有效利用率系数达到 0. 58，城市清洁能源使用率达到 80%，循环经济总体发展水平走在全国前列。

在节能减排方面，单位生产总值能耗、单位生产总值二氧化碳排放量完成省、国家下达指标，化学需氧量、氨氮、二氧化硫、氮氧化物排放总量完成省、国家下达指标。

在环境质量方面，水环境功能区水质达标率大于 70%，劣 V 类水质比例控制在 15% 以内，城市集中式饮用水水源地水质达标率继续保持在 100%，城市空气主要污染物年平均浓度值达到国家二级标准，主要污染物日平均浓度达到国家二级标准的天数占全年总天数的 90% 以上。

在污染防治方面，市区城市污水处理率达到95%，县（市）城市污水处理率达到 85%，再生水回用率达到 20%，开展农村生活污水处理的行政村达到 70%，城市生活垃圾无害化处理率大于 95%。

在生态保护与修复方面，森林覆盖率达到 50. 5%，平原区域林木覆盖率达到 18% 以上，重要水域、海域生态环境、生物资源得到有效修复和保护。

到 2016 年，全市生态环境综合指数保持在 85 以上，力争成为国家级生态市，充分展示宁波科学发展之美、自然生态之美、人居环境之美和人文行为之美。

“绿水青山就是金山银山”的实现路径与体制机制创新

◎ 课题组

“绿水青山就是金山银山”是习近平总书记关于经济与生态双赢发展的重要论述，深刻体现了尊重自然、以人为本的价值理念和治理经验，是对马克思主义发展观、财富观和价值观的丰富发展，具有深刻的思想内涵和深远的指导意义。“绿水青山就是金山银山”是一个划时代的科学命题，要践行好这一命题，必须在准确把握内涵本质的基础上，找准实现路径，创新发展机制。

一、深刻把握“绿水青山就是金山银山”的本质要义

（一）习近平总书记关于“绿水青山”与“金山银山”之间关系的重要论述

2006 年 4 月，时任中共浙江省委书记习近平在省生态建设领导小组会上深刻提出，“绿水青山”与“金山银山”既有矛盾又辩证统一，之后他多次就如何在发展中处理好“两座山”的关系作了进一步阐述。2013 年 3 月和 7 月，习近平总书记在参加十二届全国人大二次会议贵州代表团审议及视察湖北时，又明确提出“绿水青山和金山银山绝不对立”、“绿水青山是最好的金山银山”。2013 年 9 月 7 日，习总书记在哈萨克斯坦纳扎尔巴耶夫大学发表演讲时进一步明确指出：“我们既要绿水青山，也要金山银山。宁要绿水青山，不要金山银山，而且绿水青山就是金山银山。”从“既要绿水青山也要金山银山”到“宁要绿水青山不要金山银山”，再到“绿水青山就是金山银山”的认知过程，生动体现了发展理念、发展方式不断转变和进步的过程，可以说，“绿水青山就是金山银山”，是对于“两座山”之间辩证统一关系认识的全新阶段和更高境界。

（二）绿水青山与金山银山的内在关系

绿水青山与金山银山之间是有矛盾的，但又可以是辩证统一的。在实践中对这“两座山”之间关系的认识经过了三个阶段：第一个阶段是用绿水青山去换金山银

山，不考虑或者很少考虑环境的承载能力，一味索取资源。第二个阶段是既要金山银山，但是也要保住绿水青山，这时候经济发展和资源匮乏、环境恶化之间的矛盾开始凸显出来，人们意识到环境是我们生存发展的根本，只有“留得青山在”，才能“不怕没柴烧”。第三个阶段是认识到绿水青山可以源源不断地带来金山银山，绿水青山本身就是金山银山，我们种的常青树就是摇钱树，生态优势变成经济优势，形成了一种浑然一体、和谐统一的关系，这一阶段是一种更高的境界，体现了科学发展观的要求，体现了发展循环经济、建设资源节约型和环境友好型社会的理念。科学把握绿水青山与金山银山的内在关系，关键在人，关键在思路。要树立正确发展思路，因地制宜选择好发展产业，切实做到经济效益、社会效益、生态效益同步提升，实现经济发展与生态保护良性互动，百姓富与生态美有机统一。

（三）“绿水青山就是金山银山”的主要内涵

正确理解“绿水青山就是金山银山”，必须坚持和把握“三个根本”：保护是根本前提，保护“绿水青山”是根本前提，不要“绿水青山”发展“金山银山”是“竭泽而渔”，绝不能以破坏生态、牺牲环境为代价换取一时一地的、不可持续的经济发展，绝不走“先污染后治理”的老路；发展是根本目的，要坚持在发展中保护、保护中发展，努力将生态优势转换为经济优势、竞争优势，离开“金山银山”抓“绿水青山”是“缘木求鱼”；改革是根本路径，政府的发展理念、方式、路径以及市场的要素配置、调节等机制都需要通过改革来实现。

“绿水青山就是金山银山”的核心要义包括三个方面：第一，良好的生态环境是一种独特优势和战略资源，可以转换为吸引高端人才、新兴产业、项目资金的大“磁场”；第二，借助绿水青山，可以大力发展休闲产业、旅游产业等生态经济，因而是看得见的竞争力、摸得着的生产力，是经济社会发展的巨大潜力和美好未来之所在；第三，良好生态环境是最普惠的民生福祉，无论是加快发展还是保护生态环境，说到底都是为了提高人民群众的生活质量和幸福指数，环境问题日益成为重要的民生问题，保护绿水青山就是改善民生福祉。

二、充分认识“绿水青山就是金山银山”科学命题的重要意义

“绿水青山就是金山银山”这一科学命题的提出，是长期实践中形成的真知灼见，深刻体现了尊重自然、以人为本的价值理念和治理经验，不仅是生态文明建设理论和中国特色社会主义理论的重大创新，更具有很强的现实指导意义。

（一）这一科学命题突出强调了当前加强生态环境保护、加快生态文明建设的重要性、必要性和紧迫性

改革开放以来，我国以经济建设为中心，推动经济快速发展，在这个过程中，

我们强调可持续发展、环境保护工作，但也有一些地方、一些领域没有处理好经济发展同生态环境保护的关系，导致能源资源、生态环境问题越来越突出。现在提出“绿水青山就是金山银山”的科学命题，倡导了保护生态环境就是保护生产力、改善生态环境就是发展生产力的思想，宣扬了“留得青山在”才能“不怕没柴烧”、守住了绿水青山就是守住了金山银山的科学理念。正如习近平总书记所指出的“我们在生态环境方面欠账太多了，如果不从现在起就把这项工作紧紧抓起来，将来会付出更大的代价”。

（二）这一科学命题为新时期具有生态优势但是经济相对落后地区发展指明了方向

当前，许多山区、海岛、草原等区域山川秀丽，拥有良好的生态环境，但是产业经济发展相对落后，有的干部群众看不到过上富裕生活的希望和路径，有的干部群众认为为了摆脱贫困、加快发展，付出一些生态环境代价是难免的。“绿水青山就是金山银山”这一科学命题启示我们，不能守着绿水青山受穷、抱着“金饭碗”讨饭，要克服把保护生态与发展生产力对立起来的传统思维，要下大决心、花大力气改变不合理的产业结构、资源利用方式、能源结构、空间布局、生活方式，要倡导和推进绿色发展、循环发展、低碳发展，将生态优势最大限度转化为竞争优势、经济优势、民生优势，让守住绿水青山地区的群众能够致富，过上富裕幸福的美好生活。

（三）这一科学命题是新时期推进城乡和区域协调发展的理论基础和实践指引

“绿水青山就是金山银山”的道理启示我们工业化不是到处都办工业，应当是宜工则工，宜农则农，宜开发则开发，宜保护则保护。对这“两座山”的关系的认识要作为一种发展理念、一种生态文化，体现到城乡、区域的协调发展中，体现出不同地方发展导向的不同、生产力布局的不同、政绩考核的不同、财政政策的不同。因此，树立“绿水青山就是金山银山”的科学理念，对于促进发达地区加快发展、欠发达地区跨越式发展，缩小地区发展差距，实现区域协调发展具有重要意义。

三、“绿水青山就是金山银山”的多元化实现路径

“绿水青山就是金山银山”不能只停留在理念认识上，而是应该通过改革推动，找到多元化的实现路径，保障“绿水青山就是金山银山”的真正实现。目前各地在探索“绿水青山就是金山银山”的实践过程中主要形成了三种实现路径：政府主导推动型、市场调节作用发挥型以及自主资源开发型。

（一）政府主导推动的实现路径

在把"绿水青山"变成"金山银山"的过程中，政府的主导推动作用主要有四个方面。一是在思维理念上，要引导树立正确的资源观、科学的开发观和绿色的财富观，大力倡导和宣扬"绿水青山就是金山银山"，使之成为各级领导干部和广大人民群众的共识。二是在发展规划上，优化国土空间开发格局，合理布局产业和项目，严格按照主体功能区划来实现差异化发展。三是在政策举措上，出台有利于环境保护和发展生态经济的产业、投融资、要素保障、考核等政策，切实将生态资源转换为生产力。四是在体制机制上，促进生态功能区和相关区域之间的利益调节与平衡，主要是公共财政转移支付、税费政策和专项资金等对生态功能区的利益倾斜和补偿。如近年来，宁波市委市政府深入贯彻浙江省委省政府作出的"五水共治"决策部署，以治水为突破口，加快推进经济转型升级，加快建设美丽宁波，努力治出宁波发展新优势，治出宁波人民美好新生活，这是宁波践行"绿水青山就是金山银山"科学理念的生动体现。

（二）市场发挥调节作用的实现路径

"绿水青山"要成为"金山银山"，不仅需要政府行政化的推动，也需要市场作用的有效发挥，主要有三种方式。一是通过环保收费机制来保障和实现，全面推进环境税费改革，比如向享受生态服务的相关区域以及防治任务重、技术标准成熟的税目开征环境保护税，用以对生态功能区的经济补偿等。二是通过资源价格市场化调节来保障和实现，比如深化资源性产品价格改革，理顺煤、电、油、气、水、矿产等资源性产品价格关系，实行差别化资源价格政策。三是通过建设要素交易市场来保障和实现，加快建设节能量、碳排放权、排污权、林权、水权等要素交易市场，将排污权有偿使用收入主要用于生态功能区的开发保护等。如宁波市建立了排污权有偿使用和交易制度，明确规定工业企业化学需氧量、氨氮、二氧化硫和氮氧化物等4项污染物的排放指标实施有偿使用和交易制度，起到了较好的生态补偿效果。

（三）自主资源开发的实现路径

"绿水青山"里面有许多宝贵的资源，"绿水青山"上面有许多适宜发展的产业，"绿水青山"本身就是稀缺资源，因此，自主资源开发也是将"绿水青山"变成"金山银山"的有效路径。一是依托当地特色资源，加快发展特色农林牧渔业，走无公害、绿色、有机化之路，在尽量不破坏生态的前提下，精细化开发矿产资源等。二是因地制宜选择好发展产业，利用宜居宜业的发展环境，吸引和重点发展环境友好型、生态友好型的生态精品农业、生态新兴工业、生态高端服务业，着力实现经济生态化。三是充分利用和发挥生态资源优势，突出生态、休闲、养生、度假等主题，大力发展旅游观光、生态休闲、养生养老等业态，着力实现生态经济化。

如浙江省丽水市依托生态资源优势，大力发展精品农业、绿色产业、休闲旅游业和养生经济，着力打造中国最美山地休闲养生城市、华东绿色能源基地、长三角绿色农产品基地等，在依靠自主资源开发把“绿水青山”变成“金山银山”方面做了许多有效的探索。

四、加快推进“绿水青山就是金山银山”的体制机制创新

把“绿水青山”变成“金山银山”，涉及思维方式、发展方式、生产方式、生活方式等全方位的转变，要实现这样的根本性变革，必须依靠体制机制创新来提供保障。

（一）创新资源要素扶持体制

在政策、资金、技术、公共服务、人才等方面，加大对生态功能区的倾斜投入力度，并逐步实现资源要素扶持的科学化、制度化和规范化。出台一系列有利于生态产业发展、生态技术开发以及节能减排的具体政策举措，形成完整的生态经济发展政策综合体系，保障自然资源的合理有序开发和生态产业的快速发展。加大财政转移支付力度，建立按生态贡献程度确定资金转移支付比例的机制，设立专项资金，通过补助、贷款贴息、奖励等方式，鼓励扶持生态功能区的开发与保护。加快生态功能区内综合交通网、水电管网、信息网等基础设施建设，发挥基础设施对生态经济发展的重要保障作用。推动教育、医疗、养老等公共服务设施的城乡一体化进程，并且向山区、海岛、草原等生态保护地区适度倾斜。建立完善人才引培和激励体系，引导鼓励优秀人才扎根山区、海岛等生态功能区，完善人才创业创新服务体系，支持人才在生态功能区发展。

（二）创新生态补偿与利益分享机制

坚持使用资源付费和谁污染环境、谁破坏生态谁付费原则，建立反映市场供求和资源稀缺程度、体现生态价值和代际补偿的资源有偿使用制度和生态补偿制度，综合利用资金补偿、政策补偿、实物补偿、产业项目补偿、技术智力补偿等方式，制定合理补偿标准，对生态功能区在生态修复、环境保护、交通设施、公共服务、生态移民等方面给予适度补偿，在制定政策、编制规划、分配资金、安排项目时给予重点倾斜。

（三）创新生态环境权益交易机制

生态环境权益是绿水青山地区最大的财富，也是引来金山银山的巨大磁场，要探索成立环境、能源、排污权等各类环境权益交易市场，积极开展碳排放、水权、排污权、节能量、林权等生态环境要素交易，合理分配初始权利，加快制定核算标准，通过市场交易价格发现资源成本和价值，交易收益主要用于环境质量改善、生

态保护及主要污染物配额回购，把生态资源变成高效的生态产品。

（四）创新生态资源盘活机制

健全自然资源资产产权制度和用途管制制度，加快对水流、森林、山岭、草原、荒地、滩涂等自然生态空间的边界和权属进行确定，形成自然资源产权所有者责权利的统一。探索将“绿水青山”地区的林业、水库、土地、海岛、滩涂和绿化等生态资源实行资产化、资本化，加强对生态资源的经营管理，充分发挥资源资产的放大效应、乘数效应。

（五）创新考核评价机制

把资源消耗、环境损害、生态效益等体现生态文明建设状况的指标纳入经济社会发展评价体系并置于突出位置，建立有利于生态保护和绿色发展要求的目标体系、考核办法、奖惩机制，使之成为推进生态文明建设的重要导向和约束。比如，实行分类考核机制，对生态功能区不考核 GDP 和工业总产值等指标，突出生态环境保持、社会管理提升、居民收入提高等方面的考核等。要建立责任追究制度，对那些不顾生态环境盲目决策、导致严重后果的领导干部，必须追究其责任，要对领导干部实行自然资源资产离任审计，建立生态环境损害责任终身追究制。

（六）创新区域合作协同机制

建立区域间规划统筹对接机制，完善相关区域之间在规划制定方面的协商对话机制、协作交流机制、重要信息沟通反馈机制、规划编制单位合作与共同市场机制，实现区域规划“一张图”。建立区域间产业联动机制，优化区域之间产业布局，形成合理的产业分工体系，实现区域产业的优势互补、协同发展。建立区域信息交流协作机制，为各方了解和收集自己区域内的有关信息提供必要的帮助和便利。

课题组成员 ◀ 阎　勤　童明荣　王明荣

以“商业道”引领“公益心”

◎ 赵全军

爱心城市是宁波文明城市的一张名片和重要品牌，有效发挥公益组织作用，进一步丰富提升宁波爱心城市内涵和品牌，是宁波推动社会管理创新、提升文明城市创建水平一个很好的抓手和突破口。近年来，作为国家AAAA级社会组织的鄞州银行公益基金会（下称基金会），锐意改革，大胆创新，探索走出了一条以“商业道”引领“公益心”的发挥公益组织作用的新路子，既为公益组织创新转型发展提供了经验借鉴，也为宁波争创全国文明城市“四连冠”增添了“耀丽亮点”。

一、“需求导向”：根据社会需求来遴选实施公益项目

为了把有限的公益资源用到困难群体最需要的项目上，基金会定期向社会公开征集公益项目，然后根据自身的发展定位和财力资源情况，遴选一批需求迫切且现实可行的公益项目高效实施，构建形成了“项目征集—专家遴选—组织实施（委托其他公益组织或基金会委派项目专员）—定期评估—给予奖惩”的公益项目遴选实施机制，确保公益供给与需求高度吻合。

典型项目：博采众长——有效对接社会公益需求。

基金会成立两年多来，先后开发实施了公益项目30多项，投入公益资金1700余万元，其中相当部分公益项目来自于民间需求。基金会借助媒体平台及自身网站等渠道，广泛征集、收集社会各界的公益诉求，然后组织专家团队进行筛选，对那些社会影响大、民间诉求强烈、基金会有能力落实的项目优先实施，如“牵手流动公益伞”、“名医下乡”、“牵手夕阳，定格幸福”等都是通过社会渠道征集来的。这些项目在实施过程中，基金会还进行跟踪评估，并配套奖罚机制，确保达到花钱少、见效快、影响大、群众反应好的效果。这样的运行机制，不仅提升了基金会自身的形象价值，同时也提升了政府的形象和品牌。在实施“名医下乡”、“牵手夕阳，定格幸福”等项目中，就有贫困地区老百姓赞誉“政府就是好，公益组织做得好，我们现在照相、看病都不要钱”。

二、“授之以渔”：构建困难群体帮扶长效机制

为了保障公益项目的绩效水平和可持续发展，推动被帮扶对象问题的长效解决，基金会从成立之初，便坚持按照商业逻辑、长效理念的要求开发实施公益项目，先后培育打造了“天使味道”智障人士快乐就业、公益信用卡等一批具有长效帮扶功能的品牌性公益项目，赋予了公益项目“授之以渔”的价值功能，构建起困难群体帮扶长效机制。

典型项目：“天使味道”智障人士快乐就业项目。

为长效解决自闭症、脑瘫等心智发展障碍人群（以下简称“天使”）从特殊教育学校毕业后的社会融入、就业生活问题，基金会帮助三个有爱心的年轻人，通过充分沟通，统一思想，经过近半年的准备，于2013年7月注册了定位为社会企业的“宁波天使味道食品有限公司”，对达敏学校和鄞州特教中心的7个“天使”进行了烘焙技能培训，安置在天使味道食品公司就业，打造出一个用商业模式解决“天使”培训、就业、创业、终身照顾和社会融入等一系列问题的社会企业，实现了对“天使”帮扶由“授之以鱼”向“授之以渔”的转变。目前，参加培训的7个“天使”除一人选择继续回到学校读书外，其他6位均已经就业并于2013年10月份开始发放第一笔工资，公司所生产的饼干、面包、蛋糕、简餐等产品，得到众多金融机构、内外资企业等众多爱心企业的厚爱和订购。

三、“搭建平台”：用商业机制推动社会力量可持续参与慈善事业

为动员更多的爱心人士和企业（家族）等社会力量心怀慈善、乐于慈善、参与慈善，有效破解一些爱心人士和企业（家族）参与公益慈善活动缺乏长期稳定渠道、没有专业知识信息、担心慈善资源使用不当等问题，基金会坚持把“理念传播”与“搭建平台”有机结合，不仅通过“走出去”、“请进来”等方式大力宣传推广公益慈善理念，着力营造“人人公益”的社会氛围，更是通过设立“企业（家族）专项基金”项目、杭州91.8幸福的士牵手基金等举措，构建起爱心人士和企业（家族）高效参与平台，形成了用商业机制推动社会力量可持续参与公益事业的运作模式。

典型项目：“企业（家族）专项公益慈善基金”项目。

宁波地区民营经济发达，公益文化悠久，民营企业（家族）参与公益活动意愿强烈。为了动员吸引更多民营企业（家族）高效、可持续参与公益活动，基金会研发设计了“企业（家族）专项基金”项目，市内外爱心企业（家族）可以出资设立“企业（家族）专项公益慈善基金”，专项基金设立后，出资企业与基金会签订

委托管理协议，由基金会依照相关法律法规和专项基金管理办法进行专业化运作和管理，以保障“企业（家族）专项公益慈善基金”参与公益活动的规范性、高效性和可持续性。目前，已有圣龙、国骅、华龙及中国银地等企业与基金会在洽谈合作，其中圣龙集团首期200万元公益基金已落地运作。

四、“孵化组织”：用商业方式培育带动公益机构发展

为完成从“操作型”向“组织型”的公益机构发展模式转变，实现成为区域内公益事业探索者、实践者、引领者的发展愿景，基金会创新运用“公益创投”、“规划慈善综合体”等多种途径支持区域内公益组织发展，探索走出一条商业化的公益组织孵化新方式，为宁波区域公益事业发展做出了自己的独特贡献。

典型项目：“公益创投”项目。

运作方式一：设置标准，公开申请竞争，基金会提供资金资助。为了支持区域内公益组织发展、营造人人公益的社会氛围，基金会定期面向社会发布一批拟开展的公益活动项目或导向需求，通过提供资金资助的方式公开征集实施主体，既整合借助社会力量确保基金会感兴趣的公益活动项目高质量实施，也孵化带动其他公益组织的发展。2013年，基金会通过“公益创投”的方式，共支持宁波百川志愿服务团、宁波市江东区武术协会、宁波市企业内刊交流中心等组织发起的公益性活动14项，资助金额112.3万元，对实施公益活动成效显著的社会组织和志愿者进行奖励，如对在“菲特”台风灾害救援过程中表现突出的民间组织和志愿者，专门安排20万元给予表彰奖励。

运作方式二：搭建平台，公开推荐，引导社会资本支持公益活动项目。2013年，基金会与宁波市民政局合作举办了“首届宁波公益盛典暨年度公益人物颁奖典礼”，百余家宁波的公益组织共计400余名志愿者与会，对进行的多个公益项目专门推介，多家爱心企业伸出援手，对会上推介的公益项目进行了资助，全场共募集定向对接公益资金64万元。

启示

鄞州银行公益基金会的有益实践和创新探索，具有重要意义，并给我们深刻启示。

一是宁波应着力打造“公益组织”名牌，进一步创新打响“爱心城市”名片。“爱心城市”是宁波的城市名片，是宁波创建全国文明城市的有效抓手和重要支撑。近年来，宁波在政府推动、企业和民众参与公益事业方面取得了突出成效，形成了“慈善一日捐”、“顺其自然”等一批全国知名的公益品牌，有力地推动了宁波“爱

心城市”建设。当前，宁波应在保持已有特色优势的基础上，着力抓好公益组织的品牌培育，以公益组织的功能作用发挥和品牌打造，来进一步丰富和提升宁波“爱心城市”的内涵深度与品牌影响力，从而为宁波争创全国文明城市“四连冠”提供新引擎、新亮点。

二是鄞州银行基金会以“商业道”引领“公益心”的发展模式，很有新意且值得借鉴。鄞州银行公益基金会立足自身实际，探索出了需求导向、授之以渔、搭建平台、孵化组织的“商业道”，不仅保障了公益组织本身及其所实施项目的绩效水平和可持续发展，而且推动了被帮扶对象问题的长效解决，构建起了社会力量高效参与公益的长效机制，是推动公益组织科学发展的成功实践和创新探索，值得研究推广。

三是公益慈善事业发展需要多方力量协同参与、多元主体共同努力。公益事业发展需要政府、企业、社会组织和民众等多元主体的共同参与，尤其需要发挥具有专业能力、引领功能的公益组织的作用。当前，宁波要探索形成政府科学主导、公益组织有效引领、企业和民众积极参与的公益事业发展新格局，公益组织发展还属于薄弱环节，为此，各级党委政府应加大引导扶持力度，对于像鄞州银行公益基金会这样具有示范价值的创新典型，值得广泛宣传和弘扬。

宁波市企业职工生活保障情况调查与对策举措

◎课题组

为进一步优化全市企业职工生活保障待遇，课题组以抽样问卷调查、电话分层访谈、专题座谈会等形式对职工生活保障状况进行了实地调查，分析存在问题，提出相关对策建议。

一、宁波市职工生活保障的基本状况及存在的主要问题

（一）劳动经济权益方面

1. 企业职工社会保险缴费尚未统一规范

近年来，宁波社会保险的覆盖面迅速扩大，但职工的社会保险参保率仍有提高的空间。结合座谈会以及社会保障支出的问卷调查及企业调查数据，我们发现部分企业为了节省费用，还在按照几年前的外来职工综合险标准为职工缴纳社会保险，甚至还有10%左右的企业连综合险也没有为外来职工缴纳。还有少部分企业诉称由于外来工本人不愿缴纳社保费用造成未参保现象。

2. 绝大多数民营企业没有为职工缴纳住房公积金

住房公积金是单位及其职工缴存的长期住房储金，是住房分配货币化、社会化和法制化的主要形式，是国家赋予企业职工的一项保障权益。调查结果显示，在是否缴纳住房公积金的问卷中，回答未缴纳的有291人，占比77.4%；缴纳0～500元之间的有85人，占比22.6%，缴纳标准较低。

3. 最低工资标准未完全落实到位，内部分配差距总体较大

参照宁波市2014年职工最低月工资1470元的标准，不计病假、事假、单位停产停业等非正常情况，我们发现月工资收入在1470元以下的有29人，占比7.8%。调查中我们还发现，部分企业将加班工资、特殊工作环境下的津贴等各项社会福利和住房公积金，以及伙食、住宿等待遇计入工资之内，劳动者实际拿到的工资未达到最低工资标准。国有企业、通信及金融类企业，不同身份收入差距大，高管工资约为普通一线员工的4倍左右。部分企业超规定设置劳务派遣岗位，变相降低员工待遇。

4. 劳动定额标准不够科学，部分行业一线职工收入较低

科学合理的劳动定额标准是保障职工收入分配权益的基础。本次调查结果显示，近半数企业的劳动定额标准由企业单方面确定，往往将劳动定额标准定得较高。在实行计件工资制的条件下，员工只有自觉加班才能完成任务，而超过 8 小时的工作时间，往往不算加班。这些制造业企业不合理的劳动定额标准，值得进一步关注。

5. 职工的休假休息权没有得到切实执行

根据国家规定，机关、团体、企业、事业单位、民办非企业单位、有雇工的个体工商户等单位的职工连续工作 1 年以上的，享受带薪年休假。职工在年休假期间享受与正常工作期间相同的工资收入。本次调查结果显示，有 241 人反映没有享受带薪休假，占比达 64.1%；有 305 人没有享受年休假工资补贴，占比达 81.1%。由此可见，带薪年休假制度在大部分企业还没有得到切实执行。

此外有职工参加的座谈会显示，每周正常休息 2 天的职工仅占参加座谈职工的 1/3 左右。企业职工加班大多是企业的硬性要求或者企业布置的工作过多，在 8 小时内难以完成，职工被迫加班，这类人数占参加座谈职工的 2/3 左右。

6. 体检、高温补贴、文体旅游和租房补贴规定没有得到认真落实

调查结果显示，有 182 人没有享受高温补贴，占调查总人数 376 人的 48.4%；有 189 人没有参加体检，占比为 50.2%；有 263 人反映没有参加过疗休养等活动，占比为 69.9%；有 259 人回答没有参加文娱活动，占问卷调查人数的 68.9%；有 266 人没有享受租房补贴，占比为 70.7%；有 180 人没有享受免费工作餐，占比为 47.9%。

（二）家庭收入和支出方面

1. 收入与支出分布不均

收入是制约企业职工经济生活和社会生活的主要因素，而收入和支出比则反映了企业职工的生活质量。我们通过用加权平均数计算企业职工的家庭情况后得出，职工家庭的平均供养人数为 3.4 人，家庭平均就业人数为 2.0 人，家庭平均年收入为 56761.2 元，家庭年支出为 32014.2 元。从工作行业性质看，从事银行、保险、电力及外企职工总体收入水平最高，他们大部分月工资收入在 1 万元以上，较低的是中小规模的服装业及加工制造业。根据上报的 78 家企业填报的数据，我们统计后得出职工的月平均工资为 4314.4 元。

需要指出的是，本次调查所指收入主要包括工资收入和加班收入，由于加班的普遍性和长期性，可以认为企业职工的收入相当一部分来自于加班所得。访谈中，我们也了解到，通过适度加班增加收入是大多数企业职工所乐意接受的，但过度加班则为企业职工所排斥。

表 1　2014 年宁波市企业职工家庭月收入分布统计表

家庭收入区间＼人数和比例	人数	百分比（%）
2000 元以下	62	16.5
2001～3000 元之间	43	11.4
3001～4000 元之间	32	8.5
4001～5000 元之间	42	11.2
5001～6000 元之间	38	10.1
6001 元以上	157	41.6
合计	376	100

数据来源：本次调查整理后统计得出。

表 2　2014 年宁波市企业职工家庭平均消费年支出一览表

支出项目	职工家庭加权平均消费支出（元）	消费支出占比（%）
食品支出	15162	39.7
服装支出	752.5	2
居住支出	3025.8	7.9
通信交通支出	2145.6	5.6
医疗保健支出	596	1.6
社会保障支出	6460	16.9
文体旅游支出	503	1.3
借贷支出	2950	7.7
教育支出	5455	14.3
其他支出	1167	3.1
加权平均消费总支出	38216.9	100

数据来源：本次调查整理后统计得出。

2. 居住条件有所改善

住房是企业职工生存与发展立足的基础，也是企业职工融入城市生活的重要前提。本次调查结果显示，全市企业职工的居住条件较好，租住房职工仅为 63 人，占样本总数的 16.8%，这些主要是外来职工。统计分析得出，企业职工的平均房龄为 9.9 年，平均居住面积为 88.5 平方米（包括外来务工人员在户籍所在地的自有房）。

访谈中我们也了解到，由于租金低，一些企业职工居住条件拥挤、简陋、周边环境差。因此，无论从改善企业职工生存和发展环境的角度，还是从完善社会公共环境管理的角度，企业职工的居住状况也需要进一步重视和关注。

表 3　　2014 年宁波市企业职工居住条件表

目前居住情况＼人数和比例	人数	百分比（%）
租住房	63	16.8
自有房	267	71.0
商品房	38	10.1
政府保障房	8	2.1
合计	376	100

数据来源：本次调查整理后统计得出。

3. 子女教育问题困扰企业职工

外来职工子女上学难。子女教育问题是困扰外来员工的又一现实问题。由于现行户籍管理制度及政策制定执行中的种种因素，被调查的外来职工在子女教育问题上最大的苦恼是子女不能和本地居民的子女平等入学，有些职工则因子女回家读书而被迫辞掉工作回老家照顾子女。

教育费用高。调查中我们发现，子女教育费用是企业职工家庭的第二大支出。企业职工用于教育开支的平均数为 5455 元，占家庭年开支的 17.3%；教育开支在 10001 元及以上的有 64 人，占比 17.0%。此外，座谈调研发现，企业职工的部分借贷开支，主要是用于子女的教育。

表 4　　2014 年宁波市企业职工子女教育费用支出

教育费用支出情况＼人数和比例	人数	百分比（%）
0 元	151	40.2
1～5000 元之间	87	23.1
5001～10000 元之间	74	19.7
10001 元及以上	64	17.0
合计	376	100

数据来源：本次调查整理后统计得出。

4. 困难职工生活压力非常大

困难职工的生活水平远低于普通居民生活水平。宁波市统计局的数据显示，2013 年宁波市社平工资为 4077 元/月（或 48927 元/年），最低工资标准是 1470 元/月

(或 17640 元/年)。通过比较，我们发现，接受调查的企业困难职工中，月平均工资收入在社平工资 4077 元以下的占 87.2%，在最低工资标准 1470 元左右的占 23.7%。困难职工的家庭收入，除去每月水电、房租、赡养老人费，每月能够用在食品开支上的资金十分有限，如果困难职工家庭成员中有就学、疾病等情况，那么基本生活就很难维持。

(三) 生活后勤保障方面

近年来，宁波市总工会先后推出“强保障、促和谐”、服务职工关爱工程等活动，推动企业高度重视职工的生活保障，初步实现了“食堂管理规范化、集体宿舍标准化、文体活动普及化、困难帮扶经常化、职工体检定期化”的目标。对 85 家企业问卷调查的结果显示，73 家企业建有职工食堂，占 84.9%，企业职工食堂规范化程度进一步提高，2013 年、2014 年度在全市范围内评选和表彰了一批示范职工食堂；61 家企业有职工宿舍，占 71.8%。部分企业的公寓中还配备了空调、热水器、电视及网络，职工的住宿条件有较大的改善；大部分企业建立了图书室、运动场等基本文体活动场所设施，经常性地组织职工开展各种文体活动；51 家企业设立内部帮困基（资）金，占 60.0%；有 55 家企业定期组织职工体检和疗休养，占 64.7%，女职工人数较多的企业能够定期组织女职工进行妇科常见疾病检查，开展婚恋观教育和女性生理卫生培训。

二、企业职工生活保障中存在问题的共性特点分析

(一) 部分企业未严格执行有关法律法规

数据显示，在接受问卷调查的 376 人中，在民营企业就业的职工有 199 人，占全部调查问卷职工的 52.9%。本市部分民营企业经营者由于经营目标片面化和短期化，把职工生活保障当作负担，未严格执行或变相执行国家有关社会保险、带薪休假、节假日加班补贴、定期体检和高温补贴等有关规定，未能为职工提供合规的生活保障。

(二) 物价水平上涨较快

由于物价上涨，职工的实际工资小于名义工资，实际收入水平小于预期值。2009 年以来，我国的消费物价指数都在 102、103 以上，个别时期达到 105，特别是食品价格上涨达 11.7%，与职工相关的农产品、教育、住房价格上涨较快。本次调查结果显示，食品支出占企业职工消费的第一位，占比达到 47.4%；教育支出占第二位，达到 17.3%；居住支出占第三位，达到 9.5%。相对物价上涨而言，部分职工特别是困难职工的收入因缺乏同步增加的制度保障，导致家庭生活易于陷入困境。

（三）职工负担重文化程度低

1. 家庭供养人口较多

家庭供养人口越多，家庭的负担就越重。调查统计显示，在接受问卷调查的376名企业职工中，供养家庭人口为3人的有185个企业职工，占比达到49.2%；供养家庭人口为4人的有89个企业职工，占比达到23.6%；供养家庭人口为5人及以上的有54个企业职工，占比达到14.4%。统计结果表明，供养家庭人口为3人以上的职工达到328人，占全部调查人数的87.2%。家庭供养人口较多，严重影响企业职工的生活水平。

2. 文化程度不高

全市企业职工有相当一部分来自于外省市的农村地区，大多是文化程度不高、技能素质偏低的农民工。调查数据显示，问卷调查的376名企业职工中，学历为文盲、小学和初中的共有171人，占比为45.5%；高中（职高、技校和中专）的有77人，占比20.5%。也就是说大专以下学历的企业职工有248人，占全部调查人数的66.0%。文化水平偏低制约着企业职工的就业能力，直接影响收入水平的提高和生活质量的改善。

（四）最低工资标准不够科学

主要体现在，企业职工最低工资标准的计划经济色彩较为浓厚。当初，各地制定最低工资标准的前提是医疗、住房、教育、养老等处于国家福利状态或是收费极其低廉。但近十年来，这些社会服务已经与市场接轨，价格涨幅较大，但企业职工的最低工资标准却依然没有考虑到这些社会服务的价格上涨因素，导致不少企业职工生活艰难。以2013年度宁波最低工资标准的1470元为例，实际上企业职工拿到手的也就是扣除了社会保险自缴部分10%后的1323元。相比之下，上海等城市的最低工资标准扣除了各项保险费用之后的额度，比较科学合理。

（五）救助机制协调不畅

职工的最低生活保障、医疗救助、外来子女入学、住房保障等都涉及多个部门，需要分工协作、协调解决。由于各部门职能和主体不同，各项救助制度由于单一性的功能定位，难以形成科学合理的衔接和协调机制，直接影响职工的生活保障权益。

（六）法律维权机制不健全

1. 劳动争议裁决还不够便捷高效

以现行劳动争议的“一裁二审”处理机制为例，除了法律明文规定可以一裁终局的少数案件以外，普通的劳动争议案件，如果走完“一裁两审”程序差不多要耗时近一年，劳动者的合法权益得不到及时的救济，不利于快速有效地解决纠纷。工会牵头建立的“党政主导、工会运作、各方协同、社会参与”的社会化劳动争议调处机制，在整合工会、人社、司法调解力量，化解劳动关系矛盾上发挥了很大作用，但是也面临着预测、预报、预警信息网络不够健全，调解员职业化、专业化程度不尽人意等问题，一定程度上制约了调处成效。

2. 劳动保障监察人少案多矛盾突出

劳动保障监察是维护企业职工生活保障权益的重要方式。目前各种劳动争议纠纷主体多元化、利益诉求多元化、争议解决复杂化的特征十分明显，全市劳动保障监察机构和住房公积金管理中心执法机构等人少案多、力量不足的问题十分突出，大量劳动侵权案件难以及时有效处理，不仅导致矛盾积累、扩大和激化，也影响了执法机构的公信力。

三、提高企业职工生活保障水平的对策建议

（一）督促企业为职工提供合规的生活保障

1. 增强企业的守法意识

一是结合宁波实际，采取行之有效的形式，由工商联、市企业家协会等出面组织企业经营者参加的培训班、专题讲座等，定期组织学习宣传《劳动法》、《工会法》和《社会保险法》等法律法规；二是借助各类媒体和公共场所广泛深入宣传职工生活保障权益方面的法律法规，促进企业经营者做到守法经营、依法用工，提高企业经营管理者的法制观念。

2. 加强企业的监管力度

一是强化劳动监察队伍建设，充实劳动执法队伍力量，在人员编制、设施设备、工作经费等方面，给予充分保障。二是实施县区间互查互检监察办法，加大对加班加点、带薪休假、年休假、健康体检和五险一金缴纳的监察力度。加强市住房公积金管理中心与市总工会、市人社局的联动，对企业缴纳住房公积金情况开展联合执法检查。三是发挥企业工会作用，明确凡企业出台涉及企业职工利益的企业内部制度规定，都应经职代会讨论通过，工会在其中应有自己的声音和主张；对企业工会主席的人选要严格按全总的规定进行资格限定，在企业中积极推行工会主席直选。

3. 深化和谐企业创建，促进企业履行社会责任

坚持以发展和谐劳动关系为主线，以全面推进依法治企为抓手，建立企业信用体系，全面开展区域劳动关系和谐指数测评和发布工作，推进市本级、县（市）区（园区、系统）、乡镇（街道）三级和谐企业分层创建。根据《宁波市企业社会责任评价准则》，优化监管与评估机制，对企业发展、劳动关系、环境关系、社会关系、组织关系、企业文化以及企业职工满意度和社会公认度等方面的企业履行社会责任状况内容进行全面评价，分别评出社会责任严重缺失、不达标、达标和优秀等级。

对社会责任评价不达标的企业、社会责任严重缺失企业，给予取消评选相关荣誉的资格、不得减免税收和政府非税收入、不得享受各类政府资金补贴或者参与政府采购和政府投资项目投标，以及在产业发展、建设用地使用权供应等公共资源配置方面进行限制，向社会发出消费、用工、投资等方面的风险警示等制裁措施，以督促企业切实重视职工生活保障和劳动权益，自觉履行社会责任。对社会责任评价为优秀等级，政府有关部门应在税收减免、社保基数核定、政府采购和政府投资项目投标等方面给予优惠，鼓励更多的企业履行社会责任。

（二）积极促进企业职工实际生活水平提升

1. 完善企业职工的最低工资标准

进一步完善企业职工的最低工资标准，运用国际核定最低工资标准的通用办法，把供养人口、养老、失业、教育、医疗和住房等纳入确定最低工资标准考虑的因素之中。建议采用上海等地区的做法，最低工资标准应是职工缴纳社会保险自缴部分后的工资标准。

2. 完善职工低保标准的科学调整机制

一是建议民政部门加大低保标准调整幅度，将全市职工家庭人均年消费支出水平作为每年调整低保标准的一项重要参考依据，不仅要考虑困难职工家庭的收入情况，还要充分考虑到困难职工家庭的就医、子女教育、住房等各方面的实际支出情况，全面、综合、准确地衡量困难职工家庭的生活状况，将因病致贫的低保边缘困难职工家庭等也纳入低保救助范围。二是加大政府财政预算支出中用于困难职工家庭社会保障的比重，建立与宁波经济发展水平相适应的社会保障体系。

3. 创造条件提高职工的就业能力

教育、人社、总工会等有关部门要加强联动，充分利用职业学校、工会职工学校等，加大职工职业技能培训力度，尤其是对纳入各级总工会档案管理的困难职工，帮扶模式由“输血型”转变为“造血型”，根据宁波的产业特点和社会需求，制订培训内容，对困难职工家庭成员及外来务工人员开展免费技能培训，使他们拥有一技之长。同时，对结业学员的资料进行存档并做好后续服务指导工作，免费组织学员参加相应的技能考核和鉴定，对鉴定考核合格者，颁发培训合格证书及相应职业技能等级证书。

4. 严控公用事业费用和物价监管

一是最大限度地降低公用事业和公益性服务价格上涨对低收入困难职工的影响，充分考虑其承受能力，督促落实对困难职工家庭优惠的价格政策；对公用事业、公益性服务价格进行调整时，慎重考虑价格改革的时机，准确把握价格调整的力度，避免价格改革给困难职工家庭生活产生负面影响。二是物价部门应建立物价应急监测预警机制，加强对超市、集贸市场、农产品批发市场的检查力度，对粮油、肉类、鸡蛋、蔬菜等职工基本生活必需品、主要农产品的价格变动情况进行预警分析。对恶意囤积、哄抬物价、变相涨价等违法行为，要加强查处，重点整治与困难职工生活密切相关的商品和服务领域价格秩序。

(三) 发挥政府和工会保障民生作用

1. 设立全市统一的困难职工救助信息平台

信息平台由民政部门组建、运行和管理，工会、卫生、教育、住建、慈善总会、红十字会、残联、扶贫办等具有扶贫助困性质的相关部门和组织作为成员单位。市总工会负责对困难职工和边缘困难职工的救助情况进行梳理后在信息平台公开，使有关部门了解该困难职工受助后的状况，做出是否继续进行救助的判断，有针对性地帮扶救助。

2. 多方改善企业职工的居住环境

建议住建、规划和财政部门制订政策，在外来职工集聚较多的地区，新建更多的外来职工集中居住区，鼓励引导多种投资主体参与建设工作，给予减免税收等政策优惠，并建设食堂、浴室、洗衣房、卫生间、超市等配套设施，增设公交线路，方便职工上班出行。鼓励支持企业统一为职工包租集中居住区的职工宿舍，房屋的出租费参照廉租房的标准给予优惠。

3. 设立安全生产教育体验中心

建议政府有关部门尽快建立安全生产教育体验中心，中心主要包括生产安全学习区、自然灾害体验区、消防安全体验区和职业病宣传区等。借助模拟实景、器具展示、3D 动画讲解等方式，让企业职工亲身体验安全生产事件的经过和应对方法，特别注重用电、消防和职业健康方面的学习体验。

4. 探索解决企业职工子女入学难问题

建议政府加大投入，解决外来职工子女就学难问题：一是扩大民工子弟学校，酌情放宽简易学校的设施条件；二是将城区城镇薄弱学校改造、学校布局调整中部分闲置校舍、设施或经布局调整空余的学校，提供给专门招收外来企业职工子女的学校使用；三是对外来职工子女的学籍实行动态管理，允许随时转学。

课题组成员 ◀ 陈利权 王 巍 唐平原

宁波积极争取军品订单的几点建议

◎ 陈利权 韦风涛

近年来，本市相关部门为帮助企业进入军品市场做了大量工作，市经信委专门设立了“军民结合产业处”，鄞州区也在潘火建立了军转民成果转化基地，并出台专门政策支持企业进入军品市场，但从全市企业进入军品市场的情况看，进展不大。最关键的问题是，有关部门和相关企业未与军方的具体采购机构（总后物资采购局、总装物资采购局，武警总部物资采购处）建立有效的关系对接，也未建立平时信息交流渠道，甚至不知军方相关机构的办公所在地。当然也就更不可能与军方物资装备的主管部门及采购计划制定部门保持经常性的工作接触，了解其采购需求等。

广州召开的该市“两会”上，广州市副市长欧阳卫民在谈到广州的优势产业时称：“在全省来说，广州医生最好，教育最好，可是都没有把医疗和科研产业当作优势产业，而且军区在广州，军工产业谁搞得赢广州？应该去国防部争取国防工业订单。”宁波也有类似情况，诺大的东海舰队机关就驻扎在宁波，且不说全市众多企业基本不能从该舰队争取到军品订单，就连该舰队数十条大型军舰的每年正常维护与保养，也与宁波众多非常有实力的修造船企业无关。

事实上，随着当今军事革命发展日益深入、我国周边安全形势日益严峻，以及我国国民经济的持续快速增长，近些年来，我国正逐步加大对国家安全方面的投入，其中用于武器科研生产与采购的装备费比例和绝对增长额总体上呈上升趋势，国防科工市场规模不断扩大。2014 年，国家财政预算中的国防开支即已超过 8000 亿元，而这其中的三分之一，即 2600 多亿元为装备费，加上平时为保障部队进行抢险救灾、参与国际维和行动等任务需要，所临时增加的物资装备紧急订购等，使得军品市场这块“蛋糕”显得更加巨大和更加诱人。而这其中，还不包括武警部队每年大量的物资装备采购。

鉴于此，我们建议：当前，宁波应抓住全党、全军正以雷庭万钧之势大力整肃党员干部的作风纪律，促使军队物资采购机构的风气也逐步规范和阳光之机，抓住军队编制体制调整即将开始，海军、空军、二炮等军兵种将得到大幅扩充的机会，抓住更多的兄弟省市尚未在政府层面建立相应机构并形成相应机制之机，由政府牵头，组织一批有实力的企业积极参与军品市场竞争。第一步，申请加入总后、总装及武警系统的装备物资采购供应商目录，第二步，加强与军方沟通，支持企业参与军品招标，或直接成为军队指定生产或维修企业。为完成上述目标，按正常的程序和步骤，当下抓紧做好以下工作。

1. 由市政府领导出面主动与军方联系

目前社会上希望进入军品生产领域的企业很多，但绝大多数属企业或个人的私下行为，由政府牵线搭桥，引导本地企业进入军品生产领域的情况，在全国鲜见报道。如本市领导能够亲自出面与军方有关部门当面协商此事，相信对于增加军方对全市民营企业信任，扩大影响，以及下一步顺利进入军品生产领域，一定会有较大促进。

2. 指定有关机构或部门专门负责与军方平时的联系与沟通

目前军方与企业在信息沟通和交流方面存在障碍，特别是军方涉密信息。这种情况下，由政府部门出面协调，问题就会简单许多。为此，有必要在市级部门指定专门的机构和人员负责平时与军方相关部门和人员联系沟通，提前了解军方需求，以有效指导企业准备和生产。

3. 出台相关政策支持企业进入军品市场

2012 年，鄞州区为支持区内企业进入军品市场，在以中共宁波市鄞州区委和区人民政府的名义出台的《2012 年全区经济发展的若干政策意见》（甬鄞党〔2012〕1 号）其中，明确提出了“鼓励企业进入军品市场”，并为此建立了一批相应的奖励政策，这些政策可结合目前军品采购的实际情况，稍作修改后在全市推广。

4. 组织有意愿进入军品市场的本市企业进行相关知识培训

特别是有关军方订购特点，各个级层部门的工作关系，参与军品竞争、生产、发货、结算和平常联系协调等方面应注意的事项等。避免有的企业找军方联系和承办具体生产、发送产品时找错人，办错事，影响生产和部队战备等。

5. 协调军方在本市部分企业和行业中建立军地联储、技术储备和战时动员准备

为解决军费不足，减少浪费等问题，目前我军也在积极探索利用地方既有设施、装备、物资和技术力量，采取军地协作的方式，对和平时期军方用量较少的装备、物资和生产技术，由军方出资，指定地方有关企业或行业预留部分余量备战，如药品、油料、部分装备维修器材和技术人员等，预留部分可随正常消耗流动及时补充更新，如果能争取几个项目在本市试点或施行，既利军又利己。

后　记

2014年，市政府发展研究中心牢牢坚持决策咨询研究和服务领导工作这条主线，紧紧围绕市委、市政府“六个加快”战略、“双驱动四治理”决策部署和“经济社会转型发展三年行动计划”，抓住事关宁波发展全局的重点问题，进行深入调查研究，取得了一批可喜的研究成果，有效发挥了咨政建言的智库作用。我们从中遴选了部分研究成果，分为港口经济圈构建、城市经济发展、全面深化改革、区域创新发展、电商经济探索、发展形势研判、社会与民生建设等七个篇章，结集为《新常态·新动力·新发展——2014宁波发展研究报告》，供决策参考和研究交流。

中共浙江省委常委、宁波市委书记刘奇和宁波市委副书记、市长卢子跃为本书作序，市委常委、常务副市长寿永年任顾问。全书由市政府发展研究中心主任、党组书记阎勤主持审定。

本书在编辑过程中，得到国务院发展研究中心、浙江省政府发展研究中心和宁波市有关领导及相关部门的关心和指导，得到中国发展出版社的支持和帮助，在此特致谢忱。囿于水平，书中不足在所难免，汲深绠短，恳望读者批评指正。

编　者

2015年5月